KB260555

21세기 기독교전문인 선교신학

21세기 기독교전문인 선교신학

초판 1쇄 발행 2019년 3월 25일
초판 2쇄 발행 2023년 2월 28일

지은이 ǀ 김성욱
펴낸이 ǀ 강인구

펴낸곳 ǀ 이머징북스
등 록 ǀ 제2006-6호
주 소 ǀ 서울시 종로구 대학로 19 한국기독교회관 1010호
전 화 ǀ 02-3216-1085
팩 스 ǀ 02-6008-5712
이메일 ǀ holy-77@hanmail.net

디자인 ǀ 참디자인

ISBN 979-11-87025-53-5 (03230)
이머징북스는 세움북스의 신학전문 임프린트 출판사입니다

21세기 기독교전문인 선교신학

김성욱 **지음**

이제 한국교회는 변화된 세계 속에서 보다 구체적으로
세계선교의 역사를 수행할 때가 되었다.

이머징북스

서 문

지금은 전 세계에서 한국 선교사를 부르고 있다(슥8:22-23). 일찍 스가
랴 선지자가 마지막 날에 방언이 다른 열 명의 이방나라 사람들이 한명의
유다사람을 붙잡고 하나님의 축복을 함께 나눠달라고 옷자락을 잡고 간
절하게 간구하는 시간이 올 것을 예언하였는데(슥8:23), 오늘의 한국교회
선교를 바라보면, 그러한 일들이 한국선교사들이 사역하는 전 세계 선교
현장에서 일어나고 있다.

한국교회는 이제 미국교회와 함께 세계선교의 선두주자로서 그 역할
을 수행하고 있다. 선교학자 앤드류 월즈(Andrew F. Walls)나 사무엘 라슨
(Samuel H. Larsen)이 예견하듯이 이제 세계선교의 중심지는 더 이상 유럽
이 될 수 없으며, 한국교회를 중심으로 제 삼 세계 교회에서 그 역할을 감
당하고 있다고 본다. 현대 역사에서 원조 받던 나라는 계속 원조를 받고
있지만, 한국은 이제 원조하는 나라로 국제사회 속에서 그 역할을 감당
하는 놀라운 역사를 이룩하였다. 이제 한국교회는 보다 구체적으로 이러
한 변화된 세계 속에서 세계선교의 역사를 수행할 때가 되었다.

특별히 한국교회의 선교적인 이해와 관심을 높이고 효율적인 선교사
역을 감당하고자하면, 평신도 전문인선교에 대한 대책이 너무나 필요하
다고 본다. 오늘의 선교전략은 미전도 종족선교인데, 이들은 주로 목회

자 신분으로 들어갈 수 없는 지역이기 때문에, 더더욱 평신도 전문인선교사들이 각자의 전문성을 가지고 선교의 최전선을 뚫고 들어가야 하는 전략이 필요한 시대가 되었다.

본 서는 이러한 시대적인 필요인 평신도 전문인 선교사역을 위해, 제1부에서 전문인 선교 동향, 제2부에서 성경에서 본 전문인선교, 제3부는 교회사에서 본 전문인선교, 제4부는 전문인선교의 신학적 기초, 제5부는 전문인선교전략으로 구성되어 있다. 본 서를 통해 전문인선교사의 정체성과 은사론, 그리고 만인제사장론, 전문인 선교에 대한 역사적인 발자취를 살펴볼 수 있다. 그리고 전문인 선교사역을 위해, 제자도와 기독교세계관, 그리고 선교와 하나님 나라와의 관계에 대해서 언급하였다.

미국유학을 마치고 돌아온 후로 지금까지 필자는 총신대학교 선교대학원에서 한국교회 선교전략으로서 전문인선교사역을 지난 이십여 년 동안 연구하고 강의하면서 받았던 은혜와 교훈들을 이 책에 담았다. 이 책이 한국교회 선교사역과 전문인선교에 대한 이해와 활성화에 도움이 되고, 21세기 한국교회 전문인선교사역의 발전에 도움이 되는 놀라운 역사를 기대한다.

2019년 3월 4일
총신대학교 교정에서
김 성 욱

목 차

21세기 한국교회 선교전략은 전문인선교이다!

한국교회의 세계선교사역에서의 헌신과 공헌은 모든 선교학자들이 인정하는 부분이다. 지난 1980년부터 2010년까지의 30년 동안에 이루어진 한국선교는 200배 이상의 성장을 가져온 셈이다. 선교사 100명에서 20000명으로 급증한 선교적 열정과 성장은 세계교회가 주목하는 점이다. 해마다 1000명이상의 선교사를 전세계 175개국 이상으로 파송한 한국교회의 선교적 확산은 한국교회의 선교에 대한 열정을 보여준다. 한국교회의 선교확산의 원인으로 지난 100년의 한국교회의 지속적인 교회성장을 기초로 하고 있으며, 아울러 선교중심적인 성경중심적인 보수적인 신학을 기초로 한 한국교회의 기초에 있다고 판단된다. 성경의 중심이 예수 그리스도의 십자가와 부활의 복음을 제시하고 이것을 만방에 전파하는 선교신학이 그 핵심이기 때문에, 한국교회는 성경의 영감을 믿고 지키고 실천함으로 결국 세계선교의 사역은 그 열매로 나타나고 있다.

이러한 한국교회는 지속적인 세계선교사역을 위해 한국선교협의회(KWMA)를 중심으로 각 교단선교부와 다양한 선교단체들이 연합하고 협력하여 선교현장에서 일어나는 문제들을 해결하고 후원하는 구조를 이어가고 있다. 한국선교협의회는 21세기 한국선교의 전략으로 평신도 전문인선교를 강력하게 추천하고 있다. 이것은 선교현장에서 사역하는 대부분의 선교사들이 요청하고 있는 것이며, 선교전문가들 역시 이 부분에 공감하고 있다는 점이다.

최근에 한국교회의 전반적인 교인 수 감소로 인해 선교비 후원제도의 수정이 필요하면서 자비량 전문인선교전략에 대해 더욱 관심을 가지게 된 것이다. 해마다 늘어나던 선교사파송이 그 숫자가 줄어가면서, 21세기 선교전략의 수정을 연구하게 된 것이다. 이제야 말로 전교인을 상대로 진정한 평신도 전문인선교사의 삶을 실천하게 하는 영적 부흥운동이 일어나야 할 때이다.

1장

서론

1. 들어가는 글

1) 선교의 페러다임의 변화

핸드릭 크레이머(Hendrick Kraemer)는 그의 주저인 "평신도 신학"(A Theology of the Laity Theology of Laity, 1958)에서 "평신도는 교회의 객체가 아니라 주체"라고 주장함으로 현대 개신교의 평신도 신학의 선구자로 그 역할을 했다. 1960년대 미국교회의 영적인 잠을 깨웠던 엘튼 트러블러드(Elton Trueblood)는 "여전히 하나님의 거대한 도구인 평신도는 잠자고 있다"고 경종을 울렸다.

오늘날, 목회자이건 평신도이건 모두가 "하나님의 백성"이 갖는 특수한 의미와 그에 따르는 역할에 대해 모두 무지한 것이 사실이다. 목회자로써 자신의 사역과 아울러 평신도를 훈련하고, 양육하는 사역(ministry)에 충분치 못하며, 아울러 평신도 자신들도 그들 고유의 역할에 무지하여 효과적인 사역이 아쉬운 현실이다. 더구나 우리 주위에는 "평신도를 깨우면 문제가 있으니 그냥 내버려두자"는 식의 교역자들의 의식은 그야말로 성직독점주의(Clericalism)의 여전한 존재를 증명하고 있다. 또한 일부 무분별한 선교단체들이 성직존재 자체를 무시하는 태도 곧, 반성직주의 (Anticlericalism) 또한 우리 가까이 있다.

그리고 이러한 현상에 대해 아무런 의식이 없는 맹목적인 평신도상도 큰 문제이다. 하나님께서 주신 고유한 특권과 아울러 맡겨 주신 책임과 사명은 묻어 버린 한 달란트 마냥 그들의 삶과 생활에서 잊혀져 있지 않는가? 존 스토트는(John Stott)는 목회자와 평신도의 진정한 관계는 "봉사하는 관계"이며, 성직자(Clergy)라는 말보다 목회자(Minister)라고 칭하기를 촉구했다.[1] 최근 한국교회 목회현장에서 "평신도 제자훈련"에 대한 지대한 관심을 나타내었다. 이것은 선교단체들의 영향에서 비롯되었다 해도 과언이 아니다.

2) 진정한 전문인선교의 위치와 역할

"오늘날 어떻게 평신도는 세상에서 자신의 참된 위치와 역할을 감당할 수 있는가?"

위의 질문에 답하기 위해서 두 가지 주제로 나누어 살펴보자. 첫째는 성경이 말하는 평신도의 바른 개념은 무엇인가이며, 둘째는 최근에 평신도의 위치와 역할에 관해서 어떤 연구가 이루어져 왔는가를 살피는 것이다. 이러한 평신도에 대한 연구는 소위 현대를 "평신도의 재발견의 시대"라 부르는 상황에서 그 중요성은 매우 뛰어 난다고 할 수 있다. 평신도의 무한한 자원을 현대의 복합적인 상태에서 활용하여 진정한 교회의 기능을 효과적으로 수행할 수 있다는 점에서 그 의의는 크다고 할 수 있다.

현대교회가 어떻게 평신도의 재발견에의 각성이 일어났는가에 대해서 존 스토트(John Stott)는 4 가지 이유들을 들고 있다. 첫째로, 실질적 요

---

1   John Stott, *One People*, (Downers Grove: IVP, 1982), 15.

인으로 과거에 비해 현대교회에서 교역자의 수의 감소로 평신도의 협력을 구할 수밖에 없었다는 점이다. 둘째로, 실용적 요인으로 평신도를 세속적인 클럽의 회원으로 빼앗기지 않고 선교사역에 유용한 존재가 되게 하려고, 셋째로, 시대정신의 영향으로, 곧 민주화 운동으로 인해 성숙된 시민의식과 평신도의 높은 교육열의 확산, 그리고 기존권위에 대한 도전하는 시대적 징후 때문으로 돌린다. 마지막으로, 평신도에 대한 관심의 부상이 다른 요인들보다도 더 중요한 것으로서, 성경적이고 신학적 요인을 들고 있다. 평신도선교사의 증가는 세계의 흐름이 그렇기 때문이 아니라, 그리고 평신도가 그러하기를 원해서가 아니라, 오로지 하나님의 뜻이기 때문이다. "평신도가 교회 내에서 그들의 권리와 의무를 수용하는 유일한 길은 그들이 하나님의 말씀 속에서 그것을 하나님의 백성을 향한 하나님의 뜻으로 인식하는 것이다."[2]

오늘날 한국교회의 평신도 운동에 대한 관심도 어떤 시대적 요구에 앞서, 성경적인 요구로 보아야 하며, 평신도에 대한 하나님의 뜻이다. 많은 경우에 평신도훈련이나 제자훈련이 어느 선교단체의 일시적인 유행정도로 생각하는 편견은 이러한 성경적인 이유 앞에 그 타당성을 잃게 된다. 아돌프 하르낙(Adolf Harnack)은 평신도의 재발견이 2000년의 "교회사의 맥박"에서 그 근원이 있다고 주장하면서, 특히 초대교회의 선교부흥의 주역들은 바로 "비공식적인 선교사들", 곧 평신도의 역할이었다고 주장했다. 이런 점에서 평신도에 대한 관심은 한국교회를 위한 시대적인 소명임에 분명하다. 옥한흠 목사는 "우리가 평신도를 재발견하는 일은 어떤 선교단체나 국제기구에게 떠맡길 문제가 아니다. 바로 지역교회에서 눈물과 땀과 헌신하는 우리 목회자들이 짊어져야 할 시대적 소명이라는

---

2   John Stott, *One People*, (Downers Grove: IVP, 1982), 15.

사실을 한시도 잊어서는 안될 것이다."[3]

2. 한국선교현황

과거에 부르짖었던 "세계속의 한국"이란 표현이 오늘날에는 한국인에게 익숙한 것이 되었다. 세계 경제 구도 속에 차지하는 한국 상품의 브랜드는 이미 최고의 대열에 합류한지 오래이다. 이러한 변화 속에서 한국교회의 선교적인 성장 또한 괄목할 만한 성장을 이루어 왔다. 한국선교연구원이 발표한 선교 통계에 의하면 선교사 파송 수에 있어서 미국교회에 이어 세계 2위의 선교대국으로 나타난 것이다.

흥미 있는 사실은 1990년 까지 한국선교사 수는 1,000명 정도였지만 그 후 10년 동안에 10배에 이르는 성장을 하였으며, 2,000년에 10000명 수준으로 그리고 2010년에는 20000명 이상의 선교사를 파송하고 있다. 이러한 현상에 대해 여러 가지 분석이 있지만, 과거에는 주로 선교단체 중심의 선교가 진행되었다면, 이제부터 교회가 본격적으로 자신의 본연의 선교적 관심을 집중하면서, 교회 지도자들이 선교에 관심을 가지게 되었다는 결과를 보게 된다.

필자는 현대 선교의 동향을 살피면서 그동안에 서구 교회 중심의 선교가 감소하게 되고 한국교회가 세계선교대열에 힘 있게 참여하게 된 배경에는 건전한 성경중심적인 기초위에 세워진 한국교회의 신학의 기초가 이러한 부흥의 원인중의 하나였다는 점을 발견할 수 있었다. 서구 유럽의 종교다원주의 사상과 선교신학의 좌경화는 선교의 감소 내지 폐지로 몰아가는 결과를 보여주었다.

---

3   옥한흠, 『평신도를 깨운다』, (서울: 두란노서원, 1984), 34-35.

실제로 지난 하버드대학교 교수 윌리엄 E. 혹킹(William E. Hocking)은 그의 저서 "선교의 재고"(Rethinking Mission)에서 종교다원주의에 근거하여 정통적인 선교의 폐지 주장은 그 당시 미국 교회 선교사역에 심각한 수준의 타격을 주었으며, 선교후원과 선교사의 감소라는 결과를 초래하였던 것이다. 그의 주장은 다음과 같다: "선교의 목적은 다른 사람들과 함께 예수 그리스도를 통해서 배운 바 말과 행위로 표현되는 하나님에 대한 참된 지식과 사랑을 추구하는데 있다... 중국의 유교는 그 나름대로 가치가 있고, 인도의 힌두교는 힌두교대로, 일본의 신도는 신도 나름의 가치가 있기 때문에 선교사를 파송할 필요가 없다."[4]

요즈음 무분별한 종교다원주의 사상은 교회의 선교적 결실과 헌신에 막대한 지장을 초래하고 혼란스럽게 하는 상황이지만, 한국교회는 한 세기가 넘는 짧은 선교역사 기간이지만 성경중심적인 신학과 헌신적이고 열정적인 신앙을 바탕으로 21세기에 이제 세계선교의 선두그룹으로 자리매김하고 있다고 본다.

미국 풀러 신학교의 찰스 밴 엔겐(Charles Van Engen)은 효과적인 선교사역은 성경적인 교회관에서 나온다고 주장하면서, 교회와 선교와의 긴밀한 연관관계를 다음과 같이 주장하고 있다: 선교는 교회의 살아있는 불꽃으로서 비유하면서, 불이 타고 있을 때에 그것이 존재하듯이 불이 꺼지고 나면 불의 존재를 볼 수 없는 것처럼 교회가 선교할 때 교회는 존재하지만 교회가 선교하지 않으면 교회의 존재를 찾을 수 없다고 강조하였다(The Church exists by mission as fire exists by burning). 곧 교회에 대한 바른 이해는 선교의 온전한 이해로 나아가게 하며, 아울러 선교에 대한 강조

4　William E. Hocking, *Re-thinking Missions, A Layman's Inquiry after One Hundred Years*, (New York: Harper & Brothers, 1952), 59.

는 바른 교회관을 가지게 만든다고 주장하였다(We cannot understand mission without viewing the nature of the Church, and we cannot understand the Church without looking at its mission). **5)**

그러므로 무엇보다 성경적인 교회를 확립하는 것이 무엇보다 효과적이고 지속적인 선교의 열매를 거두는 방법임을 알 수 있다. 최근에 나타난 선교적 교회론에 관한 저서들 가운데, 패트릭 존스턴(Patrick Johnston)이 저술한 "교회는 당신의 생각보다 큽니다"(The Church is Bigger than You Think)라는 책은 제목자체에서 왜곡된 교회관 때문에 고민하는 현대 크리스천들에게 성경적 교회관을 확신케 한다. **6)**

예수님은 교회야말로 지상에서 가장 탁월한 신적 기관임을 마태복음 16:18에서 보여주셨다: "내가 이 반석위에 내 교회를 세우리니 음부의 권세가 이기지 못하리라." 사도 바울은 선교사를 보내는 교회의 아름다운 존재에 대해 다음과 같이 노래하였다: "보내심을 받지 아니하였으면 어찌 전파하리요 아름답도다 좋은 소식을 전하는 발이여 함과 같으니라"(롬 10:15).

이처럼 땅위에 세우신 하나님의 백성들의 모임으로서 교회는 그 존재 자체와 함께 그것이 가지는 사도적인 속성 곧 선교적인 사역으로 소중한 존재인 것이다(마16:18; 롬10:15; cf. 신4:6-8). 영국의 데이비드 왓슨(David Watson)은 그의 저서 "나는 교회를 믿는다"(I Believe in the Church)에서 현대 그리스도인의 교회관의 왜곡을 지적하면서, 아울러 성경적인 교회관을 회복하면 교회역사에 가장 활발한 선교활동이 가능할 것이라고 주장하

5　Charles Van Engen, *God's Missionary People*, (Grand Rapids: Baker, 1991), 30.

6　Patrick Johnston, *The Church is Bigger than You Think*, (London: WEC, 2004).

였다.[7] 에드먼드 P. 클라우니(Edmund P. Clowney)는 그의 저서 "교회"(The Church)에서 성경적인 교회는 삼위일체적 관점에서 "성부 하나님의 백성"으로서의 교회, "성자 예수 그리스도의 몸"으로서의 교회, 그리고 "성령 하나님의 전"으로서의 교회가 성경적인 교회관으로 합당하다고 제안하였다.[8]

3. 전문인 선교사의 필요성

이러한 한국교회의 선교적인 확장 속에 나타나는 21세기 한국교회의 마지막 선교사역인 전방개척선교를 위한 하나님의 방법은 평신도 전문인 선교사이다. 랄프 윈터(Ralph Winter) 박사는 전방개척선교가 하나님의 선교를 방해하는 악들에 대한 전쟁선포로서 영적 전쟁이라고 불렀다(요일 3:8)[9]. 강승삼 교수는 전방개척선교 지역을 3 지역으로 나누었는데, 곧 부분제한지역(Limited Access Area), 창의적 접근지역(Creative Access Area), 그리고 폐쇄지역(Closed Area)으로 소개하고[10], 이 모든 지역은 선교사들을 받아들이지 않거나 선교사 비자를 주지 않는 나라들이기 때문에, 이러한 지역의 선교를 위해서 평신도 전문인 선교가 필요하다고 본다. 곧 창의적 접근지역에 가서 학생신분이나 연구원(Researchers)의 신분, 또는 전문직업(Professionals)을 가진 전문인 선교사가 절실히 필요한 것이다. 그런 점에서 평신도 전문인 선교전략은 21세기 마지막 선교의 전방개척에 가장

---

7   David Watson, *I Believe in the Church*, (Grand Rapids: Eerdmans, 1979).
8   Edmund P. Clowney, *The Church*, (London: IVP, 1995), 29.
9   강승삼, "한국교회선교현황분석과 전방개척선교의 방향," 『한국교회의 새로운 도전 전방개척선교』, (서울: 한국선교협의회, 2005), 28.
10   강승삼, "한국교회선교현황분석과 전방개척선교의 방향," 31.

유용한 선교전략이라고 할 수 있다.

그런데 이러한 평신도 전문인 선교전략에 대해서, 아직도 한국교회 대부분의 평신도와 목회자들에게는 생소한 것으로 받아들여지고 있다는 점이다. 평신도가 하나님의 복음의 사역자가 될 수 있는가에 대한 답이 그렇게 긍정적이지 않다는 것이 문제이다. 일찍이 미국교회 지도자 엘턴 트루블러드(Elton Trueblood)는 하나님의 거대한 군대인 평신도가 사역을 하지 않고 잠을 자고 있다고 지적하면서 잠자는 거대한 용사인(a sleeping giant) 평신도를 깨워야 한다고 주장하였다.[11] 1950년대부터 시작된 평신도를 깨우는 사역은 지금도 한국교회 목회자들과 모든 교회의 사역의 중심이 되어가고 있다.

어떻게 교회의 99%를 차지하는 하나님의 거대한 군대인 평신도가 선교사역자로서 잘 감당할 수 있게 하는가? 21세기 전방개척의 세계복음화를 위해서 먼저 바른 평신도 선교사역에 대한 신학적인 정립이 필요하다. 지난 1974년 제1차 로잔선교대회에서 발표된 평신도 선교에 대한 선언문을 살펴볼 필요가 있다:

"전 세계 복음화를 위해서는 전 교회적인 참여가 반드시 필요로 한다... 하나님은 그의 백성들을 복음전파의 동역자들(fellow-workers)이 되는 특권을 주신다... 하나님은 목사, 선교사, 전도사만이 아니라 그의 모든 신자들을 그의 증인으로서 부르시며, 그들을 통해 지역교회, 가족관계, 사업장, 시장, 친구관계에서 복음전파자로 사용하신다."

미국 텍사스 주 출신의 평신도 포드 메디슨(Ford Madison)는 로잔대회에서 이 시대 많은 평신도들이 가장 원하는 것은 복음전도사역에 참여하는 것이라고 주장하였다: "이제 평신도들도 가치있는 일을 위해서, 곧 생명

---

11 Elton Trueblood, *The Company of the Committed*, (New York: Harper & Brothers, 1961).

을 변화시키는 사역에(Life-Changing Business)에 참여하는 것을 간절히 원한다.”

미국 플로리다에서 평신도를 깨우는 전도폭발(Evangelism Explosion) 훈련 프로그램을 통해 전 세계 교회에 공헌하고 있는 제임스 케네디(James Kennedy) 목사는 “평신도야말로 교회성장과 세계복음화에 있어서 가장 중요한 전략인데, 그러나 이것은 오늘날 가장 사용되지 않고 있다”고 주장했다(Laymen are the most strategic and also the most unused key to the evangelization of the world).

오늘날 21세기 프런티어 선교를 위해 가장 필요한 선교전략이 이러한 평신도들에게 선교의 비전과 사명을 확신케 하여 자신의 직업과 달란트를 가지고 전문인선교사로 헌신케 하는 일이다. 전문인 선교사에 대해 단 헤밀톤(Don Hamilton)은 다음과 같이 정의한다: “타문화권에서 일하는 그리스도인을 뜻하며 그 문화권에서 안수받은 성직자는 아니지만 그의 헌신, 소명, 동기, 훈련 면에서 분명한 선교사이다.” 곧 세상에 여러 가지 직업을 통해 그리스도의 복음전파의 기회를 가진 자들로서, 이것은 단순히 경제적으로 자비량한다고 해서가 아니고, 그리고 정치적인 이유에서 비자를 쉽게 획득할 수 있어서라기보다, 우리 모든 그리스도인이 절대 주권자이신 주님께로부터 받은 삶의 목적으로 지상명령을 성취하는 것이 주 동기와 이유가 된다.

전문인 선교사역에 대한 다양한 이름들이 “세계를 품은 그리스도인”(World Christian)들로서 그리스도인이 이제 “모든 족속을 제자로 삼는” 의식과 가치관, 세계관이 확대되어, 평신도선교사, 텐트메이커(Tentmaker), 전문인선교사, 직업인선교사, 자비량선교사, 그리고 데츄나오 야마모리(Tetsunao Yamamori) 박사는 이러한 평신도 전문인 선교사를 “하나님의 특사”(God's Special Envoys)로 부르고 있다(Envoys will be 'tentmakers' as the term is

popularly understood in Christian missions, they will be more than tentmakers ... God'
s Special Envoys will be specialists in every sense of the word ... The Special Envoys must
be wholeheartedly devoted to Christ and his mission on earth, believing in the availability
of salvation only in and through Jesus Christ). **12)**

21세기는 평신도 선교사역의 시대임을 부인하는 사람은 없다. 평신도 전문인의 가능성에 대해서 20세기 한 세기동안 큰 신학의 주제로 다루어져 왔다. 국내 목회 사역에서 그리고 해외 선교사역에서 평신도 전문인의 역할은 무엇보다 크게 나타난 시기였다. 특히 선교현장에서 평신도 전문인의 사역과 역할은 현대선교의 풍성한 열매로 나타나고 있다.

그러나 일부에서는 평신도가 사역자가 될 수 있는가에 대한 의구심을 가지고 평신도선교에 대해서 부정적인 시각을 가지고 바라보는 사람들이 있다. 필자가 종종 선교현장을 방문할 때마다 듣는 소식들 가운데 전문인선교사와 목사선교사 사이의 갈등구조를 접하곤 하면서 안타까운 마음을 금할 길이 없다. 21세기 선교사역은 교회사적으로 시대적으로 평신도 전문인 선교사역을 강력히 요청한다는 사실을 무색케 하는 상황이 아닐 수 없다. 이러한 문제들에 대한 분명한 대책이 시급하다고 본다.

필자는 본 장에서 평신도 전문인 선교에 대한 한국교회의 인식에 대해서, 그리고 평신도가 전문인선교사로서 어떻게 활발하게 그 사역을 수행할 수 있는가에 대해 교회역사를 통해서 나타난 평신도사역과 그리고 신구약성경이 제시하는 평신도사역에 대해 살펴보고자 한다.

---

12 Tetsunao Yamamori, *Penetrating Missions' Final Frontier: A New Strategy for Unreached Peoples*,
     (London: IVP, 1993), 54–55.

4. 한국교회와 전문인선교

　한국교회 안에서 평신도 사역에 대한 의식을 연구해보면 여전히 현대 한국교회에서는 평신도와 교역자사이에 바른 관계정립이 아쉬운 때임을 알 수 있다. "목사와 평신도사이, 목사와 장로사이에 누가 큰가?"에 대하여 필요 이상의 관심을 가지고 있어서 여러 가지 문제들을 일으킨다. 목회자와 평신도라는 이원론적인 직분에 대한 오해가 일어나기도 한다. 한국사회가 가지는 문화적인 특수성 때문에 교회안에도 성경적인 직분론과 거리가 먼 계급적인 성직이해가 있는 것은 사실이다.

　지난 20세기는 그 어느 때보다도 교회안에 있는 평신도의 역할에 대한 관심이 크게 일어나 신학적인 연구와 함께 평신도신학이라는 새로운 분야를 형성하기도 하였다. 평신도사역의 중요성에 대해서 일찍이 화란의 신학자 헨드릭 크레이머(Hendrick Kraemer)는 그의 저서 "평신도 신학"(A Theology of Laity, 1958)에서 교회의 "평신도는 교회의 사역의 객체가 아니라 주체"가 되어야 한다고 하면서, 그동안 교회안에서 평신도의 위상에 대한 잘못된 관행에 대해서 지적하였다. 평신도가 그들의 본연의 사명을 잊어버리고 세상일에나 탐닉하는 한편 교회안에서 지도자들의 의식에도 평신도에 대한 비전을 제시하지 못하는 상황을 지적하였던 것이다.

　오늘의 상황에서 평신도의 사역적인 위치에 대해 지금까지 목회자나 평신도 모두 "하나님의 백성"이 갖는 특수한 의미와 그에 따르는 평신도의 역할에 대해 무지한 것이 사실이다. 목회자로써 자신의 사역과 아울러 평신도를 훈련하고, 양육하는 사역(Ministry)에 충분치 못하며, 아울러 평신도 자신들도 그들 고유의 역할에 깨닫지 못하므로 무지하여 효과적인 사역이 아쉬운 현실이다. 심지어 "평신도를 깨우면 문제가 있으니 그냥 내버려두자"는 교역자들의 의식은 교직 독점주의(Clericalism)로 몰고 가고, 그와는 정반대 편에 퀘이커 교도와 같은 교회직제 자체를 부정하는 무교직주의(Anticlericalism)도 비성경적인 형태로 나타난다. 아울러 한국교회 사역현장에 가장 큰 문제는 사역자 의식 없이 살아가는 맹목적인 평신도상이다. 많은 평신도들이 하나님께서 주신 고유한 특권과 아울러 맡겨 주신 책임으로서 사명의식을 망각하고 그들의 사역을 묻어버린 한 달란트처럼 잊혀져 있는 모습이 많다. 오늘의 선교현장에서 평신도사역자들을 활성화하는 길은 평신도를 훈련하여 사역자로 세우는 목회자의 분명한 정체성의 확립이 필요하다.

5. 선교 현장과 전문인 선교

왜 전문인 선교가 필요한가에 대해서 오늘날의 선교 상황이 잘 대변해 준다. 데츄나오 야마모리 국제기아대책 본부장은 지금의 선교현장의 실제를 몇 가지로 제시한다.[13] 첫째로, 전세계적으로 그리스도인의 증가보다 비그리스도인의 인구가 폭발적으로 증가하고 있으며, 둘째로, 아직 복음을 듣지 못한 나머지 종족 집단의 지속적인 폐쇄성 때문에, 셋째로, 교회인구의 중심이 발전된 서구로부터 제3세계로 전이되는 상황 때문에, 넷째로, 선교사역에서 중요한 역할을 차지하고 있는 제3세계 그리스도인의 증가하는 선교열심, 다섯째로, 어떤 외부의 지원도 받지 못하는 국가에 알맞는 교회개척전략의 필요성, 여섯째로, 교회 장년교인의 주류가 부유한 자의 교회로부터 '가난한 자의 교회'로 전이됨과, 일곱째, 미전도종족 내에서의 빈번한 물질적 궁핍, 그리고 마지막으로 선진국의 물질

---

13 Tetsunao Yamamori, *Penetrating Missions' Final Frontier: A New Strategy for Unreached Peoples*, (Downers Grove: IVP, 1993), 46.

적 번영과 힘을 따라 잡고자 하는 많은 미전도종족 지도자들의 야심 때문이라고 주장하였다. 이러한 변화된 선교지 상황에서 새로운 선교전략의 필요성으로서 전문인선교를 주장하였다.

랄프 윈터(Ralph Winter), 크리스티 윌슨(Christy Wilson, Jr.), 데츄나오 야마모리(T. Yamamori) 등은 21세기 선교전략으로서 전문인 선교가 절실히 필요함을 주장하였다. 랄프 윈터 박사는 미전도종족선교에 대해서 분명한 정의와 필요성을 제시하였다. 그의 주장에 의하면 "미전도종족"이란 말은 지금의 선교에서 중심적인 전략으로, 이것은 이제 선교가 어느 나라나 지역으로 가는 것이 아니라 종족들, 그것도 아직 한번도 복음을 듣지 못한 종족들에게 가는 것이며, 선교는 바로 이러한 종족들에게 가서 복음을 선포하는 것이라고 주장한다(The use of 'Unreached Peoples' is now making major in mission strategic thinking... Mission does not mean going to places but to peoples, unreached peoples, to be precise—wherever representatives of such people are... Missions is a specialized kind of evangelism, the kind which is a 'first penetration' into a group which might otherwise never have a chance at all).[14]

이러한 미전도 종족들에 대한 선교적 접근을 위하여 제시된 선교전략이 바로 전문인 선교이다. 전문인 선교는 전통적인 목사선교사 신분으로 사역할 수 없는 지역의 선교전략으로서 1989년 필리핀 마닐라에서 개최되었던 제2차 로잔 세계선교대회는 이러한 전문인 선교전략의 중요성을 다음과 같이 주장하였다: "온 세상에(Whole World) 온전한 복음을(Whole Gospel) 모든 교회가(Whole Church)" 전하기 위하여, 더 이상 선교를 전통적인 선교사에게만 맡길 것이 아니라 전교인이 참여하는 전문인선교를 강조했다.

---

14 Ralph Winter, "Editorial," Mission Frontiers, April—May 1991, 2—4.

지금까지 제기된 미전도종족들은 북위 10/40도에(10/40Window) 걸쳐 있는 지역으로서 서아프리카로부터 중동을 지나 아시아까지 뻗쳐있는 북위 10도에서 40도 사이에 있는 띠 모양의 지역의 국가와 종족들인데,[15] 이들 지역은 회교권, 힌두교권, 불교권을 포함하고 있으며, 중국과 구공산권을 포함하고 있다. 이 지역은 새로운 선교 표적국가들이 대부분 위치하며, 아울러 전세계 빈민의 82%와 저개발국가들을 포함하는 지역이다. 그런데 이러한 지역은 거의 대부분이 전통적인 목사선교사들의 접근제한 지역이기에 오직 전문인선교만이 가능한 지역이다.

21세기 선교현장은 이제 세계인구 75억 가운데 현재 21억의 그리스도인이 각 3 명씩만 선교하면 세계복음화 성취가능한 상황이다. 회교권과 구공산권 지역에서 전문인선교사로 사역했던 크리스티 윌슨(Christy Wilson Jr.)은 다음과 같이 주장한다: "만약 그리스도인이 지상명령을 진지하게 수행한다면 앞으로 10년 안에 거대한 회교도의 무리가 그리스도께 돌아오는 것을 보게 될 것이다 (인도네시아, 방글라데시의 경우)… 그러나 만약 우리가 사랑의 복음을 가지고 회교도에게 가지 않는다면 하나님은 그에 대한 심판으로서 그들이 우리를 대적하도록 하실 것이다. 회교의 종말론은 그들이 온 세상을 정복하게 될 것이라고 가르친다. 그들은 지금 자신들이 세계를 정복하는 성전(聖戰) 가운데 있다고 생각한다"[16]

국제기아대책기구의 데츄나오 야마모리는 이러한 상황에서 기존의 선교전략의 부당성을 지적하고 새로운 전문인선교전략을 주장하였다: 그는 오늘의 선교는 잘못된 표적을 가지고 중복투자하는 비효율성선교

---

15 Frank Kabeb Jansen, ed., *A Church for Every People: The List of Unreached and Adoptable People*, (Colorado Springs, Solo.: Adopt—A—People clearinghouse, 1993).

16 Tetsunao Yamamori, *Penetrating Missions' Final Frontier: A New Strategy for Unreached Peoples*, (Downers Grove: IVP, 1993), 46.

를 지적하였다. 현대교회의 선교는 이미 기독교화된 지역에 99.9%의 자원을 사용하고 있는 반면에, 미전도종족선교에는 오직 0.1%만을 사용한다고 주장한다. 그는 이제 선교의 마지막 전선은(Final Mission Frontiers) 미전도종족임을 주장한다. 그리고 이러한 전문인 선교사의 미전도종족선교를 위한 핵심적인 전문가들과 훈련된 사역자가 부족하다. 그러므로 새로운 선교를 위한 전략적 전환의 필요하며 6000개의 미전도 종족선교를 위한 전문인 선교전략은 시급하다고 본다.

6. 전문인 선교의 정의

현대선교의 효율적인 전략들 가운데 가장 강력한 선교전략으로 제시되는 것이 바로 평신도 전문인 선교이다. 어바나 선교회 총무 단 해밀턴(Don Hamilton)은 전문인 선교사에 대해 다음과 같이 정의한다: "타문화권에서 일하는 그리스도인을 뜻하며 그 문화권에서 성직자는 아니지만, 그의 헌신, 소명, 동기, 훈련 면에서 분명한 선교사이다."[17] 데츄나오 야마모리(D. Yamamori)는 전문인선교사에 대해 정의하면서, "전문인선교사는 영적인 깊이와 성경적인 지식에 있어서 전통적인 선교사의 영성을 가지고 있으며 아울러 자신의 전문적인 분야에서 직업을 가지고 복음전파를 위해 헌신된 자"[18]로 정의하였다. 전문인선교사란 세상에 여러 가지 직업을 가지면서, 그리스도의 복음전파의 기회를 가진 자들로서 헌신되고 훈련된 체험적인 그리스도인들로 자신의 세상의 직업을 통해 예수 그리

---

17 Don Hamilton, 『자비량 선교사들은 이렇게 말한다』, 정진환 역, (서울:JOY, 1991), 22.

18 Tetsunao Yamamori, *Penetrating Missions' Final Frontier*, (Downers Grove, 1993), 11: "A tentmaker is a person who has all the spiritual depth and scriptural knowledge of a traditional missionary, but serves vocationally in another professional capacity".

스도의 증인으로 섬기는 자들이다.

전문인 선교사를 정의할 때 단순히 전문인선교사가 경제적이고 정치적인 면에서 효과적이라는 것이 아니라, 모든 그리스도인에게 절대 주권자이신 주님의 선교목적을 수행하는 사역으로서 그 의미가 있다고 본다. 직업을 가지고 경제적인 이윤을 통해 선교하기에 유리하기 때문이 아니라, 그리고 출입국에 필요한 비자를 쉽게 받을 수 있다는 점에서 전문인 선교사가 필요하다는 측면보다, 모든 그리스도인들에게 선교명령을 주신 주님의 뜻을 따르는 가운데 전문인 선교의 의미를 찾는다. 오늘날 여러 가지 목적으로 해외로 나가는 평신도 그리스도인들은 그들의 역할에 따라 그리스도를 증거할 수 있는 전문인선교사로서의 기회와 무한한 잠재력을 가진다.

전문인선교사에 대해 다양한 학자들의 견해들 가운데, 허버트 케인(Herbert Kane)은 전문인선교사란 "무릇 해외에 나가서 일을 하되 그의 직업을 통해 예수 그리스도의 증인이 되어 복음을 전할 기회로 삼는 헌신적인 그리스도인"[19]으로, 그리고 앤드류 다이어몬드(Andrew Dymond)는 "전문인 선교사란 실행적인 면에서 엄연히 선교사이고, 생활면에서는 자비부담을 하는 그리스도인"[20]으로, 테드 워드(Ted Ward)는 단순히 전문인선교사란 "생산적인 해외 취업기간 중에 그리스도를 증거하는 사람"[21] 정도로 제시한다.

이러한 전문인선교사들은 모든 그리스도인들이 마28:19-20에 나타난 주님의 선교명령을 준행하기 위해 모든 족속을 제자화 하려는 "세계

---

19 Herbert Kane, *Winds of Change in the Christian Mission*, (Chicago: Moody Press, 1973), 177.
20 J. Christy Wilson, 『현대의 자비량 선교사들』, (서울: 순 출판사, 1979), 23.
21 J. Christy Wilson, 23.

를 품은 그리스도인"(World Christians)이다. 전문인선교사는 그리스도인으로서 세계를 가슴에 품는 평신도선교사, 텐트메이커, 직업인선교사, 자비량선교사, 하나님의 특사(God's Special Envoys)[22] 등 다양한 이름으로 불리고 있다. 여기서 "하나님의 특사"란 자신의 생애의 일부, 혹은 전부를 세계복음화에 헌신하고 있는 그리스도인들로 전통적인 선교노력으로 미치지 못한 미전도종족을 선교하는 선교사들이다. 전문인 선교사에 대한 영어 표현으로는 "Lay Pastor"(평신도 사역자), "Non-Professional Missionary"(비전문선교사), "Self-Supporting Cross-Cultural Witness"(자비량 타문화권사역자), "Ambassador for Christ"(그리스도를 위한 대사), "Unofficial Missionary"(비공식적인 선교사) 등의 표현이 있다.

"텐트메이커"(Tentmaker)라는 말은 사도행전 18:3에 나타난 사도 바울과 브리스길라와 아굴라 부부의 직업으로 나타난다. 사도바울은 복음을 전파하는 일을 위하여 스스로 "장막을 만드는" 직업을 가지고 사역하였다. 여기 사용된 텐트메이커는 오늘날 전문인선교사의 주요한 명칭이 된 것이다. 그리고 직업선교사라는 말은 선교사가 두 개의 직업, 즉 세속적인 직업과 선교사 직분을 가지고 있다는 뜻이며, 영어 표현으로는 "Bi-vocational missionary"로 명명된다. 이런 경우에 선교사는 직업의 전문성과 선교사로서의 전문성을 동시에 지니고 있어야 한다. 최근에 한정국선교사는 이러한 이중직의 전문가가 가지는 의미에 대해서 두 마리 토끼를 좇는 불안한 상태의 비유가 아니라 마차가 제대로 굴러가려면 두개의 수레바퀴가 있어야한다는 비유로 설명하면서 전문인선교의 특징을 제시하였다. 즉 분명한 선교사명과 직업의식을 가지고 선교지에 임하는 것이 의미가 있다는 것이다. 그리고 전문인선교사가 자비량선교사(Self-

---

22 Yamamori, *Penetrating Missions' Final Frontier*, 53.

supporting Missionary)로 불리는 경우에 그것은 선교사가 자신의 생활비를 충당하면서 사역을 하는 경우를 지시하는데 이 말은 주로 경제적인 측면에서 정의된 말이다. 그러나 모든 전문인선교사가 반드시 "자비량선교사"인 것은 아니다. 사도 바울의 경우에 항상 자비량과 동시에 후원에 의존하여 활동하였다. 최근에 선교지 상황에서 선교사가 현장직업에서 나오는 수입으로는 생존과 사역을 수행하기는 어려운 것이 사실이다. 본교단총회 선교회에서도 전문인선교사를 파송할 경우에 후원교회의 유무가 중요한 조건으로 제시하고 후원하는 것을 원칙으로 하고 있다. 그리고 평신도선교사라는(Lay missionary) 말은 평신도 신분으로 선교사가 되는 경우로서 신분상 목회자 선교사와 대조된다. 현재 선교지에서 텐트메이커가 반드시 평신도선교사만을 가리키는 것은 아니며 목회자선교사가 전문인선교사로 활동하는 경우도 많기 때문이다.

이상에서 전문인선교사에 대한 용어의 정의는 다양한 의견들이 제시되어 있음을 볼 수 있다. 이러한 전문인선교에 대한 용어들을 크게 두 가지로 분류한다면, 먼저 전문인선교에 대한 협의적인 정의와 광의적인 의미로 나누어 볼 수 있다. 협의적인 전문인선교사의 의미는 사전적인 의미로 전문인이란 "어떤 특정한 부분을 오로지 연구 담당하며 특히 그 부분에 정통한 사람"[23]으로 전문인선교사란 "어떤 특정한 부분에 정통한 기술이나 자격을 가지고 있는 선교사"를 의미한다. 즉 타문화권에서 자신의 기술이나 자격을 십분 활용하여 복음을 전파하는 자로 볼 수 있다.

광의적인 전문인선교사에 대한 정의는 선교전략적 측면에서 어떤 전문적 기술이나 자격이 없는 경우에도 전문인 선교사를 재정의 할 필요가 있음을 주장한다. 보다 넓은 의미에서의 전문인 선교사로서 비록 어떤

---

23 이희승, 『엣센스 국어사전』 (서울: 민중서림), 1873.

분야에 전문인은 아니지만 전문인 선교사의 범주에 넣는 이론이다. 실제로 전문인이 아니거나 특정 분야에 깊은 지식이나 경험이 없더라도 대신 복음전도와 양육을 위해 선교사 신분으로 가서 선교하는 선교사를 말한다. 주님의 선교명령에(마28:19-20) 순종하는 모든 그리스도인들의 헌신적인 선교사역을 목적으로 이러한 광의적인 전문인 선교의 개념이 보편화되어 있다.

이러한 여러 가지 전문인 선교사에 대한 용어와 함께 패트릭 라이(Patrick Lai)는 지난 선교한국 90에서 전문인 선교사의 5가지 유형(Tentmaker1-5)을 다음과 주장하였다. [24]

첫째, T1 유형에 속하는 전문인선교사는 본국회사에 고용되어 타국에 파견된 자로 선교사로서 소명 때문에 선교현지에 간 것이 아니라 회사 업무상 간 경우로, 월급을 회사에서 받기에 대부분의 시간을 회사업무에 투자하고 기회가 닿는 대로 선교사역을 하려고 하는 유형이다. 이러한 유형은 선교에 대한 준비나 특별한 훈련이 없었고 책임감도 약하기에 많은 한계를 갖는다.

둘째, T2 유형은 직업적인 면에서 T1유형과 비슷하나 소명과 헌신의 강도가 전자와는 다른 경우로, 이들은 선교를 위해 선교현장에 있는 회사의 지사를 택한 자들이다. 대부분의 경우에 전통적인 선교사들에게는 문이 닫혀 진 창의적 접근지역에 일하며 선교하는 유형으로 사역 준비와 선교훈련들을 받은 자들인 경우이다. 그러나 이들이 여전히 월급은 회사에서 받기에 복음전도에 우선권을 두지 못하는 한계가 있다.

셋째, T3 유형은 선교의 우선순위가 미전도 족속에게 복음을 전하는

---

24 Patrick Lai, *Tentmaking: The Life and Work of Business as Missions*, (Downers Grove: IVP, 2005), 21-27.

것으로 본국에서 사역의 경험과 충분한 훈련을 받고 현장에 파송된 자들로, 선교단체에 속해서 선교사로서 그들의 후원과 관리를 받는 전형적인 전문인 선교사들이다. 그리고 이들의 경우에 작은 회사의 경영주로 많은 시간을 사역에 투자할 수 있는 유형으로서, 자신의 사업으로 재정이 충당되지만 교회의 후원을 받을 수 있는 선교사이다.

넷째, T4 유형의 선교사는 한 회사를 위해 일하는 선교사도 아니며, 전통적인 선교사도 아닌 경우로, 유학생, 사회사업가 등일 수 있는데 비선교사 비자로 합법적으로 그 나라에 거주하는 그리스도인들을 말한다. 그런데 이들은 선교단체와 연결이 되어 있어서, 그 단체를 통해 재정적으로 후원과 격려를 받는다. T3의 장점을 살리면서 그 단점을 최소화한 것이라고 볼 수 있다.

다섯째, T5 유형의 전문인 선교사는 사실 T-5 유형은 전문인 선교사가 아닌, 전통적인 선교사이다. 그러나 이들은 선교사 비자를 받을 수 없는 나라들에서 사역하는 선교사들이다. 그래서 T-5 유형은 선교사나 종교적인 사역자로 분류되기보다 다른 정체성을 가지고 사역하는 자들이다. T-5형은 회사에 소속은 하지만. 실제로 그 회사를 위해 일하지 않는다. 어떤 T-5유형 선교사들은 그 나라에 합법적으로 거주하기 위한 "보호용 회사"(shell company)를 운영한다. 그 회사가 실제이든 아니든 간에, T-5형 선교사들에게 입국 비자를 제공하게 하고 그 지역에서 거주할 수 있게 만든다. T-5형은 T-1과 2, 그리고 T-4의 모든 영역을 포함하며, 다른 선교사들처럼 후원을 받으며 사역한다. T-5형은 항상 파송기관과 연결되어 분명한 선교사역을 수행한다.

요약하면, 전문인선교에 대해 1987년 빌리 그래함 센터와 1994년 USAT(미국전문인선교협의회)가 채택한 전문인 선교사의 정의는, 전문인 선교사란 자신의 기술이나 전문성을 소유하고 타문화권에 접근하여 거주

하면서 현지인을 예수 그리스도의 제자로 삼는데 최우선권을 두며, 가능
한 곳에서는 교회를 개척하고 견고하게 하는 그리스도의 증인들이다.

2장

현대 전문인선교 현황

21세기 효과적인 선교전략으로 대두된 전문인선교에 대해 지금까지 살펴보았다. 전문인선교라는 개념이 생기기 전에 이미 수많은 주의 헌신된 백성들은 각 시대마다 이름도 없이 선교사역을 감당해 왔다. 역사적으로 전문인 선교라는 용어 개념이 선교전략에 본격적으로 사용되기 시작한 것은 1980년 이후부터 이다. 로잔 세계복음화 위원회가 80%의 미전도 종족에 대한 발표가 있고 여기서 국제 텐트메이커 협의회 발족이 되었으며 1992년에 미국 텐트메이커 협의회(USAT)가 구성되었고 그때부터 돈 해밀턴(Don Hamilton), 크리스티 윌슨(Christie Wilson, Jr.), T. 야마모리(Tetsunao Yamamori), 데니 마틴(Danny Martin) 을 중심으로 활동하고 있다. 한국에서는 전문인 선교의 노력들이 그루터기 선교회, 해외선교연구회(DSM), 그리고 많은 학원선교단체를 중심으로 한국선교협의회를 통해 전문인 선교가 이루어지고 있다.

그루터기 선교회는 청소년들에게서 그리스도의 소망을 발견하고 이들에게 기능을 전수하여 주님의 제자로 훈련 파송하고 있는데, 1976년 3명의 청소년의 헌신으로 시작해 많은 전문인 선교사를 파송하고 있다. 그들이 실시하는 전문인 선교의 장점으로는 폐쇄지역의 접근이 용이하며, 영구적인 정착선교를 하므로 선교비에 따른 사역의 불안정성이 해소되며 현지인을 지도자로 키우고 사역을 맡길 수 있다는 점을 들고 있

다. [25]

평신도를 통한 교회개척 사역에 열심인 DSM선교회의 사역을 보면 '이 세대가 지나가기 전에 세계의 완전 복음화'라는 표어를 내걸고 청년 대학생을 주님의 제자로 훈련하여 전세계에 파송하는 초교파적 선교회로서 현재 많은 수의 선교사들이 동남아시아 지역에서 활동하고 있다. 선교비 문제를 해결하기 위하여 현지에 어학원을 설립 운영하고 국내에도 어린이 교육사업을 하고 있으며, 앞으로 선교사와 팀을 이룰 수 있는 전문인 선교사들을 양육 파송하여 의류, 가공, 도서대여, 출판사업 등의 사역을 계획하여 실시 중이다.

1990년대부터 한국전문인선교협의회(KAT)가 결성되어 전략적인 협력으로 전문인선교가 활성화되고 있다. [26] 1999년 한국전문인선교대회가 개최되었으며, 이어서 제주도에서 세계 전문인 선교대회가 개최되어 지금까지 한국전문인선교를 이끌고 있다.

한국교회의 전문인 선교에 대한 인식도는 선교단체는 활발하지만, 각 교단 선교부는 전문인선교에 대해 아직도 미미하다고 본다. 이런 상황에서 전문인선교의 활성화를 위하여 전문인선교에 대한 오해가 먼저 풀려야 하는데, 첫째로, 일부의 목회자들이 우려하듯이, 전문인 선교는 전통적인 선교에 대한 위협이 아니며, 둘째로, 전문인에 대한 전반적인 지역교회의 시각이 바뀌어야 한다는 점이다. 이미 선교현장에서 활동하는 세계선교사의 80% 이상이 평신도 전문인 선교사인 점을 기억할 필요가 있다.

미국의 전도폭발훈련의 지도자인 제임스 케네디(James Kennedy)는 평신

25　그루터기 선교회 팜플렛, 21세기를 향한 자비량 선교.
26　한국전문인선교협의회, 『선교의 패러다임이 바뀐다』, (서울: 도서출판 창조, 2000).

도야말로 오늘날 세계 복음화에 가장 전략적으로 중요한 것인데, 일반교회의 시각의 부족으로 가장 선교사역에 사용되지 않는 요소로 지적하였다.[27] 그러므로 지역교회는 평신도들을 전문인 선교사로 준비와 훈련을 시켜야 한다. 지역교회는 평신도의 정체성을 바르게 교육하고, 자신의 직업으로 평신도들에게 평생선교사나 단기선교사로 헌신할 수 있도록 훈련하고 격려해야 한다.

다음에 나타난 통계는 한국전문인선교협의회에서 조사한 통계이다.[28] 한국교회 선교사들과 선교헌신자들을 대상으로 설문하여 작성한 것으로 한국교회의 전문인선교에 대한 현황을 잘 보여준다. 이 통계자료가 밝히는 전문인선교에 대한 인식도와 현황조사에 따르면, 전문인선교에 대한 한국교회의 인식의 변화가 시급함을 볼 수 있다.

도표 1에서 나타난 조사에 참여한 대상자는 선교 헌신자가 3,325명이고 파송선교사가 5,389명인데, 파송선교사 가운데 평신도 선교사는 57%로 나타난데 비해, 선교 헌신자 가운데 평신도는 76%를 차지하는 현상은, 헌신하고 준비하여 파송되기까지 평신도 전문인 선교사는 아직 후원교회와의 관계에서 어려움을 겪는 것으로 보인다.

도표 1. 한국 내의 선교 헌신자와 파송 선교사

인원(명)

	선교 헌신자	파송 선교사
신학생 출신	803명(24%)	2,315명(43%)
평신도	2,522명(76%)	3,083명(57%)
계	3,325명	5,398명

---

27 James Kennedy, *Evangelism Explosion*, (Chicago: Tyndale, 1996), 1: "Laymen are the most strategic and also the most unused key to the evangelization of the world."

28 한국전문인선교협의회, 『선교의 패러다임이 바뀐다』 219–244.

도표 2에서 보여주는 것은 전문인선교를 주로 하는 학생선교단체를 제외한 통계로서 선교헌신자 가운데 신학생출신이 45%, 평신도출신이 55%, 그리고 파송선교사 가운데 62%가 신학출신의 목회자선교사이며, 평신도선교사는 38%밖에 되지 않는 점을 볼 수 있다. 이것은 아직도 지역교회의 평신도 전문인선교에 대한 인식이 상대적으로 낮다는 사실을 알 수 있다.

도표 2. 학생 선교단체를 제외한 경우의 현황

인원(명)

학생 단체 제외	선교 헌신자	파송 선교사
신학생 출신	770명(45%)	2,315명(62%)
평신도	939명(55%)	1,440명(38%)
계	1,709명	3,755명

도표 3은 파송선교사들의 성별에 관한 통계로서 남 선교사들은 신학생출신이 77%로 월등히 그 수가 많으며 평신도출신의 남 선교사는 상대적으로 적음을 볼 수 있다. 그러나 여선교사들 가운데 62%가 평신도선교사이며, 38%가 신학생출신 선교사임을 보여준다.

도표 3. 파송 선교사들의 성별 현황

	남	여
신학생 출신	77%	23%
평신도 출신	38%	62%
계	53%	47%

도표 4는 파송선교사들의 연령별 통계로서 남여모두 30-40대가 주류를 이루고 있으며, 특히 평신도 전문인선교사들은 20대도 30대와 40대만큼 많은 비율로 참여함을 볼 수 있다.

도표 4. 파송 선교사들의 연령별 현황

인원(명)

	20대	30대	40대	50대이상	합
남	274 (12%)	936 (39%)	918 (39%)	242 (10%)	2,370
여	422 (20%)	895 (42%)	637 (30%)	163 (8%)	2,117
계	696	1,831	1,555	405	4,487

신학교출신과 평신도선교사의 비율

인원(명)

	20대	30대	40대	50대이상	합
신학교 출신	66 (4%)	562 (33%)	824 (48%)	250 (15%)	1,702
평신도 출신	630 (24%)	1,269 (42%)	731 (28%)	155 (6%)	2,612
계	696	1,831	1,555	405	4,314

도표 5는 파송선교사들의 기간별 통계인데 4년 이상 장기 선교사들 가운데 평신도 전문인 선교들이 남녀 공히 많이 사역하고 있으며, 특히 여성 전문인사역자들이 두드러지게 장기사역에 참여함을 볼 수 있다.

도표 5. 파송 선교사들의 기간별 현황

인원(명)

기간	장기		중기		단기	
성별	남	여	남	여	남	여
신학생 출신	841	218	275	94	191	83
평신도 출신	846	1,321	87	205	130	196

도표 6은 기간별 통계 가운데 전문인선교사를 많이 파견한 선교단체를 제외한 상태에서 보여주는 통계인데, 장기 사역자 가운데 남자 평신도 전문인 선교사의 수가 많지 않으며 상대적으로 여성 선교사들의 장기 사역이 많음이 나타난다.

도표 6. 선교단체를 제외한 경우

인원(명)

기간	장기	중기	단기			
성별	남	여	남	여	남	여
신학생 출신	841	218	275	94	191	83
평신도 출신	98	570	70	169	104	166

　도표 7과 8은 선교 헌신자들의 직업의 경력과 분포로서 간호사와 의사가 많은 부분을 차지하고 사업가, 회사원, 교사나 강사, 영양사들이 참여하는 것을 볼 수 있다.

도표 7. 선교 헌신자들의 직업분포와 경력

	1-2년		3-4년		전문가	
	남	여	남	여	남	여
교사,보육,강사	5	14	11	38	29	39
회 사 원	12	20	20	13	27	22
프 로 그 래 머	2		6	1	10	2
자 영 업		1	8	6	9	5
사 업			3		64	67
건 축 업			1		5	6
영 양 사		1			1	25
스 튜 어 디 스					1	
의 사			3		70	19
간 호 사	4	5	2	8		117
사 진 사			3	1	3	
목 축 업	1		1	2	11	
사 무 행 정	5	7	4	6	8	7
엔 지 니 어						
가 정 주 부		5		4	3	3
기 관 관 리					1	
태 권 도					1	
찬 양					1	1
사 회 복 지						1
조 종 사,정 비					3	
기 타	14		16	49	5	13
계	48	53	81	128	252	327

도표 8. 선교헌신자의 직업분포

	신학교 출신	평신도 출신	신학, 평신 공통
과학기술	영양, 조리 항공운송선교	선원, 선장 선원, 항해사 약사 연구원 영양사 이.미용사 임상병리 조리사 치과 침술사 환자수송 기관사, 기관장 기관관리	간호사 의료사역 컴퓨터
스포츠		태권도	
정치	행정		
예술		음악	
교육	기독교교육 유아교육 유치원교사 특수교육 학교운영		교육(교사) 교수사역
경제		농업 농장사역	비즈니스
종교	목회 선교훈련 성가 신학교사역 전도 자비량	공동체 선교행정 선교협력 교회지도력	교회(개척,협력) 제자훈련 찬양
가정	청소년 치유		어린이 여성사역 고아
대중매체	신문 도서보급		문서선교(잡지)
기타	기구사역 문화교류 민간	지하수	구제 Mercy Ships

아프리카	남미	인도차이나	서인도	중국		
간호사 고아원 교육(교사) 교회개척 기독교교육 농업 문서 성가 신학교사역 여성사역 유치원교사	전문행정 제자훈련 찬양 특수교육 항공선교 Mercy Ships	교회개척 제자훈련 찬양 Mercy Ships	교육 교회개척 도서보급 문서 문화교류 선교훈련 신학교사역	교수사역 교육 교회개척 도서보급 문서(잡지) 문화교류 선교훈련 신문 신학교사역 약사 영양조리	의사 이.미용 임상병리 제자훈련 조리사 치과 침술사	제자훈련 지도자훈련

몽골	중앙아시아	아시아	일본	유	기타지역
의료 제자훈련 컴퓨터	교회개척 고아 교회학교 구제 빈민 의료 찬양 캠퍼스 컴퓨터 태권도	비즈니스 빈민 어린이 여성 의료 자비량 캠퍼스	교회사역 선교협력 영양사 협력목회	교회개척 제자훈련	교회개척 기관관리 기관장 비즈니스 선원 어린이 의료 제자훈련 컴퓨터 항공운송

도표 9는 선교 헌신자들의 희망 사역의 지역별 분포에 관한 것이다.

도표 10. 선교지의 사역 현황과 필요

인원(명)

	현황	필요
과학/기술	82	47
<u>스포츠</u>	18	12
정치	10	2
예술	12	13
교육	135	46
경제	40	3
종교	656	68
가정	45	8
대중매체	45	17
기타	1	3

도표 10과 11은 선교지의 전문인사역의 현황과 필요한 직업에 관한 것이다. 모든 분야에 필요하지만, 특별히 교회개척과 신학교 사역및, 교육사역과 과학기술사역, 그리고 경제, 대중 매체, 예술, 스포츠, 정치, 가정, 기타 선교사역 에 많은 필요가 있음을 알 수 있다.

도표 10. 선교지의 사역 현황과 필요

(shaded cells are marked ●)

분야	직업	선교지 현황	선교지 필요	헌신자 희망	헌신자 직업
과학기술	보건위생	●			
	엔지니어	●			
	컴퓨터 관련	●		●	
	간호사	●	●	●	●
	의사	●	●		●
	의료	●		●	
	영양사,조리	●		●	●
	미용사	●		●	
	농기술개발	●			
과학기술	보건위생	●			●
	프로그래머				
	전기전자	●	●		
	전기	●			
	엔지니어	●			●
	토목기사	●			
	항공	●			
	항공정비	●			●
	항공조종	●			●
	치과		●	●	
	내과		●		
	외과		●		
	자동차수리		●	●	
	선원		●	●	
	항해사		●	●	
	기관사		●	●	
	갑판통신사		●		
	건축가		●		●
	항공종사자		●	●	
	항공운송선교			●	
	침술사			●	
	환자수송			●	
	기관장			●	
	기관관리			●	●
	선장			●	
	연구원	●		●	
	약사			●	
	이용사			●	
	임상병리			●	
	사진사				●

분야	직업	선교지 현황	선교지 필요	헌신자 희망	헌신자 직업
과학기술	농기계기술		●		
경제	사업	●			●
	농업	●		●	
	봉제	●			
	회계	●			
	서비스업	●			
	은행원	●			
	자영업	●			●
	지역개발	●			
경제	농업교사		●		
	농장사역			●	
	비즈니스			●	
	회사원				●
	목축업				●
스포츠	운동선수	●			
	태권도	●		●	
	코치	●			
	태권도사범		●		
	건강관리		●		
	보건계통		●		
교육	교사	●			●
	중등교육	●			
	학원강사	●			
	교수	●	●	●	
	어린이계발	●			
	유치원교사	●			●
	영어교사	●	●		
	학원강사	●			
	어학원교사	●			●
	한국어교수	●			
	학교운영	●		●	
	사회사업	●			
	교육		●	●	
	고등교사		●		
	컴퓨터		●		
	신학교교수		●		
	초등교사		●		
	MK교사		●		●
	보육교사		●		●

대분류	분야/직업	선교지 현황	선교지 필요	헌신자 희망	헌신자 직업
교육	해양.교양				
	음악				
	미용				
	농업교사				
	기독교교육				
	유아교육				
	특수교육				
종교	목회자				
	제자훈련				
	간사				
	교사				
	신학교사역				
	교회개척				
	학원협력				
	치유				
	구제				
	베이스구축				
	성경배달				
	교목				
	구제,도서보급				
	상담				
	성경공부지도				
	기숙사보모				
	선교훈련				
	성가				
	자비량				
	전도				
	찬양				
	선교협력				
	공동체				
	교회지도력				
예술	성악가				
	피아노				
	무용인				
	연극인				
	음악				
	디자인				
	영화감독				
정치	행정지원				

대분류	분야/직업	선교지 현황	선교지 필요	헌신자 희망	헌신자 직업
정치	사무행정				
	변호사				
가정	가정상담가				
	난민어린이				
	나환자재활				
	고아원				
	여성사역				
	특수교사				
	가정사역				
	노인사역				
	어린이사역				
	사역종합개발				
	교사				
	청소년				
	치유				
	가정주부				
매스미디어	언론출판				
	출판인쇄				
	문서				
	방송				
	신문,잡지				
	제작자				
	문화원				
	편집				
	번역,출판				
	사진,비디오				
	도서보급				
기타	사회복지				
	언어연수				
	리서치				
	원예				
	영어번역자				
	기구사역				
	문화교류				
	민간				
	Mercy Ships				
	지하수				
	스튜어디스				

제2부
성경에서 본 전문인선교

평신도 전문인 선교는 성경에 나타난 하나님의 뜻이다. 어떤 시대적인 필요나 선교전략차원에서 고안된 인본적인 사역원리가 아니다. 이것은 성경에 나타난 하나님의 모든 하나님의 백성을 향한 사역적 소명이며, 성경 처음부터 마지막장까지 이러한 하나님의 계획이 드러나 있다.

창세기에 나타난 인간의 창조기록에서부터 구속사의 과정에서 아브라함언약에 나타나 있는 대로, 하나님의 언약백성은 땅의 모든 족속들이 하나님의 복에 참여하기까지 "축복의 통로"(창12:3) 곧 하나님의 복의 전달자로서 그 정체성을 가지고 있다. 그리고 아브라함의 자손이 모세 때에 나라를 이루며 맺은 모세언약에서 이스라엘은 제사장나라로 역사의 무대에 등장하여(출19:5-6), 하나님의 복음을 전달하는 수단으로 자리잡는다.

신약성경은 평신도 전문인 사역에 대해서 "왕같은 제사장들"(벧전2:9)의 사역으로 묘사하며, 세계선교의 주역으로 자리매김을 하고 있으며, 이러한 평신도 전문인들의 선교사역은 성령의 민주화(욜2:28-30; 행2:16-19)와 같은 보편적인 성령의 사역시대를 통하여 보다 구체적인 선교사역자의 삶을 가능하게 된 것이다. 성령의 역사를 힘입어 보다 효율적인 평신도 전문인선교사역을 기대해 본다.

3장

전문인 선교의 성경적 기초

1. 성경과 전문인 선교

"평신도를 깨운다"는 외침은 오늘 한국교회에서 매우 보편적인 현상이 되어서, 교회 안팎으로 평신도운동에 대한 연구와 관심이 활발한 것이 사실이다. 문제는 이러한 평신도에 대한 열기가 단지 일시적인 시대 풍조의 하나로서 여겨서, 일시적인 유행에 그치지나 않을까 하는 문제가 있을 수 있다. 이러한 문제를 바로 잡기 위해서 평신도에 대한 바른 성경적 이해는 필수적이라 할 수 있겠다. 사실, 성경은 이 세상에서 평신도의 지위와 역할에 대해서 권위있는 해답을 줄 수 있는 무오류한 책이다.

오늘날, 평신도의 의미가 전문가들에 비해서 상대적으로 "비전문가들"(non-professionals)이란 의미를 지니게 됨으로서, 본래 그 단어의 뜻이 와전되었다. 결과적으로 하나님의 백성으로서 "평신도"에 대한 개념자체도 오해되었기 때문에, 평신도에 대한 평가절하된 것을 고치는 작업이 이루어져야할 필요가 있다.[29] 로버트 O. 리차드(Robert O. Richards)와 길버트 R. 마틴(Gilbert R. Martin)은 오늘날 현대교회에서 성도들이 "나는 단지 평신도일 뿐입니다"라고 고백하면서, 그들 자신의 의미있는 사역을 포기

---

29 John Stott, *One People*, (Downers Grove: IVP, 1982).

하는데 익숙해져 있음을 지적하면서 이것은 현대교회의 비극적인 면이라고 주장한다[30].

여기서 다룰 주제는 "성경이 밝히는 평신도의 모습과 그 역할은 무엇인가"이다. 현대 교회는 성경에서 제시된 평신도의 지위와 역할에 기초한 개념대로 "새로운 방향"을 필요로 한다.[31] 곧 세상에서 예수 그리스도의 사역을 지속하기 위해서 하나님이 주신 은사로 갖추어진 사역자로서 평신도의 모습을 분명히 하는 작업이 필요하다. 이러한 평신도에 대한 성경신학적 연구는 신구약 전 성경에서 이루어져야 한다. 구약과 신약에 나타난 평신도 개념은 각자의 독창적인 면도 있지만, 서로간의 연속적인 면을 가진 것으로 나타난다. 그리고 구약에서 평신도의 개념과 역할은 창세기12:1-3; 출애굽기19:5-6; 그리고 이사야43:20-21을 중심으로, 신약에서는 에베소서4:11-12과 베드로전서 2:9-10 물 중심으로 살펴보고자 한다.[32]

먼저, 구약성경에서 하나님의 백성으로서 평신도에 대한 모습은 창세기12:1-3; 출애굽기19:5-6; 이사야43:20-21에 잘 나타나 있음을 볼 수 있다. 모든 본문에서 한결같이 하나님의 백성들은 그들 고유의 소명이 있으며, 특별히 선교적 역할이 분명히 제시되어 있음은 특기할 만한 내

---

30 Lawrence O. Richards and Gilbert R. Martin, *Lay Ministry: Empowering the People of God*, (Grand Rapids: Zondervan, 1981), 18.

31 Thomas W. Gillespie, "The laity in biblical perspective," *Theology Today*, Vol.36, 1979, 315-327.

32 Hendrick Kraemer, *A Theology of the Laity*, (Philadelphia: Westminster Press, 1958); Johannes Blauw, *The Missionary Nature of the Church*, (New York: McGraw-Hill, 1963); Carl G. Kromminga, *Bringing God's News to Neighbors: Biblical and Historical Foundations*, (Nutely: Presbyterian and Reformed Publishing Co., 1977); Walter C. Kaiser, Jr., "Israel's ―Missionary Call," *Perspectives on the World Christian Movement, eds.*, Ralph D. Winter, Steven C. Hawthorne, (Pasadena: William Carey Library, 1981), 25-34; John Stott, *One People*, (Downers Grove: InterVarsity Press, 1982).

용이다. 특히 하나님의 언약백성으로서 그들이 가지는 지위는 오늘 평신도들을 일깨우는데 귀중한 말씀의 교훈이 아닐 수 없다.

성경은 하나님의 백성으로서 평신도들이 가지는 그들의 정체성(Identity)과 그들이 가지는 사역(Ministry)에 대한 풍성한 내용을 제시하고 있다. 구약성경에서 창12:1-3, 출19:5-6, 그리고 사43:20-21에서 나타난 하나님의 백성들은 한결같이 이 세상에서 그들의 특별한 위치가 있으며, 그와 동시에 그들은 막중한 책임을 소유한 존재임을 증거한다. 선택받은 하나님의 백성으로서 그들은 제사장 나라로서 하나님의 구원과 이름을 만방에 선포하고 사역을 가지며, 아울러 이 세상에서 하나님의 "복의 근원"이 되어 그것을 만민에게 전달하는 선교적 백성임을 구약의 여러 구절은 나타내고 있다.

구약성경에 이어서 신약성경에는 평신도에 대한 개념이 보다 더 광범위하면서, 확실하게 나타나 있다. 신약의 평신도에 대한 내용은 주로 다음 두 구절 (엡4:11-12과 벧전2:9-10)을 중심으로 나타나 있으며, 하나님의 백성인 평신도가 지니는 정체성이 무엇이며 그들의 역할이 무엇임을 살펴 볼 수 있다.

평신도 전문인 선교는 어떤 인간적인 전략이 아니라 세계복음화를 위한 성경적인 하나님의 뜻이다. 구약에 나타난 전문인 선교사들로 모세오경에 그리고 역사서에 나타난 인물들은 다음과 같다. 모세오경에서 아담은 "에덴동산을 가꾸고 다스리는 자"로, 아벨은 "양치는 자", 아브라함은 "가축 기르는 자", 이삭은 "농사하는 자", 리브가는 "물긷는 자", 야곱은 "양떼를 돌보는 자"로, 요셉은 "총리대신"으로, 모세는 "양을 치는 자", 그리고 브사렐은 "숙련공"으로 나타난다. 그리고 역사서에 여호수아는 "군대사령관"으로, 여리고의 라합은 "여관주인"으로, 드보라는 "나라를 구하는 자"로, 기드온 역시 "군사의 지도자"로, 삼손은 "무적의 장수"로,

룻은 "이삭 줍는 자", 보아스는 "농사하는 자", 그리고 다윗은 "통치자"
로, 아삽은 "작곡가"로, 그리고 솔로몬은 "제왕"으로 나타난다. 그리고
시가서 및 선지서에 나타난 전문인사역자로, 욥은 "경건하고 신사적인
농장주인"으로, 아모스는 "소작인"으로, 예레미야의 바룩은 "저술가"로,
그리고 다니엘은 "수상"으로, 사드락 메삭 아벳느고는 "지방장관", 에스
더는 "왕후"로, 느헤미야는 "방백"으로 자신의 직업을 가지고 하나님을
섬겼다.

신약에 나타난 인물들은 먼저 사복음서에 요셉은 "목수"로, 마르다는
"집안 일을 보살피는 자"로, 삭개오는 "세리장"으로, 니고데모와 아리마
대 요셉은 "공회 의원", 바나바는 "지주"로 나타난다. 사도행전에는 고넬
료가 "백부장"으로, 바울의 주치의인 누가는 "의원"으로, 브리스길라와
아굴라 부부는 바울과 같이 "천막제조업자"로, 루디아는 "자주장사"로
나타난다.

2. 구약성경과 전문인 선교

구약성경에서 평신도의 성경적 의미는 "하나님의 백성"이란 표현으
로 나타난다. 그것은 이 표현이 평신도 개념의 기초가 된 용어로서, 평신
도 신학의 발전에 주요한 근거가 되었다.[33] 그러므로 구약에 나타난 "하
나님의 백성"에 대한 개념과 이 용어와 관련된 성경본문을 주경학적으
로 살피면서 평신도의 의미와 역할을 찾고자 한다 (창12:1–3; 출19:5–6; 사
43:20–21).

---

33 Johaness Blauw, *The Missionary Nature of the Church*, 1963; Carl Kromminga, 1977; Walter Kaiser,
1981; John Stott, 1984.

1) 하나님의 백성과 전문인 선교

구약성경에 나타난 "백성"을 묘사하는 히브리어 명사로는 주로 "고이"(גוי)와 "암"(עם)이 서로 다른 의미로서 사용되었다. 전자는 대부분 "이방인(gentiles)", "이교도(heathens)", "국가(nation)", 그리고 "백성(people)"의 뜻으로 광범위하게 사용되었지만,[34] 후자는 특별히 하나님의 언약백성을 나타내는데 사용되었던 점이 특이하다고 할 수 있다. 곧, "고이 "(גוי)는 어떤 종교적으로나 윤리적인 의미없이 정치적, 종족적, 또는 지역적 그룹으로서의 백성의 개념을 나타낸다 (cf. 창10:5; 12:2; 사11:10; 42:6; 슥 12:3).[35] 예를 들면, 창12:2 "내가 너로 큰 민족(גוי)을 이루고"에서 사용된 "민족"이란 말은 여기서 언약의 백성을 지칭하는 것이 아니라, 하나님께서 아브라함을 통해 만드실 하나님의 백성으로서 하나의 분명한 국가를 세우시는 약속을 나타내고 있다.

그러나 히브리어 "암"(עם)은 하나님의 "계약적 백성"을 표현하는 목적으로만 사용된 특징이 있다 (출3:10; 시78:52-66; 95:7; 사43:21; 51:16; 호1:9-10; 슥8:6). 출3:10에서 이스라엘을 "내 백성"으로 명명하시고 이 표현을 사용하였다. 이처럼 "백성"을 나타내는 두 용어가 대조적인 개념으로 사용된 것을 알 수 있다.

출33:13에서는 한 구절 속에 두 용어가 함께 사용되면서 더욱 그 의미의 차이에 대해서 보여주는데, 곧 "이 족속(גוי)을 주의 백성(עם)으로 여기

---

34 Laird Harris, Gleason J. Archer, Jr., Bruce K. Waltke, eds., *Theological Wordbook of the Old Testament*, (Chicago: Moody Press, 1980), 326.

35 John D. W. Watts, "The People of God: A Study of the Doctrine in the Pentateuch,"*The Expository Times*, Vol. 67, 1956, 232-237.

소서"라는 표현이다. 구약에서의 "גוי"는 이스라엘을 제외한 주변 국가들을 지칭하게 되는 것이 구약성경의 헬라어역인 70인역 (LXX)에서 이 표현은 분명하게 나타난다. 70인역에서 "암"(עם)은 "라오스"(λαος)로 번역하고, 한편 "고이"(גוי 또는 גוים)는 "에스노스"(εθνος)로 번역하였다. [36] 하나님의 백성은 이처럼 분명하게 다른 민족과는 구별된 백성임을 표현을 통하여 보여준다. 곧 구약에서 "하나님의 백성"은 하나님의 계약 백성으로서 많은 주변의 국가들 속에서 구별된 하나님의 소유로 나타난다. 이러한 명칭의 구별은 하나님의 백성으로서 평신도에 대한 하나님의 특별한 기대를 나타낸다고 볼 수 있다. 하나님의 백성에 대한 구약성경에 나타난 표현들은 한결같이 평신도에 대한 하나님의 뜻을 잘 드러내주고 있다.

2) 아브라함언약과 전문인 선교(창12:1-3)

무엇보다도 창12:1-3은 평신도의 위치와 그들의 역할에 대해서 잘 나타내 주는 부분이다. 이 본문을 주경학적으로, 선교학적으로 살펴보면, 성경에 나타난 하나님의 백성으로서 평신도가 가지는 온전한 모습을 찾을 수 있으며, 이 시대에 평신도들에게 그들의 고유의 소명이 무엇임을 이해하도록 도움을 준다.

소위, 이 본문은 "아브라함 언약"으로 불리는데, 여기서 성경의 중심 뼈대인 "언약"의 의미와 그 중요성이 두드러지게 강조되고 있다. 하나님의 백성은 아브라함의 후손으로서, 곧 이스라엘이 하나님과의 언약상대

---

36 H. Strathmann, "Laos," *Theological Dictionary of the New Testament*, ed. Gerhard Kittel, Vol. 4, (Grand Rapids: Eerdman, 1967), 29-39.

로 나타나고 있는데, 이러한 언약 개념은 세상적인 계약개념이 아니라, 반게메렌(W. VanGemenren)의 주장대로 그것은 "하나님의 그의 백성에 대한 은혜와 약속의 주권적 통치"(the sovereign administration of grace and promise)로 나타나는 언약이다.[37]

본문은 하나님께서 아브람에게 주신 4 가지 약속들, 곧, "새 땅, 수 많은 후손들, 신적 보호함, 만민에게 복의 근원이 됨"을 담고 있다. 존 칼빈(John Calvin)은 이 약속들은 그리스도 안에서 성취되었고, 이것은 "하나님이 아브람과 맺은 언약은 그리스도 안에 이루어질 든든한 구원의 언약"이라고 설명했다.[38] 특히 이 본문은 구속사 속에서 믿음으로 아브라함의 후손된 하나님의 백성들을 향한 하나님의 축복이 무엇임과 그들이 이 세상에서 맡은 역할을 나타내고 있다. "내가 너로 큰 민족을 이루고 네게 복을 주어 네 이름을 창대케 하리니 너는 복의 근원이 될지라. 너를 축복하는 자에게는 내가 복을 내리고 너를 저주하는 자에게는 내가 저주하리니 땅의 모든 족속이 너를 인하여 복을 얻을 것이니라"(창12:2-3).

선교학적으로, 이 본문은 매우 중요한데, 그 이유는 아브라함 언약은 바로 이 세상에서 "평신도 전문인의 초문화적[선교적] 부름의 근거"(roots for cross-cultural calling of the laity)가 되기 때문이다[39]. 아브람의 선택은 하나님의 이방 민족들에 관한 관심을 타나내고 있으며, 그들을 구원하기 위한 이스라엘의 선택임을 보여준다. 창12:3 후반절에서 "땅의 모든 족속이 너를 인하여 복을 얻을 것이니라"는 말씀은 아브라함의 부름은 잃어버렸던 족속들에 대한 회복을 목적하고 있음을 나타낸다. 결국, 이스

---

37 Willem VanGemeren, *The Progress of Redemption: The Story of Salvation from Creation to the New Jerusalem*, (Grand Rapids: Zondervan, 1988), 129.

38 John Calvin, *Commentary on the Book of Genesis*, (Grand Rapids: Baker, 1979), Vol. 1, 349.

39 Johannes Blauw, *The Missionary Nature of the Church*, (New York: McGraw-Hill, 1963).

라엘의 선택은 곧 이방에 대한 하나님의 구원을 위한 하나님의 수단이요 또한 그 목적을 섬김에 있음을 볼 수 있다[40].

요약하면, 이 본문은 하나님의 백성의 개념에 대해서 그리고 그들이 가지는 책임들, 특별히 선교적 책임들을 보여준다고 할 수 있다[41]. 이스라엘을 부르심은 세상의 나라들을 구원하기 위해서 하나님의 선교사역을 위한 섬김을 위한 소명인 것을 증거한다. 그들 자신이 하나님의 축복을 받은 민족이 됨과 동시에, 또한 그들은 하나님의 축복의 통로로서, 그리고 축복을 전하는 수단으로서의 부르심이다[42].

3) 모세언약과 전문인 선교(출19:5-6)

출19:5-6은 "모세계약" 혹은 "시내산계약" 또는 "율법계약"이라 불리워지는데[43], 구약의 어떤 구절보다도 하나님의 백성으로서의 평신도의 의미와 그들이 가지는 선교적 역할에 대해서 풍성한 이해를 가지게 한다.

팔머 로벗슨(O. Palmer Robertson)은 그의 주저 '계약신학과 그리스도 "(The Christ of the Covenants)에서 이 본문은 구속사에서 모세 계약의 위치와 그 의미에 대해서 강조하였다. 여기서 나타난 율법의 의미는 성경신학에

---

40 Johannes Verkuyl, *Contemporary Missiology*, (Grand Rapids: Eerdmans, 1978); Richard R. De Ridder, Discipling the Nations, (Grand Rapids: Baker, 1975).

41 Findley B. Edge, *The Doctrine of the Laity*, (Nashville: Convention Press, 1985), 17.

42 Charles Van Engen, *The Growth of the True Church: An Analysis of the ecclesiology of the Church Growth Theory*, (Amsterdam: Rodopi, 1981), 142.

43 Willem VanGemeren, *The Progress of Redemption*, (Grand Rapids: Eerdmans, 1988); O. Palmer Robertson, *The Christ of Covenants*, (Phillipsburg: Presbyterian and Reformed Publishing Co, 1980); Walter Kaiser, *Toward an Old Testament Theology*, (Grand Rapids: Zondervan, 1978).

서 매우 중요한 뜻을 가지며, 그것은 곧, 하나님의 백성에 대한 하나님의 관심의 표현으로서, 주위의 이방 민족들과는 구별된 하나님의 계약백성들이 이 땅에서 살아갈 삶의 표준을 제시한 것이다. 그 가운데 십계명은 하나님의 백성에 대한 여호와 하나님의 뜻의 축약으로 주신 것이다. 그런데, 현대의 무율법주의자나 세대주의자들은 구약에 나타난 율법이 오늘의 신자들과는 상관이 없는 세대에 속한 것으로 여기므로, 율법을 주신 하나님의 본 뜻을 저버리고 있다. 칼빈이나 어거스틴은 구속사속에서 신구약 성경이 서로 상호보완적인 점과 성경의 통일성을 우리에게 개혁주의 유산으로 물려주었다. 그러므로, 구약성경의 율법도 하나님의 뜻의 계시로서 구속사의 분명한 위치를 가지고 있다. **44)**

본문은 하나님의 백성으로서 평신도에 대한 3가지 이름들을 제공하고 있다. 그 세 가지 명칭들은 "하나님의 소유"(God's own Possession), "제사장 나라"(Kingdom of Priests), "거룩한 백성"(A Holy Nation)등이다. 이러한 표현들은 평신도에 대한 하나님의 관심과 그들에 대한 하나님의 계획을 분명하게 직시하게 한다. 여기서 세 가지 이름들은 하나님의 백성 그들은 누구인가에 대해서 곧, 평신도의 정체성(Identity)과 그들이 갖는 책임감(Responsibility)이 무엇인지를 잘 나타 내주고 있다.

첫째로, 하나님의 백성은 "열국 중에서 하나님의 소유"로 나타났다(5절). 본문에서 하나님의 백성은 열국 중에서 "하나님의 소유"라는 표현으로 나타나는데, 구약신학자 월터 카이저(Walter Kaiser)에 의하면, 이것은 하나님의 백성들이 갖는 지위에 관한 하나의 "획기적 표현"이다[45]. 왜냐

44　O. Palmer Robertson, *The Christ of the Covenants*, (Grand Rapids: Presbyterian and Reformed Publishing Co., 1980), 175–199.

45　Walter Kaiser, *Toward an Old Testament Theology*, 105.

하면 이것은 이스라엘의 존재가 어떤 특권을 가지고 있는지를 보여주는 놀라운(most surprising) 이름이기 때문이다[46].

여기서 "소유"의 의미로 사용된 히브리어 "세굴라"(סְגֻלָּה, Segulla)"는 구약에서 "개인의 사적인 소유물," "값비싼 보물," "움직일 수 있는 재산," "왕의 귀중한 물건을 담는 보배함"들의 뜻을 가지고 있는 단어이다(신7:6; 26:10; 시135:4; 말3:17; 대상29:3; 전2:8)[47]. 세굴라(סְגֻלָּה)로 명명된 하나님의 백성은 그 표현대로 그들의 보배로운 가치와 세상에서 특권을 가지고 있음을 알 수 있다. 곧, 하나님의 백성은 하나님의 특별하신 목적을 위한 하나님의 "특별소유"이며, 그 소유자 되시는 하나님의 사랑과 애정의 대상이 되고 있다는 뜻을 가진다[48]. 더구나 5절 초두에서 "세계가 다 내게 속하였나니"라는 말씀과 함께, "하나님의 소유"로서 이스라엘에 대한 하나님의 붙여주신 이 명칭은 열국 중에서 하나님의 백성들이 분명한 선교적 목적이 있음을 나타내는데, 곧 "열국 중에서" 하나님의 백성은 "열국 백성의 복음화"가 그들의 책임임을 보여준다.

둘째로, 하나님의 백성의 또 다른 이름은 "제사장 나라"이다. 본문에서 하나님의 백성들은 이 세상에서 "제사장나라"로서 그 위치를 가지는 것으로 묘사한다. 이것은 하나님의 백성이 가지는 제사장적 사역을 의미한다. 구약성경에 나타난 제사장의 역할은 먼저, 제단에 봉사하는 일, 백성을 위해 축복하고, 그리고 하나님의 율법을 가르치고 전하는 일들을 감당해 왔다. 이런 면에서 "제사장나라"라는 말은 하나님과 만민들 사이

---

46 Walter Kaiser, *Toward an Old Testament Theology*, 105.

47 Francis Brown, The New Brown, Driver, Briggs, *Gesenius Hebrew and English Lexicon*, (Peabody: Hendrickson Publishers, 1979), 688; Walter Kaiser, *Toward an Old Testament Theology*, 105; Laird Harris, Gleason J. Archer, and Bruce K. Waltke, eds., *Theological Wordbook of the Old Testament*, (Chicago: Moody Press, 1980).

48 W. Kaiser, *Toward an Old Testament Theology*, 105.

에서 이스라엘의 우주적 제사장 역할을 가리킨다. 이 말은 단체적 제사
장들을 의미하기 때문에 어떤 개인의 특별지위를 인정하는 교직주의와
는 다른 개념이요, 종교적 특수 계급(Special Religious Caste)은 없는 하나님
의 백성 전체가 가지는 역할을 나타내는 말이다[49]. 여기서 평신도는 하
나님의 백성으로서 이 세상에서 그들의 소명이 무엇임을 분명히 증거하
고 있다. 곧, 세상을 위한 제사장 나라로서 그들은 복음을 가지고 전세계
를 가르치고 전파하는 선교적 존재이며, 결국 이스라엘은 세계복음화를
위한 하나님의 수단이요, 전세계를 향한 하나님의 축복의 통로임을 증거
한다.[50]

셋째로, 하나님의 백성들은 "거룩한 백성"이다. "거룩한 백성"이라
는 말은 하나님의 백성이 이 세상에서 갖는 지위와 그들의 책임을 동시
에 포함하고 있는 말이다. 현대 복합적이고 다원화된 사회 속에서 하나
님의 백성들의 정체성을 상실할 수 있는 상황에서, "거룩한 백성"으로서
의 하나님의 백성의 이름은 그 의미하는 바가 크다고 하지 아니할 수 없
다. "거룩한"의 말의 의미는 구약 어원적인 의미로서 "평범하거나 부패한
것에서 구별된" 또는 "하나님의 쓰심을 위해 특별히 분류된"이란 말로서
이스라엘이 열국으로부터 구별되어 선택된 것을 나타낸다[51]. 특히 이 거
룩이란 말은 "이스라엘의 종교적 정결성"을 상징하기보다 "하나님의 특
별목적"을 위한 구별로서 이스라엘이 가지는 사역을 의미하는 말이다[52].

49 Terence E. Fretheim, *Exodus*, (Louisville: John Knox Press, 1991); Robert Alan Cole, *Exodus: An Introduction and Commentary*, (Downers Grove: InterVarsity Press, 1973).

50 Walter Kaiser, "Israel as the People of God," *The People of God: Essays on the Believers' Church*, eds., Paul Basden and David S. Dockery, (Nashville: Broadman Press, 1990), 416.

51 Larid Harris, Gleason Archer and Bruce Waltke, *Theological Wordbook of the Old Testament*, (Chicago: Moody Press, 1980).

52 Johaness Blauw, *The Missionary Nature of the Church*, 25; Robert Alan Cole, *Exodus: An Introduction*

여기서, 거룩한 나라라는 말은, 이스라엘이 이 세상에서 "하나님의 백성으로서 구별된 삶"을 살아야하며, 이스라엘의 특별목적을 표현한다고 볼 수 있다[53]. 곧, 예배와 봉사를 위한 구별받은 백성들이요, 아울러 구속사 속에 있는 선교적 소명을 지닌 백성임을 지칭하는 이름이다[54].

요약하면, 출19:5-6에서 나타난 평신도는 하나님의 언약백성으로서 그들의 확실한 위치와 역할이 있는 존재임이 분명하다. 곧, "하나님의 소유", "제사장나라" 그리고 "거룩한 백성" 등의 표현이 그것을 증거한다.

4) 선지서와 전문인 선교(사43:20-21)

사43:20-21은 이스라엘 역사 속에서 포로 중에 있을 이스라엘을 향한 하나님의 말씀으로서, 구약에 나타난 하나님의 백성의 위상에 대해 분명한 성경적인 근거를 뒷받침하는 본문이다[55]. "내 백성, 나의 택한 자"에 대한 하나님의 구속의 약속과 "이 백성은 내가 나를 위하여 지었나니"라는 말씀은 평신도에 대한 하나님의 기대와 암흑과 혼돈의 시대에서도 언약 백성에 대한 하나님의 흔들리지 않는 관심을 표현하고 있다[56].

and Commentary, 145.

53 신 7:6; 14:2, 21; 26:19; 사62:12; Walter Kaiser, Exodus, *The Expositor's Bible Commentary*, ed., Frank Gaebelein, (Grand Rapids: Zondervan, 1990), 416.

54 Findley Edge, *The Doctrine of the Laity*, (Nashville: Convention Press, 1985); Umberto Cassuto, *A Commentary on the Book of Exodus*, (Jerusalem: Magnes Press, 1987); John I. Durham, *Exodus: Word Biblical Commentary*, (Waco: Word Books, 1987).

55 Edward J. Young, *The Book of Isaiah*, (Grand Rapids: Eerdmans, 1965); Walter Kaiser, *Toward an Old Testament Theology*, (Grand Rapids: Zondervan, 1978).

56 Geoffrey W. Grogan, "Isaiah." In *The Expositor's Bible Commentary*, ed., Frank Gabelein, Vol. 6, (Grand Rapids: Zondervan, 1986), 261; Robert B. Chisholm, "A Theology of Isaiah," In *A Biblical Theology of the Old Testament*, eds., Roy B. Zuck, Eugene H. Merrill, and Darrell L. Bock, (Chicago: Moody Press, 1991), 304-340.

먼저, 본문은 "선택된 하나님의 백성"으로서 이스라엘을 강조한다. "내 백성, 나의 택한 자"(20절)는 그들에 대한 하나님의 선택과 장래에 베풀실 구원을 증거한다. 하나님께서 그의 택한 백성에 대한 관심이 얼마나 크신 가를 보여주면서, 하나님의 백성에 대한 하나님의 주재권, 그리고 백성과의 언약관계에 있어서 앞서서 주도적으로 이끄시는 여호와 하나님을 증거한다. 결국, 본문은 하나님의 그의 백성에게 대한 불변하신 언약을 증거하며, 하나님께서 그의 백성들을 버리지 아니하시며, 그들과의 언약관계는 여전히 변함없음을 증거하는 구절이다.

21절에서는 이스라엘을 선택하신 하나님의 목적을 보여준다. "이 백성은 내가 나를 위하여 지었나니 나의 찬송을 부르게 하려 함이니라"(사 43:21). 21절의 동사 "지었나니"는 히브리어 "야차르"(יצר)로서 "분명한 목적있는 지음"(to form purposely)을 나타내는 단어인데, 이것은 하나님의 백성들의 특권과 아울러 책임을 증거하는 것이다.[57] 21절 후반에 "나의 찬송을 부르게 하려 함이니라"라는 분명한 하나님의 백성들의 역할이 나타난다. 그들은 하나님의 전능하심과 위대하신 구원의 활동들을 전파하는 소명을 가지고 있음을 알 수 있다. 이 세상에서 하나님의 이름을 선포하라는 이 본문은 하나님의 백성의 선교적 소명에 대한 청사진이다. 이 본문은 신약에 벧전2:9에 "오직 너희는 택하신 족속이요 왕같은 제사장들이요 거룩한 나라요 그의 소유된 백성이니 이는 너희를 어두운데서 불러내어 그의 기이한 빛에 들어가게 하신 자의 아름다운 덕을 선전하게 하려 하심이라"말씀과 연관된 구절이다[58]. 곧, 나라들 사이에서 하나님의 전

---

57 Edward Young, *The Book of Isaiah*, 158.

58 Dan G. McCartney, *The Use of the Old Testament in the First Epistle of Peter*, Ph.D. Dissertation, Westminster Theological Seminary, 1992; John Hall Elliott, *The Elect and the Holy: An Exegetical Examination of 1 Peter 2:4-10 and the Phrase Kingdom of Priests*, (Leiden, Netherlands: E. J. Brill,

능하심을 전파하는 책임이 있는 하나님의 백성들임을 알 수 있다.

요약하면 구약성경에서 하나님의 백성으로서 평신도에 대한 모습은 창12:1-3; 출19:5-6; 사43:20-21에 잘 나타나 있음을 볼 수 있다. 모든 본문에서 한결같이 하나님의 백성들은 그들 고유의 소명이 있으며, 특별히 선교적 역할이 분명히 제시되어 있음은 특기할 만한 내용이다. 특히 하나님의 언약백성으로서 그들이 가지는 지위는 오늘 평신도들을 일깨우는데 귀중한 말씀의 교훈이 아닐 수 없다.

3. 전문인선교의 신약성경적 기초

1) 서론

구약성경에 이어서 신약성경에는 평신도에 대한 개념이 보다 더 광범위하면서, 확실하게 나타나 있다. 신약의 전문인 평신도에 대한 내용은 주로 다음 두 구절 (엡4:11-12과 벧전2:9-10)을 중심으로, 하나님의 백성인 평신도가 지니는 정체성이 무엇이며 그들의 역할이 무엇임을 살펴 볼 수 있다.

오늘날, 평신도의 의미가 전문가들에 비해서 상대적으로 "비전문가들"(non-professionals)이란 의미를 지니게 됨으로서, 본래 그 단어의 뜻이 와전되었다. 결과적으로 하나님의 백성으로서 "평신도"에 대한 개념자체도 오해되었기때문에, 평신도에 대한 평가절하된 것을 고치는 작업이 이루어 져야할 필요가 있다. [59] 로버트 리차드(Robert O. Richards)와 길버트

1966).

59 John Stott, *One People*, (Downers Grove: IVP, 1982).

마틴(Gilbert R. Martin)은 오늘날 현대교회에서 성도들이 "나는 단지 평신도일 뿐입니다"라고 고백하면서, 그들 자신의 의미있는 사역을 포기하는 데 익숙해져 있음을 지적하면서 이것은 현대교회의 비극적인 면이라고 주장한다[60].

신약에 나타난 평신도에 대한 의미를 살피는 데 있어서, 먼저 신약성경에 나타난 하나님의 백성으로서의 평신도에 대한 어원적 의미를 고찰하고, 그리고 바울 서신중에서 엡4:11-12과 베드로전서2:9-10을 중심으로 살펴보고자 한다. 사도 베드로는 소위 "유대인을 위한 사도"로서, 그리고 바울 사도는 "이방인들을 위한 사도"로서 각기 독특한 은사를 가지고 사역하였다.

2) 어원적 고찰

신약성경의 "백성"에 대한 용어는 주로 "에스노스"(εθνος, 국가들)와 "라오스"(λαος, 하나님의 백성들), 이 두 가지가 사용되었다.[61] "라오스"(λαος)는 70인경에서 하나님의 선택된 백성을 묘사하였는데, 신약에서는 유대인 그리스도인들과 함께 이방인 중에서 믿는 그리스도인을 포함하여 구약보다 더 확대된 개념으로 사용되었다.

하비 콘(Harvie M. Conn)은 성경에서 "라오스"(λαος)라는 말은 특별히 "전체 하나님의 백성에 대한 계약적인 성격을 강조하는 말"이라고 표현

---

60 Lawrence O. Richards and Gilbert R. Martin, *Lay Ministry: Empowering the People of God,* (Grand Rapids: Zondervan, 1981), 18.

61 Robert B. Girdlestone, *Synonyms of the Old Testament: Their Bearing on Christian Doctrine,* (Grand Rapids: Eerdmans, 1948).

했다.**62)** 신약사전(TDNT)에서는 이 "라오스"(λαος)라는 말은 특별한 신분의 백성들을 타나내는 말로서 곧, 이스라엘을 지칭하는 말이라고 밝힌다.**63)** 신약에서 이 단어는 "그리스도인 공동체"를 지칭하는 말로서 신약성경의 중요한 부분에서 나타나 있다(행15:14; 18:10; 롬9:25; 고후6:16; 딛2:14; 벧전2:9; 히4:9; 8:10; 10:31; 13:21; 계18:4; 21:3).

그러므로 신약에 나타나 "라오스"(λαος)는 교회의 어떤 직분이나 역할들에 관계없이 모든 구원받은 남녀 그리스도인들을 포함하는 말로서 신구약성경에 나타난 하나님의 특별한 선택을 받은 언약백성들을 부르는 이름인 것을 확인할 수 있다.

3) 모든 성도의 사역론(엡4:11-12)

본문은 사도 바울의 "모든 성도의 사역론"(every-member ministry)을 설명하는 내용이다.**64)** 여기서 핵심내용은, 먼저 그리스도께서 교회를 세우기 위하여, 교회에 영적인 은사들을 나누어 주신다는 것과, 이러한 은사들은 모든 성도들로 그리스도의 몸을 세우는 참여하는 사역자로 준비되도록 돕기 위한 것임을 강조하고 있다. 본문에서 강조된 "은사들"과 "사역"이란 용어들은 모든 평신도들이 바로 교회의 "봉사"에의 신적인 부르심 받았음을 나타낸다. 그러므로 이 본문은 평신도의 사역에 대해서 확

---

62 Harvie M. Conn, "Training the Membership for Witness", in *Training for Missions*, RES Mission Conference, (Cape Town: RES Committee on Missions, 1976), 74-103.

63 H. Strathmann, "Laos", In *Theological Dictionary of the New Testament*, ed., Gerhard Kittel, Vol. 4, (Grand Rapids: Eerdmans, 1967), 29-39.

64 William Hendricksen, *New Testament Commentary: Exposition on the Epistle to the Ephesians*, (Grand Rapids: Baker, 1967); John Stott, *One People*, Downers Grove: IVP, 1984; J. I. Packer, *Keep in Step with the Spirit*, (Old Tappen: Fleming H. Revell Co., 1988).

실한 성경적인 토대를 굳게하고 있다.

사도 바울이 여기서 언급한 영적인 은사들은 "사도들, 선지자들, 전도자들, 목사들과 교사들"(11절)등인데, 이외에도 바울은 다른 서신들 중에서도 교회의 은사들에 대해서 여러 가지로 증거하고 있다 (고전12:12-24; 롬12:4-8). 존 칼빈(John Calvin)은 모든 은사들은 교회 평신도들로 그들의 사역을 수행케 하는데 이바지한다고 설명한다.[65] 본문에 나타난 여러 은사들은 성직 독점주의적 교직자들의 계급을 확립하기 위해서가 아니라, 교회의 모든 성도들의 사역을 돕기 위한 은사들이다.[66] 에프 F. 브르스 (F. F. Bruce)는 본문이 교직주의의 권위를 나타내지 않고, 각 영적 은사들의 기능들을 강조함에 그 주된 목적이 있다고 주장했다.[67] 찰스 밴 엔겐 (Charles Van Engen)은 이러한 개인적인 은사들을 적절히 사용치 아니함은 교회의 하나됨에 많은 장애가 될 수 있다고 지적한다.[68]

신약성경에 나타나 있는 이러한 은사들의 특징들은 오늘날 우리에게 의미하는 바가 크다. 첫째로, 바울은 누가 은사를 주시는가에 대해서 강조하면서, 예수 그리스도께서 각양 은사들을 나누어 주심을 강조했다. 존 칼빈(John Calvin)은 "만일 그리스도께서 은사들을 나누어 주시지 않았다면, 교회 사역은 없었을 것이라"도 주석했다.[69] 둘째로, 교회에서의 은사들의 사용은 인간들의 고안에 의해서가 아니라, 예수 그리스도에 의해

---

65 John Calvin, *Commentaries on the Epistles of Paul to the Galatians and Ephesians*, (Grand Rapids: Baker, 1979).

66 Bruce M. Metzger, "Paul's Vision of the Church: A Study of the Ephesian Letter," Theology Today, 1949, 6: 49-87; Edwin D. Roels, *God's Mission: The Epistle to the Ephesians in Mission Perspective*, Doctoral Dissertation, Free University 1962; Hendricksen, 1967; Gorden D. Fee, *God's Empowering Presence*, (Peabody: Hendrickson Publishers, 1994).

67 F. F. Bruce, *The Epistle to the Ephesians*, (London: Pickering and Inglis, 1961).

68 Charles Van Engen, *God's Missionary People*, (Grand Rapids: Baker, 1991).

69 John Calvin, *Commentaries on the Epistles of Paul to the Galatians and Ephesians*, 278.

서 부여된 신적 부과로 나타난 것이다.[70] 그러므로, 어느 누구도 예수 그리스도에 의해 은사를 부여받지 아니하면, 사역자가 될 수 없다는 점을 강조한다. 셋째로, 신약 성경에 나타난 은사들은 한 가지만이 아니라, 다양하게 주셨다 (고전12:12; 롬12:4). 모든 그리스도인들이 다 같은 기능을 가진 것이 아니지만, 모두가 그리스도를 머리로 하나의 몸을 이루는 통일성을 가지는 것으로 나타나 있다. 소위 "다양성 속의 통일성"(the Unity and Diversity of the Body of Christ)을 보여준다. 교회봉사에서 다른 지체의 은사에 대한 상호존중과 인정은 너무나 합당한 자세이다. 넷째로, 모든 은사는 그 사용에 있어서 "청지기의식"을 나타낸다.[71] 그러므로, 은사는 개인적인 이해를 위해서가 아니라, 교회 전 회중들을 위한 유익과 봉사를 위하여 마땅히 사용되어야 함을 나타낸다. 폴 미네어(Paul Minear)는 이런 은사들은 결코 경쟁관계나 무정부상태로 있는 것이 아니라(No Rivalry and no Anarchy), 각기 "은혜의 분량을 따라"(롬12:3-9) 주신 은사임을 강조했다.[72] 사도 바울은 본문에서 은사의 두 가지 목적으로서 먼저, 사역을 위한 성도들을 준비시킴과, 아울러 더 나아가 그리스도의 몸인 교회를 세워나감에 있다고 밝힌다(엡4:12).

본문에서 나타난 성도를 온전케 함의 정확한 의미는 무엇인가? 본문은 모든 교회 사역자들의 제일 큰 임무는 "성도들을 온전케 함"에 있다고 하면서, 성도들을 온전케 함의 중요성을 부각시키고 있다. 폴 스티븐스(Paul Stevens)는 "만일 우리가 평신도를 온전케 하지 않을 때, 우리 기

---

70 Hermann Ridderbos, *Paul: An Outline of His Theology*, (Grand Rapids: Eerdmans, 1975).

71 Harvie M. Conn, "Training the Membership for Witness", 85.

72 Paul Minear, *Images of the Church in the New Testament*, (Philadelphia: Westminster Press, 1960), 138-139.

독교는 한낮 종교로 전락하게 될 것이다"라고 언급했다.[73] "온전케 함"
의 헬라 어원적 의미로서 "카타르티스모스"(καταρτισμος)는 "갖추다"
(equipping: RSV, NASB), "온전케 하다"(perfecting: KJV), 또는 "준비하다"
(preparing: NIV)로 번역되어 나타난다. "온전케 함"의 다른 신약성경의 용
례를 살펴보면, 마4:11 "그물을 수선하다"로, 그리고, 히10:5 "예비함"
이라는 뜻으로 사용되었다. 학자들에 의하면 이 용어는 고대 헬라어 의
학 용법상 "몸의 부분들의 조화를 위하여 인간의 뼈나 부분들을 조정하
는 뜻으로 사용되었다고 한다.[74] 결국 성도들을 온전케 함의 실제적인 의
미는 하나님께서 그의 백성들을 향한 계획의 표현으로서, 평신도 모두가
각자의 사역을 감당할 수 있도록 준비되는 것을 의미한다. 곧, 그리스도
의 장성한 분량이 충만한데 까지 성숙케 됨을 목표로 한다(cf. 엡4:13). 그
러나 성도의 온전케 되는데는 많은 시간을 요한다. 단순히 기술이나 정
보의 축적으로 되는 것이 아니라, 교회 모든 성도들의 인격적 성장 까지
추구하기 때문에 긴 과정이 필요하다.

그러므로 본문은 모든 평신도들의 사역론 (Ministry of Saints)을 증거한다
고 볼 수 있다. 본문의 주요 내용은 먼저, 모든 평신도들이 다 교회안에서
감당할 사역이 있다고 가르친다. 사도들, 선지자들, 전도자들, 목사와 교
사들만이 아니라 전 교회가 영적인 수고를 감당해야 한다는 것이다.[75]

사실 이 본문을 두고서 연구하던 주석가들은 이 구절이 한동안 번역
이 잘못되어서 일어났던 오해들을 지적한다.[76] 이 구절에 대한 오해된

---

73 Paul Stevens, *Liberating the Laity*, (Downers Grove: IVP, 1985), 24.

74 Paul Stevens, *Liberating the Laity*, 25.

75 William Hendrickson, *New Testament Commentary: Exposition on the Epistle to the Ephesians*, 198.

76 John Stott, *The Message of Ephesians*, (Downers Grove: IVP, 1979), 166; J. I. Packer, *Keep in Step with the Spirit*, (Old Tappen: Fleming H. Revell Co., 1988); James Montgomery Boice, *Ephesians: An Expositional Commentary*, (Grand Rapids: Zondervan, 1988).

번역들의 실례가 구KJV, 구RSV에 나타나 있다. 곧 구RSV(1946판)는 "for the equipment of the saints, for the work of the ministry, for building up the body of Christ"로 번역되어서 출판되었는데, 결국 "성도(saints)" 다음에 오는 콤마(comma)의 위치 때문에 해석의 결과는 엄청난 차이를 가져오게 되었다는 점이다. 곧, "콤마(comma)"의 위치에 대한 시각에 따라, 본문이 오직 성직자만의 사역론으로 끌고 가서, 권위주의적 성직주의와 교회 내의 계급을 허용하는 우를 범할 수 있었다는 점이다. 현대 대부분의 성경번역들은 이 본문의 오류를 지적하고 수정해서 다음과 같이 간행하고 있다. "for the equipment of the saints for the work of ministry"(New KJV, RSV, NEV, NASB, NIV).[77]

그러므로 이 본문은 모든 성도가 온전케 되어서 그들은 그들의 은사에 따라 감당해야 할 사역이 있다는 사실을 증거하고 있다. 레온 모리스(Leon Morris)는 최근 그의 에베소 주석에서 "모든 교회의 성도들은 그 역할을 가진다"(Every member of the church has a ministering function)[78]고 주석한다. 또한 여기서 밝히는 내용은 교회사역에 있어서 어떤 특별한 종교적 계급은 있을 수 없으며, 사역이 성직자만의 전유물이 아니라, 부름받은 모든 하나님의 백성들의 특권인 것을 나타낸다. 이 본문은 바로 신약의 만인제사장론의 기초로서 평신도의 성경적 사역론의 근본이 된다. 존 스토트(John Stott)는 "16세기 종교개혁가들이 만인제사장론을 재발견하고 강조했다면, 21세기는 모든 성도들의 사역을 재강조 해야 할 것이다"고 주장했다 (Sottt 1979, 168). 모든 평신도들의 사역은 전체 성도들의 모든 영역에서 다양한 활동들로 나타나야 한다. 주일예배, 일주간 동안의 다양

---

77 Montgomery Boice, 1988; John Stott, 1984.
78 Leon Morris, *Expository Reflections on the Letter to the Ephesians*, (Grand Rapids: Baker, 1994), 127.

한 활동들, 곧 병자심방, 전도와 선교, 성경공부 인도 등 지역교회와 사회에서의 활동들이다. 더 나아가, 본문은 하나님의 구속사역의 마지막 완성을 위하여("for the final completion of the redemptive mission of God") 모든 평신도들의 선교사역이 남아 있음을 증거한다.[79] 곧, 모든 평신도들이 이 세상 속에서 "선교적 소명"(Mission Consciousness)을 가져야 한다는 사실을 나타낸다고 볼 수 있다.

요약하면, 엡4:11−12은 신약에서 평신도가 가지는 사역의 성경적 기초를 강조한다. 모든 성도는 이 세상에서 성취해야 할 사역이 있는 사역자들이다. 교회 안에서 나누는 모든 은사들의 의의도 평신도들을 온전케 하고 그들로 사역자의 삶을 살게 하는데 있다. 특히 그들은 복음전파의 사역을 감당해야 한다.

4) 왕같은 제사장들의 전문인 선교(벧 2:9-10)

평신도의 위상과 그들의 역할을 연구하기 위해서, 신약성경 중에서 이 본문의 중요성은 매우 크다. 이것은 평신도의 선교적 소명에 대한 핵심적 성경구절로서 사용되어 왔다.[80] 이 본문은 신약의 평신도에 대해서 "하나님의 백성"의 개념으로 설명하고 있는데, 곧, 하나님의 백성이란 용어의 구약적 배경을 신약에 연결시키는 점에서 뛰어난 구절이라 할 수 있다. 시몬 키스트메이커(Simon Kistemaker)는 여기에 나타난 하나님의 백성으로서의 신약 평신도들에 대한 명칭은 신약의 그리스도인들을 위한 "복

---

79 Edwin D. Roels, *God's Mission: The Epistle to Ephesians in Mission perspective*, (Franeker: Free University, 1962), 184.

80 Hendrick Kraemer, *A Theology of Laity*, 1958; John Stott, One People, 1984.

음 중의 복음"임을 강조한다. [81] 이 본문은 구약에 이어서 하나님의 계속적인 자기 백성에의 선교적 부르심과 그들의 역할을 강조하고 있다. 여기 본문의 구성은 먼저, 평신도인 그리스도인들의 위치와 정체성에 대해서, 그리고 그 후에 그리스도인들이 가지는 사역과 역할에 대해서 증거한다.

본문은 평신도들을 다음의 4가지 이름들, 곧, "택한 족속, 왕같은 제사장들, 거룩한 나라, 하나님의 소유된 백성"등으로 부르고 있다. 이러한 평신도에 대한 성경적 이름들을 살펴보면, 이 명칭들 속에서 평신도의 정체성을 밝혀줄 뿐만 아니라, 그들의 역할과 책임을 발견할 수 있다. 그러므로 본문은 하나님께서 불러주신 하나님의 백성이 어떠한 모습이며, 그들에 대한 하나님의 기대를 밝히 조명하고 있다.

(1) 택한 족속

"택한 족속"이란 표현은 하나님의 백성인 평신도를 묘사하는 첫 이름이다. 이것은 구약성경 사43:20-21을 신약에 인용한 것으로서, 구약전체에 하나님의 백성을 표현하는 보편적인 표현이다 (신4:37; 7:6; 14:2; 사41:8-9; 43:20-21; 시105:6,43). 사도 베드로는 신약의 그리스도인을 "택한 족속"으로 부르면서 구약적 개념을 사용하여 표현했다.

사도 베드로는 "택한"(εκλεκτον)이라는 말을 그의 서신전체에 두루 강조하여 사용하였으며(1:2; 2:4; 6; 9; 5:13), 그 의미는 하나님께서 그리스도인들을 특별하신 방법으로 선택하셨다는 뜻이다. 칼빈은 이 표현의 의미로 그리스도인은 "하나님의 특별하신 은혜와 사랑의 대상"으로 선택

---

81 Simon J. Kistemaker, *New Testament Commentary: Exposition of the Epistles of Peter and of the Epistles of Jude*, (Grand Rapids: Baker, 1987).

됨을 설명하고, 이 "택한 족속"이란 명칭은 아무에게나 주는 것이 아니라 "오직 그리스도를 믿는 아브라함의 자손들에게만" 주는 이름임을 강조했다.[82] 하나님의 백성은 세상으로부터 하나님에 의해 선택되고 부름받은 그리스도인임을 나타내는 표현이며, 이것은 그리스도인이 갖는 하나님의 축복된 이름이요, 그들에게 특별히 부여된 지위를 묘사하는 말이다.

"족속"(γενος)의 뜻은 "종족(Race)"(NASB, NEB, JB), "백성(People)"(NIV), "세대(Generation)"(KJV)등으로 번역되는 용어인데, 이 족속이란 말은 그리스도를 머리로 모든 성도들이 한 가족으로서, 그리스도인 모두가 서로서로에게 관계를 형성함을 나타내는 말이다.[83] 그러므로 "택한 족속"이라는 표현에서 이 용어는 그리스도인이 갖는 특권과 함께, 세상에서 봉사와 섬김을 위한 하나님의 소환령으로서, 곧 그리스도인들은 세상에 복음전파를 위한 부름받은 공동체임을 드러내는 표현임을 나타내는 것이다.[84]

(2) 왕같은 제사장들

"왕같은 제사장"이란 표현은 하나님의 백성인 평신도가 얼마나 영광되고 풍성한 직책과 역할을 소유하고 있는지를 나타내는 말이다.[85] 이러한 이름은 구약성경(출19:5)에서도 사용된 하나님의 백성을 지칭하는 말로서, "왕같은 제사장," 또는 "제사장 나라"등으로 표기되었다. 그리스도인들은 모두 왕적인, 제사장적인 위치와 의무들과 특권들을 가지고 있음

---

82 John Calvin, *The Epistle of the Paul the Apostle to the Hebrews and the First and Second Epistles of St. Peter,* (Grand Rapids: Eerdmans, 1960).

83 Norman Hillyer, *New International Biblical Commentary: 1 and 2 Peter, Jude,* (Peabody, MA: Hendrickson Publishers, 1992), 68.

84 I. Howard Marshall, *1 Peter,* (Downers Grove: IVP, 1991).

85 Simon Kistemaker, 92.

을 나타낸다.

왕같은 제사장들로서 평신도라는 말은 모든 평신도는 그들 모두가 특권을 가지고 있음을 의미한다. 곧, 그들은 예수 그리스도의 왕적, 제사장적 사역과 유익에 참여하는 그리스도인임을 나타낸다. 그리고 기도와 예배에 있어서 하나님과의 관계에 있어서 중간에 그 누구의 중재도 없이 직접 들어갈 수 있는 특권과 그리스도인의 축복을 나타낸다. 하나님과 신자사이에 어떤 특별한 종교 계급적인 질서가 있을 수 없음을 나타낸다. 더 나아가 "왕같은 제사장들"이란 표현은 모든 성도들이 선교적 소명을 가지고 있음을 묘사한다.[86] 전 세계를 향하여 그리스도의 복음을 전파하고 가르치는 제사장적 사역을 지시하는 표현이다. 그러나 부패한 인간으로서의 제사장적 사역은 예수 그리스도의 제사장 사역과는 비교할 수 없는 것이다.[87] 그 누구도 주님의 사역을 대신할 수 없는 것이다.

(3) 거룩한 나라

하나님의 백성들은 "거룩한 나라"의 이름을 여기서 가지고 있음을 사도 베드로는 묘사한다. 사도 베드로는 구약성경 출19:6을 인용하여 그리스도인을 나타내고 있다. 이 말은 세상속에서 구별된 그리스도인들의 궁극적인 속성들을 지시한다. 여기서 "거룩"의 뜻은 "세상으로부터 구별되어 하나님의 쓰임을 위하여 구별된"이란 의미로서, 거룩한 나라란 유대인이나 이방인 중에 믿는 자들을 포함한다. 곧, 이방인도 그리스도안에서 거룩케 되어 "거룩한 나라"로 불리는 특별한 은혜를 나타내는 말이다. 에드먼드 클라우니(Edmond P. Clowney)는 이 표현은 새 언약이 가지는 그

---

86 J. Blauw, *The Missionary Nature of the Church*, (New York: McGraw-Hill, 1963).
87 Simon Kistemaker, 82; John Calvin, 75.

확장성을 보여준다고 주장한다.[88] 그러므로 예수 그리스도안에서 이방인들은 더 이상 외계인들이 아니며, 그들도 하나님의 권속들이다. "거룩한 나라"로서의 모든 그리스도인들은 하나님을 위해 이 세상에서 구별되어야 한다. 그러나 "거룩"의 의미가 어떤 지정학적 구별이나, 어느 특정 문화적, 시대적, 종족적 제한이 아니라, 하나님의 특별하신 백성으로서 구별임을 이해해야한다.

(4) 하나님의 소유된 백성

"하나님의 특별소유"로서의 그리스도인들의 이름은 구약성경 사 43:21, 출19:5을 인용하여 신약의 성도들을 묘사하는 말이다. 영어번역들도 다양하게 평신도의 이름을 나타내는데, 곧, "특별한 백성"(a peculiar people: KJV), "하나님의 소유된 백성"(God's own people: RSV), "하나님께 속한 백성"(a people belonging to God: NIV), "구별된 백성"(a people set apart: JB)등이다. 평신도가 누구인가에 대해서 이 말은 분명하게 묘사한다. 그들은 하나님의 특별한 소유로서 그들에게 귀한 특권을 가짐을 나타낸다. 곧, 세상 속에서 그리스도인들이 가지는 구별된 위치가 있으며, 또한 그리스도인들에 대한 하나님의 소유권 (God's ownership of his people), 곧, 하나님의 그의 백성에 대한 청구권을 묘사한다고 볼 수 있다.[89] 아울러 이 말은 그리스도인들이 세상에서 가지는 가치를 나타내는 말로서 특별한 역할이 있는 하나님의 소유된 백성임을 나타내는 말이다. 이러한 하나님의 특별소유라는 이름은 오늘의 혼란한 세상 속에서 그리스도인들이 갖는 소속감을 묘사하여 줌으로, 그들로 하나님의 지정하신 역할과 책임을 있음을

---

88 Edmund P. Clowney, *The Message of 1 Peter: The Way of the Cross*, (Downers Grove: IVP, 1988).
89 Simon Kistemaker, 94; Hillyer, 71.

보여주는 말이다.

(5) 전문인선교

벧전2:9 후반절은 전반부에서 밝힌 성도의 특권과 위치와 함께, 부름 받은 성도의 목적이 묘사되어 있다. 곧 그들을 부르신 하나님의 목적은 그들로 "아름다운 덕을 선전케 하려함"(사43:21)이라고 증거한다. 이 말은 시96:3 "그 영광을 열방 중에, 그 기이한 행적을 만민 중에 선포할찌어다"라는 구절을 생각나게 한다.

여기서, 하나님의 백성으로서 그리스도인이 지니는 책임을 나타내기 위해서 "능동적인 동사"를 사용하여, 복음전파가 그리스도인의 존재 목적임을 나타낸다. "선전케 하려 함이라"라는 말은 εξαγγειλητε로서 "널리 전파하다"(you proclaim widely [publicly])라는 뜻이다. 곧, 복음의 사자로서 그리스도인들의 선교적 의무를 지칭하는 것이다.

"아름다운 덕(αρετας)"이라는 말은 "도덕적 우수함"이나 그리스도의 영광, 또는 "하나님의 구원하신 행동들"(행4:11, 5:8; 15:3-4; 19:1)을 나타내는 말로서 복음전파의 내용들을 지칭한다. 그리스도인들이 증거해야 할 내용들은 하나님의 거룩하신 성품, 과거 역사 속에서 행하신 하나님의 전능하신 행위들 (출15:1-21), 그리고 하나님의 구원하신 은혜 등이다. 사도 베드로는 여기서 모든 그리스도인들의 선교적 사역을 강조한다. 모든 그리스도인들은 예수 그리스도의 증인임을 나타낸다. 이 본문은 그리스도인들의 세상에서의 존재의 목적은 선교에 있음을 밝힌다. 그러므로 요하네스 블라우(Johaness Blauw)는 세상에서의 성도의 크게 외침은 계속적인 하나님의 구원에의 부르심이라고 주장하였다. [90]

---

90 Johaness Blauw, *The Missionary Nature of the Church*, 133. "The 'loud proclamation of the Church

요약하면, 벧전2:9-10은 그리스도인으로서 가지는 특별한 위치와 역할을 명시하고 있으며, 이 본문은 평신도 전문인사역에 확실한 성경적 근거를 가져다 주고 있다. 이 성경 구절은 복잡한 현대 세상에서 분명한 평신도의 위치와 책임있는 사역을 찾게 하는 본문이다.

4. 사도바울의 전문인선교(Tentmaker)

오늘날 전문인선교사역을 위해 사도바울은 전문인사역자의 모델로 제시된다. 성경에 나타난 바울의 선교사역을 분석하면 전문인사역자의 선교전략을 얻을 수 있다. 사도행전과 여러 서신서에 나타난 바울의 선교사역을 통해 몇 가지 중요한 전문인사역의 원리를 찾는다. 사도 바울은 고전9장에서 영적인 사역자가 받는 후원의 정당성에 대해서 고린도교인들에게 분명히 제시한다. 그러나 바울은 대가없이 복음을 전하였다(고전9:12, 15, 18). 사도로서 생활비를 위해 일하지 않을 권리를 사용치 않는 바울의 모습이 그의 1차, 2차, 3차 선교여행에서 자세히 나타난다.

바울의 1차 선교여행(행13:1-14:28)에서는 바울과 바나바는 안디옥과 갈라디아에서 자비량선교를 하였다(고전9:6). 그리고 2차 선교여행(행15:40-18:17)에서 바울은 데살로니가에서 육체노동을 하였다고(살전2:7-12) 기록한다. 여기에 나타난 "힘씀과 애씀"은 하루 종일 노동함을 보여준다(딤후4:2; 살후3:7,8). 바울은 단순히 생계유지를 위해서가 아니라 그의 가르침의 진실성과 개종자들에게 모범을 보여주기 위해 노동 현장에서 의도적으로 일하였다(엡6:5-9; 골3:17, 22-25). 행18:3에 고린도에서 일자리를 찾는 바울은 천막 짜는 기술로 아굴라와 브리스길라를 전도하는 계기

---

is a continuation of the calling of God".

가 되었을 것이다(고후10:14).

그리고 3차 선교 여행(행18:23–21:14)에도 계속 일하는 바울을 볼 수 있다(고후11:12; 고후12:14–16; 고후4:16). "나는 나 자신을 위하여 은이나 금이나 옷을 바란 일이 없습니다. 당신들이 아는 대로 나는 이 손으로 나와 내 일행에게 필요한 것을 위하여 일했습니다. 이렇게 힘써 일하여 약한 사람들을 도와주는 것이 우리의 의무라는 것과 '주는 것이 받는 것보다 더 복이 있다'고 주 예수께서 친히 하신 말씀을 우리가 명심해야한다고 내가 당신들에게 가르쳐 주었습니다"(행19:11–12).

바울사도가 그의 선교사역을 수행하면서 전혀 교회의 후원은 없이 천막 만드는 일만을 한 것은 아니었다(고후11:8–9; 빌4:15–16). 이러한 바울의 선교사역 가운데, 그가 보여준 전문인선교사역의 중요성은 다음 몇 가지로 볼 수 있다.

첫째, 바울에게 자비량 선교 사역은 복음의 신뢰성을 염두에 두었던 것을 볼 수 있다. 그는 그 당시 통속적인 다른 순회 설교자와는 달리 복음 전파에 방해가 되지 않기 위해 일하였다고 증거한다(살전2:3–9; 딛1:10–12; 고후11:12–15).

둘째로, 바울은 복음수용자와의 동질성을 염두에 두고 있었던 것을 알 수 있다(고전9:19–23). 바울은 더 많은 사람들을 얻기 위해서 그리고 복음대상자들의 문화를 수용하여, 일하는 사람들에게 접근하기 위해 바울은 스스로 텐트메이커가 되었다. 최고의 지식을 가진 바울이었지만 단순하게 복음을 노예들과 노동자들과 거지들과 가난하고 무지한 자들에게 가르쳤다. 그러나 이것은 바울의 독창적인 것이 아니고, 예수 그리스도의 자신을 낮추시며 함께하시는 성육신 사역을 따른 것으로 볼 수 있다(빌2:5–11; 고전11:1).

셋째로, 바울의 전문인 선교사역은 모든 사역자들에게 모범을 보여

주는 것에 관심을 두었다. 신자들과 개종자들 모두에게 그리스도인의 삶의 모범을 보여주기 위해 바울을 스스로 노동에 임하였다(살후3:8). 바울은 삶의 현장에서 그리스도인의 삶이 무엇임을 보여 주었고(고후6:9-11), 새롭게 개종한 도적, 강도, 거지와 술주정꾼들로 가족을 부양하고, 가난한 자에게 관대히 베풀 줄 아는 사람으로 변화시키는 사역을 하였다(딤전5:4,8; 살전5:14; 살후3:6-12; 갈6:10; 고후8:3; 9:1-15; 딛3:14).

넷째로, 바울은 항상 자립하는 교회를 염두에 두고 그의 사역을 시행하였다. 바울이 개척한 교회는 자비량하는 교회였으며, 외부원조에 의지하지 않는 교회로서 자립을 추구하고, 또한 섬기는 지도자의 모범으로(고전9:19), 권위주의자가 아니라 지혜로운 아버지 같은 바울의 사역을 볼 수 있다.

이러한 사도바울의 텐트메이커사역은 우리에게 자비량전문인 사역자의 성경적인 모습을 제시한다고 본다(고전 9:6; 고후11:10, 12; 12:11, 13). 전문인사역의 가장 큰 특징 가운데 하나는 자비량이다. 전문인선교사란 직업현장과 여가에 타문화 전도를 시행하면서 자신의 생활비를 벌기 위해 일하는 선교에 헌신된 그리스도인들이기 때문이다.

전문인선교에 대한 성경적 기초로서 또한 직업선교의 당위성을 설명하는 주요한 모델인 것이다. 바울의 자비량선교는 직업선교사들의 훈련의 과정을 보여준다. 그들에게 성경지식, 전도, 제자화, 교회개척론, 선교학, 타문화이해에 대한 훈련과 함께 바울은 세속사회 속의 삶과 노동, 복음증거, 전문인선교사의 윤리 등을 보여준다고 본다.

바울선교에 나타난 텐트메이커 사역은 초대교회의 기하급수적 성장과 선교전략을 보여주는데, 그것은 바울의 전략이기 보다 성령 하나님의 전략이다. 이처럼 전문인선교는 "폐쇄된 미전도종족" 선교를 위한 성경적인 필수 선교전략이다.

5. 요약

지금까지 "현대 교회 평신도들은 어떻게 그들 본연의 사역을 감당할 수 있는가"에 대해서 신구약 성경에 나타난 평신도 전문인의 개념과 역할을 중심으로 고찰하였다. 오늘날 평신도훈련에 관해서 여러 가지 프로그램이나 세미나 등이 남무하고 있는데, 평신도를 각성하는 일이 결코 일시적인 유행사조가 아니라, 오히려 성경에 계시된 하나님의 뜻임을 자각하는 일이 온전한 평신도활성화를 위해서 절실하다고 본다.

성경은 하나님의 백성으로서 평신도들이 가지는 그들의 정체성(Identity)과 그들이 가지는 사역(Ministry)에 대한 풍성한 내용을 제시하고 있다. 구약성경에서 창12:1-3, 출19:5-6, 그리고 사43:20-21에서 나타난 하나님의 백성들은 한결같이 이 세상에서 그들의 특별한 위치가 있으며, 그와 동시에 그들은 막중한 책임을 소유한 존재임을 증거한다. 선택받은 하나님의 백성으로서 그들은 제사장 나라로서 하나님의 구원과 이름을 만방에 선포하고 사역을 가지며, 아울러 이 세상에서 하나님의 "복의 근원"이 되어 그것을 만민에게 전달하는 선교적 백성임을 구약의 여러 구절은 나타내고 있다.

구약에 이어서 신약성경은 평신도의 참된 모습과 그들의 사역에 대해서 보다 광범위하게 제시한다. 특히 초대 교회 사도 바울과 베드로의 서신서들에서 평신도에 대해서 잘 설명한다 (엡4:11-12; 벧전2:9-10). 사도 바울은 하나님의 백성으로서 평신도는 이 세상에서 독특한 위치와 함께 귀한 사역이 있음을 증거하면서, 그리스도의 몸된 교회를 세우는데 있어서 한 사람도 예외없이 각기 받은 은사를 가지고 그 역할을 가지고 있음을 확증한다. 사도 베드로 역시 구약에 나타난 하나님의 백성에 대한 말씀을 신약의 성도들에게 적용하여 "택한 족속, 왕같은 제사장들, 거룩한 나라, 하나님의 소유된 백성"으로 확실한 평신도 전문인의 위상을 제시한다. 이러한 성경의 증거들은 오늘 현대 교회의 참된 평신도상을 되찾는데 있어서 절대적인 기초가 된다고 할 수 있다.

그러므로, 하나님의 백성으로서 평신도는 마땅히 이 세상에서와 교회 안에서 그들 고유의 귀중한 위치를 가지고 있음을 확인하였으며, 현대 교회 평신도는 이 사실에 근거하여 자신들의 소명과 사역에의 책임을 깨달아 현대 교회에서 그 역할을 다하여야 한다. 아울러 교회 목회자들은 목회현장에서 교권적 권위주의적 자세를 버리고, 오히려 겸손히 섬기는 목회로 하나님의 모든 백성들에게 그들의 위치를 가르치고 준비케 하여, 그들로 주님의 전문인 사역자로서 자신들을 재발견케 하는 목회자의 역할을 수행해야 할 것이다.

4장

교회와 선교

1. 서론

오늘날 한국 교회의 부흥은 세계 선교 역사에 그 유례를 찾을 수 없을 만큼 대단한 성과였으며, 아울러 교회의 부흥과 함께 최근에는 한국 교회가 세계 선교에 대한 큰 관심을 가지고 많은 노력을 활발하게 전개하고 있다. 21세기에 더욱 효과적인 선교를 위해서, 선교에 대한 구체적인 준비와 연구가 필연적이다. 그러나 현대 한국 교회에서 일어나는 선교의 현상들을 살펴보면, 안타까운 모습들이 한두 가지가 아니다. 선교가 마치 교회 체면치레로서 대외 홍보용으로 둔갑한 듯이 나타나기도 하고, 또한 교회간의 외형적 경쟁을 위해서 선교가 시행되기도 한다. 사실 대다수의 교회 평신도들은 선교에 대한 지식과 시각이 부족한 것이 사실이며, 자신들의 선교적 소명을 바로 깨닫지 못하고 있는 실정이다.

그러므로 한국 교회는 21세기의 효과적인 선교를 위해서 참된 교회의 선교적 소명론에 대한 바른 이해가 절실하다. 본 장에서 필자는 교회의 지금보다 활동적인 선교 사역을 위해서 교회와 선교와의 관계를 살펴보고자 한다. 필자는 오늘날의 한국 교회의 선교 활동에 새로운 활력소를 불어넣고, 모든 교회가 참다운 선교의 소명을 다하게 하려면, 먼저 모든 교회의 성도들이 교회가 무엇인지에 대한 바른 이해를 필요로 한다고 본다. 그 이유로써, 필자는 현대의 변화 많은 세상 속에서 온전한 선교는 교회가 가지는 선교적 본질에 대한 바른 이해가 있을 때만이 가능하다고 보기 때문이다.

필자는 본 장에서, 먼저 개혁주의 교회론을 논함으로써 오늘 교회현장에서 온전히 들어나지 않고 있는 교회의 참 모습을 강조하고, 둘째로 교회와 선교의 관계를 살피고, 선교가 교회의 핵심적 본질임을 밝혀 현대 교회로 하여금 지금보다 적극적인 선교적 소명 의식을 갖추어야 함을 나타내고자 한다. 셋째로, 선교적 교회론을 통해 오늘 필요한 교회의 모습을 재조명하고, 마지막으로 교회와 선교회와의 상관관계를 살피면서 교회가 이 지상에서 가지는 아름다운 위치와 역할로서 선교의 중요성을 강조코자 한다.[91]

2. 교회란 무엇인가?

20세기는 그 어느 때보다도 교회론에 대한 신학적 강조가 크게 나타났던 것이 사실이다. 신학의 여러 부분에서 종교개혁이후 19세기까지는 주로 조직신학적 연구가 주도적이었으나, 20세기 전반기에 와서, 성경신학의 발흥이 있었고, 현대 교회는 "교회로 교회되게 하라"는 한결같은 목소

---

91 교회와 선교와의 관계에 대한 연구는 주로 다음과 같은 학자들의 연구들을 통하여 발전해 왔다. Johannes Blauw, *The Missionary Nature of the Church*, (New York: McGraw-Hill, 1963). Paul Minear, *Images of the Church in the New Testament*, (Philadelphia: Westminster Press, 1960). Hans Kung, *The Church*, (London: Burns & Oates, 1967). Edmund P. Clowney, *The Biblical Doctrine of the Church*, (Nutely: Presbyterian and Reformed Publishing Co., 1979). Charles Van Engen, *The Growth of the True Church: An Analysis of the Ecclesiology of Church Growth Theory*, (Amsterdam: Rodopi, 1981). John R. W. Stott, *One People*, (Downers Grove: InterVarsity Press, 1982). Charles Van Engen, *God's Missionary People*, (Grand Rapids: Baker Book House, 1991).

리를 높이면서 혼탁해진 교회관 정립의 중요성과 필요성을 강조해 왔다.

현대교회는 여러 국제선교대회 등을 통해서 세상에서 교회의 참된 모습을 추구하여, 교회론의 많은 발전을 이루었다. 곧, 에딘버러 국제선교대회 (International Missionary Council: IMC, 1910), 예루살렘 선교대회 (1928), 마드라스 대회 (1938), 휘트비 대회 (1947), 월링겐 대회 (1952), 그리고 가나 대회 (1958)가 열렸으며, 1961년부터는 국제선교협의회(IMC)가 WCC (World Councils of Churches)와 통합하여 모이기 시작하였다.[92] 전호진교수는 20세기를 이러한 에큐메니칼이 주도한 선교적 교회론의 시대로 불렀으며, 에큐메니칼 운동은 교회의 다른 면보다 사명에 중점을 두어 목회와 선교에 발전을 가져 왔으며, 아울러 그들은 정적인 교회관이 아니라 능동적이고 개방적이고 동적인 교회관을 가진 것으로 주장했다.[93]

20 세기는 이러한 에큐메니칼의 선교적 교회론에 자극을 받은 복음주의 교회는 연합하여 교회론과 교회의 선교적 소명을 강조하였는데, 곧, 베를린 국제복음화대회 (1966), 로잔 세계복음화대회 (I) (Lausanne Congress on the World Evangelization) (1974), 그리고 제2차 로잔 세계복음화대회 (II) (1989)를 필리핀 마닐라에서 개최하여 복음주의적 선교론을 활발히 전개하였다.[94] 금세기에 들면서 이러한 전세계 교회의 선교에 대한 관심과 열정에 비추어볼 때, 한국 교회는 어떤 관심을 가지고 교회와 선교에 임하였는지 살펴보아야 한다. 사실, 아직도 한국교회는 선교에 대하여 교회적 관심이 부족한 실정이고, 목회자를 배출해내는 국내 유수의 신학

---

92 Arthur P. Johnston, *The Battle for World Evangelization*, (Chicago: Moody Press, 1979).

93 전호진, 『한국교회와 선교』, (서울: 정음출판사, 1984), 129.

94 J. D. Douglas, ed., *Let the Earth Hear His Voice*, (Minneapolis: Worldwide Co., 1975); J. D. Douglas, ed., *Proclaim Christ until He Comes*, (Minneapolis: Worldwide Co., 1990); Arthur P. Johnston, 『세계복음화를 위한 투쟁』, 임홍빈 역 (서울: 성광문화사, 1989).

교의 커리큘럼에서조차도 선교학이 그 자리를 못 찾고 있는 실정이다.[95]
만일 선교가 단지 선교지에 나가 사역하는 선교사들만의 의무만으로 알
고, 본국에 있는 교회들이 그들의 선교활동과는 상관이 없는 듯이 여긴
다면, 이것은 얼마나 전세계교회에 비추어 볼 때 시대착오적인 것이요,
또한 주님의 지상 명령을 온전히 성취하는데 오히려 방해물이 될 수밖에
없다.

오늘날 한국 교회에서 일어나는 여러 문제의 원인은 교회론에 대한 무
지에서 비롯되는 것들이 많다. 우리 주위에서 자주 일어나는 교회 분쟁
들 때문에, 사회의 교회에 대한 사람들의 불신이 높아가고, 심지어 교회
내의 성도들까지도 교회에 대한 갈등을 겪고 있는 실정이다. "나에게 있
어서 교회는 어떤 존재인가?"를 자문할 때, 과연 우리 각자는 어떤 답을
할 수 있을까? 그러므로 변화무쌍한 현대 세상에서 그 무엇보다도 참다
운 교회관을 정립함이 시급한 과제이다.

교회란 무엇인가? 칼빈은 "기독교강요"(Institute of the Christian Religion)
제4권에서 "보이는 교회"(Visible Church)와 "보이지 않는 교회"(Invisible
Church)로 설명하면서 로마 교회와는 전혀 다른 성경적 교회관을 제시하
였다.[96] 특히 Calvin은 불가시적(不可視的) 교회는 사람들의 눈에는 보이
지 않지만 참교회의 모습이라 하면서, 하나님이 보시는 우주적 교회의
속성을 제시하였다. Calvin은 보이는 교회(Visible Church)란 "그리스도안

---

95 선교학이 전세계적으로 각 신학교에서 커리큘럼에 정규 과목으로 1950년 후부터 정립되
기 시작했지만, 아직 온전한 자리를 찾지 못한 실정이다. 참고: Wilbert R. Shenk, "North
American Evangelical Mission since 1945: A Bibliographic Survey," *Earthen Vessels: American
Evangelicals and Foreign Missions, 1880-1980*, eds. Joel A. Carpenter and Wilbert R. Shenk, (Grand
Rapids: Eerdmans, 1990), 317–34. "Missiology, the scholarly study of the Christian Mission, has
had an uncertain status in academia since its introduction in the nineteenth century"(319).

96 John Calvin, *Institutes of the Christian Religion*, (Philadelphia: Westminster, 1979), IV, I, 7–9.

에서 하나님을 예배할 것을 공언하며 세례에 의해 이 신앙에 가입되며, 성만찬에 참여함으로서 교리와 자선에서의 자신들의 일치를 입증하며 하나님의 말씀에 동의하며 그 말씀을 전파하기 위하여 그리스도에 의해 정해진 사역을 유지하는, 세계에 흩어진 사람들의 무리들이다"라고 정의하였다.[97]

Westminster 신앙고백서에서도 가견교회와 불가견교회를 잘 설명하였는데, 땅에 있는 지역교회는 불완전한 교회요 전투적인 모습으로, 그리고 천상 교회는 완전한 교회로서 승리한 교회의 모습임을 명문화하고 있다.[98] 이런 개혁주의 교회론의 관점에서 볼 때, Roman Catholic 교회가 주장하는 교황을 교회의 정점으로 삼고, 로마교회를 하나님의 나라 그 자체라 동일시하여 그들만이 유일한 교회로 주장하는 것은 오류임이 드러난다.[99]

교회관을 바로 알려면, 무엇보다 성경에 나타난 교회의 모습을 살펴보아야 한다. 성경은 모든 부분에서 교훈과 신앙의 표준이며, 여기서 참된 진리를 찾을 수 있기 때문이다.

첫째로, 성경은 교회를 그리스도안에서 부름받은 "하나님의 백성"으로 정의하고 있다 (고전1:1-2; 엡2:19; 요1:12-13; 골1:13; 벧전2:9). 곧, 교회는 세상으로부터 하나님의 부름을 받은 하나님의 백성들이며, 전 신자의 교제이다.

"하나님의 백성"으로서의 교회의 의미가 중세교회 역사 속에 나타났

---

97 John Calvin, IV, 1, 7.
98 참조: 웨스트민스트 신앙고백, 25장 5절: "불가견적인 공동적 또는 보편적 교회는 그 머리이신 그리스도 아래에 하나로 모여진, 모인, 모여질 선택받은 자의 전체수로 구성되고 있으며 또한 그 교회는 만물을 충만케 하시는 자의 배우자요 몸이요 충만이다."
99 Charles Van Engen, *God's Missionary People*, (Grand Rapids: Baker Book House, 1991).

던 엄격한 계급적 교직제도에 의해서 약화되어서 거의 사라지다시피 했으나, 16세기 종교개혁가들에 의해서 이것이 재발견되면서 오늘날의 개신교의 교회론 정립에 확실한 역할을 하고 있다. 곧 "교회의 근본이 계급이나 제도로서 존재하는 것이 아니라, 공동체로서의 하나님의 백성으로 존재한다"[100]는 사실이 강조되었던 것이다.

로마 교회의 교회관에서도 제2차 바티칸회의(Vatican II, 1962-1965)를 통하여 그들이 가졌던 엄격한 계급구조적 교회관에다 "하나님의 백성"으로서의 교회관을 수용하게 되면서 자신들의 교회관의 변화를 가져오게 되었다.[101] 사도 베드로는 벧전2:9에서 교회를 "택하신 족속," "왕같은 제사장," "거룩한 나라," "하나님의 소유된 백성"등으로 정의하고(cf. 출19:5-6; 사43:21; 고후6:16), 교회가 가져야 할 사명이 이 세상에서 하나님의 복음을 선포하는 것이라고 명시했다.[102] 여기서 베드로는 성경적 교회의 정체성에 대해서, 그리고 교회가 갖는 사역과 책임은 무엇인가를 밝히고 있다. 1991년에 Fuller 신학교 선교학 교수 Charles Van Engen은 지역교회를 "하나님의 선교적 백성"(God's Missionary People)이라 부르고, 지역교회가 가지는 중요한 선교적 소명을 부각시켜 주었다.[103]

둘째로, 성경은 교회를 그리스도의 몸으로 정의한다 (cf.롬12:3-5; 고전12:27; 엡1:23; 골1:18). 이것은 교회의 연합을 강조하는 표현으로 교회가 그 영광스러운 머리인 예수 그리스도와의 생생한 관계에 있다는 것을 강조한다. 또한 이 표현은 몸이 가지는 유기적 특성처럼 교회가 가지는 유기

---

100 Charles Van Engen, *God's Missionary People*, 105.

101 Austin P. Flannery, *Documents of Vatican II*, (Grand Rapids: Eerdmans, 1975), 15.

102 Seong Uck Kim, *A Missiological Study of the Laity from the Contemporary Protestant Perspective*, Doctoral Dissertation, Reformed Theological Seminary, 1995, 61-90.

103 Charles Van Engen, 『모이는 교회 흩어지는 교회』, (임윤택 역), (서울: 두란노서원, 1995).

적인 모습을 설명하여 모든 신자의 상호의존적 관계를 나타내면서, 아울러 모든 성도들은 서로 서로에 대한 지체의식(肢體意識)을 가지고 있음을 표현한 것이다. 사도 바울은 교회의 구성원 모두가 서로 서로를 필요로 하며, 모두가 주님의 몸을 이루는데 있어서, 요긴한 역할과 책임을 가지고 있다고 설명한다.[104] 이러한 성경적 진리는 교회의 모든 성도로 하여금 활발한 참여와 봉사를 가능하게 하는 진리이다.

또한 그리스도의 몸인 교회는 각 교회의 지체들이 주 예수께 받은 서로 다른 은사들을 사용함으로 온전한 그리스도의 몸을 세우고 있다는 교훈이다 (고전12:24-25; 엡4:11-16). 그리스도의 몸으로서 교회는 각 지체들이 교회의 모든 사역에서 중요한 역할을 감당하는 사실을 알게 해주는 표현이다 (엡4:11-12).[105] 이런 은사적 공동체로서의 교회는 다른 형제들을 섬기기 위한 소명의 성격을 가진다.

만일 은사가 교회 전체의 덕을 세우고 그리스도의 교회를 세워 나가는데 사용되지 아니하고, 단지 개인의 사적인 목적을 위해 사용하거나, 또는 경쟁적으로 사역하는 것은 은사를 주신 성령의 의도를 거스르는 것이 됨을 알아야 한다. "무엇보다도 열심히 서로 사랑할찌니 사랑은 허다한 죄를 덮느니라 서로 대접하기를 원망 없이하고 각각 은사를 받은 대로 하

---

104 "몸은 하나인데 많은 지체가 있고 몸의 지체가 많으나 한 몸임과 같이 그리스도도 그러하니라... 몸은 한 지체뿐 아니요 여럿이니 만일 발이 이르되 나는 손이 아니니 몸에 붙지 아니하였다 할지라도 이로 인하여 몸에 붙지 아니한 것이 아니요... 만일 온 몸이 눈이면 듣는 곳은 어디며 온 몸이 듣는 곳이면 냄새맡는 곳은 어디뇨 그러나 이제 하나님이 그 원하시는 대로 지체를 각각 몸에 두셨으니... 눈이 손더러 내가 너를 쓸데없다 하거나 또한 머리가 발더러 내가 너를 쓸데없다 하거나 하지 못하리라 이뿐 아니라 몸의 더 약하게 보이는 지체가 도리어 요긴하고 우리가 몸의 덜 귀히 여기는 그것들을 더욱 귀한 것들로 입혀 주며 우리의 아름답지 못한 지체는 더욱 아름다운 것을 얻고... 만일 한 지체가 고통을 받으면 모든 지체도 함께 고통을 받고 한 지체가 영광을 얻으면 모든 지체도 함께 즐거워하나니 너희는 그리스도의 몸이요 지체의 각 부분이라"(고전12:12-27).

105 Seong Uck Kim, *A Missiological Study of the Laity from the Contemporary Protestant Perspective*, 66-76.

나님의 각양 은혜를 맡은 선한 청지기 같이 서로 봉사하라"(벧전4:8-10).

21세기 현대 교회들은 지체들의 다양한 은사에 대한 중요성을 인식하고 있으며, 기존의 목회자 중심적 사역이 아니라, 목회자와 함께 교회의 99퍼센트를 차지하는 평신도의 다양한 사역을 돕는 경향으로 교회목회를 이끌고 있다.[106] 이러한 그리스도의 몸으로서의 교회의 모습은 오늘날 변화를 요청하는 한국 교회에 생명력을 불어넣을 수 있다고 본다. 오늘날의 한국교회는 그 어느 때보다도 이기주의와 세속주의의 영향으로 말미암아, 그리스도의 몸으로서의 서로간의 참된 유대의식이 부족한 형편인데, 이러한 성경적 교회 모습은 참 교회관을 회복시키는데 많은 공헌을 하리라 본다.

셋째로, 성경은 교회를 성령(聖靈)의 전(展)(엡2:21-22; 고전3:16; 6:19)으로 표현했다. 엡2:21-22에서 바울은 신자들이 서로 연합하여 "주 예수안에서 성전"이 되어가라고 언급하고 있으며 또한 "하나님이 성령으로 거하실 집"으로 함께 지어진다고 언급하고 있다. 그리고 그리스도인들은 육체대로 살지 않고 성령을 좇아 사는 새로운 피조물로서(고후5:17), 성도는 누구나 성령으로 채움을 입은 성령의 사람이다.

고전3:16에서 사도 바울은 고린도 교회를 "하나님의 성전"으로 부르고 있다: "너희가 하나님의 성전인 것과 하나님의 성령이 너희 안에 거하시는 것을 알지 못하느냐". 곧, 교회는 성령께서 주관하시며, 다스리시는 성령의 공동체로서 그 존재의 독특함을 증거한다. 바울은 교회는 성

---

106 Hendrick Kraemer, *A Theology of the Laity*, (Philadelphia: Westminster Press, 1958); John Stott, One People, (Downers Grove: InterVarsity, 1982); Paul Stevens, *Liberating the Laity: Equipping all the Saints for Ministry*, (Downers Grove: InterVarsity Press, 1983); Seong Uck Kim, *A Missiological Study of the Laity from Contemporary Protestant Perspective*, Doctoral Dissertation, Reformed Theological Seminary, 1995.

령 안에서 하나가 되어야 한다는 교회의 유일성(Unity)을 강조했다: "몸이 하나이요 성령이 하나이니 이와 같이 너희가 부르심의 한 소망 안에서 부르심을 입었느니라 주도 하나이요 믿음도 하나이요 세례도 하나이요"(엡 4:2-3). 그러므로 성령으로 충만한 그리스도인은 교직제도 안의 소수의 사람들뿐만 아니라, 누구나 하나님을 섬기는 제사장이 되어 산 제사를 드리며, 교회 형제들과 세상의 이웃을 위해 봉사하는 거룩한 제사장들인데, 그들의 모임이 바로 교회인 것이다 (계1:5). 이러한 성령의 내주(內住)는 교회에게 높은 성격을 부여하는 것이다.

이상에서 살펴 본 교회는 여러 가지 속성을 가지고 있음을 알 수 있다. 곧, 교회는 하나님의 백성들의 모임이요, 성도는 서로 서로에게 지체로서 유기적인 상호의존관계를 가지면서, 그리스도를 영광스러운 머리로 하는 그리스도의 몸이요, 그리고 성령의 공동체로서 교회는 오늘 우리에게 교회에 대한 성경적 기초를 보여준다고 하겠다. 찰스 벤엔겐(Charles Van Engen)은 다음과 같이 교회에 대한 성도의 고백을 설명한다.

"우리가 신앙을 고백할 때 '하나이며 거룩하고 보편적인 교회와 성도가 교통함을' 고백하는 것은 우리 자신을 철저하게 하나님의 선교에 헌신하고, 이 세상에서 선교하는 교회로, 선교하는 하나님의 백성으로 살아갈 것을 고백하는 것이다".[107]

---

107 Charles Van Engen, *God's Missionary People*, 57.

3. 교회와 선교

이제 교회와 선교의 관계를 이해하기 위해서, 먼저 교회의 사도적(使徒的) 속성에 대해 자세히 살펴볼 필요가 있다. 요20:21에 예수께서 "아버지께서 나를 보내신 것같이 나도 너희를 보내노라"의 말씀처럼, 선교란 하나님께서 그리스도를 구속 사역을 위해 보내심과 같이, 우리도 하나님의 보내심을 받아 사역을 감당하는 것이다. 선교는 우리를 전파하는 것이 아니라, 우리를 보내신 하나님의 복음을 전파하는 것이다(고후4:4). 엡 2:20 "너희는 사도들과 선지자들의 터위에 세우심을 입은 자라. 그리스도 예수께서 친히 모퉁이 돌이 되셨느니라"에서 교회는 사도적 속성을 지니고 있는 것을 알 수 있다.

교회의 사도성(使徒性)은 교회의 본질에 속하기 때문에, 오늘날 참 교회는 바로 성경에 나타난 사도적 속성에 일치하는 교회이다. 그러나 성경의 사도직(使徒職)은 독특한 것이어서 반복될 수 없으며, 따라서 가톨릭교회의 사도직의 계속성의 주장은 오류임이 분명하다. 개혁주의 교회는 성경의 진리인 교회의 사도성이 오직 개인이 아닌 전 교회(全 敎會)가 그 계승자임을 주장한다. 한스 큉(Hans Kung)은 누가 사도의 계승자가 되는가에 대해서 분명하게 대답한다.

"오직 한 가지의 기본적인 대답이 있는데 그것은 교회라는 것이다. 소수의 개인이 아닌 전체 교회가 그 계승자이다. 결국 우리는 사도적 교회를 고백하는 사람들이다…이 계승은 단지 역사적인 의미만 아니라 본질적인 의미로 이해되지 아니하면 안된다. 그 속에는 참된 내적 연속성이 존재하고 있음이 분명하다. 이 연속성은 교회가 독자적으로 만들어 낼 수 있는 것이 아니다. 그것은 사도들과 그들의 사도적 증거를 충만하게 하셨고 지금도 사도들을 순종할 수 있도록 교회를 감동하시고 격려하시는 삼위 하나님의 성령께서 교회에 허락하시는 것이다".[108]

그리고 교회가 그 사도성을 계승하는 방법으로서, 첫째로, 사도들의 교훈을 계승하는 것인데, 곧 바른 신앙고백을 지키고 전수하는 일이요, 둘째로, 교회가 사도의 사역을 계승하는 것은 복음 전파를 통해서 가능하다고 주장한다. 여기서 우리는 교회가 지니는 선교의 당위성을 확실하게 볼 수 있다. 셋째로, 교회가 이러한 사도적 사역으로서 복음 전파를 온전히 감당키 위해서는, 오직 성령의 역사로만이 가능하다는 것이다 (요 15:26-27; 행1:8).[109]

요약하면, 교회와 선교와의 관계는 교회가 가지는 사도적 속성을 통해 강조되었음을 알 수 있다. 신약의 초대 교회는 이러한 사도적 속성을 잘 실천하여, 첫 날부터 성령안에서 복음 증거하는 공동체로, 바른 신앙을 고백하는 교회요, 복음을 전파하는 교회, 그리고 찬양하는 교회로서 존재했다. 사도적 사명은 땅끝까지 모든 사람들을 다 포용하는 일이기 때문에, 아직 끝나지 않고 있다. 그러므로 현대 교회는 교회의 존재 자체를 성경적으로 결정하는 본질적인 사명으로서 사도적 속성을 바로 이해함으로 교회가 지니는 선교적 소명을 활발하게 성취할 수 있다.

4. 선교적 교회론

교회의 사도적 속성에 대한 바른 이해 속에서, 우리는 교회의 선교에

---

108 Hans Kung, *The Church*, (New York: Sheed and Ward, 1967), 457.
109 Hans Kung, *The Church*, 457.

대한 소명을 찾을 수 있으며, 아울러 이것이야말로 현대 교회의 선교에 대한 합당한 기초라는 사실을 확신한다. 여기서 우리는 오늘날 부흥하는 교회의 모델이 선교하는 교회이기 때문에 교회가 선교를 힘쓰는 것이 아니라, 선교는 교회가 갖는 본질적 속성 그 자체이기에 그렇다는 사실을 알 수 있다.

교회의 선교적 속성에 대하여, 개혁주의 선교학자 Harry R. Boer는 "오순절과 선교(Pentecost and Mission)"에서 "교회는 본질적으로 선교하는 교회이다 (The Church is Missionary church)"고 강조했다.[110] 에밀 브루너(Emil Brunner)는 "마치 불이 타고 있는 한 불이 존재하듯이, 교회는 선교함으로 존재한다"(The Church exists by mission as fire exists by burning)[111]고 주장하면서, 선교하지 않는 교회는 이미 교회가 아니라고 표현하여 교회와 선교의 상관관계를 실감 있게 표현했다.

찰스 밴 엔겐(Charles Van Engen)은 그의 주저인 "하나님의 선교적 백성"(God's missionary people)에서 교회의 선교적 속성을 강조하여, "선교는 교회의 선택이 아닌 필수"요, "선교는 교회의 본질에서 분리된 것이거나 첨가된 것이 아니고, 교회의 핵심적 본질이며, 그렇지 않는 교회는 실제로 교회가 아니다"고 설명했다.[112] 요하네스 블라우(Johannes Blauw)는 그의 명저 "교회의 선교적 본질(The Missionary nature of the Church)"에서 "세상에 보냄을 받지 않는 교회는 교회가 아니고, 그리스도의 교회가 하는 선교가 아니면 선교가 아니다"(There is no other Church than the Church sent into

---

110 Harry R. Boer, *Pentecost and Mission*, (Grand Rapids: Eerdmans, 1961).

111 Ralph G. Turnbull, ed., *Baker's Dictionary of Practical Theology*, (Grand Rapids: Baker Book House, 1969), 171. Charles Van Engen, *God's Missionary People: Rethinking the Purpose of the Local Church*, (Grand Rapids: Baker Book House, 1991), 27.

112 Charles Van Engen, *God's Missionary People: Rethinking the Purpose of the Local Church*, 30.

the world, and there is no other mission than that of the Church of Christ).[113] 존 스토트(John R. W. Stott)는 교회를 바로 이해하려면, "반드시 선교적이면서 동시에 종말론적이라는 관점으로 보지 않고는 이해할 수 없다"(The Church cannot be understood rightly except in a perspective which is at once missionary and eschatological)[114]고 주장하면서 오늘의 교회의 선교적 속성을 강조했다.

벌코프(H. Berkhof)는 세상에서 교회가 가지는 분명한 역할들을 다음과 같이 표현했다. "교회는 그리스도와 인간 사이에 놓인 커다란 간격을 메울 수 있어야 한다. 세상을 구원하는 성령의 역사 가운데 교회는 임시 대합실과도 같고 새로운 출발점과도 같다. 그러므로 교회는 그리스도와 세상 사이에 있으며 동시에 서로를 연결시키는 위치에 있다"(She [the church] must bridge the gap between Christ and man… In the movement of the Spirit to the world, the church as the provisional terminal is at the same time a new starting-point. The church thus stands between Christ and the world, being as it were equally related to both) 고 주장한다.[115]

요약하면, 교회와 선교와의 관계를 통해 매우 선명한 교회의 선교적 소명을 확신할 수 있다. 레슬리 뉴비긴(Lesslie Newbigin)은 교회와 선교와 관계를 다음과 같이 주장했다. "선교하지 않는 교회는 본질을 잃어버린 교회"요, "아울러 교회 없는 선교는 선교하지 않는 교회처럼 괴물 같은 기형아"일 뿐이라고 단언했다(A church which has ceased to be a mission has lost the essential character of a church. An unchurchly mission is as much a monstrosity as an

---

113 Johannes Blauw, *The Missionary Nature of the Church: A Survey of the Biblical Theology of Mission*, (Grand Rapids: Eerdmans, 1974), 121.

114 John Stott, *One People*, 17.

115 Hendrikus Berkhof, *Christian Faith: An Introduction to the Study of the Faith*, (Grand Rapids: Eerdmans, 1979), 345-347.

unmissionary church).¹¹⁶⁾ 그러므로 교회와 선교는 서로를 바로 이해하는데 있어서, 필수적임을 알 수 있다. Charles Van Engen은 "교회의 본질을 이해하지 못하고는 선교를 이해할 수 없고, 교회의 선교를 간과하고서는 교회를 이해할 수 없다"고 강조한다.¹¹⁷⁾

5. 교회와 선교회의 관계

한국 교회의 성장 이유를 연구하는 이는 누구나 대학생 선교 단체들의 공헌에 대해서 지적한다.¹¹⁸⁾ 그만큼 대학생 선교 단체의 역할은 민족복음화와 한국 교회의 성장에 큰 기여를 한 것임에 분명하다. 그러나 세계 교회 역사 속에서 선교회의 출현은 기존 교회와의 불편했던 관계도 있었으며, 심지어 적대 관계로서 나타나기도 한 것은 사실이다. 우리 한국 교회에서도 처음 이러한 선교 단체에 대한 오해가 있어서, 교회와 선교 단체 간의 진정한 협력이 이루어지지 않은 것도 사실이다. 오늘날 우리가 보다 효과적인 선교 사역을 위해서는 선교회와 교회와의 그 관계성에 대한 이해가 필요한 것이다.

---

116 J. E. Lesslie Newbigin, *The Household of God: Lectures on the Nature of the Church*, (New York: Friendship, 1954), 169–170.

117 Charles Van Engen, *God's Missionary People: Rethinking the Purpose of the Local Church*, 30: "We cannot understand mission without viewing the nature of the Church, and we cannot understand the Church without looking at its mission."

118 옥한흠, 『평신도를 깨운다』, (서울: 두란노서원, 1987); Yong K. Riew, *The Theology of Mission Structures and Its Relation to Korea's Indigenous Movements*, Doctoral Dissertation, Fuller Theological Seminary, 1985. 유용규는 그의 논문에서 한국교회에서 학생운동의 의의에 대해서 다음과 같이 주장했다: "Korea student movements possess considerable potential for renewal, mission and church unity. These movements could become the new task force for the development of a distinctly Korean type of Christianity having at its heart a dynamic life style coupled with a sound evangelicalism."(iii)

교회는 주님께서 직접 세운 것이라면, 선교회는 뜻이 맞는 사람들끼리, 자신들의 목표를 가지고 세운 단체이다.[119] 그래서 선교회가 가지는 약점 가운데 하나는 그것이 인간적인 전통에 의해 형성되었기 때문에 오래 지속되지 못하는 점이다. 그러나 선교회는 여러 가지로 지역 교회가 감당치 못하는 사역을 감당해 왔다.

교회역사 속에서 어떻게 교회 밖 선교단체가 생기는가에 대하여, 해리 보어(Harry Boer)는 개신 교회가 선교에 대한 관심이 떠났기 때문에, 성령께서 교회의 어떤 한 부분으로서 선교회를 사용하셨음을 인정하고, 이러한 선교회는 "선교에 열심인 자들"로 조직되었고, 이것은 성경적으로 말해서 비정상적이지만, "축복된 비정상"이라고 보았다.[120]

그러므로 선교회는 교회가 들어갈 수 없는 특수한 지역에 가서 교회가 맡은 선교의 사역을 감당해 온 것이다. 학자들은 이러한 선교회의 출현에 대해, 교회의 불완전한 속성 때문에 지역 교회가 피상적이고, 권위적으로 흐를 때마다, 수도원과 같은 교회 밖 운동으로서 견제(牽制)와 개혁세력으로서 존재하게 되었다고 주장했다.[121]

교회와 선교회와의 관계에 대하여 복음주의 안에서 다양한 견해가 존재하지만, 오늘날 21세기의 선교를 수행하기 위해서는 총력을 선교에 기울여야 한다는 측면에서 교회와 선교회는 서로 상호 보완적인 관계를 가지는 것이 합당하다고 하겠다.[122]

복음주의 선교신학자 조지 피터스(George Peters)는 그의 주저(主著)인 "선교 성경 신학"(A Biblical Theology of Missions)에서, 교회와 선교회와의 사

---

119 Howard Snyder, *The Problem of Wine Skins*, (Downers Grove: InterVarsity Press, 1975), 162.
120 Harry R. Boer, *Penetecost and Mission*, 214.
121 전호진, 『선교학』, (서울: 개혁주의신행협회, 1987), 103.
122 전호진, 『선교학』, 104.

이에 바른 관계를 다음과 같이 제시하였다. 그는 성경이 포괄적이고 기본적인 원리를 제공하지만 기구에 대한 세부적인 지침은 말하지 않기 때문에, 선교기구 문제는 신자의 지혜, 문화, 편리성, 및 효율성, 가능성에 속한 문제로 보고, 우리 시대는 선교 기구와 선교회를 요구한다는 것은 의심의 여지가 없다고 주장한다.

조지 피터스(George Peters)는 선교사를 파송하는 하나님의 권위는 선교회가 아닌 교회에 있다는 사실을 강조하면서, 교회의 선교는 교회에 속한 것으로 독립된 선교회에 속한 것이 아님을 구별하였다. 그는 주장하기를, "선교회는 교회의 준비이며, 수단이요, 선교 사업의 효율성을 위한 도구에 불과하다. 비록 선교회가 교회의 일을 대신하지만 교회를 폐지하거나 대신할 수 없다"고 했다. [123]

요약하면, 교회와 선교회와의 사이에서, 교회는 하나님께서 세우신 선교의 구심점이나, 선교회는 사람들이 조직하여 만든 일시적 기구인데, 교회가 불완전할 때, 선교회와 같은 교회밖 운동들이 나타난다. 현대 교회에서 교회의 손이 미치지 못하는 곳에 선교회가 보충 역할을 하는 것은 불가피하다. 그러므로 현대 한국 교회는 이러한 선교 단체들과 함께 21세기의 복잡하고 다양한 세상 속에서 선교 사역에 진정으로 협력할 수 있는 자세가 요청된다고 본다.

6. 요약

지금까지 교회와 선교의 상관관계(相關關係)를 살펴보았다. 21세기의 한국 교회는 보다 성숙한 교회로서의 모습을 가지기 위하여 그것의 본질

---

[123] George W. Peters, *A Biblical Theology of Missions*, (Chicago: Moody Press, 1972), 228–29.

인 선교에 한 걸음 더 내딛는 자세를 지녀야 할 때다. 단순히 교회부흥을 위한 수단으로서의 선교가 아니라 교회존재의 핵심인 선교를 이해함으로 활발한 선교를 이룩할 수 있어야 한다.

우리는 교회가 가지고 있는 피할 수 없는 아름다운 모습이 바로 선교에 있다는 사실을 알 수 있다. 사도 바울은 롬10:15에서 "아름답도다 좋은 소식을 전하는 자들의 발이여"라고 교회의 선교적 사역을 찬양한다.

이제 현대 한국 교회는 선교 사역을 수행할 때에, "나무는 보고 숲은 보지 못하는" 우를 범하지 말아야 할 것이다. 곧, 교회의 부분적인 모습에 안주해 버리고 전체적인 교회의 온전한 모습, 곧 선교적 사명의 교회의 참모습을 잃어버리지 말고, 성경에 나타난 온전한 교회의 아름다운 본질로서 선교를 바로 이해하여, 이 시대에서 활발한 복음 사역을 수행해야 할 것이다.

아울러 모든 그리스도인들은 이 세상에서 하나님의 백성으로서, 그들이 가지는 엄청난 특권, 곧 복음 선교의 사역을 땅에 묻지 말고, 변화무쌍한 이 현대 생활 속에서 그들의 선교적 역할과 책임을 인지하여 시대적 소명을 감당해야 할 것이다. 지금 우리는 주님의 초림(初臨)과 재림(再臨) 사이에 있는 "중간시기(中間時期)"에 살고 있으며(눅14:15-24; 마21:33-44; 마25:14-30; 눅19:11-27),[124] 이 기간의 교회의 존재이유가 있다면, 바로 "선교"에 있음을 명심하고 충성하는 종들이 되어야 마땅하다. 개혁주의 선교신학자 J. H. 바빙크(Bavinck)는 오늘의 교회의 선교의 의의를 이렇게 설명한다: "이 중간시기는 선교 명령에 집중되어 있으며, 이 중간시기의 의미를 부여해 주는 것이 있다면 바로 선교의 대명령이다"(The interim is

---

124 J. H. Bavinck, *An Introduction to the Science of Missions*, (Phillipsburg: Presbyterian and Reformed Publishing Co., 1960), 32.

preoccupied with the command of missions, and it is the command of mission that gives the interim meaning).[125]

---

125 J. H. Bavinck, *An Introduction to the Science of Missions*, 32.

제3부
교회사에서 본 전문인선교

오늘날 평신도와 성직자라는 두 가지 개념은 평신도 전문인 선교사역을 효율적으로 수행하는데 걸림돌이 되어 왔다. 이것은 중세시대를 거치면서 로마 가톨릭의 성직제도에서 굳어진 제도로서 아직까지도 그 영향력이 남아있다고 본다.

오늘의 능동적인 평신도 전문인선교사역을 위해서 초대교회처럼 평신도 선교사역의 활성화가 일어날 수 있어야 한다. 초대교회 평신도 전문인사역은 오늘의 평신도 선교의 모델이 된다. 콘스탄틴(Constantine) 황제의 칙령반포는 상대적으로 활발했던 평신도선교활동의 감소로 이어졌으며, 중세시대를 통하여 더욱 평신도선교활동은 현저히 감소하였다.

종교개혁의 기수였던 마틴 루터(Martin Luther)와 존 칼빈(John Calvin)은 다시 로마 가톨릭의 비성경적인 계급적인 성직제도에 대해 항거하면서 초대교회에 나타난 성경적 선교사역을 위해 모든 신자들의 선교사역을 주장하면 소위 "만인제사장론"(Priesthood of All Believers)을 재강조하여 평신도 전문인사역의 길을 다시 열어 놓았다.

진젠돌프(Zinzendolf)의 모라비안(Moravian) 평신도 전문인선교역사, 19세기 "위대한 선교의 세기"(The Great Century)에 불같이 일어난 청년대학생들의 헌신적인 선교활동은 오늘의 평신도 전문인선교사역의 기초가 된다. 현대 21세기 교회는 평신도 전문인선교를 시대적인 최고의 선교전략으로 제시하며, 마지막 주님 오실 날을 준비하고 있다.

5장

초대교회와 전문인 선교

1. 서론

21세기를 가리켜 평신도 전문인 선교의 시대라고 부른다.[126] 오늘의 효과적인 선교사역을 감당하기 위해, 평신도 선교사들을 전략적으로 후원하고 격려하는 것이 중요한 선교전략으로 제시되고 있다.[127] 이러한 평신도 선교의 필요성과 다양한 적용을 위해 우리는 교회역사에 나타난 평신도선교사들의 실례들을 연구하는 것이 필요하다. 2000년의 교회 역사는 평신도선교사역에 대한 풍성한 자료들과 실제 모범들을 보여준다.

교회역사를 통해 나타난 하나님의 복음전파는 안수받은 목사나 선교사들뿐만이 아니라 무명의 평신도들이 참여한 것은 분명한 사실이다

---

[126] 평신도 선교에 대한 주요자료들은 1950년 이후부터 나타나기 시작하였다. Ivs Congar, *Lay people in the Church*, (1953); Hendrick Kraemer, *A Theology of the Laity* (Philadelphia: Westminster Press, 1958); Harvie M. Conn, *Training the Membership for Witness*, (Cape Town: RES Mission Conference, 1972); John Stott, *One People* (IVP, 1982); Charles Van Engen, *God's Missionary People*, (Grand Rapids: Baker, 1991); Christy Wilson Jr., *Today's Tentmaker*, (Chicago: Tyndale Press, 1982); Paul Stevens, *Liberating the Laity*, (IVP, 1985); Paul Stevens, *Equipper's Guide to Everymember Ministries*, (IVP, 1991); Paul Stevens, *Abolition of the Laity*, (Downers Grove: IVP, 1999); Seong-Uck Kim, *A Study of Lay Participation in the Missionary Activities and Church Ministries for the Korean Presbyterian Church*, Ph. D. Dissertation, Reformed Theological Seminary, 2006.

[127] 강승삼, 『한국교회의 새로운 도전: 전방개척선교』, (서울: 한국선교협의회, 2006).

(Latourette 1939, Bavinck 1960). 그러나 평신도들의 전도활동은 우리에게 잘 들어나 있지 않는 것은 교회 역사가들이 소위 유명한 사역자 중심으로 교회역사를 기술함으로써 평신도의 활동에 대해서 많은 사람들이 관심을 갖지 못한 것이다. 이런 의미에서 하비 콘(Harvie M. Conn)은 평신도를 역사속에서 "잊혀진 존재"(forgotten men)들로 부르고 있다(1976).

그런데 역사적인 여러 기록을 살펴보면 그 누구도 평신도의 놀라운 전도활동들에 부인하지 못할 것이다. 마이클 그린(Michael Green)은 기독교가 처음부터 교회사역에 있어서 풍성한 평신도들의 참여로 성장하고 확대되어 나갔다고 주장한다(Christianity was from its inception a lay movement, and so it continued for a remarkably long time).[128] 이러한 초대교회사에 나타난 평신도의 전도활동은 오늘날 한국교회 평신도 전도활동의 좋은 본보기가 된다.

특별히 로마황제 콘스탄틴이 기독교 자유령의 칙령을 공포하기 이전 시대에 평신도들의 선교활동은 현저했었다(Prior to Constantine, lay persons played significant roles in the life of churches everywhere, but noticeable erosion occurred as the episcopal office assumed greater importance).[129] 콘스탄틴이 박해 하에 있던 기독교를 인정하고 기독교 자유령을 통해 교회안의 교직제도의 기초를 놓게 되었다. 그 이전까지 초대교회에는 중세교회와 같은 엄격한 교직제도가 존재하지 않았으며, 평신도와 성직자 사이에 어떤 계급적인 차이가 존재하지 않았다. 로버트 베이커(Robert A. Baker)에 의하면 초대교회의 교직은 그 어떤 계급적인 형태로 존재하지 않았으며, 목회자와 집사로 교

---

128 Michael Green, *Evangelism in the Early Church*, (Grand Rapids: Eerdmans, 1991), 173.

129 Glenn Hinson, "Pastoral Authority and kthe Priesthood of Believers From Cyprian to Calvin," 1989. *Faith and Mission*. Vol. 7, 6.

회가 구성되어 있었으며, 교회지도자들도 자신들의 필요들을 손수 일함으로 감당하였고 그리고 거기에는 평신도와 성직자사이에 어떤 인위적인 차별이 존재하지 않았음을 주장하였다. [130]

본 장에서 현대교회의 평신도선교사를 활성화하고 실제적인 모델을 제시하기 위해서, 초대교회 역사에 나타난 평신도활동에 대하여 살펴보고자 한다. 초대교회는 그 어느 시대보다도 평신도 사역이 모범적으로 실천된 시대로서 오늘의 현대교회의 귀감이 된다. 그런데 주후 313년 로마 황제 콘스탄틴이 기독교 특별법을 제정하여 반포함으로 교회역사와 평신도 선교사역에 큰 영향력을 주게 되었던 것이다. 그 칙령이 가지는 결과에 대해, 긍정적으로 기독교 자유령이 선포됨으로 로마의 기독교에 대한 박해를 중지시킨 점과 기독교회의 자유로운 신앙생활이 영위되게 된 점 등 이다. 그러나 그 칙령이 가져온 부정적인 영향은 로마교회 안에서 평신도의 사역이 금지된 것이며, 상대적으로 가톨릭 교회의 계급을 합법화하므로 평신도의 사역의 참여를 감소시킨 점 등은 안타까운 사실이다.

현재 한국교회는 70-80년대의 급속한 교회성장의 시기를 보낸 이후, 90년대부터 지금까지 과거와 같은 성장을 찾아 볼 수 없는 실정이다. 이러한 교회 상황 가운데 우리가 회복해야할 부분은 교회의 복음전파 사역이다. 그런데, 초대교회의 평신도를 통한 전도활동은 오늘 우리에게 많은 도전을 주는 것이다. 현대교회 교인들로 어떻게 전도할 것인가에 대한 실제적인 사역을 초대교회는 우리에게 보여준다.

본 장은 초대교회의 평신도들의 전도활동을 중심으로, 사도행전과 신약의 서신서에 나타난 전도활동과 초대교회 가정을 통해서 나타난 선교

---

130 Robert A. Baker, *A Summary of Christian History*, (Nashville: Broadman Press, 1959), 11.

사역, 그리고 자신들의 생활 가운데 삶을 통한 불신이웃에 대한 전도활동, 그리고 직장생활을 통한 평신도 선교사역을 살피면서, 초대교회의 놀랄만한 교회의 부흥과 확장에 대해 살펴보고자 한다.

2. 초대교회와 복음전도

초대교회는 무엇보다도 평신도 전문인 사역자의 시대로서 오늘 현대교회의 평신도 사역의 모델이 되는 교회였다. 요하네스 바빙크(J. H. Bavinck)는 특별히 사도행전의 한 가지 특징은 비공식적인 복음전파자들의 사역에 대해 반복적으로 언급되고 있는 점을 지적하였다(행 8:4; 11:19; 11:20).[131] 행8:4에서 이름 없는 수많은 초대교회 신자들이 흩어져서 복음을 전하면서 사마리아로 그리고 소아시아 여러 지역으로 흩어졌다고 기록한다. 헬라인들에게 복음을 전했던 무리 가운데 어떤 이들은 이방인과의 벽을 허물고 헬라인들에게 복음을 전파하였다(행11:20). 그리고 바울을 따르던 많은 제자들도 활발하게 복음을 전하였다고 기록한다(행16:3; 19:29; 20:4; 롬16:1, 3, 6, 12; 빌4:2-3). 그런데 이들은 교회안에서 그 어떤 직책도 없는 비공식적인 평신도 전도자였다는 점이 특이한 점이다.[132]

그리고 신약성경 다른 서신서에도 이러한 일반적인 성도들의 소명에 대해 자주 언급하고 있다. 그들은 세상 사람들의 눈에 어떤 비난받을 만한 일을 하지 않았으며, 날마다의 일상생활을 통해 이웃과의 대화를 이용하여 복음을 전하였다. 성경에 나타난 복음전도는 교회 회중가운데 어

---

131 J. H. Bavinck, *An Introduction to the Science of Missions*, (Grand Rapids: Presbyterian and Reformed Pub. 1960), 39.

132 J. H. Bavinck, *An Introduction to the Science of Missions*, 39-40.

느 한 사람을 중심으로 시행되는 것을 피하였다. 이렇게 회중 모두에 의해서 복음증거가 가능하였기 때문에 초대교회 평신도들은 복음선포에 참여하였으며, 동시에 모든 지역에서 교회가 동일하게 성장할 수 있었다. 이러한 선교방법은 신자들의 모든 활동 속에서 그리고 그들이 그리스도께 대한 소명으로 여기고 있었기 때문에 가능하였다(벧전2:9).

바빙크는 초대교회의 선교사역이 활발하게 이루어진 것은 초대교회 평신도에 의한 자발적인 복음전도, 그리고 공식적인 선교사역, 그리고 다양한 기구들을 통해 시행되었다고 한다. 공식적인 선교기관은 선교사를 파송하고 후원하는 역할을 하였으며, 이름 없는 평신도 개개인들은 하나님의 구원의 복음을 헤아릴 수 없을 정도로 다양하게 전파하였다. 바빙크는 하나님의 선교사역은 너무 방대하여서 어떤 한 가지 기구에 제한할 수 없는 것으로 포괄적인 방법으로 전파되었으며, 신자들에 의해서 조직적으로 또는 비공식적으로 선교활동이 일어났다고 주장한다.[133]

스티븐 니일(Stephen Neill)은 초대교회 공동체의 한 가지 특징으로 모든 그리스도인이 다 그리스도의 증인이 되었으며, 그들의 열렬한 신앙생활로 말미암아 기독교 복음은 확장하게 되었는데, 여기서 가장 중요한 것은 이름 없는 수많은 평신도의 선교 사역이었다는 점을 주장하였다.[134]

1) 초대교회 복음전도의 특징

영국의 선교역사학자 스티븐 니일(Stephen Neill)은 초대교회의 특징에 대해 한마디로 교회구성원 모두가 선교적인 교회(a genuinely missionary

---

133 J. H. Bavinck, *An Introduction to the Science of Missions*, 67−68.
134 Stephen Neill, *A History of Christian Missions*, (London: Peuguin Books, 1986), 22.

church)였다고 주장한다. 물론 바울과 바나바와 같은 사도들의 대표적인 복음전파의 사역이 주요한 내용이었지만, 바울의 서신에서 나타나는 것처럼, 많은 평신도들은 그가 훈련하고 파견하여 교회를 설립했던 바울의 조력자들이었다.[135]

초대교회는 그리스도의 영광스런 몸으로서 성령의 내주하심으로, 지속적으로 땅끝까지 선교하는 교회로서 그 사역을 감당하였다.[136]이렇게 된 것은 그들의 구성원 모두가 모든 족속들이 구원받게 될 것이라는 큰 확신을 가지고 있었다.[137]

초대교회 역사가 유세비우스 (Eusebius, 260-340)의 증언에 따르면 초대교회의 복음전파의 열기는 대단한 것으로 기록한다. 2세기경의 그리스도인들은 성경말씀에 따라 자신들의 삶을 말씀대로 온전히 살아가려는 열망으로 가득 차 있었다. 주님의 말씀대로 자기의 소유를 나누고 가난한 자들을 도우며 복음을 전하기 위해 그들의 집을 떠나 멀리 있는 이방인들에게 복음을 전하고 그들 가운데 교회지도자를 세우고 그들로 교회

---

135 Stephen Neill, *A History of Christian Missions*, (London: Penguin Books, 1986), 21: "The Church of the first Christian generation was a genuinely missionary church. There were, of course, the whole-time workers, such as Saul and Barnabas, specially set apart with prayer for the prosecution of missionary endeavor. Paul had his helpers, whom he trained and sent out in their turn to be the founders of Churches (Epaphras for Colossae, etc."

136 Stephen Neill, *A History of Christian Missions*, 23: "(That was the greatest glory of the Church of those days. The Church was the body of Christ, indwelt by his Spirit; and what Christ had begun to do, that the Church would continue to do, through all the days and unto the uttermost parts of the earth until his unpredictable but certain coming again."

137 Stephen Neill, *A History of Christian Missions*, 35: "First and foremost we must reckon with the burning conviction by which a great number of the early Christians were possessed. A great event had burst upon them in creative power. They knew that the world had been redeemed, and they could not keep to themselves tidings of such incomparable significance for the whole of the human race."

를 인도하게 하고 다시 또 다른 족속들에게로 향하였다.[138]

참으로 초대교회는 그 구성원 모두가 복음 증인들로서 수고하였다. 이름도 없이 무명의 복음증거자들의 사역은 행8:4에서 잘 나타난다. 스데반의 순교이후에 많은 박해로 여러 지역으로 그리고 안디옥으로 흩어져 들어가서 이방인들에게 복음을 전하였다. 그들은 자발적인 복음전도자로서 자신들의 직업은 보잘것없는 것이지만 여기저기로 전파하였다. 그들의 직업은 노예, 상인, 무역업을 하는 평범한 평신도들이었다.[139]

2) 사도행전에 나타난 초대교회 평신도 선교

요하네스 바빙크(J. H. Bavinck)는 사도행전에 나타난 평신도들의 전

---

138 Stephen Neill, *A History of Christian Missions*, 35; quoted in Eusebius, Eccles, Hist. III, 37, 2-3: "At that time [about the beginning of the second century] many Christians felt their souls inspired by the holy word with a passionate desire for perfection. Their first action, in obedience to the instructions of the Saviour, was to sell their goods and to distribute them to the poor. Then, leaving their homes, they set out to fulfill the work of an evangelist, making it their ambition to preach the word of the faith to those who as yet had heard nothing of it, and to commit to them the books of the divine Gospels. They were content simply to lay the foundations of the faith among these foreign peoples: they then appointed other pastors, and committed to them the responsibility for building up those whom they had merely brought to the faith. Then they passed on to other countries and nations with the grace and help of God."

139 Stephen Neill, *A History of Christian Missions*, 22: "Apart, however, from these special workers, the Church could count on the anonymous and unchronicled witness of all the faithful. Our first mention of this comes in Acts 8:4, where we are told that those who were scattered as a result of the persecution that followed on the death of Stephen went about preaching the word; some of them, more venturous than the leadership of the Church, seem to have made Christian history at Antioch by preaching directly to Gentiles, without the intervention of any preliminary preparation through the law. But these were far from being the only volunteer missionaries... Some of the Christians were slaves, as we know from Paul's epistles; such would naturally be carried hither and thither in the retinues of their masters. Some of Christians were probably merchants and travelled in the interests of their trade."

도활동에 대해서 언급하면서 특별히 그들을 비공식적인 복음전도자
(Unofficial Preachers)로 부르면서(행8:4; 11:19-20) 그것을 초대교회의 큰 특징
으로 제시하였다(In particular it is to be noted that the book of Acts makes repeated
reference to the use made of unofficial preachers"(Acts 8:4; 11:19; 11:20).[140] 스데반
의 순교사건이후에 초대 예루살렘 교회의 성도들은 박해를 피해 흩어지
기 시작하였다. 그들 가운데 어떤 사람들은 헬라인들에게로 가서 복음을
전함으로(행11:20) 그 당시에 지배하던 유대인과 이방인이라는 장벽을 넘
어서서 복음을 전하였다. 그리고 바울과 함께 복음전파사역을 감당한 초
대교회 평신도들의 활동은 여러 곳에서 제시되었다(행16:3; 19:29; 20:4; 롬
16:1, 3, 6, 12; 빌4:2-3; 몬1:2-3). 그런데 이들은 어떤 직분(office)도 없는 비
공식적인 평신도 전도자(Unofficial Lay Preachers)였던 것이다.[141]

　　서신서에서도 평신도들의 제사장적 소명에 대해 자주 언급하고 강조
하고 있다. 거기서 그들은 세상 사람들 앞에서 흠 없는 생활을 통해서 복
음을 전할 뿐만 아니라 지속적으로 날마다의 삶 속에서 하나님의 위대한
역사를 선포하였다. 이러한 초대교회 평신도들의 복음선포는 초대교회
의 자연적인 발전과 확장으로 나타났다. 사도들이 여러 지역에서 동시적
인 사역의 성공은 이름 없는 평신도들의 협조로서 가능하였다는 점이다.
이처럼 평신도들의 자발적인 복음증거가 초대교회 성장의 원인이 되었
으며 이것이 초대교회의 중요한 선교정책 가운데 하나였다.[142]

---

140 J. H. Bavinck, *An Introduction to the Science of Missions*, (Grand Rapids: Presbyterian and Reformed
　　Pub. 1960), 39.

141 J. H. Bavinck, *An Introduction to the Science of Missions*, 39-40.

142 J. H. Bavinck, *An Introduction to the Science of Missions*, 67: "(Its growth was due to the
　　spontaneous witness of ordinary men, and it becomes more and more evident that this is the only
　　missionary method which can endure in the long... To be a missionary is to stand for Christ in
　　our vocation and in all our activities(I Pet. 2:9)."

초대교회 복음전도 활동은 다양한 활동과 수많은 사람들을 통하여 이루어졌다. 하나님은 구원의 소식을 다양한 사람들을 도구로 이루어졌다. 초대교회에서 이처럼 평신도들을 통한 복음증거는 광범위한 방법으로 이루어졌다.[143) 스티븐 니일(Stephen Neill)은 그의 선교역사에서 초대교회에서 가장 분명한 사실은 모든 그리스도인이 복음증거자였다는 점이라고 주장한다. 그는 기독교인들이 살고 있는 곳은 어디나 그들의 공동체에 살아있고 불타는 신앙을 항상 증거하였다. 그런데 그 복음점도의 주인공은 바로 이름없는 평신도들이었다는 점이다.[144)

2세기 말 알렉산드리아의 비기독인 셀수스(Celsus)의 기독교에 대한 비판하는 그의 저서에 나타난 초대교회의 전도방법에 대한 언급도 초대교회의 평신도전도에 대해 잘 보여준다. 그에 의하면 그리스도인들은 그 당시 사회에서 소외받고 약한 존재들 곧 무식자들, 노예들, 가난한 여성들과 어린 아이들에게 복음을 전하였다. 그들은 그 당시의 유식자들에게는 감히 복음을 전하고자 하지 않았다고 주장한다. 이러한 일은 동네에서 가정에서 흔하게 일어나는 모습이었다고 전한다. 그들은 그들의 상전들에게는 피하고 어린이나 여성들에게 다가가 그들의 진리를 전함으로 신자로 만든다고 주장한다. 이것은 초대교회 평신도들의 일상적인 복음전도에 대해 주요한 자료가 된다.[145)

---

143 J. H. Bavinck, *An Introduction to the Science of Missions*, 67–68: "(Missionary activity takes place in life in its entirely, including both the organized and the unorganized activity of believers."

144 Stephen Neill, *A History of Christian Missions*, 22: "What is clear is that every Christian was a witness. Where there were Christians, there would be a living, burning faith, and before long an expanding Christian community... Nothing is more notable than the anonymity of these early missionaries."

145 Stephen Neill, *A History of Christian Missions*, 40.

3. 초대교회 전도활동들

교회사의 처음 3세기 그 어느 시대보다도 평신도의 선교활동이 컸던 것으로 전해진다. 그들의 사역은 주로 전도, 선교, 일상생활, 그리고 생업의 현장에서 일어났다. 평신도의 전도활동에 대해 신약성경은 초대교회의 일반적인 평신도의 활동에 대해서 잘 증거해 준다.

로저 그린웨이(Roger Greenway)는 초대교회에 있어서, "그리스도인이 된다는 것은 바로 그리스도의 구속적인 선교사역에 참여하는 것을 의미했다"(To be a Christian involved participation in Christ's redemptive mission). 그들은 믿지 않는 세상 앞에서 그들의 믿음을 증거하는 것이 제자로써의 삶으로 여겼으며, 이러한 모습이 "바로 초대교회의 폭발적인 부흥의 원동력이었다."(All who were disciples were expected to be witnesses to their faith before an unbelieving world. This was the source of early Christianity's explosive power).[146]

아돌프 하르낙(Adolf von Harnack)은 그의 저서 『초대교회의 기독교전파사』(The Expansion of Christianity in the First Three Centuries)에서 초대교회의 특징적인 일들로 신앙 고백자들, 순교자들, 비공식적인 평신도 선교사의 존재가 초대교회의 특징이라고 강조했다. 이것은 곧 일반신자들로서, 남성뿐만 아니라 여성신자들도[147] 자신들의 믿음을 전파함으로 그들의 불신 이방족속들에게 큰 영향력을 주었다.

마이클 그린(Michael Green)은 초대교회에서 복음증거 시에 평신도와 목회자 사이나 남자나 여성 사이에 그 어떤 차별이 없었다고 주장한다. 여

---

146 Roger S. Greenway, "Confronting Urban Contest with the Gospel", in *Discipling the City*, Roger S. Greenway, ed., (Grand Rapids: Baker, 1992), 47; Hinson, "Pastoral Authority and the Priesthood of Believers From Cyprian to Calvin," 1989.(6−23) *Faith and Mission*. Vol.7.

147 Michael Green, *Evangelism in the Early Church*, 173.

성들을 포함하여 모든 평신도들은 항상 복음증거할 준비가 되어 있었으며 이것이 초대교회 부흥의 원동력이었다고 주장한다.[148]

하르낙은 이러한 초대교회의 평신도사역에 대해 "우리는 초대 교회에서 실제로 많은 선교의 역사가 비공식적인 선교사들에 의해서 이루어졌음을 주저없이 주장한다"(We can not hesitate to believe that the great mission of Christianity was in reality accomplished by means of informal missionaries).[149] 초대교회역사에서 교회안의 어느 특별한 복음증거 그룹을 찾기란 거의 불가능했다(It is impossible to see in any one class of people inside the church chief agents of the Christian propaganda).

마이클 그린(Michael Green)은 초대교회 성공적 사역의 열쇠는 바로 "사람들"이었다고 강조한다(One of the most striking features in evangelism in the early days was the people who engaged in it).[150] 그리고 초대교회의 이러한 평신도의 획기적인 복음증거 사역의 원인으로 "교회의 평범한 사람들은 전도를 자기의 직업으로 여기었다"고 한다(The ordinary people of the church saw it [evangelism] as their job). 이렇게 초대교회는 초창기부터 감독들의 활동과 함께 평신도의 비공식적인 복음증거 활동에 의해 발전되었다(Christianity was supremely a lay movement, spread by informal missionaries).[151]

이러한 평신도의 복음전도에의 활발한 참여는 현대교회의 선교완수

---

148 Michael Green, *Evangelism in the Early Church*, 175: "If there was no distinction in the early Church between full-time ministers and laymen in this responsibility to spread the gospel by every means possible, there was equally no distinction between the sexes in the matter… Everyone was to be an apologist, at least to the extent of being ready to give a good account of the hope that was within them. And this emphatically included women. They had a very large part to play in the advance of Christianity."

149 Adolf Harnack, *The Expansion of Christianity in the First Three Centuries*, 1962, 368.

150 Michael Green, *Evangelism in the Early Church*, 274.

151 Michael Green, *Evangelism in the Early Church*, 274.

의 비결이다. 초대교회는 복음전파가 전문가들의 영역으로 여기지 않았다(Communicating the faith was not regarded as the preserve of the very zealous or of the officially designated evangelist).[152] 곧 초대교회에서 복음 증거는 모든 교인들의 특권이자 의무로 보았다(Evangelism was the prerogative and the duty of every church member).[153] 영국 교회역사가 C. 코닥스(C. J. Cadoux)는 복음전파가 초대교회의 성도들의 최대의 의무와 책임으로 받아들여지고 있었다고 증거했다(The extension of the Gospel was felt to be one of the prime duties of Christian life).[154]

초대교회에서 한 가지 특징으로 평신도의 복음전도 사역은 말씀선포 사역에서 나온 것임을 알 수 있다. Michael Green은 초대교회 모든 성도는 말로만이 아니라 삶을 통해 그리스도의 증인이 된 사실은 매우 의미있는 일이다(It was axiomatic that every Christian was called to be a witness to Christ, not only by life but by lip). 그들 모두는 항상 자신들 속에 가지고 있는 참 소망과 기쁨에 대한 이유를 묻는 자들에게 자신들에게 일어난 변화를 증거하여 많은 이교도들에게 증거하였던 것이다.[155]

요하네스 바빙크(J. H. Bavinck)는 사도행전에서 나타난 선교사역의 한 가지 특징으로 "자주 언급된 평신도 설교자들"을 들었다. 바빙크는 이러한 평신도들을 "비공식적 설교자"로 불렀다.[156] 바빙크에 따르면, 이 모

---

152 Michael Green, *Evangelism in the Early Church*. 274.

153 Michael Green, *Evangelism in the Early Church*. 274.

154 C. J. Cadoux, *The Early Church and the World*, (Edinburgh: T&T Clark 1955), 300.

155 Michael Green, *Evangelism in the Early Church*. 175: "(Everyone was to be an apologist, at least to the extent of blessing ready to give a good account of the hope that was within them."

156 J. H. Bavinck, *An Introduction to the Science of Missions*, (Phillipsburg: Presbyterian and Reformed Pub., 1960), 39–40: "In particular it is to be noted that the book of Acts makes repeated reference to the use made of unofficial preachers... We gain the impression that an intense role was played in the missionary activity of the early church by many men and women who held no

든 남녀들은 비공식적인 선교사들로서 초대교회의 선교사역에 막중한 역할을 했는데, 바로 그들은 "신자"라는 직책 외에는 다른 어떤 위치도 없는 평범한 남녀 신자들이었다.[157]

초대교회사를 저술한 헨리 채드윅(Henry Chadwick)은 초대교회의 집사들의 역할이 교외지역의 복음화에 큰 기여를 했다고 증거한다. 그는 초대교회가 선교 정책상 도시지역을 먼저 목표로 삼고 전했으며, 시외지역에는 집사들을 파견하여 선교행정을 펴 나간다고 주장했다.[158]

4. 일상생활을 통한 선교사역

초대교회가 현대교회에 주는 가장 강력한 전도생활의 교훈은 바로 그들이 그리스도를 만나 체험한 은혜의 삶이었다. 마이클 그린(Michael Green)은 그들의 변화된 삶이 바로 이방인들에게 산 교본으로 나타나 매우 효과적인 역할을 하였다고 주장한다.

오늘도 혼탁한 세상 속에서 기독교복음이 효과적으로 전파되기 위해서 삶과 입술이 동반되어야 함을 보여준다. 실제로 바울은 우리에게 복음전도자의 바른 본보기를 제공한다. 곧 열매있는 복음사역은 거룩한 생활과 연관되어 있음을 보여준다(cf., 살전1:7-8; 2:1-15; 빌4:9). 바울에 의하

other office than that of a believer. To the extent that these lay preachers were on their own, they were in danger of becoming involved in all sorts of confusion, and as a matter of fact this is just what happened. It is, however, the great strength of Paul that he did not suppress this spontaneous spreading of the gospel, but utilized and organized it instead."

157 J. H. Bavinck, *An Introduction to the Science of Missions*,. 39-40.

158 Henry Chadwick, *The Early Church*, (Grand Rapids: Eerdmans 1962), 48: "(It was a natural missionary strategy for the church to make the towns its first objective, and it became normal to serve the rural congregations, in the religion under the civil administration of the city, by sending out deacons."

면 초대교회성도들은 "마게도냐와 아가야 모든 믿는 자의 본이" 되었으며 "하나님을 향한 믿음의 소문이 각처에" 퍼지므로 복음전도에 풍성한 열매를 거둘 수 있었다. 그들의 삶의 질적인 내용은 희생과 헌신의 삶으로 모든 지역의 성도들에게 존경을 받는 그러한 삶이었다. [159]

그들이 전하는 복음증거와 그와 부합되는 삶을 영위함으로 듣는 모든 사람들에게 강한 설득력을 가지게 만들었다. 그래서 초대교회는 전도자의 복음증거와 삶의 일치성(the emphasis on the link between mission and holiness of life)을 강조하였다(고후4:1-5). 복음전도를 위한 전도자의 성결한 삶은 무엇보다 초대교회에서 분명한 선교사역의 성공 요인이었다. [160]

마이클 그린은 초대교회의 효과적인 사역의 원리를 선교와 선행과의 상관관계에서 찾았다. 그는 그의 주저인 초대교회 복음전도에서 이 부분에 대해서 많은 지면을 들어서 강조하였다. [161] 마이클 그린은 복음선교의 성공을 위해 믿음과 행위사이의 상관관계를 부각시키고, 두 가지가 분리될 때에 선교의 종말을 가져올 것을 내다보았다. 그래서 초대교회 지도자들은 항상 복음전도를 위해 건전한 교리와 도덕적인 흠이 없는 삶이 무엇보다 복음전도자의 삶의 모습으로 강조하였다. 이런 식으로 초대교회 선교사역은 삶과 함께 힘있게 복음을 전파하였다. 특별히 그린(Green)이 제시한 초대교회 평신도들의 도덕적인 삶의 예로서 이교도들의 살인적인 잔혹함이 아니라, 온유함과 자제력, 그리고 일부일처제를 실천하고 자비를 행하고 동료들을 의로 인도함과 같은 덕행을 들었다. [162]

---

159 Michael Green, *Evangelism in the Early Church*. 178.

160 Michael Green, *Evangelism in the Early Church*. 178.

161 Michael Green, *Evangelism in the Early Church*.. 331.

162 Michael Green, *Evangelism in the Early Church*. 179: "(Be it far from Christians to conceive any such deeds; for with them temperance dwells, self-restraint is practised, monogamy observed, chastity guarded, righteousness exercised, worship performed, God acknowledged; truth governs

이처럼 초대교회 평신도의 삶속에 나타난 "변화된 성품"(Transformed Characters)은 그리스도인의 삶이 초대교회에 있어서 중요한 선교원리였던 것이다.[163] 그들은 그리스도를 믿은 후로 성령으로 변화되어, 그리스도를 알기 이전에 가졌던 옛 삶과 세례 받은 후에 가졌던 새 생명을 분명하게 구별하였으며 그리스도를 닮아가는 삶을 강조하고 여기에 최고의 강조를 두었다.[164]

오늘 우리에게 제시하는 초대교회의 효과적인 복음전도 활동에 대한 도전은 바로 그들의 사회 속에서의 영향력을 주는 것이다. 그린(Green)은 초대교회 성도의 변화된 삶이야말로 가장 효과적인 전도전략이었다고 하면서 그들의 대표적인 삶으로, 자비심, 죄에 대한 증오심, 준법정신, 선한 시민의식, 건전한 과세의식, 순결한 삶과 헌신된 사랑과 놀라운 용기 등을 제시하였다.[165]

초대교회 역사가 아돌프 하르낙(Adolf Harnack)은 그의 초대교회사에서 이러한 초대교회 평신도의 효과적인 선교사역을 설명하면서 그들의 성

them, grace guards, peace screens them, and the holy Word guides."

163 Michael Green, *Evangelism in the Early Church*. 183: "If the loving fellowship of the Christian community was one prerequisite for effective evangelism, another was a transformed characters. The New Testament records lay great emphasis on this … This is what contact with Christ does for man. He becomes changed into likeness to Christ from one degree of glory to another by the Lord the Spirit."

164 Michael Green, *Evangelism in the Early Church*.. 184: "Christlikeness of life is a sine qua non of evangelism. The contrast between the old life and the new life was part of early baptismal catechesis: the 'putting off' of the old life with its pagan habits and lusts was the complement of 'putting on' Christ and the type of life he lived."

165 Michael Green, *Evangelism in the Early Church*. 184: "(The link between holy living and effective evangelism could hardly be made more effectively. In particular Christians stood out for their chastity, their hatred of cruelty, their civil obedience, good citizenship and payment of taxes (despite the severe suspicion they incurred on this count because they refused to pay the customary civil formality of praying to the emperor and the state gods."

공적인 사역은 그들이 소유하였던, 세상 사람들과 비교해서, 그리스도인이 가진 수준 높은 기독인의 삶이 선교사역에 큰 기여를 하였다고 주장한다. 그들이 그리스도안에서 변화되고 그들이 소유한 삶은 이교도들과는 차별화되어 있었으며, 그들의 높은 수준의 도덕적인 삶이 비신자들에게 복음전파에 큰 기여를 했다는 점을 분명히 주장하였다.

하르낙은 그들이 "너희 빛을 비추어 너희의 착한 행실을 통하여 하늘에 계신 너희 아버지께 영광을 돌리게 하라"(마5:16)는 성경말씀을 그대로 생활함으로써, 많은 사람들에게 그들의 삶의 모습을 통해 복음을 평범하면서도 담대하게 전할 수 있었다.[166]

초대교회 평신도들의 윤리적이고 도덕적인 삶이 복음전도에 미친 영향에 대해 그들이 주변에서 무학자들이나 시골사람들, 노인들을 발견하게 되면 그들은 말로서 교리를 사용하여 설득하지 않고, 선행을 통해 자신들의 진리를 주장하며, 그들이 매를 맞더라도 보복하지 않으며, 강도를 당해도 법에다 고소하지 않았으며, 구하는 자들에게 주고 이웃들을 자기 몸처럼 사랑하였다는 것이다.[167]

이러한 그리스도인들의 세상 속에서의 역할이 복음선교를 위해 얼마나 중요한지를 보여준다. 하나님의 백성이 되는 축복만이 아니라, 그 백

---

166 Adolf Harnack, *The Expansion of Christianity in the First Three Centuries*, 1962, 48: "Christians are to 'let their light shine, that pagans may see their good works and glorify the father in heaven'. If this dominated all their life, and if they lived according to the precepts of their religion, they could not fail to preach their faith plainly and audibly."

167 Michael Green, *Evangelism in the Early Church*, 180: "Among us you will find uneducated persons and artisans, and old women who, if they are unable in words to prove the benefit of the our doctrine, yet by their deeds exhibit the benefit arising from their persuasion of its truth. They do not practise speeches, but exhibit good works; when struck they do not strike again; when robbed they do not go to law; they give to those that ask of them, and they love their neighbors as themselves."

성으로 살아가는 역할과 책임이 따른다는 사실을 강조할 때 오늘날 도 이러한 평신도를 통한 효과적인 복음전파의 결과를 가져올 것이다.

초기 한국 선교사들이 한국에서 사역할 때 세워진 평양신학교의 교훈은, 첫째로 "신자가 되라," 둘째로 "학자가 되라," 셋째로, "성자가 되라," 넷째로, "전도자가 되라," 마지막으로 "목회자가 되라"였는데, 이것은 목회자가 되기 전에 먼저 신자다운 신자가 되어야 함을 보여준다. 좋은 지도자는 좋은 신자가운데서 배출되는 것처럼, 좋은 신자가 먼저임을 강조하였다. 산상수훈에서 예수님은 열매보다 먼저 좋은 나무가 되어야 함을 (마7:17) 강조하셨으며, 주님을 따르는 자들에게 "내게 배우라"(마11:29)는 말씀을 통해 변화된 인격을 (Transformed Character) 가져야 함을 말씀하셨다. 오늘도 좋은 사역의 열매를 갖기 위해 사도바울의 모범처럼 "예수님의 마음을 품은 자"(빌2:5-8)가 되어 이 땅에서 그리스도의 권세있는 말씀을 효과적으로 가르치고 전파할 수 있다고 본다. 예수님은 공생애 기간중에서 그의 가르침은 참으로 바리새인이나 서기관들과는 달랐으며 권세 있는 자로서 삶을 통해 말씀을 선포하셨던 것이다(마7:27-28).

오늘 우리는 한국교회에서 어떻게 사역할 것인가에 대해 많은 교훈을 준다. 사도바울도 예수님처럼 초대교회 성도들에게 모든 사람에게 유익을 끼침으로 영광을 하나님께 돌리고 수많은 영혼들을 구원으로 이끌어야 함을 강조하였다(고전10:31-33). 이처럼 예수님의 말씀에 근거하여 초대교회 평신도들은 삶을 통해 그들의 인격적이고 변화된 삶을 통해 효과적으로 복음을 선포하였다.

초대교회 성도에게 있어서 전도는 모든 신자들의 혈액처럼 움직이는 곳마다 복음을 증거함으로 날마다 성장하는 교회를 만들었으며, 그들은 예루살렘을 복음전파의 중심기지로 삼고 그들이 가는 모든 곳에서 자신들에게 있는 기쁨, 자유, 그리고 새 생명의 복음을 전파하였다.[168] 초대교회사를 썼던 C. 코닥스(C. J. Cadoux)도 초대교회 평신도들은 항상 복음을 전할 준비가 되어 있었다고 했다 (1955, 219).

오늘날 현대교회 신자들과 초대교회 성도들 사이에 차이가 있다면 그것은 바로 복음의 능력에 대한 확신에 있다고 본다(롬1:16-17; 렘23:28). 복음의 능력은 불과 같이 듣는 자에게 성령께서 역사하시며 구원을 얻게 하는 능력이 있음을 위대한 사역자들은 그 확신을 가지고 있었다. 김홍전 박사가 "복음이란 무엇인가"라는 책에서 강조하였듯이 "복음이란 항상 들어도 기쁜 소식"임을 확신하고 증거하는 것이 초대교회 전도활동의 원인이었다고 본다.[169]

초기 복음전도자들이 가진 기쁨은 자신들의 체험한 순전한 기쁨으로서, 그들이 예수그리스도에 대한 그들의 절대적인 선포를 더욱 강화시켰다. 그들은 항상 기뻐하면서 어디서나 복음을 전하였던 것이다. 전도자는 그 누구에 의해서도 빼앗길 수 없는 하늘의 기쁨을(요10:28-29) 소유한 자들이었다.[170] 마이클 그린(Michael Green)은 그들이 전한 복음의 내용과 그들의 삶이 일치가 되었기에 설득력이 있었다고 한다. 즉 그들은 항상 삶이 수반된 증거로서 효과적인 복음전도의 열매를 거두었던 것이다 (Life and lip went together in commending the Christian cause).[171]

---

168 Michael Green, *Evangelism in the Early Church*. 280: "But we also find an evangelistic zeal and effort, exerted by the whole broad spectrum of the Christian community to bring other people to the feet of their ascended Lord and into the fellowship of his willing servants. This is a permanent reminder of the Church's first priority. Evangelism was the very life blood of the early Christians and so we find that 'day by day the Lord added to their number those whom he was saving."

169 김홍전, 『복음이란 무엇인가』, (서울: 도서출판 성약, 1994)

170 Michael Green, *Evangelism in the Early Church*.. 342.

171 Michael Green, *Evangelism in the Early Church*. 178.

이것은 오늘 우리에게 기독교복음이 전파되기 위해서 삶과 입술이 동반되어야 한다는 원리를 보여준다. 이것은 사도 바울의 예가 그 본보기가 되는데 곧, 거룩한 삶과 효과적인 전도활동사이의 연관성이 매우 중요하게 대두된다(cf., 살전1:7-8; 2:1-15; 빌4:9).

바울은 경건한 삶, 자기희생, 그리고 청중들을 향한 관심 등으로 접근하여 그 당시의 모든 신자에게 모범으로 나타났기 때문에, 모든 신자들은 이러한 모범적인 신앙의 선배를 따라 살기로 다짐함으로서 복음전파는 매우 효과적으로 나타나게 되었다.[172]

이처럼 오늘날 현대교회가 복음전도의 사역에서 성공적이 되려면, 복음증거와 삶의 일치성이 있어야 함을 볼 수 있다(고후4:1-5).[173] 이것은 초대교회에서 성공적인 복음전도의 원리를 보여준다. 곧 복음전파와 성결된 삶이 함께하는 일관성이 강조되어야 한다는 점이다. 복음전파와 선행과의 상관관계에 대해서 마이클 그린은 그의 저서 "초대교회 복음전도" 제 8장에서 전도자의 삶에서 강하고 있다.[174] 그는 우리에게 믿음과 행위 사이의 상관관계의 중요성에 대해 강조하면서, 이 두 가지가 분리될 때에 비극적인 복음전도의 종말을 가져온다고 주장한다. 복음증거와 증거자의 삶은 놀라울 정도로 묶여 있다는 것이다.[175]

---

172 Michael Green, *Evangelism in the Early Church*. 178: "(It was the quality of his life, his self-sacrifice, his caring, that convinced the Thessalonians that what he proclaimed was not the word of men but the word of God... They began to imitate the lives of the Christians they knew, and from their midst the gospel spread throughout Macedonia and Achaea: ... they became an example to all the believers in Macedonia and Achaea."

173 Michael Green, *Evangelism in the Early Church*. 178: "(The truth of their claims must have been assessed to a very large degree by the consistency of their lives with what they professed. That is why the emphasis on the link between mission and holiness of life is given such prominence both in the New Testament and the second century literature."

174 Michael Green, *Evangelism in the Early Church*. 331

175 Michael Green, *Evangelism in the Early Church*. 179: "This connection between belief and behavior

마이클 그린이 제시하는 모범적인 초대 교회 기독인의 도덕적인 삶으로서 그들은 그 당시 이교도들의 가지던 살인적인 잔혹함이 아니라, 온유함과 자제력을 가지고 일상생활에 임하며, 일부일처제나 이웃에게 자비를 행하고 그들을 의로 인도하는 것을 들고 있다.[176]

오늘날 한국교회 복음전파를 부흥하려면, 이 원리를 적용할 때 가능하다고 본다(고전10:31-33). 변화된 성품(Transformed Characters)을 통한 삶의 복음증거원리는 오늘도 강조되어야 한다. 그들은 성령으로 변화되어 그리스도를 닮아가는 삶이 많은 영혼을 얻는 복음증거의 핵심이다.[177]

초대교회 복음전도 사역에 크게 기여한 저스틴 마터(Justin Martyr)는 초대교회 복음증거자의 특징으로 구체적인 변화의 삶을 증거하였다: "전에는 간음을 즐겼던 우리가 이제는 오직 순결만을 지킵니다. 전에는 마술을 사용했던 우리가 이제는 선하시고 영원하신 하나님께만 헌신을 합니다. 전에는 다른 어떤 것보다도 부의 축적에만 가치를 두었던 우리가 이제는 공동의 필요를 따라서 모든 사람들이 쓸 수 있도록 우리의 소유를 내놓습니다. 전에는 서로 다른 종족과는 함께 살지도 않으면서 생활방식

---

runs right through Christian literature. The two cannot be separated without disastrous results, among them the end of effective evangelism. That is why the New Testament writers are so intolerant both of doctrinal and moral defections among their converts... The two were inextricably intertwined in the mission and appeal of Christianity."

176 Michael Green, *Evangelism in the Early Church*. 179: "Be it far from Christians to conceive any such deeds; for with them temperance dwells, self-restraint is practised, monogamy observed, chastity guarded, righteousness exercised, worship performed, God acknowledged; truth governs them, grace guards, peace screens them, and the holy Word guides."

177 Michael Green, *Evangelism in the Early Church*. 184: "If the loving fellowship of the Christian community was one prerequisite for effective evangelism, another was a transformed characters. The New Testament records lay great emphasis on this... This is what contact with Christ does for man. He becomes changed into likeness to Christ from one degree of glory to another by the Lord the Spirit."

이 다른 자들을 증오하고 파멸시켰던 우리가 이제는 그리스도의 오심으로 말미암아 그들과 행복하게 함께 살면서 우리의 원수들을 위하여 기도하고 우리를 부당하게 증오하는 자들도 그리스도의 선하심을 따라 사는 자들이 되도록 설득합니다. 그리하여 그들도 우리와 함께 만물의 지배자이신 하나님으로부터의 보상인 기쁨의 소망을 나눌 수 있도록 하기 위해서 말입니다.”[178]

새로운 기독교 공동체는 그들의 순수한 삶을 통해 그리고 선행을 통하여 그 당시의 사회 속에서 복음을 증거한 것으로 나타났다. 초대교회 신자들을 이상화하려는 의도가 아니라 그들도 우리와 같이 평범한 일상생활을 살아가던 남녀 신자들로서 타락하고 모든 유혹에 항상 노출되어 있던 사람들이었다. 그러나 그 때에 그리스도인이 된다는 말은 그 사회 속에서 다른 사람이 된다는 것을 의미하였다. 수많은 이방인들 가운데 그들은 수준높은 고상한 삶을 통해 복음을 증거하였는데, 그들은 항상 스스로 성령의 전인 사실을 확인하며 실천하며 살았던 것이다.[179]

4세기 경에 로마황제 율리아누스(Julianus: 332–63)가 남긴 그 당시의 그리스도인에 대한 증거는 다음과 같이 나타나 있다: “기독교인들은 이방

---

178 Michael Green, *Evangelism in the Early Church*. 184: "we who formerly delighted in fornication now embrace chastity alone; we who formerly used magic arts dedicates ourselves to the good and unbegotten God; we who valued above all things the acquisition of wealth and possessions now bring all we have into a common stock and share it out to all according to their need; we who hated and destroyed one another and on account of their different manner of life would not live with men of another tribe, now, since the coming of Christ, live happily with them, and pray for our enemies and endeavour to persuade those who hate us unjustly to live conformably to the good precepts of Christ, so that they may become partakers with us of the same joyful hope of a reward from God the ruler of all"(cf., I Apology, 14).

179 S. Neill, *A History of Christian Missions*. 36: "(But in those days to be a Christian meant something. Doubtless among the pagans there were many who lived upright and even noble lives… Christians were to taught to regard their bodies as temples of the Holy Spirit."

인들에게 다가가 그들을 보살피고 그들의 죽은 자들을 위해 장례에도 협력을 하고 있다. 이들 가운데 구걸하는 자가 하나도 없지만, 이들은 자신들의 가난한 자들을 도와줄 뿐만 아니라 우리가 돌봐야할 로마시민들 가운데 가난한 자들까지 돌보아 주고 있다".[180]

마이클 그린(Machael Green)은 이러한 초대교회의 선행을 통한 복음전도의 삶에 대해 아테나고라스(Athenagoras)의 글을 인용한다: "초대교회 성도들은 높은 학문은 아니지만 진실함으로 설득력 있게 표현합니다. 목소리가 높지 않아도 선행을 실천합니다. 그들은 말을 통해서가 아니라 선행을 통해서 진리를 주장하고, 그들은 공격을 받아도 공격하지 아니하며, 도둑을 당하여도 법에 호소하지 않으며, 부탁받은 일을 거절하지 않고 이웃을 자신처럼 사랑합니다."[181]

5. 생업을 통한 선교사역들

초대 교회 신자들은 그들의 평상시의 생업을 통해서도 복음을 전파한 것으로 나타났다(행18:1-3). 사도바울은 브리스길라와 아굴라 부부와 함께 천막을 만드는 직업(Tentmaker)을 가졌다.

---

180 S. Neill, *A History of Christian Missions*, 37-38: "Atheism [Christian faith] has been specially advanced through the loving service rendered to strangers, and through their care for the burial of the dead. It is a scandal that there is not a single Jew who is a beggar, and that the godless Galilaeans care not only for their own poor but for ours as well; while those who belong to us look in vain for the help that we should render them."

181 Michael Green, *Evangelism in the Early Church*, (Grand Rapids: Zondervan, 1991), 180: "Among us you will find uneducated persons and artisans, and old women who, if they are unable in words to prove the benefit of the our doctrine, yet by their deeds exhibit the benefit arising from their persuasion of its truth. They do not practise speeches, but exhibit good works; when struck they do not strike again; when robbed they do not go to law; they give to those that ask of them, and they love their neighbors as themselves."

초대교회에서 사도 바울은 장막을 만드는 직업(Tentmaker)을 통해 복음 전파사역을 수행하였다. 바울이 온전히 교회의 후원도 없이 사역한 것은 아니지만, 그의 서신 가운데 나타난 그의 텐트메이커로서의 사역은 단순한 정도가 아니었다. 바울은 고린도전서 9장에서 사도로서 영적인 사역자를 위한 후원의 정당성을 주장하면서, 그는 대가없이 복음을 전하였다(고전9:12, 15, 18). 그는 생활비를 위해 일하지 않을 권리를 사용치 않았던 것이다.

1차 선교여행(행13:1-14:28)중에 바울과 바나바는 안디옥과 갈라디아에서 자비량 사역함을 증거한다(고전9:6). 그리고 2차 선교여행(행15:40-18:17)중에도 데살로니가지방에서 육체적으로 노동하였음을 주장한다(살전2:7-12). 여기서 그가 "힘씀과 애씀"으로 라고 표현한 것은 하루 종일 노동함을 의미한다고 본다(딤후4:2; 살후3:7,8). 그는 단순히 생계유지를 위해서가 아니라 그의 가르침의 진실성과 개종자들에게 모범을 보여주기 위해 노동 현장에서 의도적으로 일하였다(엡6:5-9; 골3:17, 22-25). 그리고 행18:3에서 고린도에 이르러 새로운 일자리를 찾는 바울은 자신의 천막짜는 기술로서 아굴라와 브리스길라를 전도하는 계기를 갖게 되었을 것으로 해석한다(고후10:14).

그리고 3차 선교 여행(행18:23-21:14)중에도 바울은 계속해서 일하였음을 볼 수 있다(고후11:12; 고후12:14-16; 11: 12; 고후4:16; 행19:11-12). 에베소교회를 떠나면서 그 장로들에게 고별설교를 하면서 바울은 다음과 같이 그의 사역의 현장에서 직접 일하면서 복음전도를 감당하였음을 이렇게 주장한다(행 20:33-35): "내가 아무의 은이나 금이나 의복을 탐하지 아니하였고, 너희 아는 바에 이 손으로 나와 내 동행들의 쓰는 것을 당하여 범사에 너희에게 모본을 보였노니 곧 이같이 수고하여 약한 사람들을 돕고 또 주 예수의 친히 말씀하신바 주는 것이 받는 것보다 복이 있다 하심을 기억하여야 할지니라.”

바울은 복음사역에서 어느 정도의 재정후원을 받았지만(고후 11:8-9; 빌 4:15-16) 자비량하는 사도로서 생업의 현장에서 복음 전도하는 초대교회의 중요한 사역을 보고 있다.

바울에게 자비량 선교 사역은 왜 중요했는가? 무엇보다 바울은 복음의 신뢰성을 염두에 두었다. 그 당시 초대교회 다른 순회 설교자와는 달리 바울은 복음전파에 방해가 되지 않기 위해 일하였다(살전 2:3-9; 딛 1:10-12; 고후 11:12-15). 그리고 바울은 사역의 효율적인 것을 바라보면서 많은 생업의 현장에 있던 사역자들과 동질성을 염두에 두고 복음을 증거한 것이다(고전9:19). 곧 더 많은 사람들을 얻기 위해, 복음대상자들의 문화를 수용하였으며, 일하는 사람들에게 접근하기 위해 바울은 스스로 텐트메이커가 되었던 것이다. 최고의 지식을 가진 바울이었지만 단순하게 복음을 노예들과 노동자들과 거지들과 가난하고 무지한 자들에게 가르쳤다. 이것은 바울의 독창적인 것이 아니고 예수 그리스도의 성육신 사역을 모방한 것이다(빌 2:5-11; 고전 11:1).

이처럼 생업의 현장에서 바울이 사역한 것은 모든 성도들에게 모범을 보여 주는 것에 그의 관심이 있었음을 본다. 신자들과 개종자들에게 그리스도인의 삶의 모범을 보여주기 위해(살후 3:8), 바울은 삶의 현장에서 그리스도인의 삶이 무엇임을 보여 주었다(고후 6:9-11). 이렇게 함으로 바울은 새롭게 개종한 도적, 강도, 거지와 술주정꾼들로 가족을 부양하고 가난한 자에게 관대히 베풀 줄 아는 사람으로 변화시켰던 것이다(딤전 5:4,8; 살전 5:14; 살후 3:6-12; 갈 6:10; 고후 8:3; 9:1-15; 딛 3:14). 또한 바울은 초대교회의 어려운 환경을 생각하면서 자비량하였다. 바울은 자신이 개척한 교회가 자비량하는 교회로서 외부원조에 의지하지 않는 교회로 지도하였으며, 자신도 섬기는 지도자로서의 모범을 보이면서(고전9:19), 권위주의자가 아니라 지혜로운 아버지 같이 사역하였다.

이러한 바울의 자비량 사역에 대한 연구가 오늘날 우리에게 어떤 중요성을 갖고 있는가? 초대교회 성도들은 자신의 직업이 복음전도의 수단이고 그 현장임을 특징적으로 보여준다(고전 9:6; 고후 11:10, 12; 12:11, 13). 현대교회에서 효율적인 선교사역을 위해서 전문인선교는 참으로 전략적으로 중요하다고 제시되어 왔다. 바로 전문인선교사란 직업현장과 여가에 타문화 전도를 시행하면서 자신의 생활비를 벌면서 선교에 헌신된 그리스도인들인 것이다.

그러므로 바울의 초대교회의 자비량사역은 오늘 우리에게 생업의 현장이 곧 우리의 사역지라는 사실을 보여준다. 1세기 초대교회 그리스도인들에게 이상적이고 필수적인 선교형태를 어찌 우리가 반대할 수 있는가? 이처럼 바울의 사역원리는 그리스도인들에게 하나의 모범된 사역으로서 바울의 자비량선교는 직업선교사들의 훈련의 과정을 보여준다. 바울은 세속사회 속의 삶과 노동, 복음증거, 전문인선교사의 윤리 등을 보여준다. 초대교회의 기하급수적 성장은 이러한 바울의 선교전략에 있다고 본다. 사실 이것은 바울 자신의 전략이기 보다 성경에 제시된 성령 하나님의 전략이다. 특히 전문인선교는 "폐쇄된 국가" 또는 "미전도종족"을 전도하기 위한 필수적인 복음전도 전략이다.

오늘날은 이러한 초대교회의 텐트메이커 사역에 대해 "직장선교사역", "자비량 사역" 등으로 평신도의 전도전략으로 제시되고 있다. 라투렛(K. S. Latourette)은 그의 교회사에서 초대교회의 기독교의 확장은 전문적인 사역자들보다 세속 사회 속에서 생업을 가지고 일하던 남녀 평신도들이 그들의 생업현장에서 같이 일하던 불신자들에게 복음을 전함으로 말미암았다고 주장한다(The chief agents in the expansion of Christianity appear not to have been those who made it a profession or a major part of their occupation, but men and women who earned their livelihood in some purely secular manner and spoke of their faith to those whom they met in this natural fashion).[182]

그리고 그들의 직업은 여행자, 상인, 무역인, 노예 등이었다. 이것은 복음전도가 초대교회에서 생활화되어 있는 것을 보여주는 것이다. 그 당시에 노예로 있던 신자들이 그들의 상전들에게 복음을 전하여 상류층의 복음전도가 이루어진 것이다.

F. 브루스(F. F. Bruce)는 2세기말 초대 영국선교사역에서 평신도의 활동들에 대해서 언급한다. 곧, 영국에 기독교가 전파된 것은 평범한 사람들 곧 Gaul지방과 여러 곳에서 온 상인들이었다. 이들은 날마다의 사업장을 통해서 복음전파가 이루어졌음을 기록한다(It is much more likely that Christianity was carried to Britain by ordinary people—traders from Gaul and other parts... We must remember that much more missionary work was done by ordinary Christians in the course of their daily business and intercourse than is often realized).[183]

영국의 선교역사가 존 포스터(John Foster)는 이러한 초대교회에서 이루어진 엄청난 복음전도가 평신도에 의해서 그들의 일상적인 생활을 통해서 불신자들에게 복음을 전하여 그들에게 인격적인 영향을 주었기 때문이라고 주장한다(There is plenty of evidence that one factor in Christianity's first swift spread was laymen, purposefully using the ordinary contacts of life to influence their non—Christian neighbors).[184]

---

182 K. S. Latourette, 1939, 1:116.

183 F. F. Bruce, *The Spreading Flame: The Rise and Progress of Christianity*, 3 vols. in one, (Grand Rapids: Eerdmans, 1956), 78–79.

184 John Foster, *After the Apostles: Missionary Preaching of the First Three Centuries* (London: SCM Press, 1951), 37.

6. 콘스탄틴(288-337)의 칙령이후의 평신도의 선교사역들

1) 로마 콘스탄틴 황제의 기독교 개종

콘스탄틴의 회심은 교회와 유럽역사에 있어서 하나의 전환점을 마련하였다. 이것은 단순한 박해의 종말이라는 것 이상의 의미를 포함하고 있었다. 교회의 사회적인 위치와 교회안의 평신도의 역할과 위치에 많은 변화를 가져오게 되었다.

기독교에 대한 수많은 박해가 진행되었던 로마제국의 치세 중에 4세기 초에 나타난 정국의 불안가운데 콘스탄틴이 황제의 6 형제들의 난투극 가운데 막센티우스와 싸움에서 승리하면서 기독교역사에 새로운 이정표를 만들었다. 이것은 콘스탄틴이 전쟁 중에 밀비아 다리 부근에서 태양위의 십자가 형상을 가지고 "이것으로 싸우라"는 음성을 듣고 실제로 전쟁에서 승리함으로 콘스탄틴은 자신의 부하들과 함께 기독교를 인정하게 되었고 자신도 기독교인이 되었던 것이다.

이와 같은 변화는 콘스탄틴이 주후 313년 밀라노칙령을 반포하여 기독교를 공인하는 기독교 자유령을 선언하고 카타콤의 지하 기독교를 해방시키고 신앙의 자유를 허락하였다. 그 후에도 콘스탄틴은 초대교회 시대에 혼란스러운 신학논쟁들에 대해 325년 니케아회의 소집하여 신학적으로 삼위일체론과 기독론에 대해 분명한 정립을 이룩하기도 하였다.

2) 콘스탄틴의 칙령과 평신도 선교

이러한 콘스탄틴의 기독교 자유령의 선포는 교회역사에서 여러 가지 의미를 가진다. 당시의 시대 배경에 대해 여러 교회 역사가들과 선교학자들에 의한 증언에 의하면, 콘스탄틴의 업적으로 이단을 멸하고 내적으로 교회를 통일한 일과 기독교 특별법을 제정하여 주일을 공휴일로 지정하고 교회를 섬기는 교직자들에게 세금과 병역을 면제하는 등 많은 변화를 시도하였다.

교회역사 4 세기가 지나면서 콘스탄틴의 특별법은 교회 안에 평신도의 사역에 많은 변화를 가져왔다. 곧 콘스탄틴 이전만 해도 평신도의 자유로운 봉사와 선교활동이 매우 의미심장한 역할을 했지만, 콘스탄틴의 특별법의 정책은 결과적으로 교직주의를 제도화하게 되었으며, 교회에서 평신도들의 사역참여도 줄어들게 되었다. 교회안의 질서를 세운다는 미명하에 교회의 교직계급을 만들어 오늘의 가톨릭교회가 가지고 있는 성직계급의 길로 가는 계기를 만들어준 셈이 되었다.

초대교회가 가지고 있던 만인제사장론에 근거한 자유로운 평신도 사역이 그 칙령이후 불가능하게 되는 결과를 가져온 것이다. 오늘날 하나님의 일은 성직자만이 하고 평신도들은 세속적인 일만하는 자라는 이원론적인 경향이 이때부터 교회 안에 자리 잡게 되었다고 볼 수 있다. 그러므로 헨리 채드윅(Henry Chadwick)은 이러한 변화에 대해서 그의 초대 교회사에서 "평신도의 민주주의적 사역에서 성직제도의 권위주의에로 전환"(the transition from a lay democracy to a clerical authoritarianism)이 일어났다고 주장한다. [185]

콘스탄틴의 기독교특별법이 박해받던 초대교회에게 자유의 선물을 가져다주었지만, 이로 인하여 교회 안에 일어난 결과들 가운데 그 전에 미처 예산치 못한 부정적 결과들도 나타나게 되었다. 기독교를 공인하고 신앙이 보편화되면서 기독교가 사람들에게 인기 종교가 되었으며, 기독

---

185 Henry Chadwick, *The Early Church and the World*, (Edinburgh: T&T Clark 1955), 51.

교 성직자들에게 여러 가지 특혜와 이익을 줌으로 많은 사람들이 무분별하게 성직자가 되어 세상에서 출세하는 수단으로 여기게 만든 점이 부정적인 것으로 나타났다. 더 나아가 중세교회의 현상가운데 성직매매 사건이 나타나서 돈을 받고 성직을 팔고 결국 교회와 수도원이 부패의 구렁텅이 빠지게 만들었다. 여기에 편승해서 교회의 교권과 정치가들이 야합하여 사회적인 부패를 조장하였으며, 결국 종교개혁을 몰고 오게끔 사태로 악화되었던 것을 볼 수 있다.

특히 로마제국이 기독교를 로마의 국교로 공인하면서(A.D. 393), 로마 시민이면 누구나 기독교인이 되는 상황을 맞이하면서 초대교회는 초창기에 가졌던 순수한 그리스도의 제자도에서 떠나게 되었으며, 그 대신 명목상 그리스도인(Nominal Christians)들을 양산하였다. 그들의 내면은 이교도적 생활 그대로 유지하면서 겉으로는 기독교인이 되는 상황이야말로 교회의 순수성을 떨어뜨리는 결과를 오게 하였다. 이러한 가치관의 혼란속에 신학적인 논쟁을 반복적으로 초래하게 만들기도 하였다.

헨드릭 크레이머(Hendrik Kraemer)는 이러한 평신도에 대한 콘스탄틴의 칙령이 가져온 평신도와 성직자사이의 계급화의 제정에 대하여 다음과 같이 주장하였다: "니케아회의(325년)의 결의 가운데, 5항과 18항은 교회 전체를 위한 규정이 아니라 단지 성직자들만을 위한 것이다. 거기서 평신도들은 모든 부분에서 배제가 되어 있다. 니케아회의에 참여한 모든 감독들은 단체적으로 성령의 기관으로 존재한다. 그들은 '영적인 사람'으로서 그들은 권징과 교리에 있어서 자신들의 신적인 권위를 가지고 있으며 아무에게도 간섭을 받지 않는다."[186]

찰스 벤 엔겐(Charles Van Engen)은 오늘날의 교회안의 두 가지 계급론 곧

---

186 Hendrik Kraemer, *A Theology of the Laity*, (Philadelphia: Westminster Press, 1958), 53.

성직자와 평신도라는 이원론은 지난 교회사에 있어서 이었던 3세기경의 작품이었다고 주장하면서 21세기에 이르러 발전된 평신도사역의 중요성을 주장하였다. 오늘도 평신도와 성직자를 계급적으로 구분하는 것은 단지 주후 3세기 때의 사고일 뿐이며, 그것은 교회가 그만큼 쇠퇴하고 세속화되고 죄악스러움을 나타낼 뿐임을 주장하였다.[187]

콘스탄틴의 칙령은 여러 가지로 사회의 변화와 교회 교직 제도의 변화를 가져온 것이다. 성직이 사회적으로 존중받고 출세의 지름길이라는 인식속에 많은 사람들이 성직을 취하게 되었는데, 이것은 사도바울이 제시한 바른 성직자의 동기(딤전3:1)와는 거리가 먼 세속주의적인 자신의 야망을 성취하기 위한 수단으로 전락한 점이 안타까운 결과이다(cf. 렘45:5).

콘스탄틴의 개종 후 기독교회는 갑자기 인기를 얻게 되었고 많은 사람들이 몰려왔다. 새로운 교회건물을 국가의 지원과 이교도신전들로부터 몰수한 자금으로 건축하였다. 그러나 교회와 국가의 동맹은 교회에 엄청난 발전과 특권을 가져왔지만, 교회의 영적인 분위기나 도덕성을 고양시키지는 못하였다. 개인의 회심이나 헌신 따위는 교회관심의 대상이 되지 못했다. 수많은 사람들이 교회에 들어오자, 선교의 필요성도 없어 보였다. 성직자의 세력도 영적 세력을 해칠 만큼 정치세력과 야합해 갔다.

그리고 콘스탄틴은 정치적으로 주교들에게는 교권과 더불어 사법권도 주었으며, 교회재산은 세금을 면제해 주었다. 교회건물 건축과 구제를 위해 거금을 제공하였던 것이다. 그래서 진정한 교회성장도 기대할 수 없었으며 아울러 영적성장이나 사회적으로 기독인의 도덕성의 고양

---

187 Charles Van Engen, *God's Missionary People*, (Grand Rapids: Baker, 1991), 151: "The rise of a clergy-laity distinction from the third century on continues in the Protestant denominations since *the Reformation* as one of the main sources of decline, secularization, and sinfulness of the Church."

등은 찾아 볼 수 없게 된 것이다.

그러므로 글렌 힌슨(Glen Hinson)은 콘스탄틴의 정책이 결국 그의 후계
자들에 의해 가톨릭교회의 계급적 교직주의(Clericalism)를 조장하게 되고
전체 교회 교인들의 만인제사장론을 약화시키는 계기를 만들었다고 주
장한다.[188] 초대교회사의 저자 아돌프 하르낙도 콘스탄틴의 정책이후부
터 성직자와 평신도의 차별은 더욱 확고하게 굳어갔다고 주장한다. [189]

7. 초대 교부들과 평신도 선교론

평신도 사역에 대한 초대교회의 관심과 활동은 그 당시 교회 지도자로
활동하던 교부들의 신학사상과 기록에서도 그것을 확인할 수 있다. 초대
교회사에 나타난 교부들은 주로 사도들의 직계 제자들로서 교리에 정통
성을 가진 자들이었으며, 초기 기독교 신자들에 대한 애매한 비난과 정
죄와 정부의 무리한 적대적 태도를 반박하며 기독교를 변호한 사람들이
었다.

이런 배경에서 신학의 발전은 이단의 발호에 맞서 신앙의 순수성을 정
립하기 위한 노력에서 일어났다고 할 수 있다. 초대교회사 속에서 여러
이단들의 출현에 대해 복음의 진리를 방어했던 교부들은 다양한 저서들
을 통해 평신도의 선교사역에 대한 관심을 주장하였다. 그들 가운데 져
스틴 마터(Justin Martyr), 이레니우스(Irenaeus), 로마의 클레멘트(Clement of

---

188 Glen Hinson, "Pastoral Authority and *the priesthood of all believers* from Cyprian to Calvin," *Faith and Mission*, Vol. 7. 8: "Constantine's policy, followed also by most of his successors, obviously encouraged clericalism and diminished the priesthood of the whole church, excepting perhaps the rich and powerful."

189 Adolf Von Harnack, *The Expansion of Christianity in the First Three Centuries*. 1962. 112: "In the second century the distinction between clergy and laity gradually becomes firmly established."

Rome), 터툴리안(Tertullian), 키프리안(Cyprian), 오리겐(Origen), 크리소스톰
(John Chrysostom), 어거스틴(St. Augustine) 등은 평신도 선교사역에 대한 신
학적인 관심과 초대교회 안에서 평신도의 사역적인 역할과 위치를 보여
준다.

1) 저스틴 마터 (Justin Martyr, 100-165)

저스틴 마터는 플라톤의 철학을 배운 후 기독교로 개종하였으며, 특
히 그는 지성적으로 기독교를 변증하고 이단을 반박하였다. 그는 초대교
회 순교자로 로마에서 전도하다가 지방장관 루스티쿠스(Rusticus)에게 순
교를 당하였다. 그가 남긴 기독교변증서로 로마 황제에게 써 보낸 "제일
변증서"(The First Apology, 153)와 로마 원로원에 보낸 편지형태의 글 "제이
변증서"(Appendix, 161)가 남아 있다.

그는 이러한 변증서들을 통하여 기독교의 진리를 분명하게 변증하였
다: "신자를 정죄하려면 그 죄목을 조사해 범죄 사실을 밝혀 처벌할 것이
요 그리스도인(Christian)이란 이름만으로 벌할 수 없다." 그는 신자들을
로마의 신들을 믿지 않는 무신론자들로 그리고 국가에 반대하는 자들이
라는 비난에 대해서, 그것이 사실 아님을 변호하고 기독교의 새 신앙과
고상한 도덕훈을 들어 참 종교임을 증명하고 기독교와 이방교리를 비교
하여 그 우월성을 보였다.

저스틴은 과거에 서로 미워하고 공격했던 그리스도인들이 그리스도
께로 와서 변화되어 이제는 그들과 친하게 지내며 원수들까지도 위하여
기도하고, 그들을 미워하는 자들도 권하여 그리스도의 선한 교훈을 따라
살도록 이끌어 만왕의 왕이신 하나님을 믿는 자로 하나님의 유업에 참여

자로 만들려고 힘쓴 것을 주장한다.[190]

　　그가 남긴 변증론(Apology)에서 기독교에 대한 이교도들의 오해를 지적하며, 그리스도인들의 무죄를 주장하면서 이교도의 개종을 위해 선교적인 열심을 가져야 한다고 주장하였다.[191] 그리고 유대인 트리포(Trypho)와 저스틴(Justin)의 대화중에서 그는 선교적인 관심을 보여 준다: "만일 당신이 자기 자신에 대하여 관심을 가지고 진지하게 구원을 기대하며 하나님을 믿는다면, 당신은 하나님의 그리스도에 대하여 잘 알게 될 것이며 신앙생활을 시작하면서 참 행복된 삶을 살게 될 것이다."[192]

2) 이레니우스 (Irenaeus, 130-200)

　　이레니우스는 속사도 교부 폴리캅의 제자로서 헬라교부 선교사 겸 감독으로 Gaul 주교와 리용 감독으로 활동하다가 프랑스 리용(Lyon)에서 순교하였다. 그의 "이단반박문"(Against Heresies, 185)은 그 당시 영지주의자들인 마르시온과 발렌티노스를 집중 공격하였다. 그는 신구약성경의 통일성을 강조하고 사도들의 복음에 대한 온전한 지식을 얻어 가지고 전도해야 함을 강조하였으며, 사도들의 전승에 대한 충실한 전수의 중요성을 강조하고 "교회는 사도들이 예수의 교훈을 맡긴 보고요 그 진리의 보관자들은 사도들의 후계자인 감독들이니 신도는 감독을 존경, 순종할 것"[193]임을 주장하였다. 그 당시 영지주의의 위기는 감독직의 권위를 높

---

190 Justin Martyr, "The First Apology of Justin," trans. by M. Dods and G. Reith, in *The Ante-Nicene Father: Translations of the Writings of the Fathers down to A.D. 325*, eds. Alexander Roberts and James Donaldson (10 vols.; Grand Rapids: Eerdmans, 1951), Vol. I, 67.

191 Justin Martyr, *Second Apology for the Christians*, "Be converted: become wise."

192 Justin Martyr, *Dialogue of Justin, Philosopher and Martyr, with Trypho, a Jew*, Chap. 8.

193 W. Walker, 『기독교회사』, (서울: 한국기독교문화원, 1978), 55.

이고 사도들의 교회가 확장됨과 동시에 서방교회에 교리가 확정되게 되었다. 그의 노력은 신학의 안정과 발전, 그리고 일관성을 유지하게 만들었다.

3) 로마의 클레멘트 (Clement of Rome, - 202)

로마의 클레멘트(Clement)는 "평신도"(laity)라는 말을 처음 언급한 교부로 알려져 있는데, 그는 평신도가 교회의 리더쉽 규정들과는 대조적으로 평신도는 평신도규정에 따라 사역한다고 주장하였다. 그러나 클레멘트는 교회의 장로와 집사의 교회 예배에서의 역할 보조로 평신도의 역할을 한정한 것에 대해 죄책감을 갖는다고 주장하였다. [194]

4) 터툴리안 (Tertullian, 160 - 225)

터툴리안(Tertullian)은 로마제국의 제 2의 도시였던 북아프리카 카르타고의 감독이었다. 교부 터툴리안은 평신도의 역할에 대해 매우 분명한 견해를 가지고 평신도를 제사장적 사역자로 불렀다. "모든 평신도가 제사장들인 것은 사실이 아닌가? 사제들의 질서와 백성들 사이에 구별은 교회의 권위에서 나온 것이며, 하나님께서 구별하여 함께 교회를 다스리게 하신 것이다."[195]

---

194 George Huntston Williams, "The Ancient Church," in *The Layman in Christian History*, ed. Stephen Charles Neill and Hans-Reudi Weber (London: SCM Press Ltd., 1963), 30.

195 Tertullian, *Exhortation to Chastity*, ch. 7.

5) 키프리안 (Cyprian: 200 - 258)

키프리안은 수사학 학자출신으로 지방정부의 높은 직위에 있다가 터툴리안의 영향으로 기독교인이 되고 나중에 카르타고의 주교가 되었으며, 발레리안 황제치하에서 순교를 당하였다. 그는 주교의 권위를 강조하고 최초로 가톨릭 교회 안에 성직 계급제도를 실시하였다. 그는 가톨릭교회만 구원이 있으며, 가톨릭 교회 외에 다른 교회는 없다고 주장하였으며, "교회를 어머니로 갖지 못한 자는 하나님을 아버지로 갖지 못한다"고 주장하였다.[196]

그리고 교회 통일의 초점은 감독이며 감독을 버리는 자는 곧 교회를 버리는 자이며, 감독이 있어야 교회이며, 감독이 없으면 아무것도 아니라고 주장하면서(Do nothing without the bishop. The church is in the bishop, whoever is not with the bishop, is not in the church),[197] 교회안의 감독의 권위를 높혀 오늘날의 가톨릭 교회의 계급제도를 만드는데 일조를 하였다. 이러한 교회의 계급제도(Hierarchy)는 오늘날까지 교회 안의 평신도에 대한 많은 오해를 만들어내는 요인이 되고 있다고 본다.

6) 오리겐 (Origen: 185-254)

오리겐은 북아프리카 알렉산드리아 교회의 클레멘트의 제자였으며, 그후에 교회의 감독이 되었으며, 다방면의 석학으로 600 여권의 저

---

196 Henry Chadwick, 『초대교회사』, (서영일역), (서울: CLC, 1992), 145.

197 Glen Hinson, "Pastoral Authority and *the Priesthood of All Believers* from Cyprian to Calvin," *Faith and Mission*, Vol. 7, 6–7.

서들을 남겼다. 그 가운데 "이단반박문"(Contra Celsum, 246-248)은 그 당시 플라톤 철학자 셀수스(Celsus)가 기독교를 비방하는 "기독교 비평"(True Discourse, 177)이라는 셀수스의 책에 대하여 기독교적인 답변으로 "이단반박문"을 저술하였다. 초대 기독교인들이 시장과 동네 어귀에서 사회에서 소외된 사람들에게만 전도한다고 비방하는 셀수스의 주장에 대하여, 오리겐은 "기독교는 진정한 철학이며 시장에서 복음전도는 교육받은 기독교인이 적절한 방법 중의 하나"라고 변호하였다.[198] 이러한 이교도의 초대교회 평신도의 선교활동에 대한 비방은 오히려 초대교회에 활발했던 비공식적인 평신도선교에 대한 분명한 자료들을 제공하고 있다고 볼 수 있다. 이교도 셀수스가 기독교인들이 시장과 동네에서 무식자들과 어린이들에게 복음전하는 것을 비방하였지만, 오리겐은 이들의 복음전도 방법에 아무런 문제가 없음을 주장하였다.[199] 그의 기록에서 보는 것은 속사도시대의 대부분의 일반 기독교인의 복음전도에 대한 열정과 헌신이며, 초대교회 평신도복음전도가 사회의 기층민들과 노동자 계층에까지 전도가 크게 부각되었음을 보여준다고 볼 수 있다.

7) 존 크리소스톰 (John Chrysostom, 347-407)

초대교회 명설교가인 존 크리소스톰은 수사학을 배우고 세례를 받은 후 수도원에 은둔생활을 하다가 교회집사직을 거쳐 안디옥교회 장로가 되어 명설교가로 명성을 남겼으며, 397년에 콘스탄티노플 총감독이 되었다. 그는 "황금의 입의 소유자"로서 그 당시에 교회의 평신도 선교에

---

198 Michael Green, *Evangelism in the Early Church*, 319-21.
199 Michael Green, *Evangelism in the Early Church*, 323.

대해 강조하였다.

그는 누구보다도 세계선교의 중요성을 강조하였으며, 소위 "세계는 나의 교구"라는 주장을 펼치었다: "우리는 우리의 구원주로 예수 그리스도를 모시고 있으며, 우리의 삶의 걸음을 위해 성경을 가지며, 우리의 교제를 위해 교회를 소유하며, 그리고 우리는 세계를 우리의 교구로 가지고 있다"고(We have a whole Christ for our salvation; a whole Bible for our staff; a whole Church for our fellowship; and a whole world for our parish) 주장하였다.[200]

그의 설교 중에 성경본문 행9:10-25의 사울의 선교소명에 대한 설교 중에서 다른 사람들의 구원에 대해 무관심한 그리스도인처럼 차가운 사람은 없으며, 누구나 그리스도인이라면 자신의 복음전도에 대한 책임을 감당할 수 있어야 하는데 마치 그것은 누룩이 빵을 부풀리게 할 때, 누룩이라 불리는 것과 같은 이치라고 주장하였다. 그리고 그리스도인이 복음 전하지 아니함은 마치 태양이 빛을 발하지 않는 것이나 열을 발산하지 않는 것과 같은 것이라고 주장하였다.[201]

크리소스톰은 복음을 전함으로 이방인들을 유익하게 하는 것이야말로 가장 온전한 형태의 기독교의 모습임을 강조하였다(cf. 1Cor. 10:25-33). 그리고 크리소스톰은 복음 선교의 성공은 온전한 성경지식에 있다고 주장하면서 선교를 위해 성경공부를 강조하였다. 그는 그리스도인들이 선한 용사처럼 성경에 집중하게 되면, 그들은 자신의 문제들을 이길 뿐 만 아니라, 믿음의 동료들을 보호해 줄 수 있으며, 성경지식이 평신도 사역

---

200 John Chrysostom, "The Homilies of St. John Chrysostom, Archbishop of Constantinople, on the Acts of the Apostles," in *A Select Library of the Nicene and Post-Nicene Fathers of the Christian Church*, Philip Schaff, and others (14 vols.; Grand Rapids: Eerdmans, 1956), XI, 133.

201 John Chrysostom, "The Homilies of St. John Chrysostom, Archbishop of Constantinople, on the Acts of the Apostles," 133-34.

자에게 중요함을 강조하고 참된 성경적 지식이 평신도의 복음 선교 사역의 선결조건임을 강조하였다.[202]

8) 성 어거스틴(St. Augustine, 354 - 430)

참회록의 저자 어거스틴은 로마의 아프리카 식민지 히포 감독으로 위대한 사상가로서 800년 이상 동안에 서구 유럽에 영향력을 남겼으며, 그는 종교개혁가 루터와 칼빈이 존경한 인물로 나타나 있다. 그는 젊은 시절 방탕하고 종교적으로 방황했지만, 기독교로 개종한 후에, 복음진리의 변호에 앞장을 서서, 그 당시의 마니, 도나터스, 펠라기우스 이단에 대해 기독교진리를 변호하는 논쟁문을 썼다.

그는 그 당시 영국의 수도사인 펠라기우스(Pelagius, -420) 주장들, 곧 구원에 있어서 인간의 자유의지를 주장하여 "사람의 구원은 신의 은사보다 자력으로 시작된다"는 이론과 인간의 원죄를 부정하고 인간은 죄없이 살 수 있는 능력을 긍정하는 펠라기우스의 주장에 대해 강력하게 반박하며, 정통적인 교리를 발전시켰다. "인간의 실제 모습과 더불어 기독교 교리가 보여주는 것은 인간이 죄안에서 너무 타락했기 때문에 스스로 구원받을 수 없음을 보여주었다. 오직 하나님만이 인간을 의롭게 하실 수 있고 인간을 죄의 결과로부터 해방시킬 수가 있다는 것이다."[203]

그리고 그는 "신의 도성"(City of God)에서 그 당시에 기독인들에게 누명을 씌우려고 만든 소문들에 대해서, 그는 단호하게 기독교의 정당성을

---

202 Carl Kromminga, *Bringing God's News to Neighbors*, (Nutely, NJ: Presbyterian and Reformed Pub.,
   1977), 55.
203 Colin Brown, 『철학과 기독교신앙』, 문석호역, (서울: 기독교문서선교회, 1989), 23.

주장하였다. 곧 로마가 옛 신들을 섬길 때에는 왕성했으나 기독교가 들어와 그들을 등한히 해서 로마가 몰락되었다는 비난에 대해 기독교를 다음과 같이 변호하였다: "로마의 옛 신들 숭배는 결코 로마에게 어떤 실력, 미덕, 영생을 주지 못했으며 로마가 그 신들을 버리고 유일하신 참 신을 섬기게 된 것은 손해가 아니라 큰 유익임을" 주장하였다.[204]

초대교회 어느 누구보다도 어거스틴은 만인제사장론을 통해 평신도 선교사역의 중요성을 가르쳤다. 그는 신자 모두가 하나님의 제사장으로 그리스도와 함께 다스릴 것이며(계1:6), 물론 사제들과 감독들과 함께 섬길 것이다(They[laity] are priests of God and of Christ, and will reign with him during a thousand years{Rev 1:6}. That was certainly not said only of bishops and priests).[205] 그는 교회 안에 모든 이들 곧 처녀들과 결혼한 부인들, 그리고 수도사들과 결혼한 남자들, 성직자들과 평신도들 모두가 그리스도를 따르며 온 교회 모든 구성원들이 자신들의 직분에 따라 섬겨야 할 것이다. 이러한 다양한 구성원들이 각자 자기 자리에서 자신의 모양대로 받은 분량대로 그리스도를 섬기는 것이다.[206]

8. 요약

지금까지 초대교회사에 나타난 평신도선교사역에 대하여 살펴보았다. 이러한 모든 자료들은 오늘의 선교적 사명을 감당하는데 큰 도움이 될 수 있다고 본다. 그 이유는 이러한 연구를 통하여, 평신도 선교사들을

---

204 Augustine, *City of God*. 20. 10.
205 Augustine, *City of God*. 20. 10.
206 Augustine, *City of God*. 20. 10.

격려하고 바른 사역자의 모습을 제시하기 때문이며, 교회역사에 나타난 평신도선교사들의 실례들을 연구함으로 풍성한 현대선교사역을 가능하게 하기 때문이다.

사실, 교회사 전체를 통해서 볼 때, 하나님께서 복음전파를 위해서, 안수받은 목사나 선교사들뿐만 아니라, 무명의 평신도를 사용하신 것은 명백한 사실이다. 특히 초대교회 평신도의 선교활동은 현대교회의 평신도선교사를 활성화하고 실제적인 모델을 제시하는데 있어서 본보기가 될 수 있다.

초대교회는 평신도 사역이 모범적으로 실천된 시대로서 오늘의 현대교회의 귀감이 된다. 그런데, 로마 황제 콘스탄틴이 기독교 특별법을 제정하여 반포함으로 교회역사에 큰 영향력을 주었다. 긍정적인 면과 부정적인 면으로 나누어 살펴볼 수 있는데, 긍정적으로는 기독교 자유령을 선포함으로 로마의 박해를 금하였으며, 교회의 자유로운 신앙생활이 영위케 되었다는 사실이다. 그러나 부정적인 영향력 또한 로마교회 안에 나타난 것은 평신도의 사역을 금지시킨 일이나 교회안의 가톨릭적인 계급을 세운 점 등은 안타까운 사실이었다.

오늘의 한국교회 선교는 이제 21세기 세계선교의 현장에서 미국교회와 함께 선교의 리더가 되어 활발하게 선교사역을 진행하고 있다. 존 영(John Young)은 과거로부터 배우지 않는 자는 미래에 동일한 실수를 반복할 수밖에 없다고 주장하면서 역사적인 연구의 중요성을 주장하였다.[207] 초대교회의 평신도 선교사역은 그야말로 오늘의 세계선교를 위한 평신도 사역의 "본보기"이다. 그들은 복음전도를 위해 삶의 전 영역을 드리고 담대히 전도를 시행함으로, 초대교회의 놀라운 부흥과 성장의 원동력이

---

207 John M. L. Young, *By Foot To China*, (Tokyo, Japan: Radiopress, 1984), ii.

되었다. 아울러 그들은 그리스도 안에서 순수한 제자도를 실천함으로, 그들의 높은 인격적인 삶을 통해 복음을 효과적으로 전파하였으며, 실제로 그들은 그 사회속에서 진정으로 "빛"이었다(마5:16).

그러나 이러한 활발한 평신도선교활동도 콘스탄틴이 칙령을 발표한 후에, 점점 이러한 평신도의 선교사역은 줄어들게 되었으며, 대신에 교회는 계급적인 교직주의에 더 많은 강조를 두게 되었다. 이러한 것은 중세교회의 사역의 특징 곧 가톨릭의 엄격한 계급주의적 교회관에서 평신도가 사역의 현장에서 사라져 버리게 만들었던 것을 우리에게 예시한다고 볼 수 있다.

21세기 한국교회의 세계선교 사역의 완수는 이러한 초대교회의 성경적인 형태 곧 모든 그리스도인들이 자신의 소명을 깨닫고 선교사역에 참여하는 데서 가능함을 보게 된다. 아울러 중세 가톨릭의 계급적인 교직제도의 형태로는 활발한 평신도 선교사역을 기대할 수 없다는 사실도 여기서 우리에게 보여주고 있다.

지금까지, 초대교회 복음전도에 대해서 몇 가지 특징과 평신도에 의한 복음전도에 대해 살펴보았다. 그런데 이러한 평신도에 의한 복음전도는 특별히 로마의 콘스탄틴 황제의 칙령공포(A.D. 313)이전이 그 이후보다 활발했었다. 콘스탄틴은 기독교특별법을 만들어 복음전도와 같은 사역을 주로 성직자에게 귀속시키고 평신도들에게는 금하는 법을 만들었던 것이다. 글렌 힌슨(Glenn Hinson), 특별히 콘스탄틴 이전에 초대교회의 모든 지역에서 평신도가 큰 역할을 수행하였지만, 그 이후부터는 교직제도가 강화되었다고 주장한다. **208)**

---

208 Glen Hinson, "Pastoral Authority and *the Priesthood of All Believers* from Cyprian to Calvin," *Faith and Mission*, Vol. 7. 6.

초대교회에 일어난 평신도 복음전도의 열기는 그야말로 오늘 현대교회의 평신도 전도사역의 "본보기"이다. 그들은 복음전도를 위한 삶의 전 영역을 드리고 담대히 전도를 시행함으로 초대교회의 놀라운 부흥과 성장의 원동력이 되었다. 특별히 그들은 그리스도를 만나 변화되고 수준 높은 인격적인 삶을 통해, 그 사회 속에서 영향을 주는 진정으로 "빛"이었던 것이다(마5:16).

21세기 한국교회 복음전도사역을 위해서 초대교회 복음전도는 오늘의 효과적인 복음전도사역을 위해 귀한 전도전략을 제시한다. 온 교회가 복음전도의 사역자로 총동원되어야 한다는 것과 또한 복음전도는 관계전도를 통하여 삶과 생활 속에서 그리스도인의 생활현장에서 자연스럽게 흘러나와야 한다는 것이다. 그리고 신자로서 예수 그리스도를 영접함으로 변화된 삶은 복음전도의 귀중한 교과서가 된다는 것을 보여준다. 마지막으로, 메마른 현대 사회 속에서 영적으로 신음하는 불신자들의 영적 상황에 대해 그리스도인으로서 참된 정체성과 그 역할을 정립함으로 초대교회와 같은 복음전도의 열매가 활화산처럼 이루어지기를 기원한다.

6장

네스토리안 전문인 선교

선교역사에서 거의 잊혀진 선교사역으로 네스토리안 선교사들의 선교활동은 오늘의 관점에서 볼 때, 또 다른 평신도 전문인 선교 사역이었다. 이들은 초창기 중국 선교역사에서 실제적인 선교사역으로 활동한 선교사들이었지만, 곧 잘 이들의 사역은 무시되거나 잊혀져 왔다. 이들의 선교활동이 그렇게 잊혀진 것은 여러 가지 이유로 들 수 있는데, 그들의 선교사역에 관한 자료들이 늦게 출토됨으로 나중에 알려진 점도 있지만, 또한 그들의 기독교 교리역사에서 소위 기독론적인 이단으로 낙인찍힌 네스토리우스의 후예라는 점에서 그렇게 사람들의 관심의 대상이 되지 못한 것이다. 그러나 현대 선교학자들은 이들의 선교사역에 대해서 다양한 사실을 발견하면서, 선교역사적 측면에서 네스토리안의 선교사역의 중요성을 잇달아 주장하고 있다.[209]

---

209 Ruth A. Tucker, *From Jerusalem to Irian Jaya: A Biographical History of Christian Missions*, (Grand Rapids: Zondervan, 2004); Ralph R. Covell, *Confucius, The Buddha, and Christ*, (New York: Orbis, 1986)

1. 네스토리안의 극동 아시아 선교

네스토리안 선교사역은 주로 평신도들에 의한 것으로 나타났다. 이들은 주로 극동아시아지역과 소위 "비단길"(Silk Road)을 따라 여행하던 상인들이 대부분이었는데, 그들은 만나는 나라마다 복음을 전파하였다. 그들의 선교 사역은 선교역사에서 "잃어버렸던 선교사들"로서, 1908년에 네스토리안(Nestorian) 선교기념비 발굴로 나타났으며, 이것이 최초로 발굴된 것은 1625년이었지만, 근래에 와서 공개되었던 것이다. 그리고 중국의 툰황 지역에서 발굴되는 자료들이 있어서, 이들에 대한 연구는 아직도 온전히 이루어지지 않았다. 이들은 2세기부터 14세기말까지 1300년 동안 사역하였는데, 네스토리우스의 신학문제 때문에, 이들의 선교적인 노력은 제대로 연구되지 않고 있다. 그러나 선교역사에서 이들의 활동은 최초의 중국선교사역이라는 점에서 의미심장하다고 본다.

네스토리안 평신도 선교사들은 주로 주후 5세기부터 극동아시아 선교를 중심으로 사역하였는데, 이들은 주로 평신도들로 극동아시아를 여행하던 상인들로 움직이는 곳마다 복음을 전파하였다. 네스토리안 기독교는 선교중심적인 교회 형태를 가지고 있었는데, 이 교회는 주후 339년부터 448년까지 페르시아에서 핍박을 받아 수십만 명의 순교자를 내었지만, 그들은 초대교회처럼 흩어져서 복음을 전파한 평신도들이었다. 그들은 도피했던 국가의 왕가와 귀족 가운데에서 개인 비서, 의사, 하인으로 일하거나, 자신의 손으로 직접 노동해서 생계를 유지했던 십자가의 선교사였다. [210]

---

210 John Stewart, *The Nestorian Missionary Enterprise: A Church on Fire*, (Edinburgh, Scotland: Clarke, 1923), 34.

이들은 조로아스터교(Zoroastrianism)와 정치세력으로부터 많은 핍박속에서 선교적 열정을 키웠다. 또한 그들은 위대한 신앙의 소유자였고 성경의 많은 부분을 암송할 정도로 성경에 능통했다. 어떤 교회보다도 선교지향적인 교회로서 페르시아의 에뎃사(Edessa)와 니스버스(Nisibus) 지역에서 수도원식 선교훈련을 통해 인재를 양성하여 페르시아, 중앙아시아, 인도 등으로 선교하였다. 크리스티 윌슨(Christy Wilson Jr.)은 이들의 선교적 열정의 삶의 비결을 그들의 하나님의 말씀에 대한 지식에 있었으며, 또한 그들이 든든한 믿음을 소유하여 성경의 많은 부분을 암송할 정도였다고 주장하였다(The secret of their power was their knowledge of the Word of God. They were men of great faith, mighty in Scriptures, large portions of which they knew by heart).[211]

랄프 R. 코벨(Ralph R. Covell)은 그의 중국 선교연구에서, 네스토리안 선교사들은 현대 선교사들의 바다를 건너 중국에서 선교했던 것과 달리, 그들은 서쪽으로부터 중앙아시아로 무한대한 광야와 사막을 건너서 사역하였던 선교사들임을 강조했다.[212]

비록 규모는 작았지만 네스토리안 선교회는 강력한 선교의 열정을 가지고 성장한 공동체로서, 기독교 그 어떤 선교단체보다도 선교지향적인 공동체이며, 그리고 정치적, 문화적 힘은 없었지만 단순하면서도 열정적인 모습을 가지고 메소포타미아, 아르메니아, 아라비아, 아프가니스탄, 인디아, 투르케스탄, 시베리아, 중국까지 선교의 사명을 감당하였다고 주장한다.[213]

---

211 Christy Wilson, Jr. *Today's Tentmaker*, 26.

212 Ralph Covell, *Confucius, The Buddha, and Christ*, (New York: Orbis, 1986), 20.

213 Ralph Covell, *Confucius, The Buddha, and Christ*, 21: "Despite its small size, this church [the Nestorian Church] developed one of the strongest missionary concerns to be found among any

이들의 선교활동은 비교적 선교지의 환경과 문화에 잘 적응하는 그런 모습을 가지고 있어서 성공적인 모습의 선교사들로 평가하였다. 특별히 존 M. L. 영(John M. L. Young)은 그의 신학 논문에서 네스토리안의 선교적 노력과 그들의 선교신학에 대해 주장하면서, 네스토리우스의 신학이 기독론에서 문제가 있었다기보다 그의 스승이었던 데오도르(Theodore)의 신학에서 문제가 있을 뿐, 네스토리우스에게서 문제를 찾을 수 없었다고 주장하였다(1984, I).

그들의 선교는 정말 헌신적인 선교의 노력의 기록으로서 안디옥 교회로부터 시작해서 북경에 까지 6000마일 이상 걸어서 선교했던 최고의 선교운동이었다고 평가한다. 존 M. L. 영은 이들 선교사들에 대해서 그들은 신발을 신고 걸어서 전도여행을 감당했으며, 손에는 지팡이, 등에는 성경과 십자가를 넣은 광주리를 맨 채, 깊은 강과 높은 산을 넘어 수천 마일을 통해 만나는 민족들에게 복음을 전했다고 증거한다[214]

랄프 A. 시달(Rolf A. Syrdal)에 의하면, 이들 무명의 네스토리안 선교사들은 가난했으며, 신앙 때문에 순교하기도 했다. [215] 그리고 이들은 교회역사에서 로마 가톨릭 교회가 교회의 중심을 과도한 교리적 논쟁에 휩싸여 그들의 힘을 낭비하던 때에, 동방의 네스토리안 교회는 교회존재의

---

group in Christian history. Without political and cultural authority, but equipped with a simple, zealous faith, it penetrated into Armenia, Mesopotamia, and Arabia, and even into much more distant Afghanistan, India, Turkestan, Siberia, and China... Unlike the more affluent missionaries who would come later from overseas, the Nestorian missionaries fitted in well with the local environment and culture."

214 John M. L. Young, *By Foot to China*, (Tokyo, Japan: Radiopress, 1984), i.: "Missionaries who traveled on foot, sandals on their feet, a staff in their hands, a basket on their backs, and in the basket the Holy Scripture and the cross. They went over deep rivers and high mountains, thousands of miles, and on the way, meeting many nations, they preached to them the gospel of Christ."

215 Rolf Syrdal, *To the End of the Earth*, (Minneapolis: Augsburg, 1967). 74-75.

목적으로 복음전파를 힘썼던 것이다(The Eastern church undertook the spreading of the Gospel as its main objective while the Western church was dissipating its energy in excessive concentration on doctrinal discussions).[216]

2. 네스토리우스와 네스토리안 기독교

네스토리안 교회의 지도자는 교회역사 5 세기경에 사역한 네스토리우스(Nestorius, - 451)로서 안디옥신학교에서 수학하고 428년에 콘스탄티노플감독으로 임명받아 사역하며, 그 당시에 알렉산드리아학파와 경쟁관계에 있던 안디옥학파에 가세하여 활동하였다. 그의 신학적 교리의 특색으로서, 기독론에서 예수님의 인성과 신성사이에 인성적 측면을 더 강조하였으며, 그리고 마리아에게 하나님의 어머니(神母)란 칭호를 붙일 수 없다고 반박하였다. 이러한 그의 신학적 흐름은 알렉산드리아학파보다 이성적, 합리적 경향으로, 분석적이고 비평적인 성경 해석관을 가졌다. 그의 기독론 곧 예수님의 신성과 인성가운데 인성을 강조하여 이단시비에 들어가서 결국 추방당하였으며, 그의 교회는 페르시아의 에뎃사 지역으로 이동하여 거기서 서방교회와는 다른 신학전통을 수립하였다(Nestorius was condemned as a heretic: that Jesus was not one person with two natures, but two separate persons).[217] 이 기독론 논쟁은 430년 알렉산드리아학파에 의해 진리문제와는 상관없이 정치적인 이유로 이단으로 정죄되었고, 431년에 있었던 에베소공의회에서 파문당하고 유배를 당하였으며, 20년이 지난 451년 칼케돈공의회에서 다시 네스토리우스를 이단으로 확정하였

---

216 Rolf Syrdal, *To the End of the Earth*, 72.
217 Ralph R. Covell, *Confucius, The Buddha, and Christ*, (New York: Orbis, 1986), 27.

다.

존 M. L. 영(John M. L. Young)은 그의 미국 칼빈신학교 석사논문에서 네스토리우스(Nestorius)의 기독론은 그의 스승 데오도르(Theodore)의 기독론과 달랐으며, 데오도르의 신학사상이 인성을 강조하여 이단시비가 있었지만, 네스토리우스의 신학은 건전한 정통 기독론을 소유하고 있었다고 주장하였다. 루스 터커도 네스토리안 선교는 새로운 시각으로 연구의 대상이 되어야한다고 주장한다. [218]

필립 샤프(Philip Schaff)에 의하면, 네스토리우스는 정직한 사람으로, 아주 웅변을 잘하는 사람이었고 수도원적인 경건함을 가지고 있으며, 정통에 대한 열정을 가진 사람이었으나 좀 성급하고 허영심과 경솔한 모습도 함께 가지고 있었다고 주장한다(He was an honest man, of great eloquence, monastic piety, and the spirit of a zealot for orthodoxy, but impetuous, vain, imprudent, and wanting in sound, practical judgement). [219]

3. 네스토리안의 중국선교

네스토리안 선교는 페르시아로부터 7세기 초반부터 선교가 시작되었으며, 그들은 인도와 아라비아지역을 선교하였으며, 그들의 중앙아시아 선교는 비단길(Silk Road)을 따라 시행되었으며, 그들의 교역은 로마의 금과 중국의 비단을 거래하였으며 페르시아, 아르메니아, 안디옥, 비잔티움 등으로 거래하며 복음을 전파하였다.

선교중심적인 네스토리안의 중국선교는 주로 당나라 시대(A.D 635-

---

218 Ruth Tucker, 『선교사열전』, 50.

219 Philip Schaff, *History of the Christian Church*, (Grand Rapids: Eerdmans, 1910): 715-16.

845)에 이루어졌다. 이들은 중국 왕실의 환영 속에 선교하였으며, 선교기념비에 나타난 첫 선교사인 아라본(Alopen, 아브라함)은 당나라의 수도 장안에 무사히 정착하였다. 635년 당나라 태종은 칙령을 통해 다음과 같이 선언하였다: "이 교는 도덕적으로 숭고하며 심오한 신비성을 풍부히 가지고 평화를 존중하는 종교이므로 나라가 공인하는 종교로 한다." 그 당시 당나라는 네스토리안 기독교를 공인한 것은 또 다른 정치적 목적을 가지고 이루어졌는데, 곧 페르시아와 우호적 관계유지하면서, 아울러 밀려오는 아라비아의 회교도의 나라들과 견제하기 위함이었다.

처음에는 페르시아에서 온 것으로 하여 파사교로 부르다가, 나중에는 로마에서 온 것으로 "대진교"라 부르고, 그 공동체를 "대진사"로 불렀다. 이러한 네스토리안의 선교는 중국전역에 낙양, 영무, 주질, 사주, 성도, 광주 등에 경교의 사찰이 세워졌다. 네스토리안 기독교가 중국에 정착하는 과정에서 불교용어를 빌어서 교회이름을 사찰로 부르고 교회 직분도 불교식으로 표기함으로, 결국 이들의 선교노력은 혼합주의적인 경향으로 흐름으로 인해서 선교의 실패를 맞게 된다.

781년에 건립된 네스토리안 선교기념비는 당나라의 수도 장안에 있는 대진사 경내에 세워졌으며, 그 내용은 네스토리안 기독교가 200년간 융성하여졌음을 비석에 기록되었는데, 곧, 법도가 전국에 퍼지고 국가는 부유하여 백성은 선해졌고 교당이 각 성읍에 충만하여 가가호호 경복이 무성하다는 내용으로 나타나 있으며, 이 비석 "대진경교유행중국비"는 1625년에 발굴되었다. 이것이 알려지면서 거의 천년동안 잊고 지낸 네스토리안 선교사들의 선교역사가 드러나게 된 것이다.

선교기념비에 나타난 그들의 강조점은 (1)선교지에서 겸손함으로 선교환경과 문화에 맞추어 가난한 자들과 함께 하였으며, (2) 세례를 거행하여 죄를 씻어 깨끗하게 함을 강조하였고, (3) 십자가를 강조하여 가르쳤는데, 그것은 사방에 비추어 만민을 융화케 한다고 가르쳤으며, (4) 그들은 수염을 길렀는데, 그것은 위품을 말하는 것으로 여기고, 아울러, 이마를 미는 것은 속마음의 정결을 표백하는 것으로 여겼다. (5) 그들은 자신을 위하여 물질을 쌓아두지 않고, 노비를 고용하지 않고 청빈함을 실천하였으며, 금식을 실천하며 깨어있는 신앙생활을 강조하였다(The priests were simple in their living—they did not amass riches, kept no slaves or servants, fasted, and practiced the 'vigil of silence and watchfulness).[220] 그 외에도 그들은 매일 일곱 번씩 예배를 드리고, 7일에 한 번씩 마음을 깨끗케 하여 정결한 신앙을 가지도록 성례를 실시하며, 그들도 정통교회처럼 주일성수를 강조하고 신유의 사역을 강조하였다.

4. 네스토리안의 신앙교리의 특색

오윤태의 한국기독교사에서 나타난 네스토리안 교회의 신앙교리 특징으로 (1) 마리아를 신모(神母)로 숭배함을 반대하고, (2) 십자가이외의 형상은 사용을 금지하고. (3) 성찬에서 변질설(가톨릭의 주장)보다 그리스도가 영으로 임재설을 주장하고, (4) 교회의 8계급으로 법주, 고승, 대덕, 승집사, 및 4종의 교회보조자들이 있었으며, 법주는 채식만 하고 나머지 고승, 대덕, 승려 등은 육식도 금하지 않았다. 이들의 계급을 보면 불교의 용어를 빌려온 것을 알 수 있다. (5)네스토리안 사제의 결혼을 금하지 않았다. (6)그리고 금식을 장려하였으며, 마지막으로, 기도문과 찬송할 때 사용하는 예배용어는 시리아어로 하면서 헬라어와 라틴어 사용도 금하지 않았다고 한다.

---

220 Ralph R. Covell, *Confucius, The Buddha, and Christ*. 31.

네스토리안의 그들의 선교사역은 당나라 국가의 보호를 받으며 정치적 세력배후에 업고서 선교하였는데, 나중에 정권이 쇠약하면서 그들의 선교도 약화되기도 했다. 아울러 네스토리안 선교사들은 중국의 문화적 전통에 맞추어 선교하려고, 그들의 종교이름을 빛의 종교라는 뜻으로 "경교"로 불렀는데, 그것은 그 당시에 중국에 유행하던 타종교들, 곧 불교, 유교, 도교 등의 명칭과 맥이 통하기 위해서였다. 그런데 네스토리안의 중국화 작업은 이것을 토착적 중국종교로 탈바꿈하여 동양 전통의 효사상을 인정하고, 조상제사를 용납하고 그리고 일부다처제도 묵인하게 되었다. 그들은 너무 무분별하게 토착화함으로 결과적으로 혼합주의적인 지경에 이르고 말았다.

이러한 네스토리안의 중국선교는 9세기에 이르러 쇠퇴하게 되었는데, 845년에 국가의 외래종교 탄압정책에 의해 장안에 있던 대진사 소유재산을 국가귀속으로 만들었으며, 875년에 일어난 황소의 난중에 습격을 받고 그들은 흩어져 버렸다. 이들의 선교적 노력은 나름대로 중국문화에의 선교적 접근을 시도했지만, 그들이 외래종교라는 한계를 극복치 못한 결과를 보게 된다.

네스토리안의 중국선교 당시에 한국선교 가능성을 제기하는 주장이 있는데, 당나라 시대에 네스토리안 사역시기(635 – 845)는 신라가 삼국을 통일한 시점(668년)으로서 통일신라의 친당정책으로 많은 신라인들이 당나라를 자주 방문과정에서 경교의 영향을 받았다는 가능성을 제기하였다. 그중에 영국 여류 고고학자 E. A., 고든(E. A. Gordon)이 1917년부터 동양 기독교 선교 연구차 4년간 한국에 체류하면서, 불국사와 네스토리안의 연결가능성을 연구하면서, 네스토리안의 경교와 불교가 연결되어 있는 흔적을 주장하였다. 이러한 주장에 대해 한국학을 하는 한국의 주장자들도 나타나 있는데, 김양선(한국기독교전래사, 교문사, 1971), 오윤태,(한국경교사), 그리고 김광수(동방기독교사, 한국기독교전래사, 교문사, 1974), 그리고 김득황(한국종교사)이다.

그러나 이들의 주장은 그 설득력에 있어서 객관적 역사적 자료가 부족하다고 볼 수 밖에 없다. 한국선교역사가 백락준 박사는 그들의 주장은 가능성이 없다고 결론을 내리고 있으며, 김영재박사 역시 그들의 논지에 대해 의의는 있지만 사실 가능성이 희박하다고 결론지었다. K. S. 라투렛(K. S. Latourette)은 한국불교와 네스토리안 기독교의 접촉가능성에 대하여 현재로서는 불가능하며 전혀 입증된 것이 아니라고 주장하였다.[221]

5. 네스토리안 중국 선교에 대한 평가

네스토리안의 초기 중국선교 역사를 통해 오늘 현대인들에게 주는 의미는 매우 크다고 본다. 세계 선교역사에 있어서 그들의 선교적 의의는 무엇보다 그들은 대부분 무명의 평신도 선교사들로서 무역업을 하는 전문인으로(Traders), 많은 핍박속에서 최초로 중국선교의 문을 두드렸다는 것이다.

랄프 코벨은 이러한 네스토리안 선교역사의 의의에 대해서, 네스토리안선교사들은 중국에 정착하기에 너무나 큰 박해라는 무서운 폭풍 속에서 오래 지속될 수 없었지만, 그러나 네스토리안 선교사들은 중국대륙에 기독교의 메시지를 가지고 침투하려고 한 최초의 선교사들이라는 점

---

221 K. S. Latourette, *The History of Christian Mission in China*, (London: SPCK, 1929), 49.: "(Whether Buddhism was influenced by Christianity, or Christianity by Buddhism, whether they owe their likeness to influences common to both or whether these are due to a parallel but unrelated development, is as yet impossible to say. Future archaeological researches may shed light on the question. but at present any connection between the two is entirely unproved."

에서 아주 큰 의미를 가지고 있다고 분석하였다(The Nestorian were never able to gain enough of a foothold in China proper to assure their continuation in the midst of storms of persecution. It was, however, the first notable effort to penetrate the Middle Kingdom with the Christian message).[222]

또한 현대 선교전략에서 선교지에서 선교부가 가지는 선교정책의 중요성을 보여준다고 본다. 그들은 너무 지나치게 정치적이고 왕궁에 있는 권력자들을 의지하여 선교함으로 세상의 권력이 바뀌면서 그들의 선교사역도 쇠약해졌던 것을 볼 수 있다. 시46편 3절에 "방백들을 의지하지 말며 도울 힘이 없는 인생도 의지하지 말지니 그 호흡이 끊어지면 흙으로 돌아가리니 … 야곱의 하나님으로 자기 도움을 삼으며 여호와 자기에게 그 소망을 두는 자는 복되도다." 네스토리안 지도자들의 지나치게 왕실을 의존하는 정책들에서 한계를 드러내게 되었던 것이다(Its leaders depended too heavily on political favor at court).[223]

K. S. 라투렛은 정치적 의존과 함께, 외래종교라는 간판을 벗지 못하고 네스토리안 선교사들은 주로 수많은 외국인들로 구성되어 있었으며, 외국의 후원과 지도력을 통해, 현지인들에게 다가가는 외국인으로서 한계성을 가지고 있었다고 주장한다(The Nestorian community was largely made up of foreigners, or at least was dependent upon foreign leadership and support).[224]

아울러, 네스토리안의 선교역사에서 선교정책에서 선교신학의 중요성을 보여준다. 네스토리안의 선교적 노력은 상황화하는 과정에서 혼합주의적인 사역으로 인해 선교사역의 실패를 보여준다. 그들은 성경의 진

---

222 Ralph R. Covell, *Confucius, The Buddha, and Christ*, 34-35.
223 Ralph R. Covell, *Confucius, The Buddha, and Christ*, 32.
224 K. S. Latourette, *The History of Christian Mission in China*, 58.

리를 전달하는데 있어서, 잘못된 통역자로 말미암아 사역에 있어서 언어 차이를 극복함에 실패하고, 또한 지역교회지도자 양성에 실패함으로 외국인들이 중심이 된 체계로 인해 실패하였다고 분석한다.

그리고 구원의 진리를 너무 불교적 용어에 치우쳐 의존하여, 성경적 진리를 불교용어를 빌려서 설명하려하고 불교용어에 의존하다가 결국 기독교진리의 유일성을 상실하는 혼합주의로 흘러서 또 다른 신흥종교처럼 보이는 데까지 나아간 것이다. 우리는 여기서 선교사역에서 성경중심적 선교신학의 중요성을 보게 된다. 사도 바울은 항상 선교지에서 예수 그리스도 중심의 선교신학(고전2:1-4)을 가지고 두렵고 떨림으로 오직 십자가와 부활 그리고 성령의 나타남을 사모하여 사역하였다.

랄프 코벨은 이러한 네스토리안의 선교사역에 나타난 결과에 대해 혼합주의적 결말을 보여준다고 주장한다. 즉 상황화 과정에서 불교적 용어를 가지고 교회 이름과 직분을 칭함으로 그것이 다른 중국에 이미 존재하던 많은 불교의 종파와 구별되지 않았던 것이다. 결국 그것은 불교의 종파와는 구별되는 것이 없이 또 다른 불교의 종파가 되어버린 것이다. 이것은 기독교의 유일성을 잃어버린 혼합주의의 단계에 도착해 있었다고 볼 수 있다고 주장하였다(How may we be sure that this reached the stage of syncretism, with the distinctiveness of Christianity so mixed with Buddhism that its uniqueness was lost?). [225]

그러나 네스토리안 선교사들은 최초의 중국선교에 헌신했던 그리스도인들로서 특별히 전문인 선교사로서의 큰 의의를 갖는 선교사역임을 볼 수 있다. 존 영(John Young)은 네스토리안 선교사들은 아주 훌륭한 선교사들이었으며, 그들의 선교사역은 이교도중심의 교육환경에서 기독교

---

225 Ralph R. Covell, *Confucius, The Buddha, and Christ*. 33.

교육을 강조하기 위해 교회와 함께 학교를 세워서 복음을 전파하는 선교 전략으로 사역한 탁월한 선교사들임을 강조하였다.[226]

6. 초대교회 평신도 선교 요약

초대교회 평신도 선교사역은 그야말로 오늘 현대 교회 평신도 전문인 선교사역의 "본보기"이다. 초대교회의 평신도 전문인 선교는 교회 성장의 원동력이며, 오늘 현대 교회가 되찾아야할 모습이기도하다. 중세시대의 로마 가톨릭 교회의 사제 중심의 계급적 교회관이 평신도 선교사역을 폐지시킨 장본인이라면, 초대교회의 평신도 선교사역은 현대교회가 남은 선교사업 완수를 위해 반드시 회복해야할 교회의 모습인 것이다.

초대교회 평신도 선교사들은 복음전도를 위해 삶의 전 영역을 드리고 담대히 선교사역에 가담하여 복음전도를 시행함으로, 그 당시 초대교회의 놀라운 부흥과 성장의 원동력이 되었다. 예수 그리스도를 만나 변화된 삶(Transformed Life)을 통해, 영적인 어둠속에 살아가는 이교도들에게 그들은 높은 인격적인 삶을 통해, 그 사회 속에서 진정한 빛으로 사역을 감당하였다. 이들의 헌신적인 삶을 통해 효과적으로 기독교 복음이 전파되었다(마5:13-16).

그러나 콘스탄틴의 밀라노 칙령 이후 평신도 활동은 교회법적으로 금지하였기에 이러한 초대교회 평신도의 선교사역은 줄어들게 되었다. 대신에 교회는 성직자중심의 계급적인 사제주의에 더 많은 강조를 두게 되

---

226 John M. L. Young, *By Foot to China*, 9: "The Nestorians were firm believers in Christian education. Every bishop endeavored to maintain a school in connection with his church, realizing the necessity of such education in a land where all government education was pagan."

었다. 이러한 특징은 다가올 중세시대 로마 가톨릭교회의 평신도 선교사
역의 특징을 예시하기도 한다.

7장

중세시대 전문인 선교

초대 교회의 평신도 선교사역보다 중세시대 평신도 선교사역은 더욱 어려운 환경에서 이루어졌다. 중세교회(A. D. 590-1500)에서의 평신도의 활동에 대해서는 많은 자료가 없지만, 중세 가톨릭 교회의 독특한 교회 구조 속에서도, 평신도의 선교사역은 찾을 수 있다. 중세 교황정치와 엄격한 사회구조 속에서 많은 핍박을 통해서 계속된 중세시대의 대표적 평신도의 선교사역은 끊이지를 않았다. 그레고리 1세가 초대 교황으로서 교황권을 강화시키면서, 마틴 루터(Martin Luther)가 1517년 독일에서 종교개혁을 시작할 때까지 이루어진 중세시대에 평신도 선교사역은 초대교회 때와 다르게 전개되었다.

1. 시대적 배경 이해

중세시대의 참된 평신도 사역에 대해서 바른 이해를 위해서 그 당시에 성직자와 평신도간의 관계를 살펴보는 것이 유익하다.

1) 평신도와 성직자의 차이점

중세시대의 평신도와 성직자간의 관계는 그 지위와 역할에 있어서 너

무나 다르다. 칼 크로밍가(Carl Kromminga)는 중세시대 평신도의 역할이
란 "가르치는 것이 아니라 가르침을 받는 위치요, 말하는 쪽이 아니라 듣
는 쪽이요, 다스리거나 활동하는 지위가 아니라 다스림받고 조정당하는
위치에 있다"고 주장한다.[227] 중세교회사가인 롤란드 베인톤(Roland H.
Bainton)은 성직자와 평신도간의 교회 예식적 차원에서의 구별을 설명하
면서, 교회 성찬에서는 두 자세가 있는데, 성직자는 일어서고, 평신도는
무릎을 꿇고, 성직자는 제단에, 평신도는 제단 앞에 줄지어 서게 되어있
었다고 한다.[228]

2) 평신도 사역의 감소원인

평신도 사역은 중세교회의 엄격한 계급적 교직주의 때문에 감소했
다. 미국의 신학자 글렌 힌슨(Glen Hinson)은 중세교회에서의 성직자는 막
대한 권력을 가졌다고 주장하면서, 그의 권위는 하나님의 대제사장적이
고, 그의 말을 듣는 사람은 그리스도의 말을 듣는 것이고, 그를 반대하는
자는 그리스도와 성부 하나님을 반대하는 것으로 여겨졌다고 설명한다
(He is the high priest of God. One who hears him hears Christ, but one who rejects him
rejects Christ and thus God the Father).[229] 이처럼, 중세시대에 평신도의 사역
은 교회의 계급적 구조 때문에 제한될 수밖에 없었다. 성직자는 하나님
의 대제사장과 같은 고위 성직자요 그는 하나님의 말을 듣는 자요 그를

---

227 Carl Kromminga, *The Communication of the Gospel through Neighboring*, 83.

228 Roland H. Bainton, "The ministry in the middle ages," *The Ministry in Historical Perspectives*, eds. H.
R. Niebuhr and Daniel D. Williams, (San Fransisco: Harper & Row Publishers), 91.

229 E. Glen Hinson, "Pastoral Authority and *the priesthood of all believers* from Cyprian to Calvin," *Faith and Mission*, Vol. 7, 8–9.

거부하는 자는 하나님을 거부하는 자다.

2. 중세의 교황제도

그레고리 1세(Gregory the Great, 540-604)가 590년 교황으로 등극하였고, 로마교회의 감독권 부상으로 교황주의가 시작된 것은 그레고리 1세부터이다.[230] 그레고리 1세는 로마부호의 아들로 태어났으며, 부친 사망 시에 받은 전 재산을 교회에 헌납하고 수도원에서 수도사로 생활하였으며, 나중에 교황의 특사와 비서역할을 수행하였다. 교회와 원로원에서 교황에 추대되었지만, 자신은 교황직을 고사하여 변장하고 도망 다니다가 590년 9월에 붙들려 교황이 된 경우로 마지막 교부이자 첫 교황이 되었다.

그의 업적은 어수선한 교황제도를 정비하고 교황권을 확장하고 강화하였으며, 교회를 갱신하여 수도사를 채용하고 그들의 결혼을 금지하고 교직 매매를 금지하였다. 그리고 어거스틴과 그 일행을 영국에 선교사로 파송하였다. 그레고리 1세 이후에 교황권이 최고 전성기에 달한 시기인 12세기 인노센트 3세(Innocent III)는 교황은 태양이고 황제는 달이라고 주장하였다. 교황은 하나님과 그리스도의 대리자요, 왕의 왕인 까닭에 왕을 심판할 수 있으며, 교황은 하나님보다 낮으나 사람보다 우월한 존재로 군림하였다. 11세기에 예루살렘 성지탈환이라는 미명하에 십자군 전쟁을 일으켰는데, 곧 예루살렘을 다시 찾는다는 의미로 시작된 십자군전쟁은 그들의 회교권에 대한 정복과 약탈로 말미암아 오늘날까지 이슬람 선교를 어렵게 만들게 되었다.

---

230 Loraine Boettner, *Roman Catholicism*, (Phillipsburg: Presbyterian and Reformed Pub., 1983), 126.

그들의 교황지상주의적 주장은 계층질서를 분명히 하고 있으며, 각
국에 대사급 외교관계 를 맺는 하나의 정치집단으로 교회 자체가 하나님
의 나라라고 주장한다. 그들은 교황(Pope)을[231] 머리로 추기경(Cardinals)과
대주교(Archbishops), 주교(Bishops), 그리고 사제(Priests), 집사(Deacons), 서
리집사(Subdeacons), 복사(Acolyth), 마귀 쫓아내는 자(Exorcists), 성경읽는 자
(Lector), 그리고 문지기 및 평신도의 계급을 명문화시키고 있다. 교황은
영어로 Pope 인데, 이것은 라틴어 Papa(아버지)에서 유래한 것으로 교황
은 교회의 최고의 머리로서 중세교회의 왕이나 다름없었다. 라틴어로 교
황은 "Pontifex Maximus"로 하나님과 인간 사이에 다리(교량)요, 이 세상
과 하나님 나라를 연결하는 연결자이다. 1885년 교황 레오 13세는 교황
은 이 땅에서 전능하신 하나님을 대리한다고 정의하였다: "교황은 이 땅
위에서 예수 그리스도를 대리한다... 교황은 신적 권한에 의하여 신앙과
도덕에 관하여 각 목회자, 모든 목회자들, 그리고 이 목회자의 양떼 위에
군림하는 지상의 권세를 갖는다. 교황은 그리스도의 참된 대리자요, 전
교회의 머리요, 모든 기독교인의 아버지요, 선생님이다. 교황은 오류를
범할 수 없는 통치자요, 교리의 창안자요, 공의회의 소집자요, 심판자요,
진리의 보편적 통치자요, 이 세상의 심판자요, 하늘과 땅의 으뜸되는 심
판자요, 아무에게도 판단을 받지 않는 모든 사람의 판단자로서 이 땅위
에서 하나님 그 자신이다."[232]

---

231 Loraine Boettner, *Roman Catholicism*. 127.
232 Loraine Boettner, *Roman Catholicism*. 127.

3. 중세시대의 평신도 선교사역들

초기 수도원 운동과 전기 종교 개혁운동을 통해서 중세시대의 평신도들의 활동들이 나타났는데, 중세 수도원은 중세문화와 종교의 중심지였으며. 여러 가지 특권과 권위를 누리며, 중세 대학이 이러한 수도원을 통해 발전하기도 하였다.

1) 초기 수도원운동들

칼 크로밍가(Carl Kromminga)는 초기 수도원 운동은 중세 교회의 세속적인 모습을 벗어나서, 초대교회의 순수한 기독교를 유지하고자 시작된 운동으로서, 이 초기 수도원운동은 바로 평신도들을 중심으로 이루어졌으며, 그들의 목표가 순수한 기독교적 삶을 추구하였다. 리차드 포스터는 오늘 우리 시대의 저주는 피상적인 신앙생활이라고 지적하였는데, 감동이 없이 수박 겉핥기식의 깊이가 없는 신앙이 문제인데, 중세시대 초기 수도원을 시작한 평신도 그리스도인의 삶은 피상적인 로마 가톨릭 신앙을 떠나서 그리스도의 순수한 덕을 진지하게 찾으며 살아가는데 전 생애를 투자했다(They were men who had abandoned a superficial Christianity and had dedicated themselves to an earnest pursuit of Christian virtue).[233] 피상적인 삶의 모습이 얼마나 오늘의 시대의 아픔이며 모든 문제의 근원이 아닌가? 참된 기독교적인 삶은 수도원적인 삶이며 번잡한 세계를 벗어나서 고립된 경건을 추구하면서 참된 제자의 삶을 살기 위해 모인 모임이 수도원 운동이었다(The ideal Christian life was monastic. The faith could best be served in monastic

---

233 Carl Kromminga, *Bringing God's News to Neighbors*, 59.

isolation from the world).

K. S. 라투렛(K. S. Latourette)은 이런 수도원 운동들이 처음에 성직자들로부터 많은 반대를 받았으며, 계급적 교직주의의 제도적 교회가 이들을 환영하지 않았으므로, 이들 운동은 수동적이며, 미미하게 시작되었다. 헨드릭 크레이머(Hendrick Kraemer)는 이러한 수도원 운동이 평신도들에게 그들의 가르침을 통해서, 영향력을 주었으며, 이러한 노력이 평신도의 영적 생활에 힘을 불어넣었다(Kraemer 1958, 22). 특히 이러한 수도원 운동을 통해서 평신도가 성경을 사용할 수 있게 했으며, 동시에 평신도의 신앙의 자유로운 표현들로 말미암아 교직주의에 의해서 많은 핍박의 근거가 되었다. 나중에 이 수도원 운동은 기구화된 교회의 강력한 영향력에 의해 온전히 성직자의 수중에 들게 되었다.

2) 종교개혁이전(Pre-Reformers) 평신도 선교운동

중세시대의 주요한 평신도 선교운동은 마틴 루터와 존 칼빈 이전에 중세시대에 개혁의 삶을 실천했던 소위 종교개혁이전의 개혁자들(Pre-Reformers)에 의해 시작되었다. 피터 왈도(Peter Waldo)와 왈도파(Waldencians), 그리고 존 위클립(John Wycliffe, 1330-1384)과 롤라드(Lollards), 그리고 보헤미아 지방의 개혁자 존 후스(John Hus, 1373-1415)와 후스파(Hussites)와 같은 전기 종교개혁주의자들은(Pre-Reformers) 또 하나의 중세시대를 비춘 평신도 선교사역을 가능하게 만들었다.

12세기 초에 남부 프랑스에서 피터 왈도(Peter Waldo)와 함께 일어난 평신도 운동은 왈도파이다. 피터 왈도(Peter Waldo)는 매우 부유한 상인으로 그의 부를 가난한 자들과 나누고 복음을 전하였는데, 그를 따르는 자들을 "왈도파"(Waldencians) 또는 "리용의 가난한 자들"이라 불렀다. 피터 왈도(Peter Waldo)는 1177년 마태복음 19장의 예수님과 부자 청년과의 대화에 은혜를 받고 헌신하여, 자신의 전재산을 팔아 전도운동에 혼신을 다하였지만, 1184년 중세 가톨릭에 의해 이단으로 몰려 파문을 당하였다. 교황청은 이들을 심판하고 처형하기 위해 단두대를 만들기도 하였다. 그는 1197년 보헤미아에서 사망했는데, Peter Waldo는 성경의 중요성을 강조하고, 신약성경을 깊이 있게 연구하고 번역하여 평신도들이 성경을 사용할 수 있도록 만들어주었으며, 평신도 설교자들을 배출시켜, 프랑스 북부와 라인강 유역을 전도하게 되었다. 많은 박해 속에서 왈도파들은 그들의 선교사역을 계속하여, 북부 스페인, 오스트리아, 보헤미아, 그리고 동부독일로 전파하였다. 그는 특히 산상수훈을 강조하여 강론하였으며, 가톨릭의 교리 중에 연옥설을 부정하며, 라틴어가 아니라 자국어 설교를 허용하였으며, 성경은 신앙과 행위의 유일한 표준임을 강조하였다. 그가 태어난 시기가 중세시기여서 당시 중세 교권주의자들에 의해 이단으로 정죄되어 오늘까지 전해져 오지만, 중세 암흑기에 지속적인 선교사역이 가능하게 만든 피터 왈도의 평신도 선교사역의 의의를 찾게 된다.

14세기경에 평신도 중심의 선교는 존 위클립(John Wycliffe, 1330-1384)을 중심으로 영국에서 이루어졌다. 그는 뛰어난 학자로 옥스퍼드 대학의 교수로서 그 당시 사용되던 라틴 벌게이트 성경을 영어로 번역하면서 평신도들로 복음전파의 사역을 가능하게 만들었다. 위클립의 성경 번역은 1380년에 생겨났으며, 이것은 17세기에 나온 킹제임스역(King James Version) 영어 성경보다 먼저 영국에서 나왔다. 그는 성경연구와 신약성경의 모형대로 둘씩 전도대를 조직해서 선교여행을 실시했으며, 그의 제자들을 일컬어 롤라드(Lollards)라 불렀다. 존 위클립의 평신도 선교 운동은 평신도가 성경을 가지고 있을 수 없다는 로마 가톨릭의 법을 어긴 것으로 죽은 뒤에 화형을 당하였다. 그의 제자들은 로마 가톨릭교회의 부요(영지, 재산)와 교황의 정치 간섭에 대항하면서 죽음을 각오하면서 성경을 담대히 전파하였다. 위클립은 그 당시의 로마 가톨릭의 교황 제도에 대해서 다음과 같이 비판했다:

"만일 교회가 베드로 같은 지도자를 구할 수 있다면 그런 지도자의 인도로 초대 교회의 순수한 상태로 돌아갈 수 있을 것이나 교황들은 베드로의 후계자들이 될 자격이 없다. 교황들은 하나님의 선택을 받은 자들이라 가정할 것이나 세속의 권세를 탐하여 세금 징수에 만 열중하는 교황은 택하심을 받았기커녕 적그리스도이다."[234]

위클립은 그의 사후에 1415년에 이단으로 정죄 받고 그의 책들과 함께 무덤에서 뼈들을 불태우는 화형을 당하였다. 모든 성도가 성경을 알아야 한다는 것을 강조한 위클립의 열매는 나중에 가톨릭교회에서 제2차 바티칸회의가 끝난 후에 1965년부터 평신도에게 성경읽기가 허락되었다.

위클립의 개혁 사업에는 영어로 성경을 번역하면서 평신도가 성경을 사용할 수 있도록 하였으며, 신약성경에 나타난 두 명씩 전도대를 편성하여 전도를 시행하였다. 가톨릭의 교리인 연옥설을 부인하고, 그들의 고해성사, 성상 숭배를 배격하고, 가톨릭교회의 부 축적과 성직매매를 반대하였다. 그리고 교회의 법은 성경뿐이라는 것을 강조하고 성직은 하나님으로부터 위임 받은 것을 강조하였다.

라투렛(K. S. Latourette)은 이러한 위클립(Wycliffe)의 제자들인 롤라드(Lollards)가 영국 기독교 부흥의 원동력 중의 하나(one of the contributory sources of English Protestantism)라고 평가했다. [235]

존 후스(John Hus, 1373-1415)는 후스파(Hussites)의 지도자로서, 18세

---

234 Williston Walker, 『기독교회사』, 류형기역, (서울: 한국기독교문화원, 1978), 317.
235 K. S. Latourette, *A History of Christianity*, (New York: Harper & Brothers, 1953), 616.

기 모라비아 선교 운동의 선구자가 되는 인물이다. 그는 위클립의 제자로 함께 영국에서 개혁운동을 하면서, 성경연구, 번역, 등에 동참하다가 고향으로 돌아와서 사역하면서, 프라하 대학의 총장까지 역임하였다. 존 후스는 14세기 후반에 남부 보헤미아를 중심으로 당시의 교황제도에 반발하면서 평신도 선교의 중요성을 각성시켰다. 후스(Hus)는 위클립(Wycliffe)의 저작들과 성경연구를 통해 교회의 머리가 교황이 아니라 그리스도이심을 주장했다. 그의 평신도 운동은 그의 제자들을 통해서 엄격한 중세교회를 상대로 개혁을 계속 주장하게 했다. 이러한 존 후스(John Hus)의 영향력은 전 유럽을 향해 퍼져 나갔다. 18세기 유명한 평신도 운동인 모라비안 선교운동에 많은 기여를 했다. 종교개혁 후 가장 강력한 평신도 선교운동인 모라비안선교 운동에 기여하였다. 존 후스 역시 1415년 이단으로 확정되고 산체로 화형을 당하였다.

3) 중세가톨릭교회 평신도 선교

중세 가톨릭 국가들은 가톨릭의 영토 확장과 선교를 동시에 추구하면서 오늘날 제국주의형태의 선교사역을 수행하였다. 그 당시 가톨릭 해외선교는 유럽의 중요한 가톨릭 국가들인 포르투갈과 스페인의 해외정복 활동시기와 같이 하였는데, 페르디난드와 이사벨라 황제의 칙령에 나타난 대로, "우리는 복음전도와 확장과 인디언들을 우리의 성가톨릭 교회의 신앙으로 인도하는 것 외에는 바라는 것이 아무 것도 없다"라고 밝히고 있다. [236] 그들의 선교는 해외정복을 하는데 복음을 전하기 위해 한다

---

236 Herbert Kane, *A Concise History of the Christian World Mission*, 57: "Nothing do we desire more than the publication and the amplification of the Evangelistic Law, and the conversion of the

는 미명하에 실시됨으로 해외 정복과 제국주의적인 선교의 모습으로 선교의 문을 막는 결과를 낳게 만들었다.

이 기간 가운데 마르코 폴로(Marco Polo, 1254-1323)는 "동방견문록"이라는 저서를 남겼는데, 13세기 후반 중국여행 중에 중국 선교의 동기를 가지고, 17년간 중국 원나라 조정에서 봉사하며, 원나라에서 활동했던 네스토리우스 선교사들의 기록과 잔재를 확인하였다. 그리고 크리스토퍼 콜럼버스(Christopher Columbus)가 신대륙을 발견하게 된 동기도 인도선교에 대한 비전을 구체화하는 가운데 일어난 결과였다. 그는 1492년 이사벨라여왕의 후원으로 인도선교를 위해서 떠났으나 그가 발견하고 도착한 곳은 아메리카대륙이었다.

어거스트 클링(August J. Kling)에 의하면, 크리스토퍼 콜럼버스(Christopher Columbus)는 모든 세대에 걸쳐 가장 위대한 평신도로서, 그가 시도했던 아메리카 항로는 전적으로 성경에서 얻은 하나의 비전을 실현시킨 것이며, Columbus가 집필한 예언의 책(The Book of Prophecies)은 지구와 먼 대륙, 해양, 인구이동, 미 발견된 인종 등의 주제에 관한 성경의 가르침과 전 세계에 복음이 전파될 것이라는 예언, 격리된 대륙사이를 여행하게 될 미래와 세상의 종말, 왕 중 왕, 만주의 주로서 예수님의 왕국건설 등의 성경적인 가르침을 집대성한 것으로 소개하였다. 또한 그는 그리스도의 재림과 우주적인 왕국건설은 먼 섬의 부족과 모든 국가에 복음이 전파되기 전까지는 이루어지지 않을 것이라고 확신했다.[237]

Indians to our Holy Catholic Faith."

237 August J. Kling, "Columbus – A Layman 'Christ—bearer's to Uncharted Isles," *The Presbyterian Layman*, October 1971, 4: "Christopher Columbus was one of the most remarkable Christian laymen of all time... His voyage to America was the realization of a vision drawn entirely from the Holy Scriptures. The Book of Prophesies, written by Columbus, was a careful compilation of all the teachings of the Bible on the subject of the earth, distant lands, seas, population

콜럼버스가 쓴 예언서의 주제는 예수님의 재림과 관련된 선교적인 마인드를 가지고 있었던 것이다. 지구상에 있지만 발견되지 않는 섬들을 발견하고 그곳에 하나님의 복음을 전파한 평신도 선교사로서 그의 모습을 잘 그려주고 있다.

로욜라와 함께, 예수회(Jesuites: Society of Jesus)를 시작한 프란시스 사비에르(Francis Xavier, 1506-1552)는 자비량 선교를 하면서, 그 당시 프랑스 젊은 학생들에게 하찮은 야망을 버리고 복음전파를 위해 동방으로 선교하러 갈 것을 도전하였다.[238] 그는 인도에 들어가서 인도인들의 개종을 추구하다가, 일본으로 들어가서 사역하였다. 그 당시 일본 예수회(Jesuit) 선교사들은 전략상 일본인과 비단교역을 하면서 자비량 선교를 시행하였다. 스페인에서 온 선교사들도 미국에서 그들의 생활을 위해 농업과 목축업에 종사하였다.

가톨릭의 예수회(Jesuites: Society of Jesus)는 익나티우스 로욜라가 1534년에 결성하고 가톨릭교회의 반동 종교개혁의 기치를 들고 일어나서, 해외 선교와 이단 교화에 힘쓰면서, 군대적 조직과 세례, 규율을 적용하면서 선교 사역을 시행하였다.

---

movements, undiscovered tribes, prophesies of the future spread of the gospel throughout the whole world, prophesies of travel between distant places, prophesies of the end of the world and the establishment of the earthly kingdom of Jesus Christ as King of Kings and Lord of Lords. He believed that Christ's return and the formation of His universal kingdom could not take place until all nations and tribes of the distant isles had been evangelized."

238 Christy Wilson Jr., *Today's Tentmakers*, (Chicago: Tyndale, 1980), 28: "Francis Xavier called on the students of France to give up their small ambitions and to come East to preach the gospel".

4. 요약

중세시대의 평신도 선교가 이루어 졌는가에 대한 많은 자료가 있진 않지만, 평신도에게 성경을 주지 않으면 사역이 이루어지지 않는다. 역사를 통해 돌아봤을 때, 평신도에게 성경을 읽게 하고, 가르치고 사역하게 하는 것이 중요함을 알게 해 준다. 모두 종교개혁의 시기에 가장 중요시 되었던 것은 바로 성경중심의 사상이 있었다는 것이며 이로 인해서 다시 초대 교회의 시대로 변화될 개기를 마련하는 시기였다. 루터와 칼빈의 종교개혁 운동은 중세에 약화된 평신도 선교를 다시 회복하는 사역을 중심으로 이루어졌다. 칼빈은 제네바 목회를 중심으로 선교중심의 사역과 평신도 가운데 장로와 집사를 성경대로 세워 교회 정치와 재정사역에 적극 사역하게 하였다.

제8장

종교개혁기 전문인선교

1. 서론

종교개혁기 개혁자들의 신학을 통해 오늘의 선교학과 선교사역을 진단하는 일은 참으로 효과적인 세계선교사역을 수행하기 위해 절실하다고 본다. 사실 종교개혁은 교회사에서 선교사역에 있어서 큰 변화를 가져다주었다. 교회역사가 K. S. 라투렛(K. S. Latourette)에 의하면, 중세시대는 초대교회의 성경적인 선교를 왜곡시키고 성령을 근심케 한 암흑시대였지만, 종교개혁기는 다시 초대교회로 돌아가자는 슬로건으로 다시 성경적인 선교를 회복하게 된 시대였다.[239]

라투렛은(Kenneth Scott Latourette)은 그의 저서 기독교사(A History of the Expansion of Christianity)에서 중세기를 "불확실한 천년"(The Thousand Years of Uncertainty)으로 초대 교회의 선교가 후퇴한 시기라고 불렀으나, 종교개혁기 이후 3세기를 선교의 진보(Three Centuries of Advance)가 나타난 시대로 부르고 있다. 그리고 영국의 선교역사가 스티븐 니일(Stephen Neill)은 중세

---

239 Kenneth Scott Latourette, *A History of the Expansion of Christianity*, Vol. 2., (Grand Rapids: Zondervan, 1978).

시대를 "암흑 시대"(The Dark Age)로 부르고 있다. [240]

본 장에서 필자는 이러한 격변기에 나타난 선교역사를 논하기 위해 "종교개혁기에 나타난 평신도선교"에 대해 살펴보고자 한다. 효과적인 평신도선교에 대한 바른 이해를 위해서 종교개혁자들의 평신도 선교에 대한 사상을 연구하는 것은 더욱 그 의의가 크다고 본다.

21세기 선교는 흔히 평신도 전문인사역의 시대라고 주장한다. 그것은 이제 남아있는 미전도 종족들은 더 이상 전통적인 선교사를 받아들이지 않는 지역이어서, 이 지역 선교를 위해서 평신도 전문인 선교사들을 필요로 하고 있기 때문이다. 실제로 선교현장에서 사역하는 선교사들 가운데 평신도 선교사들은 전체 선교사들 가운데 60% 이상을 차지한다. [241]

21세기 한국교회의 성숙한 선교사역을 위해서 이러한 전문인 선교에 대한 시각을 더 가져야 할 것이다. 교회사에 나타난 선교사들 가운데 초대교회 시대에 평신도 선교사의 역할이 크게 나타났던 시대였지만, 중세 로마 가톨릭 교회의 계급적인 교직제도의 출현으로 평신도 선교는 줄어들 수밖에 없었다. 특히 중세시대의 교황정치의 가톨릭 교회가 중심이 된 시대에 평신도 선교는 불가능한 것이었다. 그러나 종교개혁은 이러한 중세시대의 엄격한 계급적 교직제도에 엄청난 변화를 가져다주었다. 곧 중세시대에 있었던 성직자와 평신도사이에 있는 관계가 크게 달라져서 평신도들에게 사역의 기회가 주어지게 된 것이다.

종교 개혁가 마틴 루터(Martin Luther)는 "평신도와 성직자, 황태자와 주교 사이에 곧 종교적인 것과 세속적인 것 사이에 진정한 차이는 존재치 않는다"("There is no true, basic difference between laymen and priests, between princes

---

240 Stephen Neill, *A History of Christian Missions*, (London: Penguin Books, 1984), 53.
241 한국전문인선교협의회편, 『선교의 패러다임이 바뀐다』, (서울: 도서출판 창조, 2001).

and bishops, between religious and secular)"고 주장하였다.[242] 루터는 하나님의 말씀의 권위를 순종하여 높이기 위해 교황의 계급적인 권위를 거부하였다(Luther's conception of the Church, especially in his earlier, militant writings, was a frontal attack on the hierarchical conception of the Church. The idea of the clergy as such was rejected. In principle the distinction of Clergy and laity fell away)."[243] 그는 가톨릭의 계급적인 교회관에 대해 싸우면서 성경적인 성직자와 평신도의 관계에 대해 주장하였다.

개신교 신학자로 처음으로 평신도신학을 주창한 헨드릭 크레이머(Hendrick Kraemer)는 이러한 종교개혁가들의 사상이 선교사역에 있어서 평신도가 가지는 그 개념과 지위에 대한 전체적 변화를 가져왔다고 주장하였다(The fundamental ideas of the Reformation promised to inaugurate a radical change in the whole conception and place of the laity).[244] 크레이머(Kraemer)에 따르면 종교개혁은 마틴 루터(Martin Luther)에 의해 개혁의 불길이 당겨지고, 결국은 수많은 남녀 평신도들에 의해서 이루어진 "평신도 운동"이었다고 강조한다(The Reformation, like the endeavours towards it in the preceding Conciliar Movements, when Martin Luther had tolled the bell that called forth new religious awakenings, was mainly a movement of the laity; simple men and women and also men of high standing in secular life).[245] 또한 영국의 종교개혁도 평신도에 의해 이루어 졌으며, 개혁의 불길이 평신도들에 의해 번져가기 시작했다고 주장했다.

하비 콘(Harvie M. Conn)은 종교개혁가들은 성경의 "만인제사장론"의

---

242 Martin Luther, *The Works of Martin Luther*, (Philadelphia: Muhlenberg, 1955), Vol. 44, 129.
243 Hendrick Kraemer, *A Theology of the Laity*, (London: Lutterworth Press, 1958), 61.
244 Hendrick Kraemer, *A Theology of the Laity*, 61.
245 Hendrick Kraemer, *A Theology of the Laity*, 23.

진리를 재발견하여 초대교회의 평신도사역을 강조했는데, 이 원리는 종교 개혁의 핵심 진리들 가운데 하나로 나타났으며, 평신도선교를 위한 신학적 기초가 되는 교훈이다. 하비 콘(Harvie M. Conn)은 종교개혁자들은 평신도들에게 성경교육을 통해 성경적 교훈으로 양육을 받아 사회 속에서 빛 된 시민으로서 살아갈 신앙적 교훈들을 제공하였던 것이다.[246]

교회사가 라투렛(K. S. Latourette)에 의하면, 종교개혁가들은 평신도들을 교육시켜 그들의 선교적 역할을 수행하게 하였으며, 특히 교리문답 등을 작성하여 평신도들을 교육함으로 평신도의 사역과 영적 각성을 도왔다. 특히 칼빈주의 신학사상 가운데 직업소명론은 많은 평신도들에게 평상시의 직업을 통해 각기 영역에서 각자의 고유한 소명을 실천하여 하나님의 주권을 각 영역에서 드러낸다고 주장하였다.[247]

2. 종교개혁자들의 만인제사장론

종교개혁기에 나타난 대표적인 신학적 유산인 만인제사장론(엡4:11-12; 출19:6; 벧전2:9; 계1:6)은 평신도선교의 신학적 기초가 된다. 존 스토트(John Stott)는 우리가 지금도 만인제사장론을 제대로 가르치고 교회사역에 적용한다면, 오늘의 교회는 "제2의 종교개혁"을 경험할 수 있다고 주장하였다.[248] 그렉 옥덴(Greg Ogden)은 오늘 현대교회가 종교개혁자들이 물려준 만인제사장론의 유산을 제대로 누리지 못하고 미완성인 채

---

246 Harvie M. Conn, "*The Kingdom of God* and the City of Man: A History of the City/Church Dialogue," *Discipling the City*, ed. Roger S. Greenway, (Grand Rapids: Baker Book House, 1992), 256.

247 Kenneth Scott Latourette, *A History of the Expansion of Christianity*, 1939.

248 John R. W. Stott, *The Message of Ephesians*, (Downers Grove: IVP, 1979), 168.

로 방치하고 있기 때문에, 오늘도 종교개혁이 필요하다고 주장하였다 (We line in the generation when the unfinished business of the Reformation may at least be completed. Nearly five hundred years ago, Martin Luther, John Calvin, and others unleased a revolution that promised to liberate the church from hierarchical priesthood by rediscovering 'the priesthood of all believers.' But the Reformation never fully delivered on its promise). "[249]

옥한흠 목사는 교회 안의 평신도선교 사역의 활성화를 위해서 중세시대나 있었던 권위주의적 교직관은 사라져야 한다고 주장하였다.[250] 만인제사장론에 의하면, 교회사역에 있어서 어떤 특별한 종교적 계급은 있을 수 없으며 신자 모두가 제사장적 사역을 가진다. 중세 가톨릭교회처럼 교회사역이 성직자만의 전유물이 아니라, 부름 받은 모든 하나님의 백성들의 특권으로 나타난다. 존 스토트(John Stott)는 만인제사장론이야말로 평신도 사역의 근본이 된다고 주장하면서, "16세기가 만인제사장론을 발견하고 강조했다면, 21세기 교회는 모든 성도들의 사역을 재강조해야 할 것"이라고 주장하였다.[251]

만인제사장론은 종교개혁의 교훈중의 하나로서 오직 성경, 오직 믿음, 오직 은혜 등과 함께 이것은 "모든 신자들의 제사장직"을 강조하는 말이다. 이것은 로마 가톨릭 교회의 성직자 중심의 제사장직에 대해 성경에 나타난 모든 성도들이 사역을 가진다는 것을 강조하는 말이다.[252]

만인제사장론의 참 뜻은 먼저, 하나님과 성도 개개인의 직접적 교통

---

249 Greg Ogden, *The New Reformation: Returning the Ministry to the People of God*, (Grand Rapids: Zondervan, 1990), 11.

250 옥한흠, 『평신도를 깨운다』, (서울: 두란노, 1884),

251 John R. W. Stott, *The Message of Ephesians*, 168.

252 참고: Charles Cycil Eastwood, *The Priesthood of all Believers*, (Minneapolis Augsburg Publishing House, 1962).

으로서, 성도들이 예수 그리스도를 통해 직접 하나님께 나아가는 것이다. **253)** 또한 이것은 평신도에게 공적으로 사적으로 다양한 사역을 열어 주는 결과를 가져왔다. 하나님과 신자사이에 그 누구의 중재 없이(예를 들면, 가톨릭교회의 사제들의 도움 없이) 하나님께 기도할 수 있는 권리와 아울러 세상 속에서의 복음의 증인으로서의 가지는 신자들의 선교적 책임감을 동시에 나타내는 말이다(마 27:51; 롬 5:2; 히4:16; 10:19, 22). 이것은 평신도들에게 어떤 종교적인 계급과 전통에 매이지 않게 하고 자유로운 사역을 가능하게 하는 계기가 되었던 것이다(It meant a new sense of Christian liberty for the ordinary Christian, who felt no longer bound by the authority of extrabiblical traditions or by ecclesiastical hierarchies). **"254)**

만인제사장론의 성경적 근거로 나타난 성경구절들 가운데, 베드로는 신약의 신자들을 "왕같은 제사장들"(벧전2:9, 5)로 부르고 있으며, 바울은 모든 신자가 삶을 통해 하나님을 예배하는 제사장으로 묘사하였다(롬 12:1-2). 성경에 나타난 제사장의 주요 역할 가운데 하나는 하나님의 말씀을 가르치고 증거하는 것이다(벧전2:9; 출19:6). "아름다운 덕을 선전케 하려함이라"(벧전2:9). 이것은 모든 민족이 하나님의 복에 참여하도록 복음을 전하는 축복의 통로(출19:6; 창12:3)의 사역이며, 자신과 이웃을 위하여 하나님의 복을 구하는 기도하는 사역이다(딤전 2:1; 민6:24-26).

만인제사장론은 종교개혁의 핵심적인 교리이며, 또한 이것은 평신도 선교사역을 위한 중요한 성경적 기초를 제공하는 말이다. 그런데 아직도 만인제사장론의 진리는 많은 곳에서 적용되어지지 않고 있다. 지금도 교

---

253 William S. Barker, "Priesthood of Believers," *Dictionary of Christianity in America*, eds., Daniel G. Reid, Robert D. Linder, Bruce L. Shelley, and Harry S. Stout, (Downers Grove: InterVarsity Press, 1990), 939.

254 William S. Barker, "Priesthood of Believers," 939.

회 안에는 종교개혁 전(前) 시대에 있었던 "특별한 계급"이 존재하고 있기 때문이다. 그리고 교회 안에 좀 더 우월한 직책과 열등한 직책사이에 간격이 크다. 옥한흠 목사는 교직제도의 급속한 발전으로 제사장이란 말이 교역자에게만 적용하는 경향이 심해지고, 만인제사장이란 용어가 사라져 가는 현실에서 이 교훈이 가져다주는 정신을 다시 회복해야 한다고 주장하였다: "로마 가톨릭의 비성경적인 성직개념을 오른 손으로 밀어내고 왼손으로 받아들이는 모순을 더 이상 방임해 둘 수는 없다."[255]

3. 종교개혁의 시대적 배경

종교개혁은 크리스토퍼 콜럼버스(Christopher Columbus)의 신대륙의 발견과 유럽의 르네상스 운동을 통해 유럽역사가 새로운 방향을 향하던 때에 이루어졌다. 종교개혁이 일어나게 된 이유들은 지난 천년 동안 이루어져 왔던 중세 시대의 암흑기의 가톨릭 교회의 비리들 때문이었다.[256] 곧 종교개혁은 먼저 이러한 교회의 부패에 대한 반동 사건으로 일어났다고 볼 수 있다.

중세 가톨릭교회의 교리적 탈선으로 구원론에 있어서 비성경적인 인간 공로와 노력을 강조하였으며, 성경보다 교황의 권위를 높이기도 하였다. 사회적으로 물질주의와 황금만능주의에 노출되면서 교회는 탐욕의 화신으로 화하고, 수도원은 재산을 축적하는 일들을 감행하였던 것이다. 그리고 성직자의 탈선은 극에 달해 성직매매, 면죄부 판매, 그리고 도덕적 타락 등으로 나타났던 것이다. 특히 교황 레오 10세는 100년간 지속된

---

255 옥한흠, 『평신도를 깨운다』, 86.
256 Lewis W. Spitz, *The Reformation* (종교개혁사), (서영일역), (서울: 기독교문서선교회, 1983)

성당건축비를 마련하기 위해 면죄부를 판매하였다. 그 당시 로마 가톨릭 사제 요한 테첼(Johann Tetzel 1405–1519)은 면죄부의 헌금을 다음과 같이 강요하였다:[257] "면죄부를 사는 사람은 즉시 죄를 용서받을 것이요, 연옥에 있는 자를 위해 사면 그 은화가 헌금함에 떨어지는 소리가 나는 순간 곧 천국으로 올라간다."

그리고 가톨릭 성직자들의 도덕적 타락도 위험 수위를 넘어섰던 것으로 나타난 것이다. 가톨릭 사제의 독신주의가 붕괴되어, 그 당시 16세기 보고서에 의하면 네덜란드 성직자의 25%와 남부 라인 지방 성직자의 33%가 첩과 동거하고 사생아들을 출산하기도 하였다는 것이다.[258] 그래서 "로마에 가까울수록 기독교인들은 더욱 추악해진다"는 말이 나올 정도였다고 한다. 아울러 그 당시 수도사의 무지함과 나태함은 물론이고, 그 당시 소위 "빈곤과 정절, 순종"의 3 가지 계율을 강조했던 수도원의 부정과 물질주의도 극에 달하였다:

> 형제들이여 생각해보자. 성 베네딕트(St. Benedict)께서 현재의 수많은 수도원장들처럼 값비싼 말과 노새들을 소유하셨을 것이라고 상상이나 할 수 있겠는가? 물론 어림도 없는 일이다. 또한 우리는 성 마틴께서 보잘것없는 당나귀를 타시고 끄나풀을 고삐대신 사용하셨다는 것을 읽지 못하였는가? 그러나 오늘날 우리 교단들의 지도자들을 보라. 자랑스럽게도 늠름한 군마에 몸을 싣고서 손에는 금은으로 장식한 고삐를 잡고 여기저기로 달려가고 있다. 참으로 허망하고 허망하다. 이 무슨 인간의 오만이란 말인가?[259]

---

257 Lewis W. Spitz, *The Reformation*. 68.
258 Lewis W. Spitz, *The Reformation*. 33.
259 Willi Andreas, *Deutschland von der Reformation: eine Zeitenwende*, 5th ed. (Stuttgart, 1948), 126.

아울러 성직자의 사치생활로 "성직자들이 영혼을 낚는 어부 대신에 영지를 낚는 어부로 전락하였다"고 주장한다.[260] 이 당시에 종교분야에서 성공의 자리에 앉는 것은 곧 실패를 의미하는 것이라는 주장하였다. 콘라드 퓨팅거(Conrad Peutinger)는 수도 로마의 가톨릭 성직자들의 황금만능주의에 대해서 이렇게 기록하였다:

> 나는 이곳에서 상하를 막론하고 돈으로 사지 못할 것은 없음을 깨달았다. 음모와 위선, 아첨은 세인들의 흠모하는 바요, 종교는 탈선하였다. 수를 헤아릴 수조차 없는 야비한 일이 발생하고 있으며, 정의는 잠자고 있다... 내가 그들을 비난하자 그들은 다 숙명에 의해 예정된 일이라고 응답하였다.[261]

4. 마틴 루터의 평신도 선교론

1) 마틴 루터(Martin Luther, 1483-1546)의 종교개혁

마틴 루터(Martin Luther)는 시골광부의 아들로 태어나, "우리는 새 시대의 새벽에 서 있다"[262]고 외치면서 종교개혁의 기수로 활동하였다. 종교개혁사를 저술한 루이스 스피츠(Lewis W. Spitz)는 루터 자신도 그의 개혁의 결과에 대해 예견할 수 없을 정도의 큰 역사적인 결과가 나타났다고

---

260 Lewis W. Spitz, *The Reformation*. 29.
261 Erich Konig, ed., *Konrad Peutingers Briefwechsel*, (Munich, 1923), 9.
262 Lewis W. Spitz, *The Reformation*(종교개혁사), (서영일역), (서울: 기독교문서선교회, 1983), 15.

해석하였다. [263]

마틴 루터는 젊은 시절 비오는 날에 길에서 낙뢰로 인한 친구의 죽음을 보고, 수도사의 길로 헌신하였으며, 그 후 그는 철학과 독일어, 라틴어, 헬라어, 히브리어를 연구하여 수사가 되고 또한 비텐베르그 대학의 교수가 되었다.

복음에 열정적인 루터에게 가장 중대한 전환점은 그가 로마서1:17절을 주석하면서 일어났다: "복음에는 하나님의 의가 나타나서 믿음으로 믿음에 이르게 하나니 기록된 바 오직 의인은 믿음으로 말미암아 살리라 함과 같으니라." 그는 이것을 주석하면서 그에게 일어난 변화에 대해 이렇게 고백하였다: "결국 나는 하나님의 의라는 것이 순수한 은혜와 자비를 통하여, 믿음에 의해 우리를 의롭다하시는 바로 그 의를 가리킴을 발견하였다. 이러한 각성을 얻은 즉시 나는 마치 새로 태어난 것과 같은 감격을 경험하였으며, 천국으로 향하는 문이 활짝 열린 것 같은 느낌을 받았다."[264] 그에게 있어서 그것은 마치 "지구를 움직이는데 사용하는 지렛대를 손에 넣는 결과"[265] 같은 힘을 주었던 것이다.

그는 대학교수로 활동하면서 계속 성경을 연구하여, 1513년부터 1517년까지 시편과 로마서 갈라디아서 주석을 발표하였다. 그리고 독일어 성경을 번역하여 평신도들로 하여금 성경을 읽도록 하였다. 위클리프나 피터 왈도, 존 후스와 같이 대부분의 종교개혁가들은 성경을 번역하여 시대를 깨우는 사역을 감당하였다. 루터의 웅변술은 그 당시 많은 평신도들의 지지를 이끌어내는데 성공을 하였다. 그가 1520년에 발표한 "독

---

263 Lewis W. Spitz, *The Reformation*(종교개혁사). 15.
264 Lewis W. Spitz, *The Reformation*(종교개혁사). 62.
265 Lewis W. Spitz, *The Reformation*(종교개혁사). 62.

일의 기독교 귀족들에게 보내는 편지"(Address to the Christian Nobility of the German Nation)에서 독일 평신도들의 참여를 촉구하는 그의 열심을 볼 수 있다:

> 과연 왜 우리 독일인들은 교황의 손이 우리의 재산을 착취하고 강탈해 가는 것을 보고도 언제까지나 참아야만 한단 말인가? 만약 프랑스 왕국이 이러한 작태를 방지할 수 있었다면, 왜 우리는 가만히 앉아서 바보, 얼간이 꼴을 당해야만 한단 말인가? 그러고도 우리는 왜 우리들의 영주들과 귀족들, 도시들과 그 재정, 나라와 국민들이 더욱 더 궁핍해지고 있나 의아해 하고 있다. 우리는 차라리 아직 먹을 것이나마 남아 있다는 사실을 기적으로 여겨야 할 것이다!"[266]

루터는 가톨릭 교회의 비리들에 대해 개혁을 요구하면서, 1517년 10월 30일에 비텐베르크 교회당 광고판에 95개 조항 반박문을 걸고 개혁을 주장하였다. 그가 "독일 귀족에게 드리는 글"에서 밝힌 종교개혁의 실제 방침은 다음과 같이 나타나 있다.

첫째, 교황의 월권과 교황권의 악정과 직임임명과 과제는 억제해야 하며, 부담이 되는 의식은 철폐해야 한다.[267] 그는 로마교의 속죄권은 죄를 속할 수 없으며 연옥에 있는 영혼을 구할 수 없다고 주장하며 회개한 자는 이미 죄 용서함을 받았다고 주장하였다. 둘째, 독일교회는 마땅히

---

266 James Atkinson, ed., *Luther's Works*, Vol. 44, (Philadelphia, 1966), 142–143.

267 Luther, 『루터의 3대 논문』, 39: "그리스도의 대리자이며 사도 베드로의 후계자라고 스스로 자랑하는 그리스도교계의 통치자가 이런 면에서 어느 제왕이나 어느 황제도 그와 대등하거나 가까이 할 수 없으리만큼 세속적으로 뛰어난 생활을 한다는 것과 또 가장 거룩하고, 가장 영적이라는 칭호를 내세우는 자가 세상 자체보다도 더 세속적이라는 것은 두렵고도 놀라운 일이다. 가장 위대한 제왕들이라도 홀겹의 왕관밖에 쓰지 않는데 교황은 2중의 왕관을 쓴다."

독일 민족교회의 산하에 있어야 하며, 교직자의 결혼은 허락되어야 한다.[268] 셋째, 수많은 성일을 줄여서 산업과 사회에 관심을 갖도록 하고 탁발 교단들을 포함한 구걸은 금지되어야 한다.[269] 넷째, 사창가들은 폐쇄되어야 하고 낭비는 억제되어야 한다.[270] 다섯째, 대학의 신학교육은 개혁되어야 한다.[271] 여섯째, 성만찬에서 평신도들에게 포도주 잔의 금지를 해제해야 한다.[272]

2) 루터의 만인제사장론

만인제사장론은 오직 성경 오직 은혜 오직 믿음과 같은 종교개혁의 슬로건 가운데 하나이다. 특히 루터와 칼빈은 가톨릭 교회의 성직자 중심의 사역론과 만인제사장론의 사역론을 비교시켜 평신도의 사역의 기초를 강조하였다. 사실 가톨릭의 성직자중심의 사역론은 콘스탄틴의 니케

---

268 Luther, 『루터의 3대 논문』, 79–81: "우리는 역시 사제직이 얼마나 타락했으며 또한 많은 가련한 사제들이 처자식들에 의하여 과중한 부담을 지고 있고 그의 양심이 괴로움을 당하고 있는지 안다… 로마 교황청은 전혀 자의적으로 개입하여 사제들의 결혼을 금지하는 보편적인 계율을 만들어 냈다. 이것은 사도 바울이 딤전4장에서 공언하는 바와 같이 악마의 명령으로 된 것이다… 나는 결혼 생활을 다시 자유롭게 행하게 하고 모든 사람이 결혼을 하든지 않든지 자유로이 선택할 수 있도록 충고하고 싶다."

269 Luther, 『루터의 3대 논문』, 77: "이미 이러한 탁발 수도원은 너무나 많은 형편이다. 지방을 유랑하는 일은 이제까지 아무 선한 것도 가져오지 못했으며, 앞으로도 가져오지 못할 것이다… 그러므로 이런 것 없이도 잘 지낼 수 있으므로 중지하는 것이 마땅하며 당연하다."

270 Luther, 『루터의 3대 논문』, 121: "우리 크리스천들이 다 정결의 세례를 받았음에도 불구하고 우리 가운데 공공연하고 야비한 사창가를 유지시켜야 한다는 것은 가련한 일이 아닌가?"

271 Luther, 『루터의 3대 논문』, 106: "대학교도 역시 철저히 개혁을 필요로 한다. 왜냐하면 교황권이 제정하고 명령한 모든 것은 다만 죄와 과오를 증진시키는 방향으로만 기울어져 있기 때문이다."

272 Luther, 『루터의 3대 논문』, 154: "세례와 사죄가 전체적으로 주어지지 않으면 안 되는 것처럼 떡의 성례도 그들이 원한다면 모든 평신도들에게 전체적으로 주어지지 않으면 안된다"(154); "성례는 사제들에게 속한 것이 아니고 모든 사람들에게 속한 것이다"(160).

아회의 때부터 제정된 것으로, 성직은 사제들에게만 있으며, 평신도는 전혀 사역에서 격리되어 있었다.

마틴 루터는 그의 저작물들을 통해 "만인제사장론"을 강조했다.[273] 루터는 바울신학에 근거하여(고전9:19; 롬13:8; 갈4:4); 빌2:6-7), "기독교인은 모든 만유위의 자유로운 주(主)이며, 그 어느 누구에게도 종속되지 않는다. 기독교인은 모든 것을 섬기는 종이며, 모든 사람에게 종속된다."[274] 루터는 영적 지도자들이 세속 지도자들 위에 군림함은 성경말씀에 위배된다고 주장하였다. 그는 성직자와 평신도의 구별이 단지 직분에 있어서 다를 뿐임을 강조하였다: "교황, 주교들, 사제들 및 승려들을 '영적 계급'이라고 부르고 군주들, 영주들, 직공들 및 농부들을 '세속적 계급'이라고 부르는 것은 전혀 조작적인 것이다. 실로 이것은 순전한 거짓과 위선이다. 아무도 여기에 놀라서는 안 된다. 이것을 말하자면 모든 그리스도인은 참으로 영적 계급에 속하며 그들 가운데는 직무상의 구별이외에 아무 것도 없다."[275]

그리고 만인제사장론과 관련하여 교회안에서 평신도와 성직자와의 관계에서 다음과 같이 주장하였다: "모든 그리스도인들에게 이것을 확신하게 하자. 곧 우리 모두가 동일하게 제사장들이며, 말씀과 성례에 있어서 동일한 권리를 가지고 있다"(Let everyone who knows himself to be a Christian, be assured of this, that we are all equally priests, that is to say we have the same power in respect to the Word and the sacraments).[276]

---

273 루터의 삼대 논문으로, "독일귀족에게 고함(To the Christian Nobility, 1520년 8월)"; "교회의 바벨론적 포로(The Babylonian Captivity of the Church, 1520년 10월)"; "기독교인의 자유, Freedom of Christians, 1520년 11월)" 등이다.
274 주도홍, 『개혁교회사』, (서울: 도서출판 솔로몬, 1998), 98.
275 Martin Luther, 『말틴 루터의 종교개혁 3대 논문』(지원용역), (서울: 컨콜디아사, 1993), 23.
276 Martin Luther, *Luther's Works*, Vol. 36, 116.

만일 성직자들이 우리 모든 세례받은 자들도 동일하게 제사장으로서, 사역에의 책임을 가진 사실을 허락한다면, 그들도 더 이상 우리들 위에 군림할 권리가 없으리라. 벧전2:9에 '너희는 택하신 족속이요, 왕같은 제사장들이요, 거룩한 나라'로서, 우리가 그리스도인이면, 우리 모두가 제사장들이다. 그러나 성직자들은 우리 가운데 선택된 자들이다. 그들이 행하는 모든 것은 우리를 대신하여 제사장적 사역을 감당한다.[277]

루터는 "교회의 바벨론적 포로"에서 로마교의 잘못된 미사제도와 성례론에 대해 비판하면서, 특별히 평신도에게 돌려지는 포도주잔을 빼앗아서 성직자가 독점하는 모습은 마치 로마의 폭군적 모습과 같다고 지적하였다.[278] 그리고 각 평신도는 희생의 직무는 가지고 있으나 미사의 직무는 가지고 있지 않으며, 그들은 각자 하나님을 찬양하고 복종하기 위하여 자기 자신을 봉헌하고 십자가를 짊어진다고 주장하였다. 그리고 모든 그리스도인(성직자 및 평신도)은 그가 받은 복음을 다른 이에게 전해 줄 의무가 있다고 강조하였다.

루터의 만인제사장론에 대해 찰스 C. 이스트우드(Charles Cyril Eastwood)는 세 가지로 강조하여 설명하였다. 첫째, 모든 그리스도인은 그의 직업과 상관없이 공통적인 자질(a common dignity)을 구비하여 제사장으로서 사역을 수행할 수 있다.[279] 둘째, 모든 그리스도인은 공통의 소명을(a common calling) 가지고 종으로 섬기라고 부름받았다.[280] 마지막으로 모든

---

277 Martin Luther, *Luther's Works*, Vol. 36. 112–113.

278 주도홍, 『개혁교회사』, 97.

279 Charles Cyril Eastwood, *The Priesthood of all Believers*, 15: "All believers share this high dignity whatever their daily calling might be: A shoemaker, a smith, a farmer, each has his manual occupation and work; and yet, at the same time, all are eligible to act as priests and bishops."

280 Charles Cycil Eastwood, *The Priesthood of all Believers*, 13: "The Christian's dignity is a dignity of

그리스도인은 제사장으로서의 공통의 특권을(a common privilege)을 가진다.[281]

이러한 종교개혁기의 마틴 루터의 신학적 사상은 중세시대에 갇혀 있던 평신도들에게 교회 안에서 자유로운 신앙의 활동과 복음선교를 위한 활동들이 열리게 만들었는데, 그것은 신약성경과 초대교회에 나타난 평신도선교를 다시 수행할 수 있는 신학적인 기초인 만인제사장론을 통해 확립하였다.

5. John Calvin (1509–1564)의 전문인선교

루터보다 30년 뒤에 스위스 제네바를 중심으로 종교개혁을 성공적으로 정착시킨 칼빈은 중세 가톨릭 교회의 비성경적인 계급적 교직제도에 대해 비판하면서, 성경적인 만인제사장론을 통해 평신도 선교사역을 위한 신학적인 기초를 제공하였다. 칼빈의 신학사상은 성경에 기초하여 모든 신자들의 제사장적 사역을 강조하였으며, 그의 제네바목회에서 평신도들을 교회의 주요한 사역자로 세웠다.

1) 칼빈의 평신도선교론

헨드릭 크레이머(Hendrick Kraemer)는 칼빈이야말로 교회사에 크게 기억될 개혁파신학자로서 스스로 연구하여 신학을 발전을 가져온 평신도였음을 지적하면서 그의 기독교강요는 어떤 성직자가 속한 신학학파에

---

service, for all Christians are called to serve [as servants]."

281 Charles Cycil Eastwood, *The Priesthood of all Believers*, 15.

서 나온 것이 아니라 평신도인 칼빈의 작품임을 강조하였다.[282]

칼 크로밍가(Carl G. Krominga)도 역시 칼빈의 평신도 선교에 대해 강조하면서, 교회역사상 초대교회 이후에 그 누구도 칼빈 만큼 평신도의 선교적 사명에 대해 강하게 주장한 사람은 없을 것이라고 주장하였다 (Since the days of Chrysostom no one has spoken out more clearly than John Calvin on the whole matter of lay communication of the Christian faith. Calvin repeatedly calls on believers to show concern for their unbelieving neighbors).[283]

로널드 왈레스(Ronald S. Wallace)는 특별히 칼빈이 평신도선교를 강조한 점을 제시하였다: "칼빈이 아주 강하게 필요를 의식한 것은 교회의 증거가 말씀의 사역자들을 통해서 뿐만 아니라 평신도들에 의해서도 여러 상황과 다양한 방법으로 이루어져야 한다는 것이다."[284]

칼빈의 설교 중에서, 그리스도인의 복음증거에 대한 거부는 하나님의 주권과 그리스도의 권세를 제한하는 일이라 반박하면서, 예수 그리스도께서 우리를 위해 오시고 십자가를 지신 구원의 사실을 천하에 선포하는 것은 성부 하나님의 영광을 크게 드러나게 하는 일로 강조하였다.[285]

---

282 Hendrick Kraemer, *A Theology of the Laity*. 24: "The great reformer John Calvin has to be mentioned as one of the most conspicuous examples in Christian history of a layman who was a self—made theologian. His famous Christianae religionis Institutio is—it should not be forgotten— the work of a layman, and not of a theological schoolman or a member of the clergy." Kraemer는 칼빈은 스스로 교부들의 서적들을 연구하여 신학의 기초를 세운 평신도 신학자임을 계속 강조하였다(p. 25).

283 Carl G. Kromminga, *Bringing God's News to Neighbors*, (New Jersey: Presbyterian and Reformed Publishing Co. 1977), 65.

284 Ronald S. Wallace, *Calvin's Doctrine of the Christian Life*, (Geneva: Geneva Divinity School Press, 1982), 240: "Calvin was also very conscious of need for the witness of the Church to be borne not only by the ministers of the Word but also by the laymen under every kind of circumstances and in a multitude of varied ways."

285 John Calvin, *The Mystery of Godliness and Other Selected Sermons*, (Grand Rapids: Eerdmans, 1950), 199: "Our Lord Jesus was made like unto us, and suffered death, that He might become an

칼빈의 예정론이 선교론이 약하다는 오해를 받지만, 사실 칼빈의 예정론은 하나님의 택한 백성들을 선교하시는 하나님의 의지를 분명하게 보여주는 신학체계이다. 오히려 칼빈의 예정론은 평신도들이 복음을 전파함으로 수많은 사람들이 구원에 참여하게 하는 칼빈의 선교관을 확실하게 보여 주고 있다.[286] 그리고 칼빈의 이사야 53:12 "실상은 그가 많은 사람의 죄를 지며 범죄자를 위하여 기도하였느니라"는 말씀은 평신도들이 말씀을 전파함으로 수많은 사람들이 구원받게 될 것이라고 주석하였다.[287]

사무엘 즈웨머(Samuel Zwemer)는 칼빈의 신학사상이야말로 선교학의 원천임을 강조하면서, 칼빈이 16세기에 살면서 사역하였기에 19세기 윌리엄 캐리(William Carey)같은 선교 비전과 비교할 수는 없지만, 칼빈은 결코 선교에 무관심하거나 세계의 영적인 필요에 대해 막힌 사람이 아니었다고 주장한다(John Calvin lived in the sixteenth century, net in the nineteenth. We cannot expect of him a world-view and world vision like that of William Carey. but he was not blind or deaf to the heathen world and its needs).[288]

---

advocate and mediator between God and us, and open a way whereby we may come to God. Those who do not endeavor to bring their neighbor unbelievers to the way of salvation plainly show that they make no account of God's honor, and that they try to diminish the mighty power of His empire, and set Him bounds that He may not rule and govern all the world; they likewise darken the virtue and death of our Lord Jesus Christ, and lessen the dignity given Him by the Father."

286 Carl Kromminga, *Bringing God's News to Neighbors*, 66: "Calvin uncompromisingly taught that salvation is God's gift only to His elect, yet this does not keep him from insisting that the members of the church should try to bring great numbers to Christ."

287 John Calvin, *Sermons on Isaiah's Prophecy of the Passion and Death of Christ*, (London: J. Clarke Co., 1956), 144: "Let us not fear to come to Him in great numbers, and each one of us bring his neighbors, seeing that He is sufficient to save all."

288 Samuel Zwemer, "Calvinism and the Missionary Enterprise," Theology Today 8, 1950, 207.

특히 데이빗 칼혼(David B. Calhorn)은 칼빈이 선교의 실패자인가 아니면 선교영웅인가라는 논문에서, 칼빈이야말로 유럽의 복음화와 남미 브라질 선교를 실천했던 선교의 신학자임을 강조하였다.[289] 칼빈은 선교를 복음을 전파함으로 하나님의 나라를 확장하는 하나님의 일이라고 정의하고 있다. 이처럼 칼빈은 하나님 나라의 미래적인 확장과 승리를 자주 언급함으로 선교를 강조하였다. 특히 칼빈은 선교가 인간의 일이 아니라 하나님의 일임을 지적하였다. 그리고 각 나라에 복음을 전하는 것은 신자의 의무와 책임임을 강조한 것이다. 칼빈은 16세기의 제한된 환경에 메이지 아니하고 전 세계에 하나님의 나라의 확장을 품고 선교하는 지도자였음을 강조한다.[290]

2) 칼빈의 만인제사장론

칼빈은 중세 로마 가톨릭의 사제중심의 사역이 비성경적인 것으로 비판하고, 모든 신자들의 제사장직을 주장하였다. 칼빈의 만인제사장론은 오늘날 평신도선교의 신학적인 기초가 된다.[291] 마틴 루터와 함께 칼빈은 그의 기독교강요와 그의 다양한 주석들과 설교집을 통해 만인제사장론을 전개하였다. 로날드 윌레스(Ronald S. Wallace)는 칼빈의 만인제사장론

---

289 David B. Calhoun, "John Calvin : Missionary Hero or Missionary Failure?" Covenant Seminary Review(1979), Vol.5. No.1, 16–33.

290 David B. Calhoun, "John Calvin : Missionary Hero or Missionary Failure?," 32: "Calvin possessed a considerable missionary interest but that interest was focused and limited by the realities of the sixteenth century... It is abundantly clear that John Calvin had a heart for missions – for the extension of the Kingdom of our Lord Jesus Christ to the ends of earth."

291 Ronald S. Wallace, *Calvin's Doctrine of the Christian Life*, (Geneva: Geneva Divinity School Press, 1959).

은 모든 신자들의 삶과 사역의 기초가 되고 있음을 강조하였다: "우리가 왕같은 제사장으로 그리스도 안에서 단번에 성결케 되었다는 사실을 기초로 우리가 예배와 기도로 하나님께 담대하게 계속적으로 나아갈 수가 있으며 그리스도인의 삶을 살 수 있게 된 것이다."[292]

칼빈은 기독교 강요 2권 7장에서 구약과 신약의 관계를 설명하면서 출애굽기 19:6과 베드로전서 2:9을 통해 신자들의 왕같은 제사장직을 주장하고 있다.[293] 그리고 기독교 강요에서 2권 16장에서 그리스도의 제사장직과 연관해서 신자의 화해와 기도사역을 위한 제사장직을 설명하였다. 곧 그리스도께서 흠없는 중보자로 사역하시며, 그리스도의 보혈로 신자들이 제사장적 사역을 수행함을 주장하였다. 그러므로 그리스도인들은 제사장들로서 하나님을 섬기는 사역자임을 강조하였다.

그리스도께서 우리를 위해 하나님 아버지 앞에서 제사장으로서 사역을 하시지만, 또한 우리도 예수 안에서 제사장들이다(계1:6). 비록 우리 자신이 오염되었으나 예수 그리스도 안에서 제사장들이며, 우리 자신과 모든 소유를 하나님께 바치며, 자유롭게 하늘의 성소에 들어가서, 우리는 하나님께 받으실 만하며 향기가 되도록 기도와 찬양을 드리는 존재이다.[294]

---

292 Ronald S. Wallace, *Calvin's Doctrine of the Christian Life*, 13.

293 John Calvin, *Institutes of the Christian Religion*, (Philadelphia: Westminster, 1977), Vol. 1, p. 350: "Peter neatly turns that saying of Moses' teaching that the fullness of grace that the Jews had tasted under the law has been shown forth in Christ: 'You are a chosen race,' he says, 'a royal priesthood' [I Peter 2:9]. In inverting the words, he means that those to whom Christ has appeared through the gospel have obtained more than their fathers did. For all have been endowed with priestly and kingly honor, so that, trusting in their Mediator, they may freely dare to come forth into God's presence."

294 John Calvin, *Institutes of the Christian Religion*, 502: "Now, Christ plays the priestly role, not only

만인제사장론을 전개할 때 칼빈과 루터의 차이점이 있다면, 루터는 제사장으로서 모든 신자들의 책임을 강조한 반면에, 칼빈은 루터보다 목회자 사역의 중요성을 더 강조한 점에서 다르다고 볼 수 있다.[295] 그것은 독일 종교개혁이후에 겪었던 혼란을 최소화하고 교회안의 질서를 세우기 위한 배려였음을 볼 수 있다. 그리고 기독교강요 제4권 19장에서 칼빈은 교회의 직분을 설명하면서, 먼저 그리스도께서 멜기세덱의 반차를 쫓는 제사장이심을 제시한 후에, 모든 신자들의 제사장직을 다음과 같이 주장하였다:

그는 단번에 영원한 속죄와 화목의 제물을 드리셨으며, 하늘 성소에 들어가셔서 지금 우리를 위해서 중재하신다. 그리스도 안에서 우리는 모두 제사장이다(계1:6; 벧전2:9). 그러나 우리가 할 일은 찬양과 감사를 드리는 것 즉 우리 자신과 소유를 하나님께 드리는 것이다.[296]

칼빈의 만인제사장론은, 루터의 이론과 다르게, 신자의 특권과 함께

---

to render the Father favorable and propitious toward us by an eternal law of reconciliation, but also to receive us as his companions in this great office [Rev. 1:6]. For we who are defiled in ourselves, yet are priests in him, offer ourselves and our all to God, and freely enter the heavenly sanctuary that the sacrifices of prayers and praise that we bring may be acceptable and sweet-smelling before God."

295 Carl Kromminga, *Bringing God's News to Neighbors*, 66. "Luther and Calvin gave clear testimony to the obligation which all believers have to communicate the gospel to their neighbors. Luther anchors this obligation in the priesthood of believers and Calvin connects it with the prophetic office which all believers share."

296 John Calvin, *Institutes of the Christian Religion*, 1477: "He once for all offered a sacrifice of eternal expiation and reconciliation; now, having also entered the sanctuary of heaven, he intercedes for us. In him we are all priests [Rev. 1:6; cf. I Peter 2:9], but to offer praises and thanksgiving, in short, to offer ourselves and ours to God."

신자의 책임으로서 제사장직을 전개하고 있다. [297) 칼빈은 모든 그리스도인들의 소명에 대하여 강조하면서, 모든 그리스도인이 제사장인 것은 그가 하나님 안에서 소명을 가진 사실 때문이라고 하였다. 인간의 삶은 모두가 자신이 하나님께로부터 소명을 받아 자신의 은사대로 소명자로 살아가는 것을 강조하였다. [298) 그리스도인이 소명감을 가지고 살아가는 것은 하나님의 거룩한 의지이며, 신자들은 자신의 직업을 가지고 제사장의 사역을 수행한다. [299)

칼빈에게 있어서, 만인제사장직은 신자에게 하나의 특권으로서 하나님께로 자유롭게 나아갈 수 있게 하는 진리이며, 동시에 교회의 교제를 위한 신자의 도덕적인 의무를 나타내며, 신자 각자의 직업을 통한 제사장직의 수행을 그 내용으로 담고 있다. 신자는 삶을 통해 거룩한 산 제사를 드리는 제사장이며(롬12:1), 백성들을 축복하고 자선과 같은 봉사를 통해 세상에서 빛과 소금으로 살아간다. 칼빈은 말라기 2장 9절을 주석하면서 이렇게 기도하고 있다:

전능하신 하나님, 당신은 우리를 당신의 제사장으로 삼으시고 계획하시어, 우리가 비천한 자리에 처하여 있고 세속적이며 전혀 거룩하지 못할

---

297 Charles Cycil Eastwood, *The Priesthood of all Believers*, 71: "Calvin accepts the priesthood of believers but without falling into the error of Lutheranism, which was the failure to relate this doctrine to the other tenets of the faith, and, as it needs must, to disorder and abuses."

298 Charles Cycil Eastwood, *The Priesthood of all Believers*, 72: "Life is regulated by one's calling God has assigned distinct duties to each and none may presume to overstep his proper limits… Every men's mode of life is a sort of station assigned to him by the Lord that he may not always be driven about at random."

299 Charles Cycil Eastwood, *The Priesthood of all Believers*, 73: "Our Calling as Christians is in the divine Will… All men are priests in their daily vocation. All are priests though their duties vary according to their calling."

때에 우리를 선택하셨고, 성령으로 우리를 성결하게 하셨사오니, 우리를 거룩한 제물로 당신께 봉헌할 수 있게 하옵소서... 독생자께서 우리의 머리가 되시고 유일하며 참되며 영원한 제사장이시기에 당신이 그를 존귀케 하신 제사장직에 우리로 참여케 하여, 우리가 그의 보조자들이 되게 하소서...[300]

3) 칼빈의 목회와 전문인사역

칼빈의 제네바 목회에 나타난 몇 가지 특징은 그가 특별히 선교적인 목회를 감당하였다는 점이다. 스탠포드 레이드(W. Stanford Reid)는 칼빈의 제네바 목회는 선교중심적인 것으로 제네바교회는 그 당시 세계선교의 중심지였다고 발표하였다.[301] 특히 칼빈이 제네바에서 프랑스로, 그리고 존 낙스(John Knox)를 통해 스코틀랜드로 복음을 확산하였으며, 존 낙스는 칼빈의 제네바 신학교를 "가장 이상적인 신학교"(the most perfect school of Christ)로 인정할 정도였다(In Geneva, which Knox termed 'the most perfect school of Christ', the English congregation was trained in the Reformed doctrines and practices).[302] 필립 휴즈(Philip Hughes)는 그의 논문에서 칼빈의 제네바 목회는 세계선교의 역동적인 센터였다고 주장한다(Under Calvin Geneva was "a dynamic center or nucleus from which the vital missionary energy it generated out into the world beyond).[303]

---

300 John Calvin, *Commentaries on the Twelve Minor Prophets*, Vol. V. (Grand Rapids: Eerdmans, 1979), p. 201.

301 W. Stanford Reid, "Calvin's Geneva: A Missionary Centre," The Reformed Theological Review, Vol. XLII: No. 3(1983), 65-74.

302 W. Stanford Reid, "Calvin's Geneva: A Missionary Centre," 71:

303 Philip E. Hughes, "John Calvin: Director of Missions," *The Heritage of John Calvin, ed., John H.*

칼빈의 교회론에서 강조되는 것은 교회가 신자에게 어머니와 같은 존재임을 강조하면서, 하나님께서 교회의 품속으로 그의 자녀들을 모으시기를 기뻐하시고 이들이 유아와 어린이로 있을 동안 교회의 도움과 목회로서 양육시키시고 이들이 장성하여 신앙의 목표에 도달할 때까지 교회의 어머니다운 돌봄으로 인도하심을 강조했다. [304]

아울러 "주님께서 이 복음의 보화를 교회에 맡기심"을 강조하였으며 [305] 교회의 두 가지 표지로서 말씀을 순수하게 전파하는 것과 성례전을 합당하게 집례하는 것을 제시하면서, 칼빈은 "양의 우리 밖에 많은 양들이 있고, 양의 우리 안에 많은 이리가 있다"고[306] 주장한다. 교회가 가지는 선교사역의 중요성을 제시하면서 칼빈은 하나님의 비밀스런 선택을 강조한다. 칼빈은 "많은 무리 가운데 아주 적은 숫자의 선택된 사람들이 있으며 소수의 알곡이 많은 쭉정이들로 덮혀 있기 때문에 우리는 하나님만이 그의 교회에 속하는 사람이 누구인지 아신다는 사실을 인정해야 한다. 교회의 기초는 하나님의 비밀스런 선택이다."[307]

이러한 칼빈의 제네바 목회에 나타난 평신도 사역은 중세 로마 가톨릭 교회의 교직제도와는 전혀 다른 성경적인 목회행정을 펼쳐 나갔다. 칼빈은 그의 제네바 목회에서 평신도를 목회행정에 참여시켰다. [308] 사실 평신도가 교회행정에 참여한 것은 초대교회 때였는데, 그 후 1400년 동안 오직 로마교 성직자에 의해 다스려지다가 종교개혁의 물결에 의해서 평신도가 참여케 된 것이었다. 칼빈은 평신도들 가운데 장로를 선택케 하

Bratt (Grand Rapids: Eerdmans, 1973). 45.

304 John Calvin, *Institutes of Christian Religion*, (Philadelphia: Westminster Press, 1979), IV, I, 1.

305 John Calvin, *Institutes of Christian Religion*, IV, I, 1.

306 John Calvin, *Institutes of Christian Religion*, IV, 1. 8.

307 John Calvin, *Institutes of Christian Religion*, IV, I, 2.

308 John Calvin, *Institutes*, II, 502.

여, 장로는 교회정치를, 집사는 회계와 자선의 일을 관장케 하였다. 이처럼 칼빈의 제네바 목회는 평신도에게 많은 사역에 참여케 하였다. 그는 제네바를 하나님이 다스리는 공동체로 구현하기 위해서 성직자 혼자의 힘으로는 안되며 여기에 평신도의 참여를 필요하였던 것이다.

> 예수 그리스도를 주로 고백하는 자는 누구든지 와서 함께 살 수 있는 나라로서의 제네바는 장관이 다스리는 것이 아니요, 하나님이 다스리는 도시이다. 그러므로 주인은 사람이 아니요, 하나님이며, 성직자나 장관이나 장로 또는 일반 평신도는 봉사자로서 충성을 다할 때만이 이루어질 수 있다.[309]

6. 요약

지금까지 종교개혁기에 나타난 평신도선교에 대한 루터와 칼빈의 저작들에 대해 살펴보았다. 21세기 한국교회의 세계선교와 마지막 전방의 미전도종족 선교를 위해 반드시 평신도 전문인 선교사가 필요한 시대이다. 루터와 칼빈의 종교개혁은 참으로 교회역사와 선교역사에 큰 영향력을 주었다. 이러한 종교개혁의 유산을 살펴볼 때에, 평신도 전문인 선교의 활성화를 위해서, 중세시대 로마 가톨릭교회의 사제중심의 계급적 성직주의는 마땅히 중지되어야 하며, 개혁자들의 유산인 만인제사장직을 새롭게 적용함이 필요함을 볼 수 있다.

성경에서 평신도는 "오직 택하신 족속이요, 왕같은 제사장들이요, 거룩한 나라요, 그의 소유된 백성"(벧전2:9; 참고 출19:6; 계1:6)으로서, 하나님

---

309 John McNeill, *The History and Character of Calvinism*, (Oxford University, 1975), 187.

의 "아름다운 덕"을 선포하는 선교 사역자임을 보여준다. 이런 점에서 종교개혁자 루터와 칼빈은 오늘의 평신도 선교를 위한 중요한 신학적 기초인 만인제사장론을 확립했다고 볼 수 있다. 곧 모든 신자들이 하나님의 제사장들이며 이들은 세상에서 제사장적 사역을 수행하는 존재이다.

이러한 종교개혁자들의 신학과 연구는 현대 교회 평신도 선교사역에 많은 도전과 사역의 열매들을 가져다 줄 것이다. 종교개혁을 기념하면서 한국교회는 다시 개혁자들의 개혁의 원리들을 돌아보면서, 성경적인 사역의 만인제사장론을 추구하여, 평신도 선교 사역자들을 세우고 격려함으로 21세기 한국교회 세계선교를 활발하게 열어가야 할 것이다. "개혁과 부흥의 시대는 대개 평신도가 재기하는 때였고, 침체와 타락의 시대는 교역자들이 횡포하는 때였다."[310]

---

310 옥한흠, 『평신도를 깨운다』. 34.

제9장

모라비안 선교회와 전문인선교

에딘버러 선교대회 100주년을 기념하기 위한 준비모임에서 국제 로잔 위원회 총재 더글라스 버드셀(Douglas Birdsall)은 1700년부터 2000년까지 지난 300년 동안에 가장 아름다운 교회로 두 교회를 들었는데, 하나는 지난 18세기 독일의 선교지도자 진젠돌프가 이끌었던 모라비안 교회와 나머지 하나는 한국교회라고 평가하였다.[311] 이 두 교회의 공통점은 규모가 작은데 비해 선교하는 교회로서의 특성을 지닌 점에서 탁월하다고 주장하였다.

본 장은 이러한 평신도 전문인 선교의 중요성을 의식하면서 전문인 선교사역의 모델로서, 지난 선교역사에 나타난 모라비안 선교 사역에 대해서 살펴보고자 한다.

1. 모라비안 선교의 시대적 배경

전문인 선교의 모델로서 모라비안 선교는 1792년 현대 선교의 아버지로 불리는 윌리엄 캐리의 인도선교보다 60년 전에 일어난 현대적인 전문

---

311 남아공 케이프 타운에서 열릴 로잔 3차 세계선교대회를 준비하기 위한 모임이 2009년 9월 18일 서울교회(이종윤목사 시무)에서 한국의 선교학자들을 초청하여 열렸다.

인 선교 사역이었다. 존 R. 모트(John R. Mott)가 1900년 뉴욕선교대회 때에 모라비안 교회를 소개하면서, 그 당시 서구 개신교 교회가 신자 5000명당 1명의 선교사를 파송한 반면에, 모라비안 교회는 신자 60명 당 한 명의 선교사를 파송한 선교중심적인 교회였다고 주장하였다: "모라비안 선교사들은 해외선교 사역가운데 선교지 현장에서 가장 놀라운 성취를 이룬 예이다. 그들은 지닌 능력에 비례해서 다른 어떤 기독교 선교단체들보다 더 많은 일을 했다."[312] 또한 이것은 영국의 감리교가 시작되는 데 공헌한 선교공동체로서 그 역사적인 의의를 가지고 있다고 볼 수 있다. 모라비안 선교의 선교역사적인 의의는 오늘의 전문인 선교사역의 활성화를 위해서 더욱 필요하다고 본다.

1) 경건주의(Pietism)와 모라비안 선교

모라비안 선교사역은 17세기에 일어난 경건주의 운동에서 크게 영향을 입어 일어나게 되었다. 종교개혁 후의 독일 교회는 종교개혁으로 촉발된 30년 전쟁의 여파로 영적으로 혼란 상태에 빠져 있어서 경건운동에 대한 관심을 가지게 되었는데,[313] 이러한 경건운동을 일으킨 지도자는 필립 스패너(Phillip Jacob Spener, 1631–1705)와 어거스트 프랑케(August H. Franke, 1663–1727)였다. 경건주의에 뿌리를 둔 모라비안선교회는 개신교 선교의 기폭제가 되었으며, 경건주의 모라비안 선교사들은 아시아, 아프리카, 그리고 서인도제도로 나아갔다.

---

312 John R. Mott, *The Evangelization of the World in This Generation*, (New York: Student Volunteer Movement, 1900), 96.

313 김의환, 『기독교회사』 (서울: 성광문화사, 1989), 335.

독일 경건주의 선교의 특색으로, 첫째, 선교사 훈련 학교를 세워 선교 하였는데, 스패너와 프랑케가 함께 사역한 독일의 할레대학은 경건주의 의 산실이 되었고 여기서 모라비안 지도자 진젠돌프도 성장하게 되었다. 둘째는 경건주의 선교는 소그룹을 통한 자비량 선교운동으로 그 특징을 가진다고 하였다. 특히 모라비안 선교는 소그룹을 형성하여 신앙공동체 를 구성하여 자급자족하면서 누구에게도 지원받지 않고 스스로의 힘으 로 선교비를 충당한 점이라고 보았다. 셋째로, 경건주의 선교운동은 그 리스도의 도성인신과 수난의 선교원리를 가지고 선교현장에서 선교한 점이다. 진젠돌프는 이방인들 위한 선교사에게 주는 교훈이라는 글에서 선교사는 어떤 상황에서도 자기부정과 희생, 그리고 헌신과 겸손으로 사 역하고 그리스도의 수난을 묵상하고 그 수난에 참예하는 신비적인 체험 을 통해서 어떤 고난과 어려움을 극복해야 한다고 역설하였다. 넷째는 경건주의 선교는 선교지에 대한 철저한 적응을 강조하는 선교전략으로 특히 인도 선교에서 복음의 변질 없이 성경을 번역하여 생생한 전달에 노 력하였다.[314]

이러한 경건주의 선교운동의 영향력은 현대 교회 선교운동에도 많은 영향력을 주어서 오늘날의 선교단체의 선교훈련 프로그램들에도 이러한 경건훈련이 많은 비중을 차지하게 되었다. 하지만 독일 경건주의가 선교 운동에는 강한 추진력을 주었지만, 또 다른 한편으로 독일 자유주의 신 학의 발판을 마련해준 계기도 만들었다는 것이 학자들의 분석이다.[315] 경건주의는 나중에 주관주의와 신비주의로 흘러가 결국 지나친 자율주

---

314 김성태, 『세계선교전략사: 교회사속에 나타난 선교전략과 사례연구』, (서울: 생명의 말씀
　　사, 1994), 96-104.
315 김의환, 『기독교회사』 (서울: 성광문화사, 1989), 346.

의로 신학적인 자율주의가 확산되게 한 점은 안타까운 결과이다. 성경보다도 신비적인 주관주의와 자율주의 표현은 선교를 방해하고 감소시키는 자유주의 신학에게 기회를 만들어 준 것이다.

2) 경건주의 지도자 필립 스패너 (Phillip Jacob Spener, 1635-1705)

독일 경건운동의 창시자는 필립 스패너로서 그는 스트라스버그(Strassburg)의 루터교 목회자로 교회신자들에게 성경공부와 기도에 대하여 그룹을 만들어 지도하였으며, 영성운동을 조직적으로 추진함으로 많은 사람들이 그를 따라 경건운동에 가담하게 되었다. 스패너는 16세기 종교개혁자 마틴 부쳐(Martin Bucer)의 신학적인 영향과 그의 성경공부와 교제를 위한 소그룹을 강조하는 환경가운데서 성장하였는데, 루터파 신학서적과 청교도들의 사상에 관한 책들을 읽으며 성장하였다. 그는 기독교인의 내면적 성장에 대한 관심을 가지고 칼빈주의적 가르침을 얻고자 칼빈주의의 고장인 스위스 제네바를 방문하기도 하였다.

1666년 박사학위를 마친 스패너는 독일 프랑크푸르트 교회의 목사가 되었다. 교구의 신자들의 낮은 수준의 신앙형태를 보고서 그는 청년들을 중심으로 교리문답교육을 시작하였다. 스트라스버그(Strassburg)에서 부쳐가 사역했던 소그룹 모델을 따라서 성경을 공부하고 기도하고 설교말씀을 나누고 영적 생활을 깊게 하는 소그룹을 실천하였다. 귀족이나 평민이 함께 모여 소그룹을 실천함으로 서로 다른 사회 계층에 속한 사람들이 한 자리에 둘러 앉아 교제를 나누었다. 폴 피어선(Paul E. Pierson)은 이러한 독일 경건주의의 강조점에 대해 개인적인 개종의 체험을 강조한다는 점과 명목상의 그리스도인의 삶이 아니라 참된 그리스도인의 삶을 갖는 것으로 곧 개인 성경공부와 성도들과의 영적인 교제를 통해 함께 모여 기도

하는 일에 힘쓰는 것이라고 주장하였다.[316]

1675년에 스패너는 소책자 "거룩한 열망"(Pious Desires)을 저술하여 성경연구의 중요성을 강조하고 그 당시 가르침대로 살지 않는 설교자를 보고 한탄하였다. 그가 지적한 그 당시의 주요 죄악상은 정부의 교회 간섭, 나쁜 교직자들의 부끄러운 일들, 신학자들의 논쟁, 술취함, 부도덕, 평신도들의 이기적인 행위 등이었다.[317] 그리고 만인제사장직을 강조하여 평신도운동을 펼쳐 경건운동에 참여하게 만들었다.[318] 스패너는 신학교에서 성직자들을 보다 엄격하게 훈련시킬 것을 강조하였으며, 개종하지 않는 자는 성직자가 되어서는 안된다고 주장하고 목회자들에게 절제를 강조하고 먹고 마시는 것과 극장에 가거나 도박을 해서는 안된다고 가르쳤다.

허버트 케인(Herbert Kane)은 이러한 경건주의가 선교사역에 어떤 영향을 주었는가에 대해 이렇게 설명하였다: "복음전도의 열정 없이 선교의 비전은 있을 수 없으며, 개인적인 경건이 없이는 복음전도의 열정은 있을 수 없으며, 온전한 회심의 경험이 없이는 개인의 경건은 있을 수 없다. 진정한 경건은 머리나 지식이 아니라 변화된 가슴에 있기에, 경건생활을 위해 영적인 생활을 강조할 필요가 있다"(There can be no missionary vision without evangelistic zeal; there can be no evangelistic zeal without personal piety; there can be no personal piety without a genuine conversion experience. True religion for the Pietist is a matter of the heart, not the head; hence the emphasis on the cultivation of the

---

316 Paul E. Pierson, *The Dynamics of Christian Mission: History through a Missiological Perspective*, 『기독교선교운동사』(임윤택역), (서울: 기독교문서선교회, 2009), 388.

317 W. Walker, *A History of the Christian Church*, 『기독교회사』(류형기역), (서울: 한국기독교문화원, 1978), 537.

318 김의환, 『기독교회사』 340.

spiritual life).**319)** 케인(H. Kane)의 주장은 경건주의가 선교사역에 얼마나 중요하며, 경건생활이 선교활동에 차지하는 비중이 얼마나 큰가를 단적으로 보여주는 지적이다.

스패너의 교회개혁을 위한 경건주의운동은 다른 개혁자들처럼 그 당시 교권주의자들의 진노를 사게 되었으며, 정부와 기성교회 지도자들은 그의 이러한 경건운동을 비난하였다. 그러나 이런 박해와 핍박에도 불구하고 경건주의는 점염성이 강하게 전파되어 루터교회의 많은 지지를 받게 되었다. 경건주의자들은 기존의 색슨대학 대신에 그들을 위한 대학을 1694년에 할레(Halle)에**320)** 개설하였다. 필립 스패너(Philip Spener)가 세운 할레(Halle)대학교는 경건주의자들을 위한 대학으로서, 그의 사후 어거스트 프랑케(August Franke)가 더욱 발전시켜 경건운동의 중심지가 되게 만들었다. 이 대학은 그 주변에 빈민학교, 청소년학교, 고아원, 라틴어학교 등으로 둘러싸여 있었으며, 이곳을 통해 약 6000명의 독일 성직자들이 훈련받아 배출된 독일 최대의 신학대학이 되었다.

3) 할레대학의 어거스트 프랑케 (August H. Franke, 1663-1727)

어거스트 프랑케는 경건주의 지도자 가운데 스패너 다음으로 탁월한 경건운동을 이끌었다. 특히 프랑케는 1687년 요한복음 3장 16절을 가지고 설교를 준비하던 중에 거듭나는 중생의 경험을 체험하면서 성령의 감

---

319 J. Herbert Kane, *A Concise History of the Christian World Mission*, (Grand Rapids: Baker, 1978), 77.
320 James H. Nichols, *History of Christianity*: 1650−1950, (New York: Ronald Press, 1956), 84:
"The university was surrounded with other institutions; a pauper school, a boys boarding school, an orphanage, a Latin school, and some 6000 pietist clergy were trained in the Halle theological faculty, which was the largest divinity school in Germany."

동을 받아, 스패너의 경건주의 운동에 참여하였다. [321] 독일 경건주의 목회자로서 특히 평신도들에게 그들의 은사를 일깨우며, 선교사역에의 소명을 심어 주었다. 스패너(Spener)에 이어 프랑케(Franke)는 할레(Halle)에서 경건주의 사역을 꽃피웠다. 그의 Halle대학에서 가르치고 강조한 경건주의는 특히 선교사역에 중점을 두었다. 여기서 나타난 경건주의 운동은 교회에서 평신도의 참여를 늘려 나갔고, 경건한 생활과 성경읽기 운동을 강조했다. 아울러 그의 경건운동은 자신들의 영적인 생활만 강조하는 것이 아니라 그 당시 가난하여 교육을 받지 못하던 사람들을 위하여 학교를 세워 주었으며, 그 학교는 성장하여 그가 죽을 때 학교 재학생 수가 2200명이나 되었다. 그리고 그의 경건운동은 사회복지사업으로 고아원, 모자원, 그리고 병원을 설립하여 사역하였다. 그가 세운 고아원에는 134명의 고아들이 있었으며 싼 값에 성경을 보급하고자 출판사를 세워 문서선교를 통해 성경과 신앙서적을 보급하고 성경을 공부하게 만들었다. 그의 성경보급은 그 시대에 평신도의 성경공부가 가능하게 되었으며, 또한 유대인들에게 복음을 전하는 사역자를 훈련하기 위해서 유대인연구소를 설립하였다.

무엇보다 독일경건주의 선교운동은 선교사 훈련원을 세워서 체계적인 선교사역을 전개한 일이다. 할레대학에서 최초의 프로테스탄트 선교기구로서 덴마크 할레 선교회 (The Danish—Halle Mission)가 시작되었는데, 이들은 덴마크 식민지였던 인도의 트랭크바르(Tranquebar)로 Halle 대학 출신의 바돌로뮤 지겐발크(Bartholomew Ziegenbalg)와 하인리히 플루츠크(Heinrich Plutschau)를 파견하였다. [322] 그들은 1705년 말에 배로 유럽을 출

---

321 Paul E. Pierson, 『기독교 선교운동사』, 390.
322 A. Scott Moreau, Gary R. Corwin and Gary B. McGee, *Introducing World Missions*, 『21세기 현대

발하여 1706년 7월 9일 트랭크바르에 도착하였다. 이들은 인도에 온 최초의 비가톨릭 선교사들이었다.[323] 지겐발크는 타밀어(Tamil)에 익숙하여 신약성경 전부와 구약성경의 많은 부분을 번역하였으며 타밀부족을 위해 루터파 교회를 세웠으며, 인도의 카스트제도 가운데 낮은 계급의 사람들에게 복음을 전하였다.[324] 이들 중에 지겐발크는 15년 동안에 선교사로 사역하였으며, 그가 유럽전역을 여행하면서 가는 곳마다 인도 트랭크바르(Tranquebar)에 대한 관심을 갖도록 촉구하였으며, 할레대학을 방문하여 훗날의 모라비안 선교운동의 지도자가 된 젊은 진젠돌프(Zinzendorf)를 만나 그에게 많은 영향을 끼쳤다.[325] 스티븐 니일(Stephen Neill)은 그의 선교역사에서 지겐발크가 선교지에서 강조한 5 가지 선교전략을 다음과 같이 소개하였다: 1) 교회와 학교를 병행하여 해야한다. 2) 그리스도인들로 하나님의 말씀을 읽게 하려하면 그들의 글자로 기록된 말씀을 그들이 가지고 있어야 한다. 3) 복음은 주민들의 정신에 대한 정확한 지식을 기초로 하여 전파되어야 한다. 4)목적은 분명히 개인적인 회심이어야 한다. 5)가급적이면 속한 시일 내에 교역자를 가진 인도 교회를 출현시켜야 한다.[326]

교회사가 W. 워커(Williston Walker)는 다음과 같이 경건주의가 끼친 영향에 대해서 다음과 같이 증언하였다: "평신도들로 하여금 교회생활에 적극 참여하여 교세를 확장하게 한 것도 경건주의에서 비롯되었던 것이다. 또한 성경에 대한 친숙미와 평신도들로 세속 사회 속에서 구체적으

선교학총론』(김성욱역), (서울: 크리스찬출판사, 2009), 191.

323 Stephen Neill, 『기독교선교사』(홍치모역), (서울: 성광문화사, 1999), 286.

324 A. Scott Moreau, Gary R. Corwin and Gary B. McGee,『21세기 현대 선교학 총론』, 191.

325 H. Kane, *A Concise History of the Christian World Mission*, 78.

326 Stephen Neill, 『기독교선교사』, 287-288.

로 살아갈 수 있도록 훈련했던 것도 이들의 공로였다."[327]

2. 모라비안 교회와 선교사역

모라비안 선교회는 중세시대의 John Hus와 독일경건주의의 영향을 받아 현대선교에 새로운 방향을 제시한 선교회였다. 할레대학에서 훈련 받은 진젠돌프의 선교적인 헌신으로 이루어진 모라비안 선교회는 오늘날까지 그 선교사역을 이어오고 있다. 그런데 이러한 선교중심적인 모라비안 선교회의 놀라운 선교사역이 있기까지 John Hus와 함께 하던 개혁파적인 경건주의적 신앙공동체의 영향이 있어왔다.

1) 진젠돌프와 모라비안 선교회

니콜라스 진젠돌프(Nicholas Ludwig von Zinzendorf, 1700-1760)는 어릴 때부터 예수 그리스도께 대한 깊은 신앙심으로 헌신하였다. 귀족가문에서 출생한 진젠돌프는 아버지의 친구였던 필립 스패너(Spener)의 영향을 받았으며, 경건주의자였던 그의 할머니는 성경을 원어로 읽으며 그를 키웠다. 성장하여 할레대학에서 본격적인 경건주의 교육을 받으며 프랑케에게서 교육받았다. 그의 신앙체험은 특별하게 나타났는데, 어느 날 그가 십자가에 달린 예수님의 그림을 바라보며 묵상하던 중 그림 밑에 기록된 글귀를 읽고 변화의 시간을 가졌다. "나는 너를 위해 이 모든 일을 하였다. 너는 나를 위해 무엇을 하였느냐" 그날 이후 진젠돌프는 자신의 인생의 분명한 모토를 갖게 되었다. "나는 한 가지에만 집중한다. 그것은 그

---

327 W. Walker, 『기독교회사』, 37.

한 분이다."[328]

진젠돌프는 할레대학에서 교육을 받았으며 1714년 지겐발크가 할레대학를 방문하였을 때, 그는 첫 번째 개신교 학생선교단체인 겨자씨선교회(Order of the Mustard Seed)를 조직하는데 참여하였다. 진젠돌프는 비텐베르크에서 법학을 전공하여 그 지역에서 법정사무관으로 안정된 생활을 영위하며 결혼하여 미래의 부와 명성이 보장된 삶을 영위할 수도 있었지만, 그의 부와 소유를 가지고 모라비안 선교회에 전적으로 헌신하였다.

1722년 모라비아에서 온 체코출신의 피난민 집단이 진젠돌프의 사유지로 들어왔는데, 그들은 보헤미아 종교개혁자 요한 후스의 영적 후예들인 후스파 형제단의 일원이었다. 진젠돌프는 경건주의자들에 대한 동정심으로 그들을 그의 영토에서 살 수 있도록 허락했다. 그들은 자신의 공동체를 헤른 후드(Herrnhut)라 하였는데, 이것은 "주님의 망대"라는 뜻이다. 이후에 이 공동체에 다른 이주민들도 합류하였는데 루터파, 칼빈주의자, 그리고 로마 가톨릭 신자들까지 가세하였다. 이러한 다양한 그룹들이 모인 공동체는 공동체를 유지하는데 많은 어려움을 갖게 되었다. 진젠돌프는 공동체 안에 화합과 화해를 위해 최선을 다했다. 공동체가 하나가 되고 부흥되기 위해 말씀사경회를 개최하였으며 진젠돌프는 헤른후드의 모든 가정들을 방문하였다. 1727년 8월 13일 공동체는 함께 기도하던 중에 놀라운 영적인 체험을 하게 되었다. 진젠돌프는 다음과 같이 그 날의 사건을 기록하였다:[329] "그 날에 헤른후드 사람들은 모두가 자신들의 잘못을 깨닫고 자신들이 무익한 존재임을 깨닫고 자비로우신 주님 앞에서 회복에 대한 강한 열망을 갖게 되었다." 외관상 큰 성령의

---

328 K. S. Latourette, 『기독교사』(중), (서울: 생명의말씀사, 1997), 551-552.
329 Paul E. Pierson, 『기독교선교운동사』, 401.

역사보다도 성령의 임재와 능력을 느끼는 순간이었다. 이러한 성령체험을 한 후에 그들은 24시간 연쇄기도회를 갖기 시작하였다. 이러한 기도회는 계속되어서 모라비안 공동체를 선교하는 공동체의 비전을 갖게 만들었다.

2) 모라비안 교회의 다양한 선교사역

모라비안 교회는 독특한 교회 형태를 가지고 사역하였는데 곧 독일 경건주의의 형태와 후스파의 모라비아주의, 곧 목회자와 평신도의 구분을 없애는 교회형태를 취하여 초대교회적 공동체를 추구하였다. 아울러 선교를 중심으로 하는 공동체로서 선교사 훈련 학교를 세워 선교하였다. 선교 훈련학교에는 영적인 훈련과 함께 직업훈련을 병행하여 실시하였는데, 목공이나 조리법, 그리고 정비기술 등을 가르쳤다. 그들은 선교사역을 위해 국제적인 선교조직을 추구하였으며 소그룹운동을 강조하고, 요한일서를 가지고 설교와 기도회 인도 중에 강력한 성령의 임재를 느껴서 모두가 땅끝까지 복음 전파의 소명을 받아서 사역하였다. 그들의 지도자는 사회적 지위나 교육수준에 따라 택한 것이 아니라 영적인 은사에 따라서 장로와 교사를 세웠다. 토기장이 레오나드 도버(Leonard Dober)는 유능한 성경교사로서 귀족과 서민 모두에게 존경을 받았다.

1732년 모라비안 교회는 최초의 선교사를 서인도제도의 덴마크령 성도마(St. Thomas)섬에 사는 흑인노예들을 위해 파송하였다. 그 다음 해에 그린란드(Greenland)로 한스 에게드(Hans Egede)선교사를 파송하였다.[330] 그 지방의 풍토병과 고난가운데서 복음사역을 할 때에, 그린란드 사람들

---

330 Ruth A. Tucker, 『선교사 열전』 (서울: 크리스챤다이제스트사, 2008), 82.

은 에게드의 가르침에 다음과 같이 표현하였다: "우리 동포들보다 당신은 우리에게 더욱 친절하였습니다. 우리가 배고플 때 당신은 먹여 주었습니다. 그리고 당신은 우리 가족들의 시체를 묻어주었습니다. 그렇지 않았더라면 아마 개나 이리나 들짐승이 먹어 치웠을 것입니다. 특히 고마운 것은 우리에게 하나님의 말씀을 들려준 것입니다. 그래서 우리들도 이제는 더 나은 내세의 삶을 기대하면서 기쁘게 죽을 수 있게 되었습니다."[331]

일부 모라비안 선교사들은 자신이 아프리카 출신 흑인 노예들에게 전도하기 위한 유일한 방법은 노예가 되는 것이라면, 자신도 기꺼이 노예가 되어 팔리기로 자원하기도 하였다. 그리고 농장의 노예들에게 복음을 전하다가 농장주에 의해 감옥에 갇히기도 하였는데, 그들은 감옥에 갇혀 있던 수백 명의 노예들에게 복음을 전하였다. 이로 인해 감옥에서 수많은 개종자들이 생겨났다. 선교지로 떠난 선교사들과 가족들은 절반이 병으로 죽었으며 그들은 세상에서 가장 어려운 지역으로 가서 선교사역을 수행하였다. 남아프리카에서 모라비안 선교사는 최초로 아프리카 흑인에게 세례를 베풀었다.

이 모라비안 선교사들 중에는 목수 데이비드 니치만 (David Nitschmann, 1696–1772)과 도공 요안 도버 (Joann Leonhard Dober, 1706–1766)등은 1732년에 덴마크의 인디안 마을에 가서 평신도로써 선교사역을 감당했다. 그들의 선교표어는 "직업의 도구를 어깨에 메고 세계의 선교지로 어린 양을 따라가자"였다.[332]

모라비안 교회의 선교는 진젠돌프가 신앙과 경제활동을 위한 공동체

---

331 Ruth A. Tucker, 『선교사 열전』, 96.
332 Paul E. Pierson, 『기독교선교운동사』, 403.

를 통해 이교도 노예들의 영적 육체적 비참함에 대해 선교 관심을 가지게 되면서 "선교와 경제활동 사이에 밀접한 연결"을 추구하였다. 진젠돌프는 일의 필요성에 강한 소신을 가지고 사람은 살기 위해서 일할 뿐만 아니라 일을 위해서도 살며, 만약 사람이 일을 하지 못한다면 병들어 죽고 말 것이라고 주장하였다. 이러한 모라비안의 선교정책은 자비량 선교로서 곧 "주님을 위한 이윤창출"(Profit for the Lord)이라는[333] 표어를 강조하고 실천하였다.

이렇게 모라비안 선교회의 선교전략으로 직업을 가지고 자비량 선교를 통해, "선교사는 자신의 선교사역에 합당한 삶을 살아야하며 돈을 벌거나 저축하는 모든 일에 기쁨을 갖고 임해야 하며, 동시에 저축하고 벌어들인 모든 이윤은, 선교지의 끝없는 필요를 공급하는 일반선교 헌금에 충당되어야한다는 사실을 염두에 두어야 했다."[334]

주요한 모라비안 선교사들의 사역활동 가운데 미국 펜실베니아에서 활동한 모라비안 선교사들은 1741년부터 펜실베니아주 베들레헴을 중심으로 경제 공동체 활동을 통해서 복음을 전파하였다. 베들레헴은 일만 중시하는 것이 아니라, 헤른후드의 엄격한 훈련보다 주님 안에서의 교제를 강조하며 사역하였다. 에릭 베이로터(Erich Beyreuther)는 "이곳보다 더 행복한 회중, 더 많은 찬양과 음악이 있는 회중은 발견하기 어렵다"고[335] 할 정도로 번성하였으며, 이들 공동체의 신조는 모라비안선교사가 참된 기독교인으로서 하나님뿐만 아니라 이웃 또한 사랑해야 한다는 것을 믿었기 때문에 개인적인 것보다 공동체의 관심사를 우선시하는 것이었다.

---

333 W. Danker, 『역사속에서 본 비즈니스와 선교』, 42.
334 W. Danker, 『역사속에서 본 비즈니스와 선교』, 46.
335 W. Danker, 『역사속에서 본 비즈니스와 선교』, 35.

또 하나의 주요한 모라비안의 외국선교 사역 가운데 라틴 아메리카 수리남(Surinam, Dutch Guina)에서 모라비안 선교사들의 선교사역은 경제활동을 통해 효과적인 선교사역을 수행한 점이다. 그들의 직업은 재봉사로 사역하다가 그 지역의 노예들의 신뢰를 얻어서 점차 상업, 제과업, 시계 제조업 등으로 확장하고 흑인들과 교제하였다. 1776년에 첫 흑인 자유민이 세례를 받았으며, 모라비안 선교사들은 회심자를 위해 작은 예배당을 건축하였으며, 거기서 흑인들과 백인들이 함께 예배를 드렸다. 이러한 재단사들과 제과점업자, 그리고 시계 제조공의 흑인 선교는 날로 확장되었다. 그 결과 1926년까지 그 교회는 일곱 교회 건물에서 만 삼천 명이 예배를 드리는 세계에서 가장 큰 모라비안 교회가 되었다.

수리남에서 모라비안 선교사들은 1768년에 Christoph Kersten & Co라는 회사를 설립하였는데, 이것은 수 세대동안 모라비안 교회의 수리남 선교의 재정적인 기둥이 되었다. 이 회사의 이름의 뜻은 "그리스도를 전파하는 그리스도인과 회사"(Christ-Bearer Christian and Company)였다. 이 회사는 백화점과 식료 및 금속기구류를 판매하는 점포, 제과점, 시계점을 소유하였고, 여러 마을에 지점들을 가지고 있었다.[336] 이 회사는 그 시대에 노예제도 때문에 일하는 노예들을 위한 특별한 전략을 세워 노예들을 적극적인 방법으로 돕기 시작하였다. 1863년 노예해방이 선포되면서 수리남에서도 노예해방이 이루어져서 모라비안의 선교사역이 급속하게 확장되었다. 1860년까지 모라비안 선교사들은 150개의 농장을 소유하며 경영하였다. 이 회사는 고용인들을 위한 혜택뿐만 아니라 사회 복지 향상을 위한 사업도 포함되었는데, 북미보다 앞서 고용인을 위한 퇴직 연금과 의료보험제도를 실시하였다. 이 회사는 수리남에서 가장 큰 무역회

---

336 Ruth A. Tucker, 『선교사열전』 83.

사가 되었으며, 뉴욕과 암스테르담, 함부르크에 지부를 설립하게 되었다.

이러한 모라비안선교회의 사역은 진젠돌프가 살아있는 동안에, 곧 1732년부터 1760년까지 226명의 모라비안 선교사들이 Greenland(1733), Virgin Islands(1737), Surinam(1735), Gold Coast, South Africa(1737), North American Indians(1740), Jamaica(1754), Antigua(1756)등으로 파송을 받아 선교기지를 구축하고 사역하였다. [337]

3) 모라비안 선교운동의 영향력

현대 선교 운동이 일어나기 전에 모라비안 선교회의 전 세계를 향한 선교활동은 그 당시에 유럽교회와 세계교회에 다양한 영향력을 주었다. 특히 이러한 모라비안 선교운동은 그 밖의 유럽 여러 지역에 엄청난 영향력을 끼쳤다. 경건주의 열기는 예전부터 수행해오던 그리스도인들 가운데 선교적 열심을 불러 일으켰다. 이 모라비안 선교운동은 독일과 스칸디나비아에 선교단체들을 설립하게 만들었으며, 또한 영국에서도 그리스도인들에게 선교적 소명에 큰 각성을 가져오게 했다. 윌버 노튼(H. Wilbert Norton)은 스웨덴에서의 부흥운동에 대하여 증거하는 중에, 스웨덴의 부흥운동은 모라비안 선교운동에 의해 일어났으며, 평신도들에게 선교적 열정을 불러일으켰다: "경건주의와 모라비안 선교운동의 불타오르는 선교적 열정은 19세기 스웨덴의 평신도 지도자들에 의하여 주도되었다."[338]

---

337 Ruth A. Tucker, 『선교사열전』 83.

338 H. Wilbert Norton, *European Background and History of Evangelical Free Church Foreign Missions*

이외에도 모라비안 선교 사역들은 유럽의 여러 나라 곧 영국, 노르웨이, 덴마크, 스웨덴 등에서 일어난 신앙부흥운동에 크게 기여한 것으로 나타났다. 특히 요한 웨슬리의 영국 감리교회 형성에 모라비안 선교회는 큰 기여를 감당하였다. 미국 선교 여행 중에 만난 모라비안 선교공동체의 믿음 생활에 감동을 받고 실제로 본국에 돌아와 헤른 후드를 방문한 요한 웨슬리는 모라비안 선교사는 사업에 게으르지 않으며 자신이 먹을 빵을 얻기 위해 노동을 하면서 선교운동을 한다는 점을 주장하였다. [339]

"나는 재물이 증가되는 곳마다 종교의 본질이 동일한 비율로 감소되는 것이 두렵다. 그래서 이러한 세상의 속성을 볼 때 참된 종교의 부흥이 장기간 지속될 있을지 모르겠다. 왜냐하면 종교는 사람들로 하여금 근면, 절약하는 삶을 살도록 하며 이러한 삶은 필연적으로 '부'를 만들어 준다. 그러나 부가 늘어나면 교만과 분냄과 세상을 사랑하는 것도 늘어나게 되어 있기 때문이다."[340]

모라비안 선교 공동체에 의해 도전받은 존 웨슬리는 형식에 매여 있는 영국교회에 생명을 불어넣는 복음주의 운동을 전개하였으며, 웨슬리 형제들을 중심으로 옥스퍼드 대학을 중심으로 홀리 클럽(Holy Club) 등의 경건운동 학생 단체가 생겨나게 되었다. 이 때 홀리 클럽(Holy Club)은 회원들의 생활양식이 매우 규칙적이었기에 "규칙"이란 뜻으로 "Methodist"(감리교)라는 이름을 얻게 되었다. 이러한 영국 감리교의 출현에 모라비안 선교사들의 헌신된 삶이 역할을 한 것이다. William Danker는 모라비안 선교운동에 대해 다음과 같이 평가하였다:

1887-1955, (Moline, IL: Christian Service Foundation, 1964), 55.

339 John Telford, *The Letters of the Reverend John Wesley*, (London: Epworth Press, 1931), II, 22.

340 John Telford, *The Letters of the Reverend John Wesley*, 22.

모라비안 선교운동이 세운 가장 중요한 공헌은 그들이 강조한 곧, 모든 그리스도인들이 선교사들이며, 증거는 그들의 날마다의 직업을 통해서도 증거 되어져야 한다. 모라비안 선교사역을 잘 살펴보면, 기독교 비즈니스맨들의 선교사로서의 가능성을 보여준다. 곧 의사나 교사, 그리고 설교자뿐 아니라 크리스천 사업가들도 선교사역에 참여할 수 있는 여지가 있다는 사실을 잘 보여준다. [341]

3. 요약

오늘을 가리켜 전문인선교사의 시대라고 현대 선교전략가들은 주장한다. 그런데 지금보다 300년 전부터 세계선교를 위해 전문인 선교전략을 가지고 사역한 선교 공동체는 바로 모라비안 선교회였다. 21세기 여러 가지로 발전된 시대에 선교방법도 개발되고 효과적이고 체계적인 준비된 선교사역을 감당해야 하는 시기에 전문인 선교 특히 비즈니스 선교에 대한 바른 이해가 필요하다고 볼 때, 모라비안 선교회의 선교전략 곧 전문인 선교의 중요성이 여기서 드러난다고 본다.

모라비안 선교회는 필립 스패너 (Phillip Jacob Spener, 1635-1705)와 어거스트 프랑케 (August Franke, 1663-1727)의 경건주의 운동과 할레(Halle)대학을 중심으로 경건주의 선교운동을 통해, 현대 선교역사에 새로운 패러다임인 전문인 선교의 실제를 보여주었다. 독일 경건주의 운동과 함께 세

---

341 William Danker, *Profit for the Lord*, (Grand Rapids: Eerdmans, 1971), 73. "The most important contribution of the Moravians was their emphasis that every Christian is a missionary and should witness through his daily vocation. If the example of the Moravians had been studied more carefully by other Christians, it is possible that the businessman might have retained his honored place within the expanding Christian world mission, beside the preacher, teacher, and physician."

계선교 사역에 헌신한 모라비안 선교회는 전문인 선교의 중요성을 제시하며, 아울러 사회사업과 선교에 치중하여 교회사에 큰 영향력을 남겼다.

특히 프랑케(Franke)의 제자 니콜라스 루드비히 진젠돌프 (Nicholas Ludwig von Zinzendorf, 1700-1760)는 경건주의와 선교에 뛰어난 지도자로서 모라비안(Moravian) 선교단을 창설하고 많은 선교사들을 해외에 파송하였다. 진젠돌프가 이끌었던 모라비안 선교는 그 수가 아주 작다할지라도, 그것이 교회사에 남긴 영적 유산은 과소평가될 수 없다. 모라비안 선교회를 통하여 존 웨슬리(John Wesley, 1703-70)는 영국의 감리교회를 시작하여 영국교회 부흥의 원동력이 되기도 하였다. 지난 현대 선교 역사에 나타난 세계의 많은 선교사들이 이들의 영감을 받아 헌신을 다짐하고 위대한 선교사역을 수행하였다. 한국 선교사 30,000명 시대에, 그 어느 때보다 전문인 선교사들이 필요한 이때에, 모라비안 선교회는 참으로 전문인 선교사역의 모델로서 그 역사적인 의의를 찾게 된다.

제10장

위대한 선교 세기 전문인선교

예일대의 선교역사가 케네스 라투렛은 19세기를 "위대한 선교의 세기"(The Great Century)로 불렀다. 1800년대는 과거와는 다르게 세계선교는 보다 확장되고 다양한 선교운동이 일어났다.

1. 윌리엄 캐리(William Carey, 1761-1834)

'현대선교의 아버지'로 불리는 윌리엄 캐리는 인도 선교사로 사역하였다. 동인도 회사 인디고 식물재배농장에 취직하면서 지역어를 연구하였고, 5년 만에 신약성경을 벵갈어로(Bengali) 번역하였으며, 세람포(Serampore)에서 선교사역을 지속하여 성경전체를 6개의 다른 방언으로 번역출판하고, 신약성경은 23개의 다른 지역 방언으로 번역 출판하였다. 그는 켈커타의 포트 윌리암대학에서 산스크리트어 교수로 사역하는 동안 산스크리트문법책을 저술하고 영어와 인도어 사전을 제작하였다. 그의 인도사역가운데 전통적인 인도의 악습인 순장풍습을 폐지하는데 기여하였다. 그 외에도 기독교 학교와 교회를 건립하여 사역하였다.

윌리엄 캐리는 영국에서 구두 수선공이었지만 항상 세계선교와 이방인들의 개종을 위해 기도하였고, 구두수선공으로 일하면서 선교에 헌신하였다. 그는 평상시에도 자신의 직업은 구두를 만드는 것이 아니라, 그것은 선교의 비용을 충당하기 위함이라고 주장했다(My business is to witness for Christ. I make shoes just to pay my expenses).

1792년 윌리엄 캐리가 저술한 "이교도의 개종을 위해 모든 수단을 사용해야하는 기독교인의 의무에 관한 연구"(An Enquiry into the Obligations of Christians to Use Means for the Conversion of the Heathen)는 아직도 미션 퍼스펙티브(Mission Perspective)에서 소개되면서 지금도 현대교회 선교전략으로 소개되고 있다. 이 책은 4장으로 이루어져 있는데, 1장에서는 "주님의 지상명령이 아직도 우리에게 구속력이 있는가"에 대해서 그리고 2장에서 오순절이후 세계선교개관과 선교상황을 언급하고 있으며, 제3장은 전세계 상황 개관으로 나라이름들, 섬 이름들, 길이, 거주민 수, 종교 등에 관한 것이며, 그리고 4장은 이방인개종을 위한 여러 가지 수단의 가능성에 대해 기록하였다.

특히 윌리엄 캐리(William Carey)는 18세기 그 당시 교회의 선교명령에 대한 성경해석 곧 선교명령이 사도시대에만 주어진 것이라는 해석에 반기를 들고, 지상명령의 수행은 초대 교회 사도들만의 사명이 아니라 모든 신자들이 지금도 함께 하시는 주님과(마28:20) 함께 수행해야 할 것을 주장하였다(If the command of Christ to teach all nations extend only to the apostles, then, doubtless, the promise of the divine presence in this work must be so limited; but this is worded in such a manner as expressly precludes such an idea. Lo, I am with you always, to the end of the world)."[342]

그리고 1792년 노팅험(Nottingham) 침례회 목회자회에서 사54장 2절을

---

342 William Carey, *An Enquiry into the Obligation of Christians to Use Means for the Conversion of the Heathens*, (London: Carey Kingdom Press, 1792). in *Perspectives on the World Christian Movement*, Ralph D. Winter and Steven C. Hawthorne, eds., (Pasadena: William Carey Library, 1981), 230.

가지고 "주님께서 명령하시니 우리는 휘장과 줄을 넓히세"라는 주제로 설교하면서, "하나님께로부터 오는 위대한 것을 기대하라, 그리고 하나님을 위해 위대한 것을 시도하라"(Expect Great Things from God, Attempt Great Things for God)라는 말을 남겼다. 그는 1792년 10월 2일에 "런던 침례회선교회"(Baptist Missionary Society) 결성하여 체계적인 현대선교사역을 수행하였다.

월리엄 캐리(William Carey)의 자비량 선교관은 다음에 나타난 문장에 잘 드러나고 있다: "우리는 선교사역의 핵심적인 원리로 가능하면 우리 자신들의 노력으로 부분적으로 전체적으로 자비량할 수 있어야 한다"고 주장하였다(We have ever held it to be an essential principle in the conduct of missions, that whenever it is practicable, missionaries should support themselves in whole or in part through their own exertions).[343]

월리엄 캐리는 작은 신장에 큰 업적을 이룬 현대 선교의 아버지와 같은 선교의 영웅이었지만, 그의 말년에도 그는 끝까지 겸손하면서, 자신이 영웅시되는 것을 두려워하여, 항상 자신이 아니라 주님께서 행하신 것이라고 다음과 같이 주장하였다: "월리엄 캐리가 아니라, 월리엄 캐리의 주님을 높여주시기를 바랍니다"(Don't talk about William Carey. But talk about William Carey's Lord). 마지막 순간에 그의 묘비 글에서도 그의 겸손한 사역정신이 나타난다: "참으로 연약하고 불쌍한 벌레인 제가 당신의 친절한 팔에 안깁니다"(A Wreched Poor and Helpless Worm on Thy Kind Arms I Fall).

---

343 Sir Kenneth Grubb, *The Need for Non-Professional Missionaries*, (London: World Dominion Press, 1931), 11.

2. 동인도회사의 전문인 선교사들

19세기 위대한 선교의 시기에 활동한 헨리 마틴(Henry Martyn, 1781–
1812)은 그 당시 평신도로서 영국의회에서 노예제도를 폐지하는데 기여
한 윌리엄 윌버포스(William Wilberforce, 1759–1833)와 "놀라운 은혜"(Amazing
Grace)찬송의 존 뉴턴(John Newton, 1725–1807)등과 교제하면서, 인도 선교
사대신에 동인도회사 사목으로 인도선교를 감당하였다. 그는 선교 재정
후원의 미확보로, 선교사단독으로는 선교할 수 없기 때문에 회사에 취직
하여 선교사역을 수행하였다. 동인도회사의 직원으로 인도인과 효과적
으로 협조하면서 지역 언어를 배우며 목회하면서, 신약성경을 힌두스탄
어(Hindustani)로 번역하였다.

그의 선교관은 이렇게 나타나 있다: "내가 항해하면서 본 사탄의 세력
하에 살던 불쌍한 인생들이 그들의 죄를 버리고 하나님께로 돌아오는 것
을 봅니다. 제가 전에는 하나님의 자녀처럼 살지 못하고 한줌의 진흙처
럼 살았지만, 지금은 그리스도를 향해 불같이 살아가게 하소서"(May these
poor wretched countrymen who sail with me, whom I see under the power of Satan, be
turned away from their sin to God … I have lived more like a clod of dirt than like a son
of God. Now let me burn out for Christ).[344]

로버트 모리슨(Robert Morrison, 1782–1834)은 영국출신으로 현대 중국 선
교의 개척자로서, 1800년대 초반에 중국에 선교하고자 시도하다가 뜻을
이루지 못하자, 미국에서 중국범선을 이용하여 중국에 입국한 후 언어훈
련을 받고 통역사역을 수행하였다. 그는 1807년 5월12일 출항하여 9월 4
일에 마카오에 도착하였다. 그는 중국 마카오에서 언어 연수 후에 동인

---

344 Christy Wilson Jr., *Today's Tentmakers*, 29.

도회사의 통역인으로 고용(1809년)되면서, 1834년까지 통역원으로 선교사역을 수행하였다. 그는 성경번역과 문서선교를 위해 25년간 사역하였으며, 비밀리에 성경전체를 중국어로 번역하고, 1808년에는 중영(中英)사전을 편집하였다. 그는 광주를 선교기지로 삼고 "하나님께서 나를 어려움이 가장 많은 곳으로 보내주시고 가장 축복하기 어려운 사람들 가운데서 일하게 하소서"라고 기도하면서 선교사역을 수행하였는데, 이러한 그의 선교사역은 나중에 한국선교에 이바지한 귀츨라프 선교사에게 영향을 주었다. 그의 영향력은 한국초기 선교역사에서 나타난 성경번역에도 영향을 주었는데 그것은 바로 존 로스(John Ross)를 통해서였다. 존 로스(John Ross)선교사는 1810년에 사도행전을 번역하여 1000부를 출판하였으며, 그 후 1811년에 누가복음, 그리고 1813년에 신약전서 번역 출판하고, 1819년에 신구약 성경 전체를 완역하였다.

3. 19세기 평신도 여선교사들

19세기의 위대한 선교시대는 지난 18세기의 영적 대각성 운동의 영향으로 말미암았다고 볼 수 있을 정도로, 19세기 기독교회는 그 어느 때보다도 평신도 선교운동이 활발하게 일어났다. 다양한 선교사역이 각 지역교회를 중심으로 두드러지게 나타났다. 특히 미국에서의 평신도 선교운동은 오히려 전통적인 교회형태를 유지하려는 유럽의 평신도 선교운동보다도 더 다양하게 나타났다. 역사가 라투렛(K. S. Latourette)은 미국 교회 평신도 운동중에서 1857년과 1858년 동안 뉴욕시 사업가들 중심으로 일어난 "기도부흥운동"(prayer-meeting revival)의 역할을 들었다. 이 평신도 운동은 대부분의 지역교회에로 확산되어 갔으며, 평신도들이 지역교회의 조직에서 행정적으로 중요한 역할을 맡게 되었다.

이 시대에 일어난 평신도 여성의 활약으로서 영국 감리교회에서 최초로 여자 집사를 세워 사역하였으며, 19세기 중에 뛰어난 평신도 운동 중에 한 가지는 평신도 여성의 활약상이다. 이들은 주일학교에서 가르치는 사역을 하였으며, 또 다른 봉사부분과 해외 선교 단체나 기구들에서 일하면서 선교사역에 중추적인 역할을 했다. 특별히 한나 무어(Hannah More, 1745-1833)는 학교를 세워 교육 선교 시작하여 가난한 아이들에게 복음을 전파하였다. 그는 뛰어난 여성 평신도 지도자로서 낙후된 교육사업에 큰 공헌을 남겼다. 많은 수의 학교를 설립하고, 그곳에서 남녀노소 모든 사람들에게 복음을 가르쳤다. 19세기 동안에 영국 감리교 교회들에 처음으로 여자 집사 제도가 나타났으며, 아울러 YWCA운동도 1886년에 나타나게 되어서 조직적인 활동을 모색할 수 있게 되었다. 사실 현재 세계 총선교사의 60%가 여성선교사인데, 루스 터커(Ruth A. Tucker)의 『선교사열전』에 나타난 평신도 여성 전문인 선교사들 가운데, 플로랜스 나이팅게일(Florence Nightingale)은 "나는 교회에 나의 두 손과 머리와 마음을 드렸으나 교회는 나를 전혀 필요하지 않았다"고 기록하면서, 루스 터커는 기껏해야 여성선교사들은 선교사역에서 "이등 시민들"(Second - Class Citizens)로 간주됨을 안타깝게 여기면서, 위대한 여선교사들의 사역을 소개하였다. 특히, 중국 선교사 샬로트 딕스 문(Charlotte Diggs Moon, 1840-1912), 인도선교사 에이미 카마이클(Amy Carmichael, 1867-1951), 모로코 선교사 머드 캐리(Maude Cary, 1878-1967), 수단선교사 조안나 빈스트라(Johanna Veenstra, 1894-1933), 중국 선교사 글래디스 아일워드(Gladys Aylward, 1902-1957), 콩고 선교사 헬렌 로즈비어(Helen Roseveare, 1925-1973) 등 놀라운 평신도 여성 선교사들의 사역을 잘 보여준다.

4. 학생선교자원운동(Student Volunteer Movement : SVM)

19세기 위대한 선교시대의 하이라이트는 바로 청년대학생 선교운동이다. 1886년 여름하기 수련회에 참석한 미국의 청년 대학생들은 선교에 헌신하여 1910년까지 15000명이상의 청년 대학생들이 선교사로 파송받아 사역한 것이다. 이들은 선교를 위하여 부귀와 명성을 포기하고 선교지로 향하였다. 그런데 19세기 말경에 시작된 학생선교자원운동(Student Volunteer Movement : SVM)은 괄목할 만한 평신도선교운동이었다. 그 당시 미국과 유럽을 중심으로 활동하던 디엘 무디(Dwight L. Moody, 1837–1899)는 이 학생선교 운동의 설립에 커다란 역할을 감당한 지도자였다.

이 운동은 1886년 여름 메사츄세츠주 헐몬산 연합집회에서 D. L. 무디(D. L. Moody)는 설교를 통해 학생들에게 큰 감동을 주었으며, 수많은 학생들이 선교헌신을 하고 해외선교사로 나갔다. 이들 중에 존 R. 모트(John R. Mott)가 있었는데 그는 평신도로써 이 학생운동을 이끌면서 조직적으로 부흥케 만들었으며, 그리고 YMCA운동도 이때부터 시작되었다.

이 집회 가운데 강사로 온 A. T. 피어선(A. T. Pierson)박사는 1886년 7월 16 밤 "성경과 예언"(Bible and Prophesy)이라는 특강을 통해서 현대 선교에서 하나님의 섭리(God's Providence in Modern Missions)라는 주제로, 세계지도를 펼쳐가며 1900년도까지 중국, 한국, 일본, 아프리카를 복음화할 수 있다고 강조하며, "모두 가야 한다. 그리고 모두에게 가자"(All should go, and go to all)라는 말을 남겼다.

이 학생선교자원운동의 슬로건으로 사용된 주제어는 "우리 세대에 세계복음을 완수하자"(Evangelization of the World within This Generation)로 주님의 재림에 대한 열망과 종말론 신앙으로 무장하여 마지막 시대의 선교사역을 위해 전 세계 신자들이 함께 협력할 것을 강조하였다(For A. T.

Pierson, 'the evangelization of the world in this generation' was a call for all Christians to 'harvest' or to gather in believers around the world so as to fulfill prophecy in expectation of the Second Coming). [345]

수련회에 참석한 많은 수의 학생들이 모두 선교사로 헌신하여 선교사로 나아갔으며, 1914년 1차 세계대전이 일어나기 전까지 15000명의 선교사를 파송하였다. 현대선교신학자 요하네스 버카일(J. Verkuyl)은 이 학생신앙운동은 오순절 이후 기독교의 최대 선교운동이라고 그 운동의 영향력에 대해서 주장했다(Its[SVM's] influence was so profound that it really deserves its description as the greatest missionary movement since Pentecost). [346]

5. 존 R. 모트 (John R. Mott, 1865 – 1955)

존 R. 모트는 학생선교자원운동의 학생대표로서 19세기 말부터 20세기 선교협력시대에 까지 활발한 선교사역을 수행한 평신도 지도자였다. 그는 1886년 헤르몬 산 집회에서 A T. 피어선 박사의 "모두가 모두에게로 가야한다"는 감동적인 설교에 도전받고 선교에 헌신하여 선교지도자로 평생을 사역하였다. [347] 그야말로 학생선교자원운동의 첫 번째 열매로서 현대 교회 평신도 지도자로서 YMCA를 설립하였으며, SVM의 지도자로서 그리고 에딘버러세계선교대회 이후에 생긴 국제선교협의회(International Missionary Council)의 초대 회장을 역임하면서 전 세계를 다니면서 평신도선교사로서 왕성한 활동을 수행하였다. 그는 스스로 평신도

---

345 Dana L. Robert, "The Crisis of Missions", 37.

346 J. Verkuyl, *Contemporary Missiology*, (Grand Rapids: Eerdmans, 1978), 180.

347 John R. Mott, "The Student Missionary Uprising", *Missionary Review of the World 12*, (November 1889), 824.

선교사로 봉사하면서 많은 저술을 통해 복음적인 신앙의 부흥과 평신도 선교의 중요성을 강조하였다.

그는 누구보다도 평신도의 선교사명에 대해 잘 알고 있었으며, 그 세대에 세계복음화를 완수하자는 표어를 실천하고자 노력하였다. 그는 세계를 복음화하는 것은 우리의 책임인 것은 선교가 교회의 핵심적인 존재방식이기 때문이라고 주장한다(It is our duty to evangelize the world because this is essential to the best life of the Christian Church). 그는 교회사에서 가장 활발하고 살아있던 시대는 바로 평신도들이 기독교 신앙을 전파하는 것이 자신들의 책임이라는 사실을 깨닫고 실천하던 때였다고 주장한다 (The most vital and fruitful periods in the history of the Christian church have been those in which layman have most vividly realized and most earnestly sought to discharge their responsibility to propagate the Christian Faith).

그는 평신도 선교를 활성화하기 위해 만인제사장론을 강조하여 설명하면서, 만인제사장론은 목회자 중심의 사역개념에 대한 오해를 제거하여 주며, 평신도 각 자에 대한 하나님의 계획을 알려주며, 모든 신자에게 복음전파의 책임감을 일깨워주며, 불신세계에 대한 모든 그리스도인의 영향력을 나타내는데 큰 역할을 한다고 주장한다. 아울러 그는 이러한 평신도 선교사역을 활성화하려면, 무엇보다 목회자의 각성이 중요하다고 하면서, 목회자가 갖는 목회철학에 평신도를 품는 목회철학이 있는가가 중요함을 강조한다. 그에 의하면 평신도 사역의 효율성은, 평신도는 서로 다른 평신도와 함께 하며 서로를 도울 수 있으며 효과적이며, 그러므로 교회는 무엇보다 이러한 평신도 선교 사역을 위해서, 모든 교회는 특히 젊은이들과 학생들에게 선교적 관심을 집중해야 한다고 주장한다. 그는 평신도 사역자는 일상생활에서의 삶을 통한 평신도의 선교사역이 가능하다는 점에서 그 효율성을 강조하였다.

제11장

현대교회 전문인선교

교회사가 필립 샤프(Phillip Scharpff)는 20세기 평신도 선교 운동의 성격에 대한 다음과 같이 논평하였다. "미국에 있어서 가장 고무적인 일은 새로운 형태의 평신도의 출현이다. 그들은 더 이상 그들의 그리스도께 대한 충성의 표시로 매주 토요일마다 교회에 가서 페인트를 칠하고, 교회 부엌 바닥에 카페트를 다시 까는 것 같은 일을 전부라고 생각지 않는다. 오히려 그들은 스스로 문제들을 찾고 그 해답을 주려고 노력하는 자들이다."(One of the most encouraging trends in the church in America is the emergence of a 'new layman.' He is no longer satisfied to spell out his devotion to Christ in terms of going to the church on Saturday to paint a classroom or put new linoleum in the kitchen. Rather, he is asking questions and he expects to find answers). [348]

20세기 평신도 선교 운동은 지난 19세기에 일어난 학생선교운동(SVM)을 후원하기 위해, 1906년 평신도 선교 운동 협회(Layman's Missionary Movement)의 설립으로 나타났는데, 이 모임은 선교 현지에 나간 선교사들을 후원하고 경제적으로 돕는 것이 그 목적이었다. 이들의 모임을 통해서 그리스도인 사업가들이 선교를 위해 기도하였는데, 3년이 안되어 이 조직은 북미에서만 3,500개의 사무실을 갖게 되었으며, 미 대륙의 75

---

348 Paulus Scharpff, *History of Evangelism*, (Grand Rapids: Eerdmans, 1966), 319.

개 도시에 수만 명이 모이는 모임으로 발전했다. 라투렛(Latourette)은 이 평신도운동은 전세계로 파급되어, 영국, 독일, 스칸디나비아, 네덜란드, 남아프리카, 호주, 뉴질랜드, 이집트 등으로 퍼져 나갔다고 주장했다 (Latourette 1939, 4:100).

1. 평신도 선교의 중요성에 대한 의식 확대

20세기에 와서 평신도 선교의 중요성에 대한 재발견에 대해 학자들은 왜 20세기 들어서면서 "왜 갑자기 평신도의 재발견에의 각성이 일어났는가"에 대해 질문을 한다. 특히 존 스토트(John Stott)는 그러한 평신도 중요성에 대한 각성이 크게 일어난 이유로 두 가지 이유를 들고 있는데, 하나는 실질적인 요인들로서, 사회적 요인으로 교역자의 수로 감소로 평신도의 협력을 구할 수밖에 없는 점과, 실용적 요인으로 평신도를 세속적인 클럽의 회원으로 빼앗기지 않기 위해, 그리고 현대사회의 시대정신이 민주화 운동으로 말미암아 성숙된 시민의식 또는 높은 교육열의 확산으로 기존권위에 대한 도전하는 시대적 징후 때문이라고 주장하였다. 그러나 이러한 사회적인 환경요인보다도, 성경적이고 신학적 요인으로 앞서는데, 곧 세계교회의 흐름이 그렇기 때문이 아니라, 그리고 평신도가 그러하기를 바라기 때문이 아니라, 평신도사역의 중요성은 오직 성경에 나타난 하나님의 뜻이기 때문에 강조되고 실천된다고 주장하였다. 곧 "평신도가 교회 내에서 그들의 권리와 의무를 수용하는 유일한 길은 그들이 하나님의 말씀 속에서 그것을 하나님의 백성을 향한 하나님의 뜻으로 인식하는 것이다."[349]

---

349 John Stott, One People, 15.

20세기 중반기부터 서서히 평신도의 중요성에 대한 각성이 보다 적극적으로 기독교회에서 일어났다. 남아프리카 선교학자 데이비드 보쉬(David Bosch, 1929-1992)는 20세기에 있어서 가장 중요한 변화는 바로 평신도사역이라고 그의 최신 저서, "변화하는 선교신학"(Transforming Missions)에서 주장했다. 그는 "안수받은 성직자 단독의 사역 개념이 이제는 전체 하나님의 백성들의 책임으로 변화된 것은 곧 안수받은 자만이 아니라, 안수받지 않는 사람들도 사역자로 여기게 된 점은 오늘 우리 교회에 있어서 가장 큰 변화중의 하나이다"(The movement away from ministry as the monopoly of ordained men to ministry as the responsibility of the whole people of God, ordained as well as non-ordained, is one of the most dramatic shifts taking place in the church today).[350] 이러한 평신도 선교사역의 중요성에 대해 20세기에 다양하게 나타났는데, 로마 가톨릭과 세계교회협의회(WCC)에서 평신도 사역의 중요성을 논의하였다.

특히 사제 중심의 교회관을 가지는 로마 가톨릭에서도 평신도의 중요성을 논의하면서, 제2차 바티칸회의(Vatican II : 1962-65)를 통해, 가톨릭교회안에서의 평신도의 지위에 있어서 큰 변화를 시도했다.

세계교회협의회(World Council of Churches) 역시, 각 대회 때마다 평신도의 선교사역의 중요성을 강조하곤 했다.[351] 1968년 특히 제4차 대회가 스웨덴 웁살라(Uppsala)에 열렸을 때, 남녀 평신도들은 그들의 선교적 헌신을 교회안의 봉사차원에서만 아니라, 그들의 일상생활과 공공 봉사에서

---

350 David J. Bosch, *Transforming Mission*, (Maryknoll: Orbis Books, 1991), 467.

351 로마 가톨릭에서의 평신도에 관한 연구들은 다음과 같다: Yves Congar, *Lay People in the Church*, (Westminster: The Newman Press, 1965); Hans Kung, *The Church*, (London: Burns & Oates, 1967); Leonard Doohan, "Contemporary Theologies of the Laity: An Overview since Vatican II," Communio 7:225-242.

도 그들의 전문적 사역이 있어야 한다고 주장하였다.

이러한 전세계적으로 평신도 선교사역에 관한 관심은 복음주의 교회 진영에서도 평신도 선교사역의 중요성에 대해 논의가 일어났는데, 여러 복음주의적 선교대회에서 평신도 선교의 중요성에 대해 다루었다. 먼저 베를린과 휘튼 선교대회(1968), 그리고 제1차 로잔 세계복음화대회(Lausanne I, 1974), 그리고 필리핀 마닐라에서 열린 제2차 로잔대회(Lausanne II, Manila 1989)에서, 그리고 제3차 로잔대회(Lausanne III, Cape Town 2010)에서도 평신도 선교의 사역적 중요성이 강조되었다.[352]

특히 제1차 로잔대회에 참석한 미국교회의 매디슨 포드(Madison Ford)는 외치기를 "평신도들도 이제 중요한 일에 참여하기를 바란다. 우리가 가장 바라는 것은 생명을 변화시키는 사역(Life changing business)에 함께 하는 일이다"고 했다(Lay men want to be involved in what counts… The most exciting, greatest enterprise I have found is to be involved with God in the life-changing business).[353] 그의 주장은 평신도선교사역이 그동안 교회 사역에서 무시되어 왔거나 소극적으로 다루어졌다는 사실을 보여준다.

심지어 제2차 로잔 대회는 모든 참석자들이 평신도사역에 대해 무시한 점에 대해 모두가 공감을 하면서 평신도선교사역에 대한 온전한 헌신을 다짐하였다: "우리는 하나님께서 전 교회 모든 구성원들에게 전 세계 복음화 사역에 부름받았다고 확신한다. 그러므로 우리 모두는 안수받은 자와 마찬가지로 평신도 모두가 이 복음화 사역을 위하여 동원되어

---

352 Carl F. H. Henry, W. Stanley Mooneyham, eds. *One Race One Gospel One Task*, (Minneapolis: World Wide Publications, 1967); J. D. Douglas, ed., *Let the Earth Hear His Voice*, (Minneapolis: World Wide publications, 1975); J. D. Douglas, ed., *Proclaim Christ Until He Comes*, (Minneapolis: World Wide Publications, 1990).

353 J. D. Douglas, *Let the Earth Hear His Voice!*, 1975, 457.

야 하고 훈련되어져야 한다"고 공언했다(We affirm that God has committed to the whole church and every member of it the task of making Christ known throughout the world; we long to see all lay and ordained persons mobilized and trained for this task).**354)**

아울러, 2차 로잔대회에서 모든 참석자들은 지난 날 동안에 교회 사역에서 평신도 사역이 무시된 점에 대하여 참회하는 선언을 다음과 같이 발표하였다: "우리는 평신도 특히 여성들과 젊은이들의 사역을 돕지 못한 것을 회개한다. 앞으로 우리는 모든 평신도들을 그리스도의 증인으로서 바른 위치를 가지도록 격려하고 도와서 그의 대사명을 수행하는데 최선을 다한다"(We repent of our share in discouraging the ministry of the laity, especially of women and young people. We determine in the future to encourage all Christ's followers to take their place, rightfully and naturally, as his witnesses).**"355)**

2. 평신도신학의 정립

1950년대 초창기에 "평신도를 깨운다"는 평신도 신학이 일어나면서 평신도에 대한 관심은 20세기 중반을 지나면서 본격적으로 이루어졌다고 해도 과언이 아니다. 1950년 이후 부터 평신도에 대한 주요한 신학적 연구가 진행되어 평신도 신학이라는 하나의 신학분야가 형성되어 왔다고 볼 수 있다. 현대 평신도 신학 연구의 선구자들과 그들의 저서들을 살펴보면, 불란서 가톨릭 신학자 이브 콩가르(Yves Congar)의 "교회 안의 평신도"(Lay People in the Church, 1953)와 헨드릭 크레이머(Hendrick

---

354 J. D. Douglas, 1990, 26.
355 J. D. Douglas, 1990, 32.

Kraemer)의 "평신도신학"(Theology of the Laity, 1958), 그리고 칼 크로밍가 (Carl Kromminga)의 화란 자유대학 신학박사 학위논문 "평신도 전도"(The Communication of the gospel through neighboring, 1964) 등으로 볼 수 있다.[356] 그 후에 세계교회협의회(World Council of Churches)를 중심으로 평신도선교 에 대한 주요한 관심을 연구하였는데, 제1차 암스테르담대회(Amsterdam Assembly, 1948), 제2차 에반스톤대회(Evanston Assembly, 1954), 제3차 뉴델리 대회(New Delhi Assembly, 1962), 그리고 제4차 웁살라대회(Uppsala Assembly, 1968)에서 심도있게 논의하였다.

20세기 중반에 평신도선교의 중요성에 대한 논의가 로마 가톨릭교 회와 에큐메니칼 교회에서 주로 시행되었지만, 그들의 논의가 한 쪽으 로 치우친 진보적인 방향으로 나가자 복음주의 교회에서 성경적인 평 신도선교론의 중요성에 대해서 연구하고, 존 스토트와 빌리 그래함 목 사의 헌신으로 제1차 로잔 세계복음화대회(Lausanne Covenant for World Evangelization :LCWE, 1974) 와 제2차 로잔대회(1989, 마닐라)를 개최하여 평 신도선교의 중요성에 대한 복음주의 입장을 정리하여 발표하였다.[357]

복음주의 학자로서 평신도신학에 주요한 저술을 집필한 학자들로는 존 스토트(John Stott)의 "현대교회와 평신도훈련"(One People, 1982)과 웨스 트민스터(Westminster)신학교의 선교학 교수였던 하비 콘(Harvie M. Conn) 교수, 폴 스티븐스(Paul Stevens)와 핀들리 에지(Findley Edge)와, 그리고 미국 Fuller 선교대학원 교수 찰스 밴 엔겐(Charles Van Engen)의 연구서들이 있

---

356 이 논문은 나중에 평신도들을 위해 요약해서 출판되기도 했다. Carl Kromminga, *Bringing God's News to Neighbors: Biblical and Historical Foundations*, 1977.

357 참고: J. D. Douglas, ed., *Let the Earth Hear His Voice*, (Minneapolis: World Wide Pub., 1975); *Proclaim Christ until He comes*, (Minneapolis: World Wide Pub., 1990).

다. [358]

3. 현대교회의 평신도 전문인선교

현대교회의 평신도 전문인 선교는 미전도종족 선교에 가장 강력한 선교정책으로 연구되고 추진되고 있다. 오늘날 급증하는 평신도 해외여행자들이나 해외 공관원들과, 유학생들, 그리고 기술자들, 국제 변호사들, 의사들과 간호사들, 교육자들, 파견근무자들과 넘쳐나는 이민자들, 그리고 정부파견자로서 청년봉사단이나 평화봉사단, 그리고 사업가들, 태권도사범들, 예술가들, 그리고 구호사업가들이 전 세계에 흩어져 활동하고 있다.

특별히 여러 가지 전공을 가진 공부하는 해외 유학생들의 선교사로서의 잠재력은 엄청 크다고 본다. 특별히 평신도 전문인 선교전략은 21세기 마지막 미전도 종족인 이슬람권 선교를 위한 효과적 선교전략이다.

루스 터커(Ruth Tucker)는 현대교회의 탁월한 평신도 전문인사역자들로, 의료선교회소속으로 사역한 라브라도(Labrador)의 의료선교사인 윌프레드 그렌펠(Wilfred Grenfell), 그리고 인도에서 여의사로서 사역한 의료선교사 아이다 스커드(Ida Scudder), 아마존강에서 사역한 제시와 레오 핼리웰(Jessi and Leo Halliwell), 아프리카 의료선교사 칼 벡커(Carl Becker),방글라

---

358 Harvie M. Conn, "Training the Membership for Witness (Elders and Laity)", In *Training for Mission*, RES Mission Conference, 1976. Harvie M. Conn, "Theological Education and the Search for Excellence", Westminster Theological Journal, Vol. 41:311−363; Paul Stevens, *Liberating the laity*, (Downers Grove: IVP Press, 1985); *The equipper's guide to every-member ministry*, (Downers Grove: IVP, 1992); Findley Edge, *The Doctrine of the laity*, (Nashville: Convention Press, 1985); Charles Van Engen, *God's Missionary People*, (Grand Rapids: Baker Book House, 1991).

데시 의료선교사인 비고 올센(Viggo Olsen) 등을 소개하였다. [359]

그리고 1930년대에 중남미 선교사역중에 감명을 받고 위클립 성경 번역 선교회(WBT)와 여름언어학교(Summer Institute of Linguistics, SIL)를 세운 윌리암 캐머룬 타운젠드(William Cameron Townsend)와 케네스 파이크(Kenneth Pike)의 SIL 사역, 그리고 전파를 이용하며 선교 사역을 수행한 수많은 라디오와 녹음선교사들과 선교사들을 수송하며 현지 조사를 도운 항공선교사들의 사역도 평신도 전문인 선교사역으로 잘 제시되어 있다.

---

359 Ruth A. Tucker, *From Jerusalem to Irian Jaya: A Biographical History of Christian Missions,* (Grand Rapids: Zondervan, 2004), 287–311.

제12장

한국교회 전문인선교

1. 서론

"평신도신학"이 한국교회에는 어떤 의미를 갖겠는가를 살펴보면, 대부분의 교회에서 평신도 사역의 중요성은 인식하지만 실제로 목회자나 평신도 각자가 온전한 평신도에 대한 신학의 부재로 혼미한 가운데 목회 현장에서는 여러 다야한 형태의 문제가 끊임없이 발생하기도 한다. 참으로 평신도 신학은 한국교회에서 이러한 문제에 대하여 필요한 성경적 원리를 제공함으로 보다 온전한 목회자와 평신도사이에 관계가 정립될 수 있으리라 본다.

오늘의 한국교회의 문제 중에 하나는 교회의 "교직"(Church Office)에 대한 오해들에서 온다고 볼 수 있다. 한국사회가 전통적으로 유교적인 배경 속에서 사회 구석구석에 유교적인 질서를 숭상하는 문화적인 특성이 있다. 유교의 탄생지인 중국보다도 더 엄격하게 지켜지는 위계질서의식은 누구도 부인하지 못하는 한국인의 가치관으로 자리 잡고 있다. 유교의 삼강오륜과 같은 주장에서 한 예를 들면, 소위 "군사부일체"(君師夫一體)라는 말은 사회에서 임금과 스승과 아버지는 수직적으로 하늘과 같은 존재요, 상대적으로 백성과 학생과 자녀들은 땅과 같은 존재라는 계급적인 사회구조에 대한 인식이 우리 한국인의 철학으로 깊이 배어 있기에 여러 가지 문제를 야기할 수 있다. 이러한 맥락에서 교회 안에서 직분 이해에 있어서 계급적으로 보면서 교회를 수직적 계급적 구조로 몰아가려는 경향이 야기되는데, 이로서 교회 안에 다양한 문제로 나타나게 된다. 교회 안에서 누가 높은 가에 대해 보이지 아니하는 알력이 존재하고 그것이 교회의 갈등구조로 발전하면서 더욱 교직에 대한 왜곡된 형태를 양산하게 된다.

이러한 한국교회의 유교적 배경에서 나온 계급적인 교회 직분이해를 해결하는 것도 바로 성경적 평신도 신학의 정립에서 가능하다고 하겠다. 세상적인 가치관에서 성경적인 세계관으로 교회 안에서 바른 직분의식을 정립하는데 평신도신학은 크게 공헌하리라 본다. 평신도신학은 목회자로 자신이 세도가로서 어떤 권위주의의 유혹에 빠지지 않고 겸손히 주님의 몸된 교회의 한 지체로서 다른 평신도를 도와 그들로 하나님이 주신 소명을 다 이루게 목양하는데 도움을 줄 것이다. 아울러 평신도에게는 평신도가 아무런 능력 없는 자들의 그룹이 아니라 하나님의 교회의 중요한 지체로서 각기 위로부터 받은 은사를 가지고 각기 부르심을 따라 사역하는 사역자로서 그들의 역할과 책임을 다하게 될 것이다.

2. 한국교회 성장과 평신도 전문인

한국교회의 역사는 1세기가 조금 넘는 짧은 기간이지만 그 부흥은 세계사에 찾아 볼 수 없는 부흥의 역사였다. 1984년 처음으로 한국에 온 개신교 선교사는 호레이스 알렌(Horace N. Allen) 박사로, 그는 평신도 의료선교사로 한국에 입국해서 "은둔의 나라(Hermit Nation)"에서 본격적인 선교사역이 시작된 이후, 지금까지 한국교회는 로이 쉐어러(Roy E. Shearer)의 증언대로 "격렬한 불길"(Wildfire)과 같은 성장을 거듭하였는데[360], 그러한 한국교회의 부흥은 평신도의 선교활동으로 말미암았다는 점이다.

1세기 초대교회에서 무명의 평신도들이 놀라운 교회성장과 복음전파를 위하여 활약했듯이 한국교회에서도 초기 평신도들은 선교사가 입국하기 전부터 중국이나 일본으로부터 선교사들에게 성경을 배우고, 심지어 성경을 번역하여 초기 한국선교에 중추적인 역할을 한 것으로 나타난다. 초기 한국 선교사였던 Roy E. Shearer는 이렇게 증언한다. "한국 사람들은 예수를 믿고 그리스도인이 될 뿐만 아니라 열심있는 평신도들에 의하여 성경을 배우고, 그리하여 세례신자에로 성장하여 갔다"고 증언한다(The people were not only won to Christ but they were continually being given instruction by the hard—working lay leaders and missionaries, to pass the stringent requirements leading to baptism).[361] 이처럼 초기에 평신도들은 복음전도와 교회성장에 큰 역할을 하였던 것이다.

초기 한국교회의 성장의 원인 중에 하나인 "사경회"는 일종의 부흥회였는데, 성경말씀을 가르치고 묵상하는 모임으로서, 이 모임은 주로 평신도에 의하여 인도되었다. 이러한 사경회는 한국교회의 오순절이라 할 수 있는 1907년의 대부흥의 원동력이 되기도 하였다. 오늘날도 한국교회는 다른 어느 교회보다도 성경중심의 교회로 발전되고 부흥하였는데, 초기시대에 많은 평신도들이 그 기초를 놓았다고 볼 수 있다.

한국교회 초기의 부흥을 놓고 연구할 때 반드시 언급하는 선교정책으로 "네비우스선교정책"(Nevius Plan)이 있는데, 이것은 중국에 파송된 미국 선교사 존 네비우스(John L. Nevius)가 방한하여 초기 한국 선교사들에

---

360 Roy E. Shearer, *Wildfire: Church Growth in Korea*, (Grand Rapids: Erdmans, 1966), 53.
361 Roy E. Shearer, *Wildfire: Church Growth in Korea*, 53.

게 선교전략을 가르칠 때 강의한 선교정책으로, 선교지 교회의 자력후원 (self-support), 자력전도 (self-propagation), 자치(self-government)를 강조한 것이다. 그런데 처음으로 이러한 선교전략을 주장한 선교학자는 19세기 선교전략가 루프스 앤더슨(Rufus Anderson, 1796-1880)과 헨리 벤(Henry Venn, 1796-1873)이다.

이 선교전략의 핵심은 모든 그리스도인들을 격려하여 그들로 성경을 공부하게 하여 다른 불신자에게 가서 그 배운 말씀을 나누어주는 것이라 볼 수 있는데(The Nevius methods are not merely a system of self-support and refusal to pay subsidies. Its real core was in the bible study system which encouraged every Christian to study his Bible and to be able to pass on to others what he found there),[362] 여기서도 평신도의 놀라운 활약을 보여준다고 하겠다.

이처럼 초기 한국교회선교역사에서 평신도의 사역은 네비우스 선교정책과 함께, 그리고 사경회를 통한 교회부흥과 성장으로 그 결실을 맺었다고 볼 수 있다.

1950년대에는 한국교회에 다양한 학원선교단체들이 입국하여 한국교회 평신도사역에 많은 영향을 주었는데, 한국 교회의 성장 이유를 연구하는 이는 누구나 대학생 선교 단체들의 공헌에 대해서 지적한다.[363] 유용규는 그의 논문에서 한국교회에서 학생운동은 한국사회에서 교회부흥과 선교사역에서 큰 공헌을 하였다고 주장했다(Korea student movements possess considerable potential for renewal, mission and church unity.

---

362 Allen D. Clark, *A History of the Church in Korea*, (Seoul: Christian Literature Society, 1971), 115.
363 옥한흠, 『다시 쓰는 평신도를 깨운다』, (서울: 두란노서원, 1987); 김성욱, 『하나님의 백성과 선교』, (서울: 기독교문서선교회, 2001); 이현정, 『평신도를 부른다』, (서울: 성광문화사, 1999); Yong K. Riew, The Theology of Mission Structures and Its Relation to Korea's Indigenous Movements, Doctoral Dissertation, Fuller Theological Seminary, 1985.

These movements could become the new task force for the development of a distinctly Korean type of Christianity having at its heart a dynamic life style coupled with a sound evangelicalism).[364] 그만큼 대학생 선교 단체의 역할은 민족복음화와 한국교회의 성장에 큰 기여를 한 것임에 분명하다. 대부분의 학원선교단체들은 주로 평신도를 훈련하여 복음전파의 대 사역을 감당케 하는 것에 그 목표를 두고 그들은 대부분 복음주의적 선교열정을 소유하고 있다.

과거 한때 한국교회에서 이러한 선교단체와 교회 사이에 갈등구조가 없지는 않았지만, 지금은 선교단체의 평신도훈련의 모델은 한국교회에 직접적으로, 간접적으로 영향력을 주었던 것이 사실이다. 이러한 학생선교단체로는 CCC(Campus Crusade for Christ), IVF(InterVarsity Christian Fellowship, JOY Mission, YFC(Youth For Christ), SBF(Student Bible Fellowship)등이 있다. 이러한 학생선교단체 외에도 평신도가운데 기독실업인회(Christian Business Men's Committee)는 평신도 사업가들이 스스로 정규적으로 모여서 성경을 배워서 다른 사업가들에게 복음을 전파하기 위해서, 성경공부, 기도와 교제를 위주로 모임을 계속 가지고 있다.

한국교회는 1960-70년대를 전후에 고속 성장하는 진기록을 남길 정도였다. 많은 교회성장학자들은 이러한 한국교회의 성장의 배경에는 이름 없는 평신도의 놀라운 사역과 헌신이 있었음을 지적한다. 한국교회의 성장에 대한 연구가 이러한 관점에서 많이 이루어지고 있으며, 또한 한국교회의 구역조직에 대해서 활약하는 평신도의 사역을 오늘의 부흥의 원동력으로 삼고 있다.

1980년 이후로 이러한 평신도에 대한 교회의 관심이 "사랑의 교회"를

---

364 Yong K. Riew, The Theology of Mission Structures and Its Relation to Korea's Indigenous Movements, iii.

목회하는 옥한흠목사를 중심으로 일어나서 보다 효과적으로 한국교회의 평신도를 무장하여 세계선교의 지상명령을 앞당기고자 하는 움직임이 빨라지고 있다. 옥한흠목사는 "평신도를 위하여 투자하고 훈련을 하는 것은 오늘 한국교회를 향하신 하나님의 뜻이다"고 주장하였다.[365]

이처럼 한국교회역사는 평신도의 사역이 활발하게 일어나서 오늘의 한국교회를 성장시켰으며, 지속적인 평신도사역과 세계복음화를 위하여 보다 적극적인 훈련이 필요로 함을 인식하고 있다. 이러한 총신대 선교대학원내에 평신도 전문인선교전공을 시작되면서 보다 능동적으로 평신도의 선교를 활발하게 양육하고 지원하는 단계로 나아가게 되었다. 21세기는 보다 복합적인 선교, 전문적인 사역자가 요청되는 점을 감안하면, 평신도 전문인 선교사역은 앞으로도 많은 관심과 연구가 이루어져야할 분야이다.

---

365 옥한흠, 『평신도를 깨운다』, (서울: 두란노서원, 1984), 34.

제4부
전문인 선교의 신학적 기초

평신도에 대한 관심은 20세기를 지나면서 본격적으로 이루어졌다고 해도 과언이 아니다. 1950년 이후 부터 평신도에 대한 주요한 신학적 연구가 진행되어 평신도 신학이라는 하나의 신학분야가 형성되어 왔다고 볼 수 있다. 현대 평신도 신학 연구의 선구자들과 그들의 저서들을 살펴보면, 불란서 가톨릭 신학자 이브스 콩가르(Yves Congar)의 "교회 안의 평신도"(Lay People in the Church, 1953), 핸드릭 크레이머(Hendrick Kraemer)의 "평신도신학"(Theology of the Laity, 1958), 그리고 칼 크로밍거(Carl Kromminga)의 화란 자유대학 신학박사 학위논문 "평신도 전도"(The Communication of the Gospel through Neighboring, 1964) 등으로 볼 수 있다. [366]

그 후에 세계교회협의회(World Council of Churches, WCC)에서는 평신도에 대한 주요한 관심을 연구하였으며, 제1차 암스테르담대회(Amsterdam, 1948), 제2차에반스톤대회(Evanston, 1954), 제3차 뉴델리대회(New Delhi, 1962), 그리고 제4차웁살라대회(Uppsala, 1968)에서 심도있게 논의하였다. 20세기 중반에 평신도선교의 중요성에 대한 논의가 로마 가톨릭교회와 에큐메니칼 교회에서 주로 시행되었지만, 그들의 논의가 한 쪽으로 치우

---

366 이 논문은 나중에 평신도들을 위해 요약해서 출판되기도 했다. Carl Kromminga, *Bringing God's News to Neighbors: Biblical and Historical Foundations*, 1977.

쳐서 사회복음으로 기울어지자, 성경중심적인 선교를 강조하는 복음주의 교회에서 세계복음화를 위한 평신도 전문인선교의 중요성에 대해서 연구하게 되었다. 존 스토트와 빌리 그레이엄의 지도로 로잔 세계복음화대회 (Lausanne I, 1974, Lausanne Covenant for World Evangelization) 와 제2차 로잔대회(Lausanne II, 1989, Manila Manifesto), 제3차 로잔대회(Lausanne III, 2010, Cape Town Commitment)를 개최하여 평신도 전문인선교의 역할과 중요성에 대한 복음주의 입장을 정리하여 발표하였다. [367]

복음주의 학자로서 평신도신학에 주요한 저술을 집필한 학자들로는 존 스토트(John Stott)의 "현대교회와 평신도훈련"(One People, 1982)과 미국 웨스트민스터신학교(Westminster) 선교학 교수 간하배(Harvie M. Conn)와 캐나다 리전트칼리지 폴 스티븐스(Paul Stevens), 미국교회 지도자 핀들리 에지(Findley Edge)와 미국 풀러(Fuller) 선교대학원 교수 찰스 밴 엔겐(Charles Van Engen)의 연구서들이 있다. [368]

---

[367] J. D. Douglas, ed., *Let the Earth Hear his Voice*, (Minneapolis: World Wide Pub., 1975); Proclaim Christ until He Comes (Minneapolis: World Wide Pub., 1990).

[368] Harvie Conn, "Training the Membership for Witness (Elders and Laity)", In *Training for Mission*, RES Mission Conference, 1976; Harvie Conn, "Theological Education and the Search for Excellence", Westminster Theological Journal, Vol. 41:311-363; Paul Stevens, *Liberating the Laity*, (Downers Grove: IVP Press, 1985); *The Equipper's Guide to Every-member Ministry*, (Downers Grove: IVP, 1992); Findley Edge, *The Doctrine of the Laity*, (Nashville: Convention Press, 1985); Charles Van Engen, *God's Missionary People*, (Grand Rapids: Baker Book House, 1991).

제13장

전문인선교의 신학적 기초

평신도에 대한 온전한 이해를 위한 신학적인 작업은 이러한 주제를 표현하는 다양한 주제들을 가지고 시도할 수 있다. 그 중에 평신도에 대한 온전한 신학적 기초로서 만인제사장론과 교회사역론으로 설명할 수 있겠다. Howard Synder는 평신도신학의 두 기둥은 바로 만인제사장론과 은사론이라고 주장했는데, 이 두 가지는 평신도의 올바른 위상과 역할을 정립하는데, 핵심적인 진리라 할 수 있다.

1. 만인제사장론

만인제사장론은 종교개혁의 중요한 교훈중의 하나로서, 로마 가톨릭 교회의 구원론인 공적설과 대비되는 성경적 진리로서 믿음으로 말미암아 구원을 얻음을 강조하는 "이신득구(以信得救)"와 함께 개신교의 주요 교리이기도 하다. 이것은 "모든 신자들의 제사장"임을 강조하는 성경의 진리이다(벧전2:5, 9; 계1:6).[369]

---

369 Charles Cycil Eastwood, *The Priesthood of all Believers*, (Minneapolis: Augsburg Publishing House, 1962).

만인제사장론의 의미는 하나님과의 성도 개개인의 직접적 교통을 강조하여, 가톨릭 교회의 교회론의 교황과 사제 제도의 오류를 보완하는 진리로서, 하나님과 신자사이에 그 누구의 중재없이 기도할 수 있는 신자 개개인의 권리를 나타낸다. 아울러 만인제사장론은 성도가 세상 속에서의 그리스도의 증인으로서 가지는 책임감을 동시에 나타내는 말이다. 종종 만인제사장론이 무분별한 교파나 선교단체에서 교직부정론을 주장하는 근거로 오용되기도 하는데, 한 쪽으로 치우침이 없는 성경의 교훈을 따라야 할 것이다.

만인제사장론의 중심내용은 오직 예수 그리스도만이 유일한 중재자임을 나타낸다. 칼빈은 인간이 부패한데도 불구하고 하나님앞에 제사장의 사역에로 불러주심에 성도는 전체 생애를 향기 나는 제물이 되도록 헌신하는 제사장들이 되어야 함을 주장했다. 미국의 교회사가 라투렛(K. S. Latourette)은 만인제사장이야말로 프로테스탄트 교회의 핵심부분으로, 이것의 의미는 모든 그리스도인들은 하나님의 제사장적 백성임을 의미한다고 여기고, 평신도 신학의 중요한 기초로 본다.

실제적으로 이것은 주요한 4가지 의미는 다음과 같다. 첫째로, 모든 성도는 하나님께 직접 나아가는 것이다(마27:51; 롬5:2; 히10:22). 예수 외에 다른 중보자가 필요하지 않다. 둘째로, 모든 그리스도인은 영적제사를 드리는 자임을 증거 한다 (벧전2:5; 롬12;1; 요4:21-23). 셋째로, 제사장의 주요역할이 말씀을 가르치고 증거하는 것으로, 벧전2:9에서 하나님의 복음을 "선전케 하려함"이 성도로 부름의 목적임을 묘사한다. 넷째로, 제사장적 사역은 중보하는 기능으로, 자신만의 복락을 위하는 것이 아니라, 자신과 이웃을 위하여 "기도와 도고"로(딤전2:1) 주의 이름으로 축복하는 사역자들이다.

문제는 아직도 모든 교회에서 이 중요한 진리는 적용되어 지지 않고 있다는 점이다. 왜냐하면 아직도 교회 안에는 종교개혁전 시대에 있었던 "특별한 계급"이 존재하고 있기 때문이다. 보다 우월한 직책과 열등한 직책사이에 간격이 크다. 바빙크(J. H. Bavinck)는 교회의 모든 백성들이 하나님의 소명을 받고 있다고 강조했다. 모든 성도가 가지는 환경, 기술, 직업, 달란트를 가지고 하나님을 위해서 사용하는 삶이 만인제사장의 근본이다. 한스 큉(Hans Kung)은 "목회자가 교회를 향해서 파송된 성직자라면, 평신도들은 세상을 향해서 파송된 성직자"라고 주장했다. 또한 교직제도의 급속한 발전으로 제사장이란 말을 교역자에게만 적용하는 경향이 심해지고, 모든 성도가 제사장이란 이 용어가 사라져가는 현대 교회에서 이 교훈이 가져다주는 정신을 다시 회복해야 함을 알 수 있다.

한국교회의 문제점들을 바라보고 개혁과 교회갱신을 부르짖는 목소리가 서서히 한국교회를 통해서 흘러나오고 있다. 만인제사장론은 오늘 우리에게 필요한 "제2의 종교개혁"을 능히 우리에게 그 열매를 가져다줄 수 있는 큰 성경적 개념이다.

2. 목회자의 역할

1) 교회의 사역자들

에드먼드 클라우니(Edmund P. Clowney)박사는 교회는 예배, 전도, 그리고 사역을 중심으로 하는 하나님의 백성으로 정의하고, 하나님께서 교회 모든 구성원들에게 은사를 나눠주심으로 그들 각자의 사역을 감당하게 하신다고 강조한다. 그러므로 "모든 그리스도인들은 그리스도의 십자가의 사역을 나누어 감당할 책임이 있다".370) 이러한 교회 공동체가 가지는 사역들은 살아 계신 그리스도의 사역에의 동참이며, 아울러 이것은 성령으로 그 아들 예수 그리스도를 통해서 역사하시는 하나님 아버지의 사역이기도 하다고 주장한다. 결국 이러한 교회 구성원의 사역은 하나님의 나누어 주신 은사에 의한 것이요, 또한 하나님이 주신 사명이기도 하다.371)

J. H. 바빙크(Bavinck)는 "초대교회의 놀라운 사역은 단지 "신자"라는 타이틀 만 가지고 사역한 그리스도인들에 의해서 이루었다"고 지적하였는데372) 오늘날 현대 그리스도인들에게 의미하는 바가 크다고 할 수 있다. 특히 한국은 유교적 배경 에서 명분이나 직분을 내세우는 기질 때문에 많은 수의 그리스도인들이 적극적인 사역을 하는데, 주저하는 것이 사실이다. 초대교회 그리스도인들의 활발한 사역들은 그들이 하나님의 백성이 되었다는 그 사실 하나만으로 훌륭히 수행되었던 것이다. 그러므로 교회는 다양한 사역자로 구성된다고 볼 수 있다. 여기서는 교회의 여러 가지 사역 중에서 목회자의 사역과 평신도의 사역들로 나누어 살펴보고자 한다.

2) 목회자의 사역

한국교회에서의 목회자에 대한 이미지는 다른 곳에서의 목회자의 모

---

370 Edmund P. Clowney, *Called to Ministry*, 42.

371 E. Clowney, *Called to Ministry*, 42. "Ministry in the Christian community is a participation in the ministry of Christ. It is the ministry of the Father through the Son by the Spirit. It is a ministry offered to the whole church as gift and task."

372 J. H. Bavinck, *An Introduction to the Science of Missions*, (Phillipsburg: Presbyterian and Reformed Publishing Co., 1960), 67.

습보다 더 특별하게 보여진다고 하겠다. 목회자와 평신도 사이에 무엇이 다를까? 과연 오늘 이 시대의 목회자의 역할은 무엇일까? 먼저, 목회자는 하나님께로부터 개인적이고 신비스러운 소명을 받은 자(Secret Calling)라 할 수 있다.[373] 목회자의 소명이 사적이고 내면적이며 직관적인 느낌을 가지는 것만으로 불충분하다. 만일 그들이 내적인 소명만 가진다면 그들은 독단적이요 주관적이며, 개인주의적인 자기 의의 폐단을 초래할 것이다. 이런 폐단을 막기 위해서 보이는 교회의 확증이 필수적이다. 즉 교역의 직무를 부과하는 것은 교회이기 때문이다. 이로 보건대, 목사직은 내적인 소명과 외적인 소명을 통해서 목회자는 부름받음을 볼 수 있다. 곧, 내적 소명을 통해서 계속적으로 이끄시며 인도하시는 능력의 결과로 나타나게 되며, 그리고 때가 되면 교역에 대한 교회의 외적인 소명으로 인도된다. 그러므로 그리스도에 의하여 소명을 받고(내적 소명), 교회에 의하여 위탁을 받지 않은(외적 소명) 사람은 누구도 목사의 어려운 역할을 성취할 수 없는 것이다.

요즈음 신학교 문을 두드리는 사람들의 입학동기를 조사해 보면 이러한 의미의 소명을 분명히 가진 자가 그리 많지 않음을 알 수 있다. 온전한 평신도를 양육할 수 있는 목회자는 무엇보다 분명한 위로부터의 소명을 지닌 자여야 한다. 진정한 목회자야말로 모든 양 무리의 본이 되며, 또한 교회를 위한 진정한 섬김을 감당할 수 있기 때문이다. 유교적 배경에서 목회자는 교회에서 계급 상 높은 것으로 오해되는 경향에 모든 성도위에 군림하는 듯한 양상을 가지고 있어서 종종 지역교회에서 문제를 야기하

---

373 박윤선, 『헌법주석』, (서울: 영음사, 1983); Patrick Fairbairn, *Pastoral Theology*, (Edinburgh: T & T Clark, 1992); Charles H. Spurgeon, *Lectures to My Students*, (Grand Rapids: Zondervan, 1994); Thomas C. Oden, *Pastoral Theology: Essentials of Ministry*, 『목회신학』, (서울: 한국장로교 출판사, 1987).

기도 한다. 이런 뜻에서 학자들은 목사라는 호칭을 "성직자"보다는 "목회자"라는 명칭을 쓸 것을 제안하기도 한다.

교회 역사 속에 나타난 목회자와 평신도사이에 잘못된 관계는 교권주의(Clericalism)와 반교권주의(Anti-clericalism)라 할 수 있는데, 교권주의가 가지고 온 목사의 독점적인 폐해들과, 아울러 반교권주의가 교회에 가지고 온 무질서들은 둘 다 극단적인 비성경적 양상들이다.

과거 한국교회에서는 온전한 목회자를 양성하기 위해서 평양신학교에서 그 교훈을 다음과 같이 하여서 목자다운 신학도를 훈련시켰던 것을 볼 수 있다. 첫째, 신자가 되라, 둘째, 학자가 되라, 셋째, 성자가 되라, 넷째, 전도자가 되라, 마지막으로, 목회자가 되라. 오늘에 와서 이러한 교훈들은 우리에게 온전한 목회자가 되는데 과정을 알 수 있게 하며, 오늘의 목회자의 문제가 인격의 부재라고 간파한 학자들의 지적이 새삼스럽게 들려온다. 목회자가 되기 전에 먼저 진실한 신자가 되어야 온 성도들이 따라 올 수 있는 영적 지도자가 될 수 있다는 주장은 참으로 오늘 날 우리 교계에 절실한 것이라 여겨진다.

목회자는 누구이며, 그들의 역할은 무엇이어야 하는가? 폴 스티븐스(Paul Stevens)는 목회자를 가리켜 "구비자"(Equipper)로 부르고 있는데, 의사, 그물을 고치는 어부, 토기장이, 부모, 설계자로서 그들의 역할을 잘 설명하였다.[374] 목회자는 하나님 앞에서 개인적인 소명을 받고 위에서 주신 은사를 가지고 그리스도의 몸을 세우기 위해서 봉사하는 사역을 감당하는 자이며, 아울러 모든 교회의 지체들로 그 사명을 감당하도록 훈련하며, 준비시키는 사역이 목회자의 역할임을 알 수 있다. 제2차 로잔대

---

374 Paul Stevens, *Liberating the Laity*, 『참으로 해방된 평신도』, 김성오역, (서울: IVP, 1985), 128-149.

회(Lausanne II)에서 "목회자들이 가지는 특권은 하나님의 백성들을 성숙한 신앙에로 이끌며, 그들을 준비시켜 사명을 감당케 해야 한다. 그리고 목회자 혼자서 사역들을 독점해서는 안 된다. 오히려 모든 평신도들을 배가시키고, 격려하여 그들의 은사들을 찾아서 사역하게 해야 한다. 제자 훈련을 감당할 수 있도록 이끌어야 한다."

3) 평신도의 사역

최근에는 평신도 사역의 중요성이 강도있게 대두되고 있다. 특히 교회성장과 세계복음화를 위해서 그들이 가지는 역할이 분명하게 강조되고 있다. 로잔(Lausanne) 세계 복음화 대회에서는 "전 세계 복음화를 위해서는 전 교회적인 참여가 반드시 필요로 한다"고 선언하고 있다.[375] 제2차 로잔대회(Lausanne II)에서도 "하나님은 그의 백성들을 그의 복음전파의 '동역자들'(fellow-workers)이 되는 특권을 주신다"고 재차 강조하고 있다. "목사, 선교사, 전도사만이 아니라 그의 모든 신자들에게 그의 증인으로서 부르시며, 지역교회를 통해서만이 아니라, 가족관계, 사업장, 시장, 친구관계 등을 통하여 역사하신다".[376]

이러한 평신도에 대한 관심은 세계복음화 뿐만 아니라 "교회성장"을 위해서도 더욱 커진다. 소위 교회성장학파들의 한결같은 주장은 평신도의 잠재된 능력이야말로 현대 교회성장의 주요 핵심요소임을 주장한다.[377]

---

375 J. D. Douglas, 1975, 5; "World evangelization requires the whole church to take the whole gospel to the whole world."

376 J. D. Douglas, 1990, 31-32.

377 James Kennedy, 1980; Donald McGavran, 1985.

　요약하면, 하나님의 교회는 하나님의 부름을 받은 모든 백성들로 구성되며, 그들 각자는 서로 다른 하나님께서 부여하신 은사들을 가지고 그들 자신의 사명을 가지고 사역하는 모임이다. 여기서 강조점이 있다면, 모든 성도의 사역과 역할이 다 같은 것은 아니다 (고전12:12). 그러나 모두가 그리스도의 몸을 세우기 위해서 사역하는 점은 동일한 것이다. 다양성 속에 동일성을 이루어 가는 자세가 요구된다고 볼 수 있다.

14장

로마 가톨릭의 평신도 선교신학

1. 서론

1950년대를 중심으로 세계교회의 동향은 평신도에 대한 상당한 관심을 나타낸 것이라고 할 수 있다. 복음주의 교회나 WCC를 중심으로 하는 에큐메니칼 운동에서, 그리고 로마 가톨릭 교회에서 그 이전의 어떤 때보다도 평신도에 대한 연구가 활발하게 이루어진 점이 특징적이다. 몰트만(J. Moltmann)은 20세기 "기독교의 신학이 더 이상 목회자나 성직자만의 신학이 아니라 이 세상에서 평신도들이 가지는 소명을 위하여 그들을 위한 신학이 될 것이다"(Christian theology … will no longer be simply a theology for priests and pastors, but also a theology for the laity in their callings in the world) 고 일찍이 주장하기도 했다.[378] 레오나르도 두한(Leonardo Doohan)은 역사속에서 오늘날에 와서야 평신도들이 자신들의 가치와 소명에 대해 눈을 뜨게 되었다고 주장했다.[379]

20세기 중반부터 크게 강조된 평신도 신학의 동향 속에 나타난 가톨

---

378 J. Moltmann, 1975, 11.

379 Leonardo Doohan, "Contemporary theologies of the laity: An overview since Vatican II", Communio, Vol. 7, (1980), 230.

릭의 평신도 연구는 모든 그리스도인 공동체보다도 앞섰다고 볼 수 있다. 그것은 개신교보다 엄격한 계급구조의 교회관을 가진 가톨릭교회가 역설적으로 교회의 평신도에 대해 더 많이 관심을 가지고 있으며, 계속해서 평신도에 관한 많은 수의 논문들이 가톨릭 학자들에 의해 연구되고 발표되고 있다. [380] 이것은 로마 가톨릭교회의 평신도에 대한 인식의 변화를 나타내고 있다. 곧, 시대의 흐름 속에서 가톨릭교회 안에서 평신도의 역할에 대한 중요성이 부각되면서, 평신도의 사역에 대한 관심의 고조되어 감을 보여준다. 레오나르도 두한(Leonardo Doohan)의 논문은 제2회 바티칸공의회 이후부터 80년대 말까지 이루어진 많은 평신도 논문들을 소개하고 있는데, 그 주된 내용은 평신도의 역할에 집중되어 있다. [381]

가톨릭 신학자 칼 라너(Karl Rahner)는 그의 저서 "미래의 교회 형태"(The Shape of the Church to come)에서 다가올 시대의 교회는 평신도의 위치와 역할이 크게 강조된 모습으로 주장하였다. 그의 4 가지 미래형 교회의 모습은 (1)탈성직자화 된 교회(a declericalized church), (2)섬기는 교회 (a church concerned for serving), (3)기초공동체에서 시작하는 교회(a church from the

---

380 Leonardo Doohan, "Contemporary theologies of the laity: An overview since Vatican II", 230.

381 로마 가톨릭의 주요한 평신도 연구서들은 다음과 같다. Yves Congar, *Lay People in the Church*, (Westminster: Maryland, 1957); Hans Kung, *The Church* (London: Burns & Oates, 1963); Leonardo Doohan, "Contemporary Theologies of the Laity: An Overview since Vatican II", Communio, 7: 225-242; Leonardo Boff, *Church: Charism and Power*, (New York: Crossroad, 1988); Emilio A. Nunez and William D. Taylor, *Crisis in Latin America: An Evangelical Perspective*, (Chicago: Moody Press, 1989); Guillermo Cook, *The Expectation of the Poor: Latin American Basic Ecclesial Communities in Protestant Perspective*, (New York: Maryknoll, 1985); Samuel Escorbar, "Base Church Communities: A Historical Perspective," Latin American Pastoral Issues, Vol. 14:24-33; C. Rene Padilla, "The New Ecclesiology in Latin America," Evangelical Review of Theology, Vol. 11:336-354; Edward Schillebeeckx, *The Layman in the Church and Other Essays*, (New York: Alba House, 1963); Austin D. Flannery, *Documents of Vatican II*, (Grand Rapids: Eerdmans, 1975); Loraine Boettner, *Roman Catholicism*, (Phillipsburg: Presbyterian and Reformed Publishing Co., 1989).

roots), (4)민주화된 교회(a democratized church)등으로 소개하기도 했다.

로마 가톨릭 교회의 평신도연구는 주로 이브스 콩가르(Yves Congar)의 "교회 안의 평신도"(Lay People in the Church)외에, 에드워드 쉴레베크(Eduward Schillebeckx), 한스 큉(Hans Kung), 칼 라너(Karl Rahner)에 의해서 활발히 토의되었으며, 이러한 움직임은 제2회 바티칸 종교회의(Vatican II; 1962-1965)를 통해서 나타났다. 그러므로 로마 가톨릭 교회의 평신도 연구는 먼저 제 2회 바티칸회의에서 평신도 연구와 그리고 평신도신학에 대한 신학적 노력을 기울인 두 학자, 이브스 콩가르(Yves Congar)와 한스 큉(Hans Kung)의 저서들을 살펴본 후에, 실제적으로 지금 가톨릭교회 현장에서 일어나고 있는 대표적인 평신도운동의 일례로 "기초교회 공동체"(Base Ecclesial Community)를 여기서 언급하고자 한다.

2. 제2차 바티칸회의(Vatican II)와 평신도 사역

제2차 바티칸 종교회의(Vatican II)는 로마 가톨릭 교회에 새로운 전환점으로서 그 위치를 가지는 매우 중대한 영향을 끼쳤던 종교회의였다. 여기서 토의된 많은 주제들 가운데 평신도에 대한 관심과 열기는 확실했다. 여기서, 평신도의 중심적인 역할과 책임에 대한 새로운 이해를 가지고 교회의 평신도의 훈련에 대해 관심(a new awareness about the central role of the laity)을 갖기 시작했던 것이다.

제2회 바티칸회의는 1962년 10월 9일에 개최되어 1965년 12월 8일에 이르는 기간 동안에 이루어진 로마 가톨릭 교회의 종교회의로서, 개신교 종교개혁이후 최대의 큰 영향을 세계 교회사에 끼친 것으로 평가된다. 전세계에서 참여한 수많은 신부와 주교들과 그리고 결과로 많은 문서들을 남겼던 모임이었다고 할 수 있다. 이 회의에서 로마 교회 안에 평신도의 위치와 그 역할의 중요성에 대해서 심도있게 나누었으며, 가톨릭교회의 신학과 실천현장에서의 많은 변화와 발전을 가져왔던 것으로 평가되고 있다.[382]

그러면 이러한 제2차 바티칸회의(Vatican II)와 같은 큰 회의가 개최되게 한 배경은 무엇인가에 대해서, 학자들은 다양하게 어떻게 제2차 바티칸회의(Vatican II)가 일어났는가에 대해서 그 배경을 설명한다. 남아공 선교신학자 데이비드 보쉬(David Bosch)는 제2차 바티칸 종교회의는 무엇보다 개신교의 선교신학의 영향에 자극되어 일어났다고 주장한다. 점점 확대되어 가는 개신교의 선교열에 자극되어 그동안의 구교의 영역을 지키기 위해 개신교에 대한 종래의 주장을 바꾸었다는 점에서 그 이유를 찾을 수 있다. 전에는 가톨릭교회가 개신교를 "사탄의 자식, 이단자, 배교자, 분리된 형제들(Separated Brethren)"이라 불렀지만, 이제는 바꾸어 개신교를 "그리스도안의 형제들"(Brethren in Christ)로 개정하였다.

데이비드 스톨(David Stoll)은 제2회 바티칸 회의의 배경으로 개신교가 가지는 우월한 교리체계 때문이라 보았는지, 가톨릭의 교회론의 약점을 보완코자 모임을 가지게 된 것으로 본다. 엄격한 계급구조의 교회조직(Hierarchy)과 성직자중심주의(Clericalism)가 만인제사장주의의 개신교와 경쟁하려 할 때, 고질적인 문제가 된다는 입장에 대해서 이것을 수정하고자 함에서 일어났다는 주장이다. 사실, 이 문제에 대해서 가톨릭교회는 이 대회에서 이브스 콩가르(Yves Congar)의 진일보된 평신도론을 그들의

---

382 Antonio Nascimento, *The Role of the Laity in the Roman Catholic Church since Second Vatican Council Analyzed From a Reformed Mission Theology Perspective*, Reformed Theological Seminary, Dissertation of Doctor of Missiology (1992). "The Second Vatican Council(1962-1965) was the most important event in the history of the Roman Catholic Church during this century. Since the Second Vatican Council many developments have occurred in the theology, discipline and practice of the Roman Catholic Church"(Nascimento 1992, 1).

교리로 채택하였다.

이 제2차 바티칸회의에서 일어난 평신도에 대한 새로운 인식은 어떻게 나타나게 되었는가? 먼저, 로마 가톨릭 교회가 그 이전에 가졌던 교회의 엄격한 계급구조 속에서 무시된 평신도에 대해서 그들의 위치와 역할에 대해서 인정하게 된 점이다. 그들은 "평신도의 사도적 속성에 대한 교리"(Decree on the Apostolate of the Laity)를 바티칸회의가 거의 끝나갈 즈음에 1965년 11월 18일에 투표에 붙여서, 찬성 2,340표, 반대 6표로 가결시켰다. 그 결의문에서 그들은 평신도의 사도직 없이는 교회가 존재할 수 없다는 주장을 강하게 피력하였다. 이 교리는 그들의 종교 문서인 "루멘 겐티움(Lumen Gentium)"(LG) 제4장에 수록되어 있다. 여기서 강조된 평신도에 대한 관심으로서 "평신도의 권한이란 성직자들을 통해서 영적인 혜택을 입는 것"으로 그들의 책임은 복음의 증인이 되는 것으로 정의한다. 그러므로 이것은 평신도로 하여금 활동할 수 있는 길을 열어주게 되었던 것이다. "평신도의 할 일이란 사회 속에 증인으로서 깊이 파고드는 것"으로 명시하여 표현한다. [383]

제2차 바티칸회의는 가톨릭교회의 실제적인 변화상의 한 모습으로서, 16세기 Trient 종교회의(1543-63)와 제1차 바티칸회의 (Vatican I:1870)이후에 많은 변화가 일어났던 모임이었다. 그 변화의 내용은 가톨릭 교인들이 라틴어성경(Latin Vulgate)대신에 각기 모국어로 된 현대어 번역성경을 사용하는 것이 가능케 된 것과 평신도에게 성경읽기를 허용하여 그동안의 금지조항에서 성경을 읽도록 권함 등이다. 무엇보다도 계급적으로 천시되던 평신도의 참여의 중요성을 인식케 된 점이라 할 수 있겠다.

---

383 Gaudium Et Spes (GS: Pastoral Constitution on the Church in the Modern World).

이러한 제2차 바티칸 회의(Vatican II)에 나타난 변화들을 살펴보았는데, 이것에 대한 평가들은 다양하게 나타난다. 제2차 바티칸회의(Vatican II)의 학자들의 평가를 살펴보면, 튀빙겐의 한스 큉(Hans Kung)은 제 2차 바티칸 회의는 평신도에 대한 개혁으로는 미흡한 것으로 비평하였다. 그 이유로는 그들의 주장들이 이브스 콩가르(Yves Congar)의 평신도에 선구자적 제안들보다도 더 발전된 것이 없기 때문이라고 주장한다.

개혁주의 신학자로 로레인 뵈트너(Loraine Boettner)는 제2회 바티칸회의가 로마 가톨릭교회에 있어서 그 나름대로의 의식과 행정, 그리고 종교적 자유에 대한 변화를 시도하였지만, 실제적인 어떤 변화는 아직 일어나지 않고 있다고 주장한다("no changes would be made in the doctrinal structure of the church"). **384)**

특히 가톨릭교회는 그들의 교회 구조상 어떤 변화가 일어났다고 볼 수 없게 하는 점은 제2회 바티칸 회의 후에도 여전히 가톨릭교회만이 유일한 교회로 여기고, 제1차 바티칸회의 때 제정했던 베드로 교황설을 가지고 있다. 이는 교황이 교회의 머리와 통치자로 보는 견해와 교황의 무오류설, 즉, 교회의 권위있는 선생으로서의 위치를 그대로 가지고 있는 점이다. 남아공의 선교신학자 데이비드 보쉬(David Bosch)는 "평신도들은 여전히 거룩하신 사제들의 보조자들에 불과하다"고 제2회 바티칸회의 의 성과를 평가하였다.

---

384 Loraine Boettner, *Roman Catholicism*, (Phillipsburg: Presbyterian and Reformed Publishing co., 1989), x.

3. 로마 가톨릭 신학자들의 평신도 사역론

최근의 평신도 연구는 주로 로마 가톨릭 신학자들에 의해서 이루어지고 있다할 정도로 평신도신학에 대한 로마 가톨릭 학자들의 관심은 대단하다.[385] 여기서 이브스 콩가르(Yves Congar)와 한스 큉(Hans Kung)의 평신도신학을 그들의 주요저서들을 중심으로 살피고자 한다.

1) 이브스 콩가르(Yves Congar)

콩가르는 로마 가톨릭 신학자로서 평신도신학연구에 선구자적인 위치를 지닌다. 특히 그의 저서는 평신도 신학에서 매우 중요한 위치를 지닌다. 그 책은 본래 불어로 1951년에 출판되었다가 나중에 영어로 번역되어 출판되었는데, 이 책이야말로 평신도신학의 본격적인 연구서라고 할 수 있다.[386] 이 책의 출간은 가톨릭교회에 큰 영향력을 주어서 제2회 바티칸회의에 기초가 될 만한 자료가 되기도 했다.

그는 서론에서 이 책의 저술동기를 밝히면서 평신도의 교회에서 바른 위치를 찾고 (the right position of the laity), 나아가 평신도를 단순히 세속적인 일만 하는 자로 여기는 데 대해서 반박하기 위해서 기록했다는 목적을 분명히 하고 있다(The whole of this book is a protest against reducing the lay person's proper quality to being a reference to the world or to temporal things).[387]

콩가르는 과거에 그동안에 가톨릭교회 안에 있었던 평신도에 대한 오

---

385 Leonardo Dohan, *Roman Catholicism*, x.
386 이 책의 불어제목은 Jalons Pour une Theologie du Laicat (1951)로 출판되었으며, 영어로는 *Lay People in the Church*, 1957년에 출판되고, 1965년에 재판되었다.
387 Yves Congar, *Lay People in the Church*, (Westminster: The Newman Press, 1965), 24.

해들을 지적하면서 시정되어야 함을 역설하였다. 성직자는 영적이고 평신도는 세속적이라는 사상에 대해서 비평과 함께, "평신도가 교회에서 항상 보조적인 위치에 있었지만 이제 조금씩 능동적인 구성원으로 회복하고 있다"고 주장한다.

그는 교회 안에 성직자와 평신도의 두 가지 계급이 존재하는 것에 대한 자책감을 호소한다(guilty on two-class account between the clergy and the laity).

그가 주장하는 두 계급으로 통치자와 백성(ruler and ruled), 명령권자와 수행자(commander and obedient), 아비들과 아이들(fathers and children), 선생과 학생들(teachers and pupils), 소유주와 비소유자들(owners and non-owners)로 구분하여 대비시킴으로 그러한 계급의 잘못됨을 지적하였다.

가톨릭 교회의 이전까지의 교회론이 전통에만 매달려 있지 않는가 돌아보는 가톨릭교회의 자성론을 펼치고, 개신교의 교회론의 성경적인 주장들에 대해 관심을 가질 것을 촉구하는 주장도 펼친다. [388]

콩가르는 과거에 교회안에서 평신도의 지위가 잘못 취급되어온 점에 대해서, 평신도는 늘 성직자로부터 이미 만들어져있는 진리를 수용만 하게되어, 결국 세상에서 그들의 삶의 자리에서도 능동적이지 못하게 한 점을 지적한다. 그들은 교회안의 계급에서 위에 있는 성직자의 권세에만 의존하게 되어 있다는 것이다.

이러한 교회안의 평신도 문제에 대해서 콩가르는 한 쪽으로 치우치지 않는 온전한 형태의 평신도신학의 수립의 필요성을 역설하였다. "오늘날 우리는 평신도 신학이 필요한데, 그 이유는 그동안 연구했던 (평신도에 대

---

388 Y. Congar, *Lay Peoplein the Church*, 54. "Have we clung too much to the recognized categories of classical ecclesiology?" "There is some truth in parts of Protestant criticism. Let us keep to self-criticism voiced by Catholics themselves."

한) 일방적으로 치우친 상태 때문이다."(There is a call for a theology of the laity today because the state of affairs resulting from the one-sidedness we have just discussed has changed profoundly, especially during the past twenty-five years).[389]

결국 그의 평신도론은 교회론의 수정에로 나아가서 그는 평신도를 교회에 포함한 온전한 "전체적 교회론"(Total Ecclesiology)를 주장한다. 이러한 전체적 교회론이야말로 평신도 신학이 충분히 세워질 수 있는 토대가 될 수 있다고 주장한다 (An adequate theology of the laity can only be secured in the context of a "total ecclesiology"... At bottom there can only be sound and sufficient theology of laity). 그는 평신도가 교회밖에 있지 않다고 주장하고 (Lay people are not outside the Church), 단순히 평신도가 한 낮은 계급으로서 교회계급(Hierarchy)을 조직할 때 참여해주는 교회의 첨가적 존재가 아니라고 강조하고 평신도의 교회안의 분명한 위치에 대해서 주장한다(They cannot be looked on as a kind of addition to the Church, as if she comprised only the hierarchy).[390]

콩가르는 평신도는 교회의 사역에 있어서 최전방에 위치하고 세상과 대치하는 존재들이기에 그들의 삶은 중요하다고 주장한다(Laity are in the front line of the Church's life). 그리고 평신도와 교직계급구조가 더 이상 고립적이거나 적대적 개념이 아니라, 공동체의 실체 안에서 유기적인 조직으로 보아야한다고 주장한다(Lay and hierarchical ministries are no longer defined then in isolation or opposition; rather they are viewed organically within the reality of the community).[391]

---

389 Y. Congar, *Lay Peoplein the Church*, 54.
390 Y. Congar, *Lay Peoplein the Church*, 54.
391 Y. Congar, *Lay Peoplein the Church*, 54.

다른 가톨릭 신학자들과는 달리 콩가르는 교회의 계급구조는 교회 안에 지켜져야 한다고 주장하면서 그것은 교회 공동체안에 위임된 것으로, 주께서 직접적으로 세우고 설립한 제도라고 가톨릭의 교회안의 계급에 대해서는 옹호하는 것을 여기서 볼 수 있다.[392]

콩가르는 교회가 평신도의 참된 역할에 무지할 때 성직독점주의와 무교회주의적 평신도주의에 빠질 것이라 경고하면서, 이러한 양극단의 오류에 대해서 지적하였다(Forgetfulness of the true role of the lay people leads both to clericalism in the Church and to laicism in the world). 특히 성직독점주의(Clericalism)는 평신도로 교회 안에서 수동적이고 순종적인 데 가두어 버리고 역사의 현장에서 그들이 가지는 책임을 다하게 하지 못한다고 주장한다.

이러한 이브스 콩가르(Yves Congar)의 평신도론은 1950년대에 신학계에 처음으로 온전한 주장으로, 튀빙겐의 한스 큉(Hans Kung)은 이브스 콩가르(Yves Congar)를 엄격했던 시절에 평신도신학의 선구자로 평가했다(a pioneer of theology of the laity in the difficult pre—conciliar days of the Roman Catholic Church). 개신교 평신도신학자인 핸드릭 크레이머(Hendrick Kraemer)는 콩가르가 가톨릭 신학자이지만 그의 평신도의 위치와 책임과 그들의 역할에 대한 모든 주장들은 우리에게 합당한 주장이라고 여기며 그의 역할을 인정하였다(We are quite at one with him in his concern for a theological definition of the place, the responsibility and the function of the laity).[393]

요약하면, 콩가르(Congar)의 평신도신학은 로마교회 안의 평신도의 위

---

392 Y. Congar, *Lay Peoplein the Church*, 27. "The hierarchy is set within the Church, as the armature of the community of brethren, the whole of which is consecrated and commissioned. But in that and for that, the hierarchy is instituted, commissioned and endowed with power directly by the Lord".

393 Hendrick Kraemer, *A Theology of The Laity*, 11—12.

치와 역할에 신학발전에 큰 공헌을 하였으며, 제2차 바티칸회의(Vatican II)의 형성배경에도 가톨릭 학자들에게 많은 영향을 주었다. 그는 그 어느 누구보다도 평신도신학의 발전에 선구자로 신, 구교를 막론하고 모두 그 것을 인정하고 있다(Conn, 1976; Kromminga, 1964; Van Engen, 1991)

2) 한스 큉(Hans Kung)

로마 가톨릭 신학자로서 한스 큉은 콩가르보다 발전된 평신도신학을 주장했는데, 그의 평신도론은 "교회"(The Church)에 잘 나타나 있다. 그의 저서 "교회"는 신구교를 막론하고 교회론에 있어서 뛰어난 작품으로 여기고 읽히는 대작이다. 교회론연구에 대한 관심을 가진 이라면, 누구나 가톨릭이나 개신교 양측 모두에서 한스 큉의 교회론을 환영할 정도이다.

한스 큉은 평신도에 대한 그의 관점을 주장할 때, 먼저 역사적 고찰을 시도한다. 그는 교회내에 존재하는 두 계급은 4세기경의 콘스탄틴 이후부터 내려온 거으로, 그 이전에는 존재치 않았던 것으로 본다. 한스 큉은 "신학적 견지에서 두 계급을 주장하는 것이 교회의 핵심인가"라고 의문을 던지고 있다.

평신도의 사역을 논하면서 한스 큉은 만인제사장론의 의미를 새롭게 해석한다. 그는 이것은 교회의 구조(Structures of the Church)에 있어서 평신도로 사역에 참가하게 하는 기초이론(the foundation)으로 주장한다. 그의 주장은 종교개혁자 마틴 루터가 주장했던 만인제사장론도 성경적인 이론으로서, 이것은 순전한 가톨릭교회의 원리임을 펼친다(the biblical principle as an authentic Catholic). **394)**

---

394 Hans Kung, *The Church*, 94.

한스 큉 역시 이브스 콩가르와 같이 가톨릭교회의 계급을 주장했지만, 그의 주장에서 교회계급은 "섬김을 위함"(diakonia)이라고 강조했다. 그리고 교회의 목자들은 교회의 주인들이 아니라 섬기는 자들이며, 그들은 교회의 소유주들이 아니기 때문에, 교회는 마땅히 모든 회중들에게 속한 것으로 주장한다(The shepherds are not the masters but the servants of the Church. The shepherds are not owners of the church... The Church belongs to all of the congregation).[395]

한스 큉의 교회론과 평신도의 의미에 있어서, 먼저 교회내의 다양한 직책이 있지만, 서로 서로 동등하며, 그들 모두는 그리스도 안에서 형제자매로 만남임을 강조한다. 그리고 교회안의 다양한 봉사에도 불구하고 두 계급이 존재하는 것이 아님을 피력한다. 그는 교회 안에 두 계급, 곧, "소유주와 비소유자들"(possessor and non-possessor), "힘있는 자와 힘없는 자"(empowered and powerless), "어른들과 어린아이들"(adults and minors), "유식한 자들과 못 배운 자들"(knowledgeable and ignorant)이라는 구분은 비 성경적임을 지적한다.[396]

이러한 한스 큉(Hans Kung)의 평신도론과 그의 1960년대에 교회론에서 가졌던 주장들은 개신교와 유사했던 것을 볼 수 있다. 그러나 그 후에 그는 에큐메니칼에 가담하여 급진적인 신학으로 종교다원주의에 빠지게 되었다.

---

395 Hans Kung, *The Church*, 519.
396 Hans Kung, *The Church*, 517.

4. 기초 교회 공동체(BEC)와 평신도 운동

로마 가톨릭교회의 평신도에 관한 연구와 관심은 실제적으로 현장에서 평신도의 다양한 활동으로 나타난 것이 기초교회공동체이다. 그러므로 현대 로마 가톨릭교회의 평신도에 대한 관심은 제2차 바티칸회의(Vatican II), 1962–1965)와 함께 기초교회운동공동체(BEC)를 통해 나타났다.[397]

로마 가톨릭교회의 기초 교회 공동체는 몇 가지 이름으로 불리는데, 영어로 Base Ecclesial Communities(BEC), 스페인어로 Communidades Eclesiales de Base(CEB)로 부른다. 현대 로마교의 평신도 운동은 바로 이러한 모임을 통해 활발하게 진행되고 있다.

사무엘 에스코바(Samuel Escorbar)는 기초교회공동체(BEC)의 설립되게 한 배경을 다음 몇 가지로 설명했다. 첫째는 가톨릭 교회가 가지는 문제 중의 하나가 "고질적 사제의 수의 부족"(a chronic lack of priests)을 들고 있는데, 이 문제는 모든 가톨릭 교회의 문제가 되기도 한다. 이러한 부족한 사제로 인하여, 가톨릭교회가 선교에 열세를 면치 못하고 있음을 지적한다. 따라서 상대적으로 평신도의 교회 사역에의 참여가 필요해졌기 때문이다. 둘째로는 복음적 개신교회의 선교적 확장에 비해서, 가톨릭 교회는 미미한 상태를 벗어나지 못했기 때문에, 개신교의 평신도의 활발한 사역에 영향을 받았다고 할 수 있다. 셋째는 남미사회가 가지는 문제점 중에 경제적 불균형 속에서 배양된 남미 공산주의자들과 좌익세력의 성장(the growth of left movements)에 효과적으로 대응하기 위해서 기초교회공

---

397 Guillermo Cook, *The Expectation of the Poor: Latin American Base Ecclesial Communities in Protestant Perspective*, (Maryknoll: Orbis, 1985); Boff 1985, Cook, 1985, 1987, Escorbar 1987.

동체가 활발하게 나타날 수밖에 없었던 것이다.

미국 Fuller신학교에서 남미 가톨릭교회의 기초교회공동체에 대해서 연구하여 박사학위를 받은 귈레르모 쿡(Guillermo Cook)은 기초공동체의 특징으로 다음과 같이 설명했다. 가톨릭의 공동체는 남미 가톨릭 국가의 대도시 근교의 가난한 빈민지역에 살고 있는 가톨릭 교인들이 소그룹으로 구성되었으며, 한 그룹마다 5명에서 35 명 정도로 이루어지는 것이 보통인데, 이러한 그룹의 수가 브라질에서만 8만 개나 되며, 남미에서는 물론 이탈리아와 폴란드까지 확장되었다.

이 공동체의 "기초"(base)라는 말은 "민중"(folk), 즉 가난하고 착취당한 하층계급(proletaria)을 뜻한다. 이들은 정규적 모임을 가지면서 기도, 찬양, 성경연구와 적용을 통해서 공동체의 문제들을 나누고 해결하고자 하는 모임이다. 이 모임은 종교적인 성격을 지니는 반면에 또한 정치적 특성을 지니고 있다. 그들의 모임은 죄로부터의 자유와 함께, 경제적인 문제와 사회 정치적인 문제들, 그리고 문화적 차원에서의 해방을 추구하는 공동체라 할 수 있다. 에밀리오 카스트로(Emilio Castro)는 기초공동체를 "인간적인 삶의 조건을 창조하기 위하여 예수 그리스도의 이름으로 투쟁하는 공동체"로 설명하면서, 사회 · 정치적인 "의식화"와 "투쟁의 영성"을 훈련하기도 한다고 주장한다.

이러한 기초교회 공동체는 남미 여러 국가들의 가톨릭교회에서 다양한 이름으로 모이고 있다. 이를테면, 기초교회공동체의(BEC)의 종류들로, 브라질에서는 "기초교회공동체"(Basic Christian Communities)로, 남미의 가톨릭 국가인 페루(Peru)에서는 "평민공동체"(Popular Communities)로, 칠레나 우르과이 에서 "기독교 명상모임"(Christian reflection groups)으로, 그리고 멕시코나 파라과이, 중앙아메리카, 에콰도르에서는 이러한 모임이 "농민운동"(Peasant movements)으로 불려진다. 이것은 기초교회공동체가 남미 가톨릭 국가들에 보편적으로 존재함을 보여준다.

이러한 기초교회공동체에 대해서 학자들은 다양한 평가를 내린다. 남미에서 가톨릭교회 사제로 교회의 구조개혁을 강조한 레오나르도 봅(Leonardo Boff)은 기초교회공동체야말로 "참 교회론"(a true ecclesiology)의 한 모형인데, 그것은 기초교회운동(BEC)이 계급적 교회구조에 대한 도전으로서 가톨릭교회의 독점적 교회구조를 뒤로하고 정의와 협력을 추구하기 때문이라 주장한다.

남미 출신의 복음주의 선교신학자 르네 파디야(C. Rene Padilla)는 기초교회공동체가 현대 교회에 주는 3가지 기여도를 다음과 같이 밝힌다. 첫째, 기초교회공동체는 현대교회로 하여금, 사회적으로 가난한 이웃에 대한 관심을 촉구한다고 살핀다. 사실 남미의 문제는 세계 어느 지역보다도 경제적으로 빈익빈 부익부의 상황이 큰 환경 때문에, 자연히 사회적인 문제에 대해 교회가 관심을 가져야 된다는 원리를 강조하게 된 것이다. 대개 보수주의 교회가 복음전도에는 큰 관심을 가지고 교회를 부흥케 하는데 열성을 지닌 반면, 이웃에 대한 관심은 부족한 것은 사실이다. 둘째로, 기초교회공동체는 교회안에 평신도지도자들을 양성하고 그들을 지도자로 성장시키고 지도력을 맡기는 점에서 오늘의 개신교에 영향력을 미친다고 할 수 있다. 셋째는, 기초교회공동체는 지역교회의 그 지역에서의 선교적 중요성을 부각시킨다는 점에서 우리에게 많은 것을 시사한다고 주장한다.

이러한 로마 가톨릭 교회의 기초교회공동체의 평신도 운동에 대해서 쿡(G. Cook)은 다음과 같이 제안하고 있다. 그들은 오늘날의 계급화 되어 가는 개신교에 도전하는 면이 있는데, 그것은 오히려 개신교가 본래의 가톨릭교회나 계급적인 구조에 항거하여 평신도계층에서부터 일어났는데도, 오히려 구교화되어 가는 상황에서 그들의 기초공동체는 오늘의 개신 교회에 도전하는 점이 많다고 주장한다(they are now challenging the creeping clericalizing of the very Protestant churches that originated as grassroots protests against the institutionalism of state churches"). 쿡(G. Cook)은 이러한 점에서 그들은 개신교보다도 종교개혁가들이 중심 원리인 만인제사장론을 보다 충실히 실천한다고 본다(BEC are more protestant than the Protestants in practicing the principle of the Reformers, the priesthood of all believers). [398]

남미출신으로서 개신교 복음주의 선교학자 사무엘 에스코바(Samuel Escorbar)는 역시 기초교회공동체(BEC)는 신약에 나타난 교회의 모습과 놀라울 정도의 유사성을 가지는 것으로 보았다. 이것은 개신교 초기의 복음주의자들의 이상적인 모습으로서 우리에게 영향을 준다고 주장한다("a striking similarity with the New Testament pattern of congregational life that used to be the Evangelical ideal of the pioneers of Protestantism in these lands"). [399]

5. 요약

20세기 중반에 이르러 세계교회가 평신도에 대해서 관심을 갖기 시작했는데, 로마 가톨릭 교회가 먼저 연구에 착수했다는 점은 아이러니하다. 아직도 교회의 구조가 계급적인 구조를 가지고 있는 교회에서 평신도에 대해서 관심을 가지고 연구에 많은 성과를 올렸으니 말이다. 이런 결과를 볼 때에 한편으로 그들이 내부에서 평신도에 대한 많은 문제점을 가졌다는 것을 알 수 있다.

로마 가톨릭 교회의 평신도에 대한 관심은 제2차 바티칸 공의회(Vatican

---

398 G. Cook, *The Expectation of the poor*, 3.
399 Samuel Escorbar, *Base Church Communities*, 32.

II: 1962–1965)에서 구체적으로 평신도에 대한 관심고조로 나타났다고 볼 수 있지만, 개혁주의 조직신학자인 로레인 뵈트너(L. Boettner)의 주장에서 나타나듯이 아직도 로마교회는 기득권을 주장하고 변화에 인색함을 볼 수 있다("But she has never changed her nature"). 그러나 가톨릭 신학자로서 평신도신학 연구에 몰두한 이브스 콩가르(Yves Congar)와 한스 큉(Hans Kung)의 저작들은 개신교의 평신도 신학 연구에 매우 귀중한 자료들을 제공한다는 점에서 그 기여도는 높다고 할 수 있다. 그리고 기초교회공동체운동("BEC")은 남미 가톨릭 교회중심으로 일어난 능동적인 평신도 운동들의 본보기로 보여지지만, 이 운동 역시 남미의 경제적 정치 사회적 상황에서 해방신학의 배경이 되기도 하는 문제를 가지고 있다고 볼 수 있다.

이러한 로마 가톨릭 평신도 신학은 개신교의 평신도 신학에 영향을 미쳤고 계속해서 평신도에 대해서 관심과 사회적으로 가난한 이웃에게 관심을 갖도록 촉구한 점에서 그들의 공로를 지적할 수 있다. 그러나 가톨릭 교회의 평신도 신학은 아직도 균형을 잃은 이론이다. 그들의 교회체제 자체를 더욱 공고히 하면서 실제로 평신도에게 어떤 성경적인 의미에서 본연의 위치와 역할을 공급하거나 제공해 주지 못하는 실정이다. 이런 점에서 로마 가톨릭 교회의 평신도신학은 약점을 가진다고 할 수 있다. 데이비드 스톨(David Stoll)은 로마 가톨릭교회가 가지는 계급주의와 성직독점주의(Hierarchy and clericalism)가 여전히 존재하는 한 그들의 평신도 신학은 오히려 교회 안에 신부들의 계급을 확실히 하기 위한 평신도론에 불과한 것으로 여긴다.

제15장

에큐메니칼 전문인선교신학

1. 서론

20세기에 이르러 평신도에 대한 전세계에서 교회들의 인식들이 로마 가톨릭교회 안에서 뿐만 아니라 개신교에서도 일어났다. 특별히 1950년을 전후로 에큐메니칼 운동이 활발하게 일어날 때, 개신교의 평신도선교에 관한 관심들이 나타나 다양하게 평신도 신학의 발전을 가져왔다. 1921년에 시작된 국제선교협의회(International Missionary Conference: IMC)가 1961년에 WCC에 합병되면서, 평신도선교에 대한 연구는 WCC 대회 선교분과에서 다루어지게 되었다. 초창기 에큐메니칼 운동은 오늘날의 급진적인 에큐메니칼 운동보다 선교활동에 연합하는 모임으로 전개되었다. 현대교회사에 나타난 평신도선교운동은 이러한 연합운동의 결과로서 더욱 강조되고 활발하게 전개된 것이다. 그러나 1970년대 이후에 등장한 급진적인 선교, 종교다원주의적인 선교운동으로 성경적 선교에서 멀어진 점이 안타까운 점이다.

에큐메니칼 운동의 평신도선교 연구는 화란의 평신도 선교학자인 핸드릭 크레이머(Henrdick Kraemer)를 중심으로 일어났다고 할 만큼 그의 주저인 "평신도 신학"(A Theology of the Laity, 1958)은 평신도 연구에 확실한 자리매김을 한다고 볼 수 있다. 에큐메니칼 운동의 평신도에 대한 의식의 변화는 에큐메니칼 학회(Ecumenical Institute)의 초대 회장을 맡았던 크레이머(Hendrick Kraemer)가 밝힌 그곳의 설립취지문에서 잘 나타나 있다. 곧 평신도의 영적인 각성을 통하여 지역교회가 새롭게 갱신되기 위해서("the reawakening of the church through the spiritual mobilization of the laity") 그 모임은 추진되었는데, 헨드릭 크레이머는 다음과 같이 새로운 평신도상에 대해서 주장한다.

"평신도들은 교회가 세상에서 그 사명과 역할을 다하는데 있어서, 교회 안에서만이 아니라 교회가 세워져서 사역을 하고 있는 바로 세상에서도 그들의 역할과 책임에 대한 새로운 비전을 발견하였다("The laity had discovered a new vision of their responsibility for expressing the true nature and task of the Church, not only within its own fellowship, but in the world in which the Church has been set and their own lives are lived"). [400]

1910년 에딘버러선교대회의 결과로 시작된 국제선교협의회(International Missionary Council)는 20세기 전반기 선교사역에 있어서 주도적인 역할을 감당하여 왔는데, 특히 제5차 빌링겐대회(Willigen, 1952)에서 선교에 있어서 평신도의 활발한 활동을 강조하였다.

"우리는 하나님께서 교회를 불러서 선교의 사명을 감당할 때에, 전문적인 외국 선교사만이 아니라 남녀 평신도 모두를 세상에서 그들의 사업장과 공장, 정부 등 모든 삶 속에서 증거하도록 부르심을 믿는다."(We believe that God is calling the Church to express its mission not only through foreign missionaries sent by the boards, but also through an increasing flow of Christian lay men and women who go out across the world in business, industry and government, and who do so with a deep conviction that God calls them to witness for him in all of life).

---

400 Hendrick Kraemer, *A Theology of The Laity*, 40.

이러한 에큐메니칼의 평신도선교에 대한 관심은 에큐메니칼의 언론 지인『Theology Today』공동 편집자였던 휴 T. 커(Hugh T. Kerr)와 존 멀더(John M. Mulder)에 의해서 이렇게 나타났다: "오늘날 신구교를 막론하고 교회의 커다란 논쟁의 주제는 성직자의 권위와 감독으로부터 평신도의 고유의 특징적이고 독립적인 수준에로 전환(轉換)되고 있다(Today, in both Protestant and Catholic discussions, emphasis has shifted away from clerical authority and supervision toward laity's own distinctive and independent integrity).[401]

에큐메니칼의 평신도선교연구는 로마 가톨릭의 평신도 신학에 이어서 오늘의 교회 평신도 선교사역을 연구하는데 다양한 자료들을 남기고 있다. 이 번 장에서는 먼저 세계교회협의회에서 나타난 평신도선교 연구의 발전에 대해서 살펴보고, 대표적인 평신도선교연구에 뛰어난 학자들의 평신도신학을 살피고자 한다.

2. WCC 대회와 평신도 선교

에큐메니칼 운동은 20세기에 교회의 선교와 연합을 위한 큼직큼직한 회의를 계속 개최함으로 교회의 선교를 감당하여 왔다. 전 세계에서 유수한 학자들과 목회자들이 모여서 다양한 의견을 통하여 교회의 사역을 활성화를 위해서 모인 것이다. 그 중에 Fuller 신학교 선교학 교수인 아서 글래서(Arthur Glasser)는 에큐메니칼의 미래의 모습에 대해서 이렇게 주장했다. "모든 미래적인 성장은 이름 모르는 하나님의 백성과 증거할 줄 아는 회중들을 통하여 나타날 것이다".[402] 이렇게 에큐메니칼의 평신도에

---

401 Hugh T. Kerr John M. Mulder, "New Day—New Laity," *Theology Today*, Vol. 36(1979), 313.
402 Arthur Glasser, *Contemporary Missiology*, 1983, 95. "All future growth will issue from the

대한 관심과 이해는 여러 회의를 통하여 나타났는데, 제1차 암스테르담 회의(Amsterdam, 1948), 제2차 에반스톤 회의(Evanston, 1954), 제3차 뉴델리 회의(New Delhi, 1961), 그리고 제4차 웁살라회의(Uppsala, 1968) 등이다. 그 이후의 모임은 급진적인 신학과 해방신학의 영향으로 순수한 평신도의 사명에 관한 주장은 거의 사라지다시피 하게 되어서 여기서는 언급을 하지 않았다.

1) 제1차 세계교회협의회와 평신도 선교

(First Assembly of WCC, Amsterdam, 1948)

제1차 세계교회협의회 모임은 1948년 8월에 네덜란드의 수도, Amsterdam에서 세계 43개국의 150 교회대표들 350명이 참석하여 "인간의 무질서와 하나님의 계획"(Men's Disorder and God's Design)이라는 주제를 가지고 모였다. 이 모임은 처음부터 교회안의 평신도의 놀라운 위상에 대해서 강조하였는데, 이러한 모습은 제1차 모임의 특성이 되고 있다. 여기서 평신도는 예수 그리스도의 전 세계 복음화 사역을 위해서 그들의 증인으로서 전도사역이 있음을 강하게 주장하였다.

제 1차 대회 선언문에서 이렇게 평신도의 중요성에 대해서 강조한다. "오늘은 교회의 평신도들에게 놀라운 기회를 제공하고 있다. 또한 하나님의 사역은 교회의 모든 구성원들을 필요로 한다. 안수받은 교역자나 평신도를 막론하고 활발한 증거를 위해서 일어나 일할 시간이다". [403]

---

witnessing congregation and from an anonymous laos!"

403 "This is the day of opportunity for the lay membership of the Church and the work of God requires that every member of the Church, ordained and lay, be an active witness"(WCC, 1948, 68).

세계교회협의회는 평신도가 가지는 역할에 대해서 그 중요성을 논할 때, 왜 평신도가 오늘날 전략적으로 중요한가에 대해서, 평신도를 통해서 교회는 세상과 접할 수 있기 때문이라고 밝힌다. 평신도는 성경의 복음을 세상에 전할 수 있는 기회를 가질 수 있어서, 교회는 평신도를 통하여 세상과 만나서 그 역할을 감당하는 것임을 주장한다(through lay people the church can have the greatest and most natural opportunity to show the message of the Bible to the world). 오늘날 현대의 복잡한 실제 환경 속에서 교회는, 영적으로 각성되고 깨어있는 활동하는 평신도들이라고 하면서, 이렇게 지적이고 유능한 평신도를 통하여 이 세상을 접할 수 있다고 주장한다. [404]

암스테르담 회의에서 강조된 평신도의 성경적인 의미는 모든 평신도는 "왕같은 제사장들, 거룩한 나라, 그의 소유된 백성"(벧전2:9)으로서 그 의미와 "그리스도의 몸"(엡4:16)으로서의 그들의 분명한 위치를 밝힌다. 이러한 평신도의 분명한 자기 정체성의 인식은 현대의 복잡한 사회속에서 쇠하지 아니하는 평신도의 소명을 일깨우는데 효과적이다. 그 이유는 오늘의 사회가 정체성 상실의 때를 맞이하고 있기 때문이다. 평신도 그들은 누구인가? 그들은 마땅히 성경에 기록된 대로 왕같은 제사장들이요, 거룩한 나라요, 그의 소유된 백성임을 오늘도 확인되어야 한다.

---

[404] "Only by the witness of a spiritually intelligent and active laity can the Church meet the modern world in its actual perplexities and life situations"(WCC, 1948, 154).

2) 제2차 세계교회협의회와 평신도선교

(The Second Assembly of WCC, Evanston, 1954)

제2차 세계교회협의회는 1954년 8월 14일부터 미국 에반스톤 (Evanston) 시(市)에 있는 노스웨스턴대학교(Northwestern University)에서 161 개국 대표 502명이 참가하여 교회의 선교와 사역에 대해 논의하였다. 제2차 대회의 주제는 "그리스도는 세상의 소망"("Christ is the Hope of the World")으로 정하고 모였는데, 이 대회 역시 평신도에 대한 관심이 전체 회의에 있어 중심주제가 될 정도로 평신도의 역할에 대해서 활발한 토의 가 이루어 졌다. 제 1차 대회보다는 좀 더 발전된 평신도관을 나타냈다고 할 수 있겠다. 여기서는 평신도에 관한 독자적인 분과를 창설하여 본격 적으로 평신도의 위상에 관하여 토의했다고 볼 수 있다. 곧, 그 분과 이름 은 "평신도와 그들의 소명에 관하여"(The Laity: The Christian in Their Vocation) 라고 이름을 붙이면서 과거에 그들이 아니라 소명과 책임이 있는 평신도 의 모습을 기술한다.

그 회의의 선언문에서 "평신도는 하나님의 나라에 중요한 위치에 서 있으며, 그들은 모든 세상영역에서 일하는 그리스도의 선교사들이다"고 밝힌다.[405] 이제 평신도가 이 세상에서 밝히 일할 수 있는 기회가 왔음을 대외적으로 분명하게 그리고 확실하게 주장한다(The time has come to make the ministry of the laity explicit, visible and active in the world, WCC).

제2차 대회에서 밝힌 평신도의 의미에 있어서, 과거의 평신도란 성직 자가 아닌 모든 사람이라는 수동적 의미보다는, 적극적인 의미로서 그

---

405 "The laity stand at the very outposts of *the Kingdom of God*. They are missionaries of Christ in every secular sphere". (WCC, 1954, 168).

들을 부각시키면서, 그들은 목회자와 아울러 함께 하나님의 교회의 사역자임을 명백히 밝히고 평신도의 개념을 확대시키고 있다(a more positive understanding of the ministry of the laity is gaining acceptance). 이제 교회가 세상에서 그들의 선교사역을 효과적으로 수행키 위해서는 성직자도 평신도들도 모두가 동시에 동원되어서 함께 협력하는 것을 필요로 한다고 밝힌다(Both clergy and the laity need each other for missionary work in the world).[406]

여기서 강조된 평신도의 사역에 대한 정의는 참으로 인상적이다. 그들의 사역은 예수 그리스도의 사역에 전 교회가 참여하는 특권으로서 그들은 영광스러운 직분의 소유자로서 묘사되고, 방법론적으로는 평신도는 자신들의 모든 시간과, 소유들, 그리고 모든 행동을 가지고 전적으로 헌신하여 그리스도의 사역에 참여하는 것이라고 밝힌다(the total commitment of all man's time, deeds and possessions, WCC). 또한 여기서 모이는 교회만이 아니라 "흩어지는 교회"로서의 평신도의 중요성과 선교를 위한 전략을 주장한다. 곧, 그들이 세상으로 흩어져서 그들의 직장과 일상생활을 통하여 복음을 전할 수 있다고 주장한다.

제2차 에반스톤 회의의 선언문 중에서 평신도의 위상에 대해서 다음과 같이 밝힌다. "그들은 단순히 세상에 흩어진 교회의 조각들이 아니라, 그들이 어느 곳에 존재하더라도 교회를 대표하는 자로서의 흩어지는 자들이다"(They are not mere fragments of the Church who are scattered about in the world, but they are the Church's representatives no matter where they are).[407]

오늘날 영적인 교회의 실제 전투는 평신도들이 흩어져 있는 공장들, 상점들, 사무실, 그리고 농장들과 나아가 정당들과 정부단체들, 수많은

---

406 WCC, 1954, 10.
407 WCC, 1954, 168.

가정들과 라디오 및 텔레비전 등의 미디어, 그리고 국제관계 등을 통해서 이루어지고 있다고 보면서 평신도의 흩어짐의 선교적 효율성을 지적한다.[408] 그러므로 교회는 평신도를 통하여 이러한 다양한 모든 영역에 나아가야 하며, 이러 때에 교회는 흩어지는 교회로서의 모습을 갖출 수 있다고 주장한다("the church should go into these spheres, but the church is already in these spheres in the person of its laity").[409]

여기서 밝힌 평신도의 역할은 성경에 예수 그리스도께서 공언하신 그대로 "세상의 빛과 소금"(마5:13,16)으로서 분명한 바로 그 모습이다. 그러므로 그들의 위치는 이 세상에서 의미심장하다고 볼 수 있는 것이다. 첫째로, 평신도가 사역에 있어서 중요한 것은 그들을 통해서 교회와 세상을 함께 만나게 하며, 그리고 그 두 사이의 간격을 메꾸어 준다는 점이다. 세상과 떨어진 교회가 아니라 생활의 현장에서 실천되게 하는 효과적인 선교사역을 가능케 한다는 점이다. 둘째는, 평신도들은 복음의 진리를 그들의 일상적인 삶을 통해 말과 행동으로 전파한다는 점이다. 이런 점에서 평신도는 효율적인 전도전략을 가능케 한다고 주장한다.

3) 제3차 세계교회협의회와 평신도선교

(Third Assembly of WCC, New Delhi, 1961)

3차 세계교회협의회는 인도의 뉴델리에서 1961년 11월 19부터 그해12월 5일까지 세계 200여 개 교회대표들 577명이 참석하여 "예수 그리스도

---

408 "The real battles of faith today are being fought in factories, shops, offices, and farms, in political parties and government agencies, in countless homes, in the press, radio and television, in the relationship of nations"(WCC, 1954, 168).

409 WCC, 1954, 168.

는 세상의 빛”(Jesus Christ - The Light of the World)이라는 주제로 모였다. 평
신도에 대한 관심은 과거보다 더 확실하게 나타나서 이제는 평신도들을
위한 새로운 전기를 맞이했다고 주장한다. 제1차 암스테르담회의에서는
평신도에 대해서 언급할 정도였고, 2차 에반스톤 대회에서 평신도에 대
한 전문 분과위원회를 설치했다면, 제3차 뉴델리에서는 진정한 평신도
의 진면목을 찾게 되었다는 점이다(In Amsterdam we spoke about the laymen. In
Evanston he got his own section, but in New Delhi revealed his own face).

여기서는 전체 교회의 모든 신자가 모든 복음을 모든 세계에 전해야
한다는 선언문을 공포한다(The command to witness to Christ is given to every
member of the Church). 전세계에 복음의 전파는 전체교회 모든 성도에게 부
과된 위임명령임을 확증했다(a commission given to the whole Church to take the
whole Gospel to the whole world).

뉴델리대회에서 강조된 평신도의 정체성으로 그들은 “세상에 있는 교
회”(The Church in the World)로 명명하였다. 아울러, 평신도는 세상의 “소금
과 빛”이요, 복음의 축복의 통로로 그들의 책임의 중요함을 확인하였다.
평신도는 축복의 전달자요, 그들이 전할 축복의 내용들로는 가난과 질병
과 기아의 퇴치를 포함하여 현대의 대중사회 속의 소외를 극복할 수 있는
참된 교제 등을 지정하고 있다.[410]

또한 여기서 평신도가 가지는 효과적인 사역을 강조했는데, 곧, 그들
이 처한 직장에서 평범하게 어울려 지내는 동료들에게 자연스럽게 증거
할 수 있는 특권을 가진다고 밝힌다(Only laymen can speak to their fellows in
terms of their common involvement in the work upon which they are engaged[WCC,

---

410 "these blessings include the alleviation of poverty, disease and hunger, and the creating of a true
fellowship that relieves the loneliness of modern mass society"(WCC, 1961, 86).

1961, 87]). 다양한 평신도의 사역을 위해 새로운 형태의 평신도의 활동들을 소개하였는데, 개인주의적인 증거보다 지역 공동체에 총체적인 증거를 펴 나가기 위해서 소그룹 모임의 중요성과 "성경공부"와 "기도", 그리고 "교제와 심방"의 중요성을 부각시켰다. 또한 보다 효과적인 평신도 사역을 위하여 목회자와 평신도의 "동반자적 사역론"을 주장하였는데, 이것은 오늘 현대교회의 중요한 목회전략으로 여기는 부분이기도 하다. 오늘의 현장이 그만큼 많은 역동적인 변화 속에 있기에 이러한 사람들에게 보다 온전히 살면서 복음전하기 위해서 성직자와 평신도사이에 진정한 동역자의식이 절실함을 나타낸다(a partnership between clergy and lay people for active evangelism by helping people to think and act responsibly in a changing and dynamic society).[411]

4) 제4차 세계교회협의회와 평신도선교

(Fourth Assembly of WCC, Uppsala, Sweden, 1968)

제4차 WCC 총회는 스웨덴 웁살라에서 1968년 7월 4일에 개회하였는데, 전세계에 흩어져 있던 235개 교파대표들 704명이 참석하여, "보라 내가 만물을 새롭게 하노라"(Behold, I make all things new)는 주제로 모였다(계 21:5). 여기서는 과거보다 선교를 위한 전체 교회적인 참여를 강조하면서 평신도의 사역을 부각시키고 있다(Mobilization of the whole church including lay people for the missionary outreach). 세계선교를 위해서 전체 교회는 반드시 동원되어야 함을 강조하는데, 이 때에 전 세계교회의 흐름을 반영한 것이다.

---

411 "It is in this partnership that the church can effectively offer its service and witness"(WCC, 1961, 110).

여기서는 평신도의 참여의 의미를 다른 각도에서 보여주었는데, 곧 지역교회에서 "평신도의 참여를 막고 있는 교회구조로부터 그들을 자유롭게 하고 그들로 세상에서 보다 많은 면에서 증거하도록 도와주는 것"이라고 주장한다. 현대 사회속에서 평신도로 하여금 선교하는 하나님 백성이 되기 위해서 평신도의 활동을 방해하고 금지하는 교회구조를 개혁하여 그들이 살고 있는 세상에서 자연스럽게 사역할 수 있도록 도와야 함을 강조한다.[412] 또한 전통적인 평신도-성직자의 이원론적 구분은 문제시 되어야 하며, 현대 사회에서는 부적합한 것이라고 비판한다. 이러한 전통적인 이원론은 결국에는 평신도의 은사들을 "동결된 자산"(frozen assets)으로 곧, 쓸모없는 것으로 여기는 것으로 해석한다. 그러므로 평신도의 은사들은 반드시 사용되어야 함을 주장한다. 또한 효과적인 교회사역을 위해서, 평신도도 사역자임을 깨닫고, 목회자뿐만 아니라 평신도들도 그들의 특별한 사역을 위하여 훈련되어야 함을 강조한다. 특히 목회자는 사역자로서 평신도에 대한 이해를 가지고 하나님의 특별한 사역을 위하여 적절한 훈련을 실시해야 함을 명시한다.[413]

3. 에큐메니칼 평신도선교 연구(Ecumenical Scholars)

세계교회협의회가 설립되면서 많은 학자들이 활동하였는데, 그 중에 핸드릭 크레이머 (Hendrick Kraemer), 존 모트 (John R. Mott), 한스루디 웨버

---

412 "Mobilizing the people of God for mission today means releasing them from structures that inhibit them in the church and enabling them to open out in much more flexible ways to the world in which they live"(WCC, 1968, 33).

413 "The clergy must realize that the laity are ministers. Provision must be made for training both clergy and laymen for Special tasks"(WCC, 1968, 33).

(Hans- Reudi Weber), 그리고 스테븐 니일 (Stephen Niell)의 평신도 연구서들을 중심으로 살피고자 한다.

1) 핸드릭 크레이머 (Hendrick Kraemer, 1888-1965)

핸드릭 크레이머는 20세기 평신도 신학연구의 선구자라 칭할 만큼 그의 저서 "평신도 신학"(A Theology of the Laity, 1958)은 잘 알려져 있다고 할 수 있다.[414] 그의 책은 1958년 2월 17일에서 28일 사이에 영국의 케임브리지 대학의 "헐세안 강좌"(Hulsean Lectures)에서 강의한 것을 집대성한 것이다.

그의 주요 주제는 먼저 평신도는 사역의 객체가 아니라 주체임을 강조한다. 그러나 교회에서 전통적으로 무시되어 온 평신도의 모습을 다음과 같이 나타낸다. "평신도는 기껏해야 양떼일 뿐이며, 항상 그들은 교회에서 그 자신의 소명과 책임을 수행함에 있어서 객체였지 주체가 되지 않았다"고 주장한다("At best, the laity was the flock; always, it was object, never subject in its own calling and responsibility").[415]

그런데 크레이머는 평신도에 대한 연구를 통해서 무시당한 평신도가 신약성경에 얼마나 분명한 위치를 가지며, 또한 교회 역사 속에서 그들이 행한 역할을 분명히 강조하고 있다. 종교개혁시대에도 평신도의 역할들은 영국과 독일의 개혁에 실질적으로 온전케 한 자들로 평신도의 역할을 들고 있다.

---

414 이 책은 1958년에 영국에서 발간되고 한국에는 유동식교수에 의해서 1962년에 기독교서회에서 번역하여 출간되었다.
415 Hendrick Kraemer, *A Theology of The Laity*, 72.

그는 교회의 참된 평신도 신학을 위해서 몇 가지 조언하였는데, 결코 평신도신학은 입으로만 하는 신학이어서는 안 되며("not mere lip-service"), 평신도들의 영적 성숙과 함께 제도적 교회의 구조에의 개혁이 일어나야 한다고 하면서 "새로운 교회론"의 필요성을 주장한다. 그보다 앞서 나타난 가톨릭의 성직자와 평신도의 구분은 비성경적인 것으로 마땅히 성경으로 돌아와 참된 평신도관의 정립함을 주장한다.

2) 존 모트(John R. Mott, 1865-1955)

존 모트(John R. Mott)는 19세기에 이미 평신도 지도자로서 YMCA를 설립하고, 학생신앙운동(Student Volunteer Movement)의 지도자로서 눈부신 활약을 벌인 사람이다. 존 모트는 평신도의 역할의 중요성을 자신의 다양한 저작들을 통해서 강조하였으며, 그의 생애기간 동안에 평신도로서 세계선교협의회(IMC)의 초대 회장으로 20세기 교회의 선교와 에큐메니칼 운동의 지도자로서 왕성한 활동을 펼침으로 평신도사역의 모범을 보여주었다.

그는 누구보다도 평신도의 사명이 이 세대 안에 전세계의 복음화임을 알고 있었다. "우리가 세계를 복음화하는 것이 우리의 의무인데 그것은 세계복음화가 교회의 존재에 핵심적인 것이기 때문이다"(It is our duty to evangelize the world because this is essential to the best life of the Christian Church). 그는 교회역사에서 가장 부흥하고 활발했던 시대는 바로 평신도들이 자기 책임을 깨달아서 복음증거하는 일을 책임으로 알고 그것을 위해 전심으로 투자했을 때임을 주장하고 한 시대의 평신도의 사역의 의의를 강조하

였다. [416]

존 모트(John Mott)는 평신도의 중요성을 부각시키기 위해서 만인제사
장론의 의미를 강조하는데, 먼저, 만인제사장론은 교회의 사역(Ministry)
에 대한 오해를 제거함으로 이것은 누구나 그리스도이면 제사장적 사역
자로 임하게 할 수 있다고 설명한다. 둘째는 만인제사장론은 평신도에
대한 하나님의 계획을 알게 하여준다고 주장한다. 그리스도 안에서 제사
장적 사역에로 부름받은 신적 소명을 이 교훈은 성도에게 설명한다. 셋
째는 만인제사장론은 모든 신자에게 구체적으로 그들의 책임이 복음전
파임을 일깨운다고 설명한다. 제사장으로서 하나님의 구원의 진리를 전
파하는 제사장으로서의 고유한 기능을 나타낸다. 넷째는 만인제사장론
은 불신(不信) 세계에 대한 모든 그리스도인의 영향력을 나타내는 진리의
체계임을 들어서 평신도의 존재와 그들의 사역의 의의를 설명한다.

존 모트는 이렇게 평신도 사역의 중요성을 주장하면서 실제로 교회현
장에서 평신도를 활성화하기 위해서, 첫째로, 교회에서 지도자인 목회
자가 먼저 평신도의 중요성에 대한 각성이 무엇보다 중요하다고 들고 있
다. 사실 오늘의 문제는 목회자나 평신도 모두가 평신도의 위상에 대해
혼돈하고 있음은 주지의 사실이다.

둘째는 평신도 스스로의 각성이 필요하다고 주장한다. 그 이유는 평
신도가 다른 평신도와 함께 서서 이해하고, 서로의 필요를 도울 수 있다
고 한다. 셋째는 평신도의 활성화는 온 교회가 젊은이들과 학생들에게
관심을 집중할 때 일어난다고 주장하면서, 기독교교육의 강조를 주장한

---

416 John Mott, *Liberting the Lay Forces of Christianity*, 1. "The most vital and fruitful periods in the
history of the Christian church have been those in which laymen have most vividly realized and
most earnestly sought to discharge their responsibility to propagate the Christian Faith."

다. 이것은 그의 일평생의 사역이기도 한 학생신앙운동과 YMCA의 활동에서 온 그의 주장이기도 하다. 넷째는 평신도의 활성화는 일상생활에서의 평신도의 삶을 통한 사역이 되어야 한다. 선데이 크리스천(Sunday Christian)이 아니라 일주일 내내 사역자로서의 그들의 삶이 되도록 해야 한다는 것이다.

3) 한스루디 웨버(Hans-Reudi Weber)

한스루디 웨버는 에큐메니칼 운동의 총무로서 일찍이 평신도사역의 중요성에 대해서 많은 관심을 보인 학자이다. 그의 주장은 20세기 들어서 평신도의 사역의 중요성의 재발견은 서구 교회의 발견 중 최대의 중요한 것이라고 지적한다. "교회의 선교사역에 있어서 평신도의 역할은 현대교회역사에 가장 주요한 관심의 하나이다"[417]라고 하면서 과거보다도 평신도에 대한 교회의 새로운 관심을 지적한다.

웨버는 평신도가 교회사역에서 큰 역할을 감당해 왔지만 신학적인 면에서 크게 중요시되지 않았다고 주장하였다. 그는 참 평신도 상으로 모든 삶의 현장에서 자신의 영광을 버리고 오직 하나님의 은혜로 살아가는 신자임을 주장한다 (롬12:1). 평신도의 진정한 역할은 교회 안에서 보다는 교회 밖에서 흩어져서 감당하는 것이라고 주장한다("The true role of the laity is apparent not in its ecclesia form, but in the diaspora form").

웨버는 진정한 평신도 운동의 의의에 대해서 몇 가지 특성을 지적한

---

417 Hans-Reudi, "The Marks of an Evangelizing," 110. "The role of the laity in the life and mission of the Church has become one of the major concerns in contemporary church history".

다. 첫째는 평신도운동은 교회 안에 교역자의 존재를 부정하는 반교직
주의(反敎職主義) 운동이 아니라고 주장한다. 곧, 평신도신학의 방향은 교
회 안에서 보다 나은 평신도의 위치와 권리를 확보하기 위한 운동이 아님
을 강조한다. 무분별한 평신도주의(Laicism)가 갖는 문제점을 잘 지적했다
고 할 수 있다. 둘째로, 평신도신학이 또한 목회자를 단순히 보좌하는 것
도 아니다(not mere auxiliary troops)고 주장한다. 이것은 계급적인 성직독점
주의로 이끌 수 있기 때문이다. 마지막으로는 진정한 평신도신학은 자기
희생의 정신으로 이 세상에서 하나님의 사랑을 묵묵히 실천하는 것이라
고 주장한다. 존 모트는 이러한 평신도 사역의 원활하기 위해서 목회자
와 평신도의 관계를 강조하였는데, 곧, "평신도로 하여금 이 세상에서 그
들의 사역을 감당하도록, 가르치고 격려하여 하나가 되게 한다"고 주장
했다.

4) 스티븐 니일(Stephen C. Niell, 1900-1984)

스티븐 니일은 영국의 선교역사 학자로 평신도에 대한 역사적 관점
에서 많은 연구를 통해서 그들의 사역의 중요성에 대하여 강조한다. 특
히 스티븐 니일은 평신도의 역사적 소명론을 강조하여, "평신도들도 안
수받은 목회자와 마찬가지로 거룩하신 하나님의 부르심과 그의 거룩하
신 임재에 대한 감각을 가져야 한다"고 주장한다("the layman no less than the
ordained minister will need a sense of the divine calling and of the divine presence"). [418]

평신도의 중요성에 대한 그의 주장은 "지금까지 교회는 평신도를 통
하여 세상과 접촉"한다고 주장한다. 곧, 평신도는 그리스도인의 비기독

---

418 Stephen Neill, *The Layman in Christian History*, 26.

교인을 만나는 "접촉점"(meeting-point of the Christian and the non-Christian)으로, 그리고 성도와 타락한 세상(the sacred and the profane)과의 접촉점으로, 신앙적인 사람과 세속적인 사람과의(the religious and the secular) 접촉을 가능케 하는 역할을 가진다고 주장한다. [419]

더구나 현대의 어려운 상황에서 평신도의 위치와 사역의 중요성은 더욱 두드러지게 나타남을 강조하며 참된 평신도의 모습을 다음과 같이 강조한다. 먼저, 평신도는 예배 공동체의 일원이 되어 참여해야 함을 지적한다. 그리고 변화하는 세상에서 평신도들도 신학적으로 지식을 가지도록 도와야 주어야 한다. 셋째는 평신도가 자신이 살고 있는 주위환경에서 자연스럽게 복음을 증거할 수 있도록 훈련과 지식을 가져야 한다. 마지막으로, 그들이 복음의 증인으로서 필요한 용기를 위해서 그들을 격려하고 그들에 대한 바른 이해가 따라야 한다고 주장한다. [420]

스테븐 니일(Stephen Niel)의 평신도선교론은 오늘의 문제점을 지적하는데, 곧, 현대 교회의 효과적 사역을 위해서는 여전히 "변화되고 헌신된 평신도 "가 많이 부족하다고 주장하면서 평신도 사역의 중요성에 대한 현대교회의 인식을 촉구한다

4. 요약: 에큐메니칼(WCC) 평신도선교론에 대한 평가

20세기 평신도신학의 역사에서 먼저 로마 가톨릭교회의 평신도연구에 대해서 개신교에서 에큐메티칼 운동이 평신도선교론을 강조하는 흐름으로 나타났다. 가톨릭신학자 이브스 콩가르와 함께, 평신도신학의 선

---

419 Stephen Neill, *The Layman in Christian History*, 15.
420 Stephen Neill, *The Layman in Christian History*, 26.

구자로 핸드릭 크레이머의 저서 "평신도신학"은 현대교회 평신도선교신학에 기초적인 역할을 하고 있다.

에큐메니칼의 평신도선교연구를 학문적으로 평가할 때에, 먼저, 그들의 평신도선교에 대한 관심과 강조가 현대교회에서 평신도사역의 중요성을 다시 드러날 수 있게 한 점이다. 성경적 교훈인 평신도선교와 평신도의 사역에 현대교회로 하여금 경각심을 가지고 그들의 정체성을 찾게 했다는 점에서 그들의 연구는 가치가 있다고 본다.

둘째로, 평신도신학은 목회자와 평신도로 하여금 그들의 중요한 사역과 책임임을 인지케 한 점은 아무리 강조해도 지나침이 없을 것이다. 셋째로, 그들의 평신도신학은 성경에 나타난 "세상의 빛과 소금"으로서 이 세상에서의 평신도의 역할을 강조하고, "흩어지는 교회"로서 선교지와 세상 속에서 평신도의 분명한 사역자임을 인지케 하고 강조함에서 찾는다. 마지막으로, 그들의 이러한 평신도선교론은 복음주의 교회로 하여금 평신도 선교운동의 중요성을 깨닫게 했다는 점이다.

그러나 에큐메니칼의 평신도선교론이 가지는 부정적인 면이 있다면, 그들의 초창기의 선교운동이 점차 변질되어 성경적 선교에서 벗어남으로, 상황에 따라 변하여 결국 교회의 복음전파와 사회활동 간에 불균형을 초래하고 성경적 선교를 포기하는 방콕대회(1973)를 통하여 많은 문제를 양산했다는 점이다. 곧, 그들의 주요 관심이 세계복음화보다 정치적이고 사회활동에 두면서, 그들의 모든 신학과 활동이 인권운동과 정치적 경제적 해방운동으로 치우치게 된 점은 안타깝게 여기는 점이다.

특히 1970년 이후부터는 남미의 급진적인 해방신학에 영향을 받아 순수한 교회의 선교를 버리고 그것을 위한 평신도의 사역을 끝까지 지속하지 못한 점은 그들의 한계라 할 수 있다. 1970년대 이후부터 그들의 신학은 그들이 가졌던 평신도신학의 성경적 개념에의 강조가 약화되고 종교다원주의적이고 세속적인 신학으로 전락하여 갔던 것이다. 웨스트민스터 신학교 실천신학교수 에드먼드 클라우니(Edmund P. Clowney)는 "교회가 정치적인 행동으로 이 사회를 구원할 수 없으며, 만일 교회가 정치적으로 나간다면, 그것은 더 이상 하나님 나라의 복음이 아닌 것이다"라고 에큐메니즘의 오류에 대해서 경고하였다(The Church cannot redeem society by political action, when evangelism become politics; it is no longer the Gospel of Christ's Kingdom).[421]

---

421 Edmund P. Clowney, "A Chritique of the 'Political Gospel'", *Christianity Today*, Vol. 11(1967, April), 11.

16장

복음주의 전문인 선교신학

1. 서론

20세기에 이르러 평신도의 참된 위치에 대한 끊임없는 인식이 가톨릭 교회와 에큐메니칼 교회에서만 아니라 복음주의 교회에서도 제기되었다. 영국의 복음주의 신학자 존 스토트(John Stott)는 현대 교회 평신도들은 그들의 역할에 대해서 재인식함으로 모든 교회에서 평신도 자신들의 고유한 위치를 찾아가고 있다고 밝힌다.[422]

60년대 미국교회의 지도자 엘튼 트루블러드(Elton Trueblood)는 현대교회의 평신도의 중요성을 주장하였다. "하나님의 거대한 용사인 평신도가 잠을 자고 있다"고 비유하면서 평신도의 사역의 중요성을 지적하면서 그들로 본연의 사역을 되찾도록 잠에서 깨워야 한다는 주장을 펼쳤다. 미국 침례교 신학자 핀들리 에지(Findly Edge)는 그의 평신도론(The Doctrine of the Laity, 1985)에서 지금까지의 수많은 평신도에 관한 연구와 노력에도 불구하고, 아직도 현대 교회에서 평신도에 대한 실질적인 면에서의 변화는

---

[422] John Stott, *One People*, (IVP, 1982), 1. "The modern trend of resurgence in the role of the laity is evident in contemporary attitudes in every part of the Christian Church where lay people are coming into their own."

아직도 부족하다고 지적한다(Although for twenty-five years the doctrine of the laity has been significantly incorporated into the life and work of the churches). 사실 그동안의 평신도에 대한 주장들이 구호에 그치고 실질적인 열매로 나타나지 못함을 지적하는 말이다.

이러한 복음주의적인 평신도 신학은 1970년을 전후로 에큐메니칼의 급진적인 신학의 도전으로서 나타난 것이 사실이다. 전통적인 교회의 사역을 떠나서 사회구원론으로 치우친 형태로 결국 세상에서 인간화나 정치경제문제를 선교로 간주하는 상황에서 성경적인 선교운동은 줄어들게 된 것이다. 이러한 급진적인 WCC의 신학에 대한 복음주의 진영의 대응은 빌리 그레이엄(Billy Graham)과 존 스토트(John Stott)를 중심으로 1960년대에 베를린복음화대회, 휘튼복음화대회, 이어서 1974년에 로잔세계복음화대회로 이어지면서 지금 세계복음화의 대사명을 이어가고 있다. 특별히 세계복음화를 위한 평신도의 선교사역을 위한 연구와 관심이 깊어지고 있으며, 지역교회의 성장을 위한 전략으로서 평신도에 대한 이해가 증폭된 것이 사실이다.

복음주의 신학자로서 평신도 신학에 큰 공헌을 한 학자들과 그들의 저서들은 다음과 같다. 웨스트민스트신학교 선교학 교수 하비 콘(Harvie Conn)은 "평신도의 전도훈련"(Training the membership for witness, 1976)을 발표했으며, 영국의 존 스토트(John Stott)는 복음주의입장에서 평신도신학서인 "하나님의 백성"(One People, 1982)을 저술하여 균형 잡힌 평신도신학을 수립하였으며, 그리고 미국 침례교신학자 핀들리 에지(Findley Edge)는 "만인제사장론," "평신도론"(Doctrine of the Laity)을 연구하였다. [423] 미국 플

---

423 Findley Edge, "Priesthood of Believers,", Review and Expositor, 50: 9-21; Findley Edge, *The Doctrine of the Laity*, (Nashville: Convention Press, 1985).

로리다에서 평신도전도훈련을 위하여 실천적인 전략으로 교회의 큰 부흥을 이루었으며 지속적인 교회성장을 이루어 가는 제임스 케네디(James Kennedy)는 "전도폭발"(Evangelism explosion)이라는 평신도전도훈련 프로그램을 개발시켰다.

칼빈신학교 선교학 교수 칼 크로밍거(Carl G. Kromminga)는 개혁주의 입장에서 평신도의 전도론을 가지고 그의 박사학위 논문을 발표하기도 했다.[424] 캐나다 리전트 칼리지 교수 폴 스티븐스(R. Paul Stevens)는 "참으로 해방된 평신도"와 주요한 평신도신학서를 발표하였다.[425] 이외에도 Fuller 신학교의 선교학 교수 찰스 밴 엔겐(Charles Van Engen)은 그의 저서 "흩어지는 교회, 모이는 교회"(God's missionary people)에서 지역교회의 선교적 소명을 이루기 위해서 평신도의 선교사명을 강조하였다. 그리고 로잔 복음주의 세계선교대회가 개최되었을 때 논문들을 편집해 놓은 제이 D. 더글라스(J. D. Douglas)의 "온 땅으로 그의 음성을 듣게 하라"(Let the earth hear His voice, 1975)와 "그가 오실 때까지 전파하라"(Proclaim Christ Until He comes, 1990)가 있다.

본 장에서 복음주의 평신도신학에 대해서 먼저 복음주의 세계선교 대회에서 나타난 평신도론을 베를린(1966), 제1차 로잔대회(1973)과 제2차 로잔대회(1989), 제3차 로잔대회(2010)를 살펴보고, 다음으로 복음주의 평신도신학자로서 롤랜드 알렌(Rolland Allen), 하비 콘(Harvie Conn), 존 스토트(John Stott), 찰스 밴 엔겐(Charles Van Engen)의 저작을 중심으로 그동안의

---

424 Carl Kromminga, *The Communication of the Gospel through Neighboring.* Free University Dissertation, 1964; Carl G. Kromminga, *Bringing God's News to Neighbors.* (Nutley: Presbyterian and Reformed Publishing Co., 1976).

425 Paul Stevens, *Liberating the Laity,* (InterVarsity Press, 1983). Paul Stevens, *Equipper's Guide to Every Member Ministry,* (Downers Grove, IVP, 1991).

평신도신학의 발전을 살피고, 마지막으로 복음주의 평신도 운동의 구체적인 프로그램으로 "심층전도"(Evangelism in Depth), "전도폭발"(Evangelism Explosion), 그리고 "전문인선교"(Tentmaker Movement)에 대해서 살펴보고자 한다.

2. 세계선교대회에 나타난 전문인선교

세계교회협의회(WCC)가 1960년 대 말부터 자유주의적인 신학의 노선에 대항해서 Billy Graham과 John Stott를 중심으로 복음주의 교회는 Wheaton과 베를린에서 세계 선교 대회(the Congress on the Church's Worldwide Mission)를 개최하면서 19세기의 위대한 선교의 유산을 계승하여 지속적인 세계복음화를 위한 노력을 계속하였다.[426] 독일에서는 1970년 피터 바이엘하우스(Peter Beyerhaus)를 중심으로 프랑크푸르트(Frankfurt) 선언을 통해서 에큐메니칼의 급진성을 지적하기도 하였다. 이러한 1960년대 이후부터 지속되어온 복음주의적 선교운동은 아서 존스톤(Arthur P. Johnston)의 "세계복음화를 위한 투쟁"(The Battle for world evangelism, 1978)에 잘 나타나 있다.

---

[426] 1960년대 말까지는 복음주의라는 용어가 잘 사용되지 않았는데, 그동안은 보수주의 대 진보자유주의라는 양식으로 세계교회의 신학의 흐름이 이어져 왔으나, 1960년대 말부터 이렇게 WCC에 대응하는 세계교회의 신학사조를 위해서 이 복음주의라는 말이 널리 사용되게 되었다. 한 마디로 복음주의의 특징은 신구약 성경의 영감과 무오성을 고백하는 것을 그 신학의 중심으로 삼는다.

1) 베를린 세계 복음화 대회(1966)와 평신도선교

베를린 세계복음화대회(The Berlin World Congress on Evangelism)는 "하나의 인류, 하나의 복음, 하나의 사역"(One Race, One Gospel, One Task)이란 주제로 독일 베를린에서 1966년 종교개혁기념일(Reformation Sunday)인 10월 31일에 개최되었는데, 세계 100개국 복음주의 교회 대표 1200여명 참가하였다. 대회 의장인 Billy Graham은 개회연설에서 "복음전도의 가장 효과적인 방법은 교회의 평신도로 하여금 전도자의 사역을 감당하게 하는 것이다"고 주장하였다(The most effective method of evangelism is to organize the laymen of the church to do the work of evangelism).

여기서 강조된 점은 평신도를 포함한 "전 교회적 참여만이 오늘의 교회 문제를 해결케 하는 방법임을 강조하고, 성경대로 화목케 하는 사역에 모든 그리스도인에게 위임되었다는 것을 바로 인식하고 모든 그리스도인이 모든 계층을 불문하고 세계복음화의 대열에 가담케 해야 한다고 강조한다.[427] 지금까지의 교회의 비효과적인 선교사역이 있다면 그것은 바로 이러한 평신도의 사역의 결여라고 할 수 있다(The lack of lay witness is one of main reasons for ineffective missionary work). 이를 위해서 목회자의 역할이 있다면, 바로 평신도로 하여금 세상에서 그들의 사역을 이루어 갈 때 그들의 효과적인 사역이 이루어졌다고 할 수 있다고 보면서, 목회자의 소명은 평신도로 하여금 그들의 본연의 사역을 감당케 하는데 있음을 명시한다. 목회자의 복음선포는 평신도의 삶에서 그 열매를 맺는데, 곧, 그

---

427 Carl Henry, W. Stanley Mooneyham. *One Race, One Gospel, One Task*, (Minneapolis: World Wide Pub, 1967), 6. "Recognizing that the ministry of reconciliation is given to us all, we seek to enlist every believer and to close the ranks of all Christians for effective witness to our world"(1966).

들이 사회에서 효과적인 사역을 감당하는 것이다(the declaration of the Gospel by full-time Christian workers is effective only when it is endorsed by the laymen in the secular world).

여기에 참석한 빅터 매노거룸(Victor Manogarom)목사는 현대교회의 문제해결을 위한 3가지 방안을 제시하였는데, 첫째로, 교회는 반드시 평신도를 훈련하여 그들이 있는 사무실과 공장들, 병원이나 대학에서 복음이 증거되게 하여야 함을 강조한다. 둘째는 교회가 평신도에게 복음증거의 용기와 기회를 주어서 그들이 교회에 소속감과 필요성을 가지게 해야 한다고 주장한다. 마지막으로는, 목회자와 평신도는 공히 세계복음화를 위한 동역자임을 깨달아야 한다고 강조한다.[428]

이러한 베를린 세계복음화운동은 나아가 1974년 로잔(Lausanne)세계복음화운동으로 발전하여 평신도 선교를 심도 있게 연구하게 되었다. 곧, 오늘의 세계의 필요를 채우는 길은 전체교회의 역량을 총집결하는데 있음을 강조하게 된 것이다(The total mobilization of the total resources of the church for total involvement will meet the need of our world today).

2) 제1차 로잔(Lausanne)세계복음화대회(1974)와 평신도 전문인선교

로잔세계복음화대회(Lausanne Congress on World Evangelization, LCWE)는 1974년 7월 16일부터 25일까지 스위스 로잔에서 150개국 135개 교파 대표 2473명 이 참가하여 금세기 최대의 복음주의 교회의 선교적 역량

---

428 Carl Henry and W. Stanley Mooneyham. *One Race, One Gospel, One Task*, 312. 1)The church should train lay people to witness in their offices, factories, hospitals, colleges. 2)The church must give opportunity to the laymen to express himself and make him feel he is needed in the church. 3)The pastor and lay people should be co-workers for the evangelization of the world.

을 모으기 위한 모임이었다. 이 대회가 개최되기까지의 배경은 1973년 WCC 방콕대회의 문제점에 대하여 성경적 복음화 대회를 개최코자 하는 동기에서 모이게 되었다. 이 대회의 주제는 "온 땅으로 그의 음성을 듣게 하라"(Let the Earth Hear His Voice)로 복음전도에 대한 교회의 관심을 총주제로 삼았던 것을 볼 수 있다.

여기서 주로 토의된 것은 20세기 세계복음화를 복음주의교회의 최대 과제로 삼고, 여기에 모든 교회의 연합과 관심을 모으는 것에 세계교회가 한 마음으로 협력코자 하였다. 그 위대한 세계복음화 사역을 이루는데 있어서, 전교회의 참여가 필요하고, 그리고 평신도가 복음화를 위한 놀라운 잠재력을 가짐에 대한 인식의 확대되었던 것이다. 거대한 힘을 가진 평신도의 힘이 복음증거를 위하여 모아 져야함을 인지하게 된다. 아울러 목회자와 평신도사이에 어떤 계급적 차별이 있을 수 없음과 모든 성도가 예수 그리스도에 의해서 모두 함께 세상에로 부름 받았음을 공언한다. "우리는 예수 그리스도에 의해서 세상으로 파송을 받았으므로 우리는 에 땅에서 증인이 되는 책임이 있다"(We are all sent by Jesus Christ to the world and we have the responsibility to be witnesses in the earth).[429]

로잔세계복음화대회에 참석했던 미국 출신의 평신도 포드 매드슨(Ford Madison)은 참석한 모든 회중을 향하여 평신도의 사역의 중요성과 그들의 간절한 기대를 외치면서 세계 교회의 각성을 구하였다. 포드 매드슨(Ford Medison)는 이제 평신도들도 가치있는 일을 위해서, 곧, "생명을 변화시키는 사역에"("Life-Changing Business")에 참여시켜 줄 것을 강력히 외쳤다. 그의 주장은 오늘날 복음주의 교회 모든 평신도의 의견의 대변이라고도 볼 수 있으며, 잠자는 교회를 깨워 복음전파를 위한 구체적인 비전인 것

---

[429] J. D. Douglas, *Let the Earth Hear His Voice*, 462.

이라 볼 수 있다. 이처럼 모든 그리스도인들은 예수 그리스도에 의해서 세상으로 보내심을 받았으며, 세계복음화를 위해서는 반드시 전체 교회가 전체 세상으로 전 복음을 가지고 나아가야 함을 필요로 한다고 밝혔다("World evangelization requires the whole church to take the whole gospel to the whole world").[430]

이 대회에 참석한 미국교회 지도자 Howard A. Snyder는 현대 교회에서 바람직한 평신도론을 위해서 몇 가지 의미심장한 제안을 발표하였다.[431] 첫째로, 교회가 근본적인 면에서 어떤 기구나 제도가 아니라, 오히려 성령의 공동체임을 깨달아야 한다고 주장한다(The Church is not essentially an institution, but a charismatic community). 즉 교회관이 정체된 조직이 아니라 성령의 전이요, 하나님의 백성들의 생명적 연합체임을 볼 수 있는 교회관의 정립이 필요함을 들고 있다. 둘째로, 교회의 모든 그리스도인은 각자의 은사를 가지고 하나님의 교회에 각자의 사역이 있음을 알아야 한다고 주장한다(All Christians are called to some work of ministry according to their spiritual gifts).

셋째로, 전통적인 이원론의 성직자-평신도 구조는 성경적 교훈인 모든 그리스도인의 사역자론을 깨뜨린다고 지적한다(The clergy-laymen dichotomy should be undercut by the biblical teaching that the entire church is a people). 마지막으로, 신약성경이 가르치는 사역론의 두 기둥은 "만인제사장론과 성령의 은사론"이라고 주장한다(The twin pillars of the priesthood of all believers and the gifts of the Spirit). 그의 지적은 평신도신학의 핵심인데, 곧, 만인제사장론은 모든 평신도가 제사장적 사역에 초청함을 받은 존재요, 성령의

---

430 J. D. Douglas, *Let the Earth Hear His Voice*, 5.
431 J. D. Douglas, *Let the Earth Hear His Voice*, 359.

은사론은 단순히 신비적인 은사운동 차원이 아니라 그리스도의 몸의 지체로서 각기 은사를 받은 대로 구체적인 사역에의 모습을 나타내기에 이 원리는 평신도신학에 근거가 되는 것이다.

이와같이 제1차 로잔세계복음화대회는 에큐메니칼의 급진주의 선교론에 대응하기 위하여 전세계 복음주의교회가 선교를 위해 연합하고, 이러한 전세계복음화를 위하여 전체 교회가 이 운동에 참여할 것을 강조하면서, 복음전파사역에서 교회의 평신도선교사의 사역과 그들의 활동이 중요함을 주장했다. 이 대회는 평신도사역이 세계복음화에 단순히 참가하는 정도가 아니라, 전 교회가 성령으로 사역하는 은사 공동체가 되도록 돕는 것을 강조한 점이 특이하다고 하겠다.

3) 제2차 로잔(Lausanne)세계복음화대회(1989)와 평신도 전문인선교

1973년 제1차 로잔세계복음화대회 이후로 지속적으로 많은 모임을 통하여 그리스도의 대위임 명령을 준행하고자 노력하여 왔다. 그리고 제2차 로잔세계복음화대회가 필리핀 마닐라에서 1989년 7월 1일에 개최되었는데, 전 세계 171 개국에서 3000여명이 넘는 대표들이 참석하여 "주님 오실 때까지 그리스도를 전파하라"라는 주제로 세계복음화를 위해 모였다(Proclaim Christ Until He comes: Calling the whole church to Take the Whole Gospel to the Whole World). 이 대회는 전 세계복음화를 위한 전체교회가 참여하여 온전한 복음을 전하자라는 목소리를 함께 모았다. 특히 이 대회에는 제3세계 복음주의 교회 대표들이 대거 참여하여 전세계복음화를 위한 제3세계의 참여를 크게 나타나기도 하였다.

이 대회에서 모두가 선언하기를 "하나님은 전세계에 전체 복음을 전파하기 위해서 전체교회를 부르신다"고 하면서 교회의 평신도에 대한 하나님의 의도를 밝힌다("God is calling the whole church to take the whole gospel to the whole world"). 로잔선언에서 "우리는 모든 그리스도인이 자신의 이웃에게 관심을 가지고 복음전도와 긍휼의 사역에로 참여해야 할 것을 선언한다"고 밝힌다("We affirm that every Christian congregation must turn itself outward to its local community in evangelistic witness and compassionate service").[432]

이 대회에 참석하여 평신도의 사역의 의의에 대해서 발표한 피트 하몬드(Pete Hammond)는 앞으로의 평신도 사역을 위한 제언을 몇 가지로 제기하였다. 첫째로, 오늘의 교회가 너무 유급직원들에 의존한 데서 평신도들의 역할이 부진하다고 지적한다(Today's church is too dependent on hired staff in the roles of pastors, nuns, evangelists, and missionaries").[433] 그의 주장은 선교가 목회자나, 전도자나 목회자만의 전유물이 됨으로 평신도가 그러한 사역에서 빠지게 한 문제점을 지적한다.

둘째로, 오늘날의 교회구조가 성공적으로 평신도에게 그들의 하나님 나라에서 역할이 기도하는 것이요, 돈을 지불하는 것이요, 순종하는 역할뿐임을 확신시키는데 성공적으로 작용했다고 지적한다("The church bureaucracy has successfully convinced its pew—sitters that their role in the kingdom is to pray, pay and obey—— mostly pay").[434] 그러한 일 중에서 가장 평신도가 익숙하게 잘 하는 것이 돈내는 일이라고 확신시켰던 것을 지적하였다. 이것은 오늘의 교회가 평신도에게 얼마나 잘못 인도하고 그들을 무지하게 만들어 그들로 그들의 고유의 사역을 방해하여 왔는가를 보여주는 것이다. 셋째로, 교회의 99퍼센트나 차지하는 평신도가 하나님의 백성으로서 그

---

432 J. D. Douglas, *Proclaim Christ until He Comes*, 27.
433 J. D. Douglas, *Proclaim Christ until He Comes*, 81.
434 J. D. Douglas, *Proclaim Christ until He Comes*, 81.

들의 사역에 불참하게 되는 것은 오늘날 세계복음화를 불가능하게 할 뿐만 아니라 이런 것은 비성경적이요, 한 쪽으로 치우친 차별적인 형태임을 주장한다("the immobilization of 99 percent of God's people is both unbiblical and discriminating, while making our task of world evangelization impossible"). [435]

Lausanne대회에서 주요한 평신도 이론에 관하여 그들로 사역자로 세우는데 있어서 성경의 "만인제사장론"(Priesthood of all believers)의 중요성을 주장하였는데, 그것은 곧 "만인사역자론"(ministry of all believers)이라고 강조하면서 평신도들의 효과적인 사역에로 부르심이 있음을 천명했다. 아울러 성직독점주의(Clericalism)의 오류에 대해서 세계교회에 다음과 같이 경고했다: "성직자에 의한 평신도의 지배구조는 교회역사에 있어서 큰 악으로 존재해 왔다. 그러한 것은 평신도나 성직자 모두에게 하나님의 의도하신 역할을 오해케 하고 그들의 참 역할을 빼앗는 결과를 가져온다. 이러한 문제의 결과는 성직자로 문제에 봉착케 하고 교회를 약화시키고 복음의 확장을 방해한다". [436]

로잔대회에서 그동안에 교회가 이러한 평신도이해에 있어 잘못된 구조와 관행에 대해서 속죄하는 성명을 발표하였다. "우리는 평신도의 사역에 격려하지 못하고 오히려 낙담케 하는 일에 참여했던 것에 대해 깊이 회개한다. 특히 여성들과 젊은이들의 사역에 대해서 그러한 관행이 있음을 뉘우친다". [437]

---

435 J. D. Douglas, *Proclaim Christ until He Comes*, 81.

436 J. D. Douglas, *Proclaim Christ until He Comes*, 31. "The domination of the laity by the clergy has been a great evil in the history of the church. It robs both laity and clergy of their God−intended roles, causes clergy breakdowns, weakens the Church, and hinders the spread of the gospel"(Lausanne II 1989).

437 J. D. Douglas, *Proclaim Christ until He Comes*, 31. "We repent of our share in discouraging the ministry of the laity especially of women and young people"(Lausanne II 1989).

3. 복음주의 학자들의 평신도 전문인선교

　복음주의 교회에서 이러한 평신도에 대한 관심이 커지면서 다양한 학자들에 의해서 평신도에 대한 신학적인 연구와 이해가 광범위하게 나타나게 되었다. 여기서는 롤랜드 알렌(Roland Allen), 하비 콘(Harvie Conn), 존 스토트(John Stott), 찰스 밴 엔겐(Charles Van Engen)의 평신도론에 대해서 살피기로 한다.

1) 롤랜드 알렌 (Rolland Allen, 1869-1947)

　오래 동안 중국에 선교사로 활동한 영국의 선교사인 롤랜드 알렌은 20세기 초반에 일찍이 평신도가 선교에 중요함을 주장하면서 다양한 저술로 그의 평신도론을 피력한 바 있다. "평신도 성직자를 위하여"(The case for voluntary clergy, 1930)에서 평신도를 "자발적인 성직자‘라는 말로 표현했다. 그의 주저인 "선교전략"(Missionary Methods: St. Paul's or Ours?, 1912)은 초대교회의 선교전략과 현대교회의 선교전략사이의 차이점을 비교하면서 초대교회로 돌아가야 할 것을 강조한다. "교회의 동시다발적 확장"(Spontaneous Expansion of the church, 1962)에서도 초대 교회의 부흥의 원동력이 각기 지역교회에서 평신도 모두가 성령의 충만으로 무장하여 교회성장을 전 지역에서 동시에 일어나게 한 점을 들어서 현대교회에서의 평신도의 중요성에 대한 의의를 주장하였다. 그리고 그의 강의를 모아서 출판한 "성령의 사역"(The ministry of the Spirit, 1962)에서는 초대교회의 복음전도의 사역을 특징적으로 표현하였다.

　롤랜드 알렌의 이러한 평신도의 중요성에 대한 주장들은 아직도 세계교회가 교직주의(Clericalism)의 엄격함이 존재하던 시대에 평신도의 선교적 사역을 강조함으로 그 의의를 갖는다고 볼 수 있다. 이런 점에서 알렌을 그렇게 어려운 상황에서 평신도에 대한 바른 진리를 외친 평신도신학의 선구자로 여긴다(a pioneer theologian of the laity in the paternalism of his day). 알렌은 모든 그리스도인들을 선교사로 부르면서 세계복음화를 위한 평신도의 잠재력을 중시하였다.

그리고 평신도는 세상에 흩어져 있기에 중요하다고 지적하였는데, 그것은 그 속에서 선교의 사역을 감당할 수 있기 때문이다. 그러나 그는 대다수의 평신도들이 세상에 보냄을 받았으며, 지금도 보냄을 받고 있음을 알지 못하고 있으며, 그들로 그들의 역할을 수행할 정도로 지원도 받지 못함을 지적한다(Laymen are scattered in the world, but no one who knows the facts can imagine that they "have sent, or are now sending, enough clergy to provide for all of these groups"). [438)]

그는 또한 현대교회 평신도의 효과적인 사역자로서의 자질론을 초대교회와 비교하면서 오늘의 평신도는 과거 초대교회의 평신도보다도 더 많은 혜택을 받고 있어서 우수한 사역자의 자질을 구비하고 있음을 주장한다. 현대 평신도는 초대교회 성도보다 더 좋은 교육을 받았으며(better educated than the majority of the early Christians), 또한 오늘의 평신도는 누구나 성경을 소유하며, 보다 나은 여러 책자들의 도움으로 사역에 좋은 문자화된 많은 간행물들과 자료들을 소유한 셈이다(They possess a well-developed equipment.). 알렌은 초대교회의 빠른 교회성장은 "평신도 개개인들의 동시적인 활동"("spontaneous activity of individuals")때문이었다고 주장하면서 초대교회처럼 오늘의 평신도들도 그러한 역할을 수행함으로 전체교회가 부흥하는 교회로 나타날 수 있음을 강조한다.

---

438 Rolland Allen, *The Case for Voluntory Clergy*, (London: Eyre & Spottiswoode, 1930), 104.

알렌은 평신도 선교사가 안수받고 파송받은 공식적인 선교사보다도 선교사역에서 많은 이점이 있음을 주장했는데, 먼저 평신도는 자신을 낮추면서 선교지 백성들과 함께 모든 것을 할 수 있기에 접근이 용이하고, 또한 이들은 복음전파에 있어서, 일방적인 선포로서의 설교가 아니라 신앙의 본보기를 보여줌으로 효과적으로 전할 수 있다고 주장한다. 그리고 평신도는 매일의 그들의 일상생활에서 일어나는 "사적인 대화"를 통해서 이웃에게 복음을 설명하고 확신을 줄 수 있다는 점을 지적하여 평신도선교의 효과적인 전략을 제시한다.

2) 하비 콘(Harvie M. Conn)

평신도에 관한 관심이 교파에 때라 조금씩 다른데, 대체로 침례교가 그 정체상 평신도신학에 관심이 큰 반면에, 개혁주의 신학자들은 평신도보다 상대적으로 목회자와 교회의 질서를 강조하는 관계로 평신도에 대해 소극적인 것이 보통이다. 그러나 하비 콘(Harvie Conn)은 개혁주의 선교신학자로서 교회의 평신도의 사역의 중요성에 대한 이해와 연구가 크게 나타난다.

그의 평신도에 대한 높은 관심은 그의 여러 평신도 신학에 관한 논문 등을 통해서 살펴볼 수 있다. 그의 개혁교단의 선교대회에서 발표했던 "장로와 평신도를 위한 선교훈련"이란 성경적으로 평신도의 정체성에 대해서 개혁주의 입장에서 살피고 있다.[439] 그 후에 웨스트민스터신학교 논문에 발표된 "신학교육과 그 성과"("Theological education and the search

---

439 Harvie M. Conn, "Training the membership for witness (elder and laity)," in Training for missions (RES Mission Conference, 1976, Cape Town).

for excellence")에서 신학교 안에서 평신도의 위상에 대해서 강조한다.[440) 그 외에도 "도시선교"(Urban Mission)에서 오늘날 "도시선교를 위해서 잊혀진 직분으로서의 집사직 연구"에서 평신도의 중요성을 주장했다.[441) Harvie Conn은 어떻게 교회의 회중이 전체 하나님의 백성들의 사역의 성경적 비전을 깨닫고 그 비전을 가지게 할 수 있을까하는 동기를 가지고 평신도에 대한 신학적 동기를 전개한다("How to help Christians and congregations realize the biblical vision of the ministry of the whole people of God").

먼저, 그는 평신도 그들은 누구인가에 대해서 질문하면서 평신도 정체성을 성경에서 찾는다. 곧, 성경적으로, 그리고 역사적으로 나타난 하나님의 백성으로서 평신도의 정체성에 대하여 다음 몇 가지 특징을 주장한다(a biblical and historical identity of the laity).

첫째로, 평신도는 지금까지의 단순히 성례와 지도와 안내만 받는 소극적인 모습이 아니라, 그들이 교회와 세상에서 가지는 역할로 그들의 정체성은 정의되어야 한다고 주장한다(The laity's rights are not defined simply by 'obediently receiving the sacraments, teaching and guidance' but by their obligations in the church and the world). 곧 평신도도 얼마든지 사역자로 부름받았음을 강조한다.

둘째로, 하나님의 백성의 사역이 신학적으로나 문화적으로, 성직자중심의 계급적 성직주의에 매여 있지 아니하며, 또한 성직 그 자체가 교회 성도간의 어떤 차별을 가져오는 것이 아님을 강조한다(The ministry of the people of God is not theologically or culturally bound to a clerical hierarchy and office

---

440 Harvie M. Conn, "Theological Education and the Search for Excellence," Westminster Theological Journal, 1979, 41:311-363

441 Harvie M. Conn, "Deacons: A Forgotten Tool for Urban Mission," Urban Missions, (1991), 9:3-5.

does not divide laity from laity).

셋째로, 교회 안의 교직체계가 계급적인 조직이 아니라, 성령의 은사로 모든 성도에게 섬기는 원리인 청지기 원리를 만들어 낸다고 강조한다(There are no hierarchical leadership patterns or systems of subsidy, but every gift of the Spirit creates a stewardship). 교회가 그리스도의 한 몸임을 강조하여 통일성과 다양성을 주장한다. 한 성령과 한 몸으로 모든 지체가 다양한 사역이 존재하고, 모든 구성원들이 한 몸을 섬기는 다양함이 있음을 강조한다(참고: 엡4:4 고전12:4-6; 롬12:7-8).[442]

평신도 역할에 대한 오해들(Misunderstandings of the role of Laity)에 대해서 바로 인식되어야 함을 지적하면서, 하비 콘(Harvie Conn)은 개신교에서 여전히 평신도는 "잊혀진 존재"(forgotten man)라고 주장하면서, 기껏해야 평신도의 사역이 목회자에 비해 이류 (second-class)로 취급하는 경향이 있으며, 이러한 오해는 목회자나 전임사역론에 대한 오해에서 비롯되며, 더구나 "민인제사장론'의 오해에서 기인한다고 진단한다.[443]

현대사회의 복잡한 상황 속에 대도시에 인구의 집중현상에 대해서 초대교회의 선교방법가운데 사람이 많이 운집하는 도시에서 선교사역을 펼치는 목적으로 시작된 "도시선교"에서 오늘의 교회 안에서 평신도가 그들의 정체성을 상실하고 있음을 지적하였는데, 특히 현대교회 집사들을 교회의 선교적 사역에서 "잊혀진 도구"(forgotten tools)라고 부르면서,

---

442 Harvie M. Conn, "Training the membership for witness (elder and laity)," 85. "There is one body and one Spirit. But there are varieties of ministries… All serve the community purpose of the one body."

443 Harvie M. Conn, "Training the membership for witness (elder and laity)," 79. "The witnessing responsibility of the laity was understood more and more as a kind of second-class form of the work of a pastor, based on a misunderstanding of the role and work of the ordained and full-time ministry and of *the priesthood of all believers*."

오늘의 선교를 위해서 집사직의 회복이 시급하다고 주장한다. 곧, 행6장에 나타난 초대교회에서 집사들의 유용한 역할과 그들의 복음전도와 사회활동과 같은 다양한 모습으로 오늘의 평신도상이 회복되어야 함을 주장한다 (행6:1,7; 7:1-60; 8:5-13). "집사직의 회복이 오늘날 하나님의 자비와 정의를 나타내 보이는데 있어서 하나님의 손에 쓰임받는 도구가 될 수 없겠는가?"(Could not a recovery of the office of deacon be a tool in God's hand for demonstrating by word and deed God's concern for justice and for mercy?).[444]

하비 콘(Harvie Conn)은 타 교파에 비해서 개혁주의 교회가 평신도연구와 이해에 부족하다고 지적하면서 신학교 교육이 오직 목회자 배출에만 치우쳐 있고 평신도 훈련에는 관심을 거의 없음을 지적한다. 개혁주의 교파는 성직자중심구조이기에 이것은 평신도의 사역을 약화시키고, 하나님의 백성들의 사역을 이해했는데 약하다고 지적한다(A clerically-centered Reformed church model is weak in activating the lay ministry today and inhibits this contextual understanding of the ministry of God's people).[445]

그는 이 세상에서의 평신도의 복음선교 사역에의 소명은 지금까지의 사람들을 초청하여 교회로 오게 하는 조직적으로 형성된 전도기구에 거의 질식될 수밖에 없었음을 지적한다.[446] 그러므로 이러한 문제를 해결하기 위하여 하비 콘(Harvie Conn)은 적극적으로 평신도에게 신학교를 개방하여 그들도 합당한 "신학교육"을 받음으로 그들이 사역을 감당하는 자로 훈련되어야 함을 강조한다. "신학교육은 이제 평신도에게 열려서

---

444 Harvie M. Conn, "Deacons: A Forgotten Tool for Urban Mission," 5.

445 Harvie M. Conn, "Training the membership for witness (elder and laity)," 93.

446 Harvie M. Conn, "Training the membership for witness (elder and laity)," 93. "The calling of the layman in an evangelistic ministry in the world is encapsulated into an organizationally structured evangelism interpreted largely in terms of 'inviting people to church' where they 'hear the gospel.'"

그들로 성경에 나타난 대로 전체 하나님의 백성으로서의 사역에 대한 신학적 민감하게 해야 한다."(Theological education should be open to lay people and the "theological sensitivity of the whole people of God must be fed by a program of Bible study).[447]

3) 존 스토트(John Stott)

복음주의 신학자로서 존 스토트(John Stott)는 로잔세계복음화대회의 총무로서의 다양한 활동과 다양한 저술 작업을 통해서 복음주의 세계복음화에 실질적인 지도자로서 영국출신의 목회자로서 평신도신학의 정립에 공헌한 학자이다. 특히 그의 저서 "현대교회와 평신도훈련"(One People, 1982)을 비롯해서, 에베소서주석(The Message of Ephesians, IVP, 1979)등에서 평신도에 대한 성경적이고 균형 잡힌 논리로서, 오늘 현대교회에서 어떻게 평신도로 그들의 주님께 대하여 그리고 이 세상에서의 사역을 성취하도록 도울 수 있는가에 대해서 그의 평신도신학을 일관성 있게 발전시킨다("How can lay people fulfill their ministry to the Lord, the world, and each other?").

먼저 존 스토트는 평신도의 정체성에 대해서 다음과 같이 정립한다. 평신도란 전체 하나님의 백성들이요, 예수 그리스도의 보혈로 속량함을 받은 자요, 또한 그들은 복음전도와 사회봉사에로 부름 받은 존재들임을 밝힌다.[448] 여기서 나타난 평신도상은 선명한 소명을 받은 하나님의 백성들의 모습으로 그려져 있으며 그러므로 그들에 대한 역할도 분명

---

447 Harvie M. Conn, "Training the membership for witness (elder and laity)," 93.
448 John Stott, *One People*, 48. "The laity are the whole people of God, purchased by Christ's precious blood, and they are called to service and to evangelistic out reach.(Mark10:45; John 13:14-16)."

함을 주장한다. 그는 평신도의 역할에 대해서 섬기는 존재로서 봉사하는 자기 일이 확실한 평신도의 사역을 증거한다. "우리는 모두 다스리기 위해서가 아니라, 섬기기 위해서 부름을 받았다. 우리는 그리스도의 종들이요, 심부름꾼들이요, 시중드는 존재들이며, 또한 우리는 그리스도 때문에 다른 사람들의 종들이다"("We are called to serve, not to rule. We are servants of Christ, his underlings and errand-boys. We are also the servants of others for Christ's sake"). [449] 존 스토트는 "디아코니아"(diaconia), 곧 섬김(service)에 대한 확실한 주석을 하면서 평신도가 다양한 섬김을 위해 부름받고 있음을 설명한다.

오늘날 교회에서 가장 민감한 사항이라고 할 수 있는 평신도와 목회자 간의 관계에 대해서 존 스토트는 많은 지면을 할애하여 충분한 주석을 주어 설명하고 있는데 그의 주장은 오늘 한국교회의 현장에 잘 소개되어 아름다운 목회자와 평신도와의 관계가 정립되기를 바란다. 존 스토트는 먼저 신약성경에 나타난 목회자의 상을 오늘의 목회자상과 비교하여 설명한다. 그의 주장에 의하면 신약성경의 목회자개념은 경쟁적으로 교회의 모든 사역을 자기의 수중에 장악하고 지키므로 평신도의 사역을 무시하는 존재가 아니고, 오히려 목회자는 평신도를 도와서 모든 하나님의 백성들을 격려하여 그들로 각자 자신의 은사들을 발견하고 계발하여 사역하게 하는 자들이라고 주장한다. [450] 이런 그의 주장은 오늘의 목회현장에 있는 모든 사역자에게 가져야 할 바른 모습이라 본다.

---

449 John Stott, *One People*, 48.

450 John Stott, *The Message of Ephesians*, 167. "The New Testament concept of the pastor is not of a person who jealously guards all ministry in his own hands, and successfully squashes all lay initiatives, but of one who helps and encourages all God's people to discover, develop and exercise their gifts"(Stott, 1979).

존 스토트는 지금까지 존재해 온 목회자와 평신도와의 관계들을 네 가지로 구분하여 설명하였다. 첫째는 이 둘 사이가 불균형적인 것으로 한쪽으로 치우친 모습을 지적한다. 너무 성직자를 높이는 것은 상대적으로 평신도를 낮추는 맥락에서 설명한다. 평신도에 대한 오해가 결국 한 쪽으로 치우친 관계상을 연출한 결과를 가져온 것으로 볼 수 있다. 중세시대에 로마 가톨릭교회에서의 성직자의 위치와 평신도의 모습이라 볼 수 있겠다. 존 스토트는 "평신도에 대해서 너무 낮게 보게 되는 것은 성직자에 대해 너무 높였기 때문이요, 성직자에 대해 너무 높게 보는 것은 상대적으로 교회를 너무 낮추어 본 결과 때문이다"고 주장한다. [451]

존 스토트는 목회자와 평신도와의 관계에서 잘못된 것으로 현재 로마 가톨릭교회의 교회구조에 나타난 대로 이원론적인 것으로서 이것은 비성경적인 구조라고 비판한다(The dichotomy between the clergy and the laymen is not biblical). 서로 간에 불간섭을 원칙으로 힘의 논리가 지배하는 결과를 맞이할 수 있기 때문이다. 세 번째로 성직자의 독재적인 평신도지배는 (the clerical domination of the laity) 비성경적인 형태로 비판한다. 존 스토트는 성경에는 모든 사역이 한사람의 수중에 집중되어서 하나님의 백성의 온전한 사역들을 부정하는 세속적인 계급적인 성직독점주의는 발붙일 곳이 없다고 강조한다. [452]

마지막으로 성경에서 제시하는 목회자와 평신도의 관계는 모두가 받은 은사를 따라 그리스도의 몸인 교회를 세우는데 섬기는 관계임을 천명

---

451 John Stott, *One People*, 18. "Too low a view of the laity is due to too high a view of clergy, and too high a view of clergy is due to too low a view of the Church."

452 John Stott, *The Message of Ephesians*, 167: "There is simply no room for a hierarchy of "bossy clericalism which concentrates all ministry in the hand of one man and deny the people of God their own rightful ministries".

한다. 목사의 은사는 섬기는 직책임을 분명히 나타내므로 오늘날의 누가 더 높은가에 대한 구조가 해결되는 모습을 존 스토트는 제시한다. 오늘 한국교회가 눈여겨 두어야 할 목회자와 평신도와의 관계가 아닐까 한다. 존 스토트는 더 나아가 평신도의 선교적 소명론을 자세히 강조하면서 교회는 "증거하는 공동체"로서 모든 구성원들이 복음증거를 위해 부름받은 사실을 강조한다(The Christian Church is a testifying church, and every Christian is called to be a witness).

4) 찰스 밴 엔겐(Charles Van Engen)

미국 Fuller 선교대학원 교수 찰스 밴 엔겐(Charles Van Engen)은 오늘의 교회 구조는 선교적이 되어야 함을 강조하는 그의 글 "흩어지는 교회, 모이는 교회"(God's Missionary Church, 1991)에서 역시 교회의 95퍼센트나 차지하는 평신도에 대한 선교적 역할에 대해 강조하였다.

밴 엔겐은 그의 저서에서 지역교회의 선교적 속성을 강조하였는데, 그동안의 전통적인 교회론으로는 교회의 선교를 다 표현할 수 없음으로 선교적 교회론을 강조한다. 그는 오늘날 교회는 존 스토트의 주장처럼 선교적이며 종말론적인 형태가 강조되어야 함에 대해 동의한다.[453] 또한 그는 지금까지의 선교신학자들, 종교학자, 교회론학자, 선교실행위원들 모두가 하나님의 선교적 백성으로서 지역교회의 모든 평신도가 가지는 새로운 비전이 절실히 필요함에 대해서 모두가 일제히 인정하게 되었다

---

453 Charles Van Engen, *God's Missionary People*, 29: "The Church cannot be understood rightly except in a perspective which is at once missionary and eschatological"(cf. John Stott, 1982).

고 주장한다. **454)**

Van Engen은 평신도의 온전한 참여를 막고 있는 현상에 대해서 교회 안의 두 종류의 성도가 존재한다고 밝히면서, 먼저는 "헌신된 소수"(the committed few)와 사역에 "포함되지 않는 다수"(the uninvolved many)임을 지적하고 교회가 이런 헌신되고 활동적이고 핵심적인 10퍼센트의 성도들과 항상 주변 가장자리에 머물면서 별로 참여하거나 관심도 갖지 못한 90퍼센트의 그리스도인들로 이루어져 있다고 진단한다(The church is composed of 10 percent active, core, dedicated people and 90 percent inactive, peripheral, semi—interested people).

밴 엔겐은 기독교회사에서 3세기에 나타난 성직자—평신도의 구분은 기독교회의 "쇠퇴, 세속화, 죄악"의 원인이었다고 지적한다. **455)** 그의 평신도에 대한 개념은 고후5:17에 나타난 "그리스도 안에 있는 새로운 피조물"로 정의한다. 누가 평신도인가에 대해서 예수 믿는 사람으로 옛것은 지났고, 곧, 성이나 직업이나 인종적 편견이나, 문화적, 경제적 차별은 지나갔으며, 구분되었던 벽들이 무너졌음을 강조한다. **456)**

밴 엔겐은 목회자와 평신도의 구별에 있어서 획기적인 기준을 제시하여 현대교회로 목회자나 평신도 모두에게 온전한 정체성을 찾는데 도전을 준다. 그는 목회자와 평신도사이에는 "은사, 기능, 사역에 있어서 다

---

454 Charles Van Engen, God's Missionary People, 27. "During the last half century mission theorists, sociologists of religion, ecclesiologists, and mission practitioners have become increasingly aware of the urgent need for a new vision of local congregations as God's missionary people".

455 Charles Van Engen, *God's Missionary People*, 151. "The third—century idea of a clergy—laymen distinction is one of the main sources of decline, secularization, and sinfulness of the church".

456 Charles Van Engen, *God's Missionary People*, 151. "Those who believe in Jesus Christ. They are a new creature and old things [including gender, professional, racial, cultural, economic distinctions] have passed away. The walls of partition have been broken".

양함"이 있지만, 그러나 "거룩성, 특권, 권세, 헌신, 활동"에서는 결코 차별이 없음을 강조한다.[457] 그만큼 평신도에게 은사의 중요성과 그들의 존재에 대한 인식의 유무가 얼마나 중요한 가를 보여준다고 하겠다. 이러한 은사의 목적은 평신도가 그리스도의 몸을 세우는데 봉사하도록 하는데 있다고 밝힌다(The purpose of the gift is to equip the laity for their service in order to build up the body of Christ).

밴 엔겐 역시 신학교의 신학적인 교육이 활동적인 하나님의 백성인 평신도의 사역을 위해 개방되어야 함을 강조한다.[458] 그리고 평신도의 성숙한 사역을 위한 안수받은 목회자의 역할을 설명하였는데, 곧 안수받은 목회자의 존재이유는 바로 평신도를 준비시켜 하나님의 사역자로 나타나게 하는데 있음을 주장한다. "안수받은 목회자가 교회의 다른 평신도보다 더 높은 지위나 더 중요한 역할이나, 더 높은 수준의 영성을 소유함이나, 더 많은 능력을 소유함이 아니다".[459] 그의 주장에 따르면 목회자가 안수받은 의의가 있다면 그것은 지역 교회에서 모든 평신도를 섬김으로 평신도들이 이 세상에서 자신의 고유한 사역을 수행케 하는데 두고 있다.[460]

---

457 Charles Van Engen, *God's Missionary People*, 151. "They are the people of God with distinctions in gifts, functions, and ministrations, but not with distinctions in holiness, prestige, power, commitment, or activity".

458 Charles Van Engen, *God's Missionary People*, 153. "Theological training must belong to, be open for the whole people of God".

459 Charles Van Engen, *God's Missionary People*, 157. "The ordained person has no higher status, no more important role, no increased sanctity, no more power than other members".

460 Charles Van Engen, *God's Missionary People*, 157. "The importance of the ordination derives from the fact that the ordained persons are called to dedicated themselves to equipping God's missionary people for ministry in the world".

4. 전문인선교운동(Evangelical Lay Movements)

지금까지 주로 복음주의 교회에서의 평신도에 대한 관심과 이해에 대하여 살펴보았는데, 이러한 평신도에 대한 실제적인 운동을 이제 살펴보고자 한다. 20세기 평신도신학의 등장과 함께 평신도의 각성이 다양하게 일어났는데, 그 중에 남미 복음주의 교회에서 로버트 스트래천(Robert K. Strachan)을 중심으로 일어난 "심층전도"(Evangelism-in-Depth), 북미의 제임스 케네디(James Kennedy)의 "전도폭발"운동(Evangelism Explosion), 그리고 최근에 선교전략으로 "자비량선교" 또는 "전문인선교"로 평신도선교 운동으로 나타난 텐트메이커 운동(Tentmaking Ministry)[461]등이 대표적인 복음주의 평신도 전문인 사역이라고 본다.

1) 심층전도(Evangelism in Depth, EID)와 평신도운동

심층전도는 1960년대 남미의 복음주의교회 선교지도자 로버트 스트래천 (R. Kenneth Strachan)을 중심으로 일어난 교회 총력 선교 운동으로 평신도가 세계 복음화에 있어서 그들의 책임과 역할을 강조한 운동이다.

이 운동은 라틴 아메리카 선교 협의회(LAM) 총무인 로버트 스트래천 (Robert Kenneth Strachan, 1910-1965)의 지도력에 의하여 나타나게 되었는데, 그는 선교사인 부모에 의해서 아르헨티나 브에노스 아이레스에서 태어나고 코스타리카에서 자라나게 되어, 성인이 되어 30년 이상을 라틴 아메리카 선교사로 봉직하면서 심층전도(EID) 운동을 창설케 되었다. 그는

---

461 Christy Wilson, *Today' Tentmakers*, (Chicago: Tyndale Press, 1979). Tetsunao Yamamori, *Penetrating Missions' Final Frontier: A New Strategy for Unreached People*, (Downers Grove: IVP, 1993)

1964-65학기 동안에 미국 Fuller 신학교 교환교수로 가르쳤는데, 스트래천(R. K. Strachan)의 강의록이 그의 사후에 출판이 되었는데, 그 표제는 "피할 수 없는 소명"(The Inescapable Calling, 1968)으로 출판되었다. 그의 논지는 모든 그리스도인들은 예수 그리스도의 지상명령에 모두가 순종하고 받들어야 함을 강조한다. "우리 그리스도인들은 거룩하게 우리에게 위임된 개인전도와 세계복음화 사역에 대하여 지속적으로 관심을 가지고 수행해야 함에 대해서 피할 수 없다"(We Christians can never escape a continuous sense of concern for the task of personal witness and word evangelism, which, we believe, has been divinely committed to us). 스트래천(R. K. Starchan)은 고전 9:16절[462] 을 인용하여, 대부분의 그리스도인들이 복음증거에 대한 실패하는 삶으로 인한 죄책감을 다 가지고 있다고 밝힌다(Most Christians have a guilty conscience because of their failure as witnesses).[463]

구체적으로 심층전도(EID)운동이란 예수 그리스도의 교회가 교회의 가장 중요한 사역을 위하여 전체 교회 구성원들을 동원하기 위한 프로그램이나 하나의 전략이라고 여길 수 있다. 그것의 핵심내용은 전세계 복음화는 "오직 모든 평신도를 선교에 동원함"(total mobilization for total evangelization)에 있다. 이것을 이루기 위한 몇 가지 전략은 다음과 같다. 첫째, 모든 그리스도인들은 예외 없이 그리스도를 위한 증인으로 부름받았다(Every Christian without exception is called upon to be a witness for Christ). 둘째는, 개인전도가 지역교회의 활동과 교제에서 그 중심이 되어야 한다(Personal witness must center in the life and fellowship of the local church). 셋째로, 개인과 지

---

462 (고전9:16) "내가 복음을 전할지라도 자랑할 것이 없음은 내가 부득불 할 일임이라 만일 복음을 전하지 아니하면 내게 화가 있을 것임이로라".
463 Robert K. Strachan, "Call to Witnes," International Review of Missions, Vol. 53(1954), 191.

역교회의 전도는 우주적인 교회의 선교와 알맞게 연계되어야 한다(The witness of the individual Christian and the local church must relate correctly to the total witness of the universal church).

이런 심층전도의 방법은 지역교회의 모든 신자가 선교의 책임이 있음을 강조하는 것을 볼 수 있다. 남미 출신 복음주의 선교학자 올란도 코스타스(Orlando Costas)도 이러한 심층전도의 특징이 "전도는 모든 그리스도인에게 선택사항이 아니라 필수사항이다"(a must in the life of every Christian)라는 사실을 강조한다고 설명한다.

스트래천(R. K. Strachan)은 세계복음화를 앞당기기 위하여 3가지 방법을 제시하였는데, 첫째로, 주 예수 그리스도의 지상대명령은 전체 교회 모두에 의해 수행되어야 한다(The great commission of Jesus Christ must be taken seriously by the whole church). 둘째로, 모든 그리스도인의 주요한 업무는 지상대명령에 대한 항구적이고도 계속적인 수행이다(The primary task of lay Christians is the steadfast and observant discharge of that responsibility of the Great Commission). 셋째는 지상명령의 효과적인 수행의 비결은 모든 성도의 선교참여에 있다(The key to the successful accomplishment of the Great Commission lies in the mobilization of every Christian for the expansion of the gospel in the world).

로버트 스트래천이 일찍 소천함으로 그의 사역은 루벤 로레스(Ruben Lores)에 의해 지속되어 갔다. Ruben Lores는 평신도가 복음전도사역에서 빠진 채로 목회자 혼자서 사역하는 현대교회를 한 사람만이 노를 젓고 다른 모든 사람들은 구경만하는 배와 같다고 비유하면서 마땅히 전체교회가 주님의 지상 명령수행에 참여할 때 효과적인 선교의 수행을 강조한다. Ruben Lores는 "복음을 듣는 자는 다 증거해야 한다. 구원받은 모든 그리스도인은 증인이다"고 주장한다(Each who hears must tell. Each redeemed Christian is a witness).

요약하면 "심층전도"(Evangelism In Depth)는 1960년대 복음주의 평신도 선교의 중요성을 인식하여 구체적으로 남미 교회와 선교지를 중심으로 펼친 평신도선교운동이라 할 수 있다. 풀러(Fuller)신학교 선교대학원 교수 피터 와그너(Peter Wagner)는 이 "심층전도"에 대해서 1960년대 로버트 스트래천(K. Strachan)에 의해 당겨진 복음전파운동으로서 잠자는 전세계 교회에 영향을 미친 복음주의 평신도선교를 위한 프로그램으로 평가한다.

2) 전도폭발운동 (Evangelism Explosion, EE)

20세기 복음주의 평신도 전문인사역으로 자리매김 할 수 있는 프로그램은 북미 플로리다 주에서 제임스 케네디(James Kennedy)가 주관하는 "전도폭발"(Evangelism Explosion)운동으로 나타났다. 전도폭발운동은 교회의 전도를 위하여 모든 평신도를 온전히 훈련함으로 그들을 세워 주님의 지상명령을 수행케 하는데 그 목적을 가지고 지금까지 전 세계교회를 대상으로 전도훈련에 적극적으로 임하게 하는 프로그램이다. 제임스 케네디(James Kennedy)는 "전도폭발"(EE)을 예수님의 모든 족속을 제자로 삼으라는 지상명령에(마28:19-20) 그 근본적인 뿌리를 두고 있으며, 결국 이것은 주님의 제자 훈련을 구체적으로 실천하는 정책임을 강조한다.

일찍이 빌리 그레이엄(Billy Graham)은 전도폭발을(EE) "20세기에 잠자는 거인인 평신도를 깨워 복음증인으로 만드는 데 있어서 가장 혁명적인 전략"("the most revolutionary technique for personal evangelism to mobilize the sleeping giant of our laity to be discovered in the twentieth century")으로 소개한다. 이 운동의 창설자인 James Kennedy는 전도폭발훈련이란 복음전도를 위한 평신도를 모아 훈련하는 프로그램으로 설명한다("a program for mobilization, recruiting, and training laymen to do the task of evangelism").

특히 전도폭발훈련은 지역교회의 성장과 긴밀히 연관되어 있어서, 이러한 방법은 오늘의 교회성장에 평신도가 얼마나 크게 기여하는 가를 보여주는 실례라고 할 수 있다. 실제로 케네디(J. Kennedy)는 자신의 목회지에서 평신도의 중요성을 인식하여 훈련중심의 목회로 인하여 미국에서 대표적인 교회성장을 이루어 가고 있다. 제임스 케네디 목사는 "평신도야말로 교회성장과 세계복음화의 가장 전략적인 요인인데, 가장 사용되지 아니하는 것"으로 언급한다("Laymen are the most strategic and also the most unused key to the evangelization of the world"). **464)**

제임스 케네디(James Kennedy)는 평신도전도 훈련을 위한 세 가지 원리를 다음과 같이 강조한다. 첫째로, 교회란 복음을 전세계와 함께 나누도록 그리스도로부터 명령을 받은 그리스도의 몸으로(The Church is a body under orders by Christ to share the gospel with the whole world) 정의하면서, 교회와 지상명령인 복음전도와의 긴밀함을 강조한다.

둘째로, 위의 복음전도명령을 이루기 위해서 교회의 99 퍼센트나 되는 평신도는 반드시 전도하도록 훈련되어야 함을 주장한다(Laymen must be trained to evangelize because over 99 percent of the church is made up of laymen). 그의 주장은 훈련의 중요성에 대한 것으로 세계복음화의 사역을 위한 구체적인 훈련의 필요성을 보여준다고 하겠다. 셋째로, 전도란 가르치기 보다는 생활 속에서 그 자리를 잡아야 한다고 주장하면서 실천적이고 현장에서 실제로 전도가 이루어지게 하는 전도방법을 강조한다(Evangelism is more caught than taught in the practical lives of people). 이처럼 James Kennedy는 그의 전도방법으로 평신도 제자훈련이 결코 교실에서만 이루어져서는 잘못임

---

464 James Kennedy, *Evangelism Explosion*, (Wheaton: Tynclale House, 1970), 1.

을 주장하여 전도의 현장체험을 강조한다. 제임스 케네디(James Kennedy)
는 교실(class room)에서만 하는 전도훈련은 마치 거실에서 비행기를 띄우
려는 것과 같은 무모한 짓과 같다고 비유하며 실천 없는 전도의 문제점을
지적하였다. 요약하면 "전도폭발" 훈련은 예수 그리스도의 지상명령을
구체적으로 실천하기 위하여 모든 평신도에게 적절한 전도훈련을 실시
하여 실제로 전도의 열매를 맺는 평신도의 전도훈련 프로그램임을 알 수
있다.

3) 전문인선교(Tentmaker Movement)

현대의 가장 강한 선교전략의 하나로 평가받는 "텐트메이커"
(tentmaker) 운동은 최근에 한국교회에서도 전문인선교, 혹은 자비량선교
로 불리면서 한국선교계의 관심을 가지고 연구하고 있다. 복잡하여 가는
현대사회 구조 속에서 효과적으로 선교하는 방법 중의 하나가 직장을 가
진 평신도가 그 직장을 통하여 복음을 전하는 삶을 실천하는 사역이 대두
되었는데, 사실 "텐트메이커"라는 말은 "천막을 만드는 자"란 뜻으로 초
대교회의 위대한 선교사인 사도 바울과 브리스길라와 아굴라의 자비량
사역을 모델로 해서 나타난 사역모델이다(행18:3). 그런데 이 텐트메이커
선교운동은 오늘 현대교회의 가장 효과적인 평신도 전문인선교의 전략
으로 자리잡아 가고 있다(one of the most powerful modern lay movements today).
"텐트메이커"(Tentmaker)에 대한 정의는 세상에서 여러 가지 직업을
가지면서 그리스도의 복음전파의 기회를 가진 자들로서 주님의 사역
에 헌신되고 훈련된 그리스도인으로 정의할 수 있다(a dedicated, trained,
experienced Christian believer who lives and works, and uses his secular calling as an

opportunity to give his personal witness to Jesus Christ).[465] 이러한 자비량사역자들은 그들의 소명의 소중함은 어떤 경제적, 정치적인 이유에서가 아니라 온 세상의 절대주권자이신 주님의 목적을 이루어 드리는 사역인 점에 그 의의가 크다고 할 수 있다. 이러한 텐트메이커는 평신도 그리스도인들로서 특히 해외에 여러 가지 이유로 나아가서 머무는 곳에서 예수 그리스도를 증거할 기회 곧, 선교할 수 있는 잠재력을 가진 평신도선교사라 할 수 있다.[466]

이러한 텐트메이커의 성경적 기초는 행18:1-5에 나타난 대로 초대교회 위대한 선교사 바울과, 그리고 바울사도를 도와 선교사역에 협력한 브리스길라 와 아굴라부부는 텐트메이커(tentmakers)로 불려진다. 이러한 초대교회의 평신도들은 자신의 직업을 가지고 모든 기회를 복음전하는 사역에 전심하였기에 행17:6에는 그들을 "천하를 어지럽게 한 자들"로 증거하고 있다(they threatened to turn the world upside down).

오래 동안 텐트메이커 선교사로 아프카니스탄에서 대학교수로 사역했던 크리스티 윌슨(Christy Willson Jr.)은 그의 저서 "오늘의 자비량선교사들"에서 신구약 성경에 나타난 다양한 인물들을 열거하고 있는데, 안수받은 교역자가 존재하기 전에도 자신의 생업을 가지면서 이 땅에서 하나님의 나라 확장에 공헌한 다 헤아리기 힘든 하늘의 별과 같은 텐트메이커들이 존재한다. 초대교회 이후 선교역사에 나타난 수많은 자비량선교사들(Tentmakers)중에 오늘 현대교회의 평신도선교사를 위한 대표적인 사역자로 여기서는 윌리엄 캐리와 헨리 마틴, 로버트 모리슨 등을 소개하고

---

465 J. Christy Wilson, *Today's Tentmakers*, 16.
466 J. Christy Wilson, Jr, *Today's Tentmakers*, 17: "Lay Christians who are going abroad for various reasons and have the potential of being an ambassador witnessing for Jesus Christ. "

자 한다.

선교사 윌리엄 캐리(William Carey, 1761–1834)는 누구나 알고 있는 "근대 선교의 아버지"로 소개되어 있지만, 그러나 그의 초창기 인도 선교에서는 자비량선교사로서 눈부신 활약을 했던 점을 간과하지 말아야 한다. 그는 인도선교사로 파송받아 동인도회사 농장에 취직하면서 인도어를 연구하였으며, 5년여 시간에 걸쳐서 신약성경을 북부 인도어인 뱅갈어(Bengali)로 번역했다. 그는 선교사로 재임시에 항상 그의 좌우명으로 "나의 사업은 그리스도를 위한 증인의 일이다. 구두를 만드는 것은 단지 그러한 사역을 위한 나의 경비를 조달키 위한 것일 뿐이다"(My business is to witness for Christ. I make shoes just to pay my expenses).

그리고 핸리 마틴(Henry Martin, 1781–1812) 역시 동인도회사에 통역관으로 취직하여 일하면서 신약성경을 힌두어(Hindustani)로 번역하여 복음 전파에 큰 활약을 보였으며, 중국에 파송된 영국의 로버트 모리슨(Robert Morrison, 1782–1834) 선교사도 중국 마카오에서 텐트메이커(Tentmaker)선교사로 마카오의 동인도회사에 취직하여 신구약 전 성경을 중국어로 번역하기도 하였다.

이러한 유형의 자비량선교사의 사역은 과거보다 오늘 현대교회에 더 많은 기회를 가지고 있다고 볼 수 있다. 그리스도인으로서 많은 해외여행자들, 그리고 전세계 외교 공관에 파견된 해외 공관원들 가운데 그리스도인들, 그리고 전문적인 기술을 가지고 다른 환경에서 일하는 크리스천 해외 기술자들, 또한 다변화하는 국제사회 속에서 활약하는 크리스천 국제변호사들, 해외에 파견되어 일하는 교육종사자들, 또는 해외에서 일하는 크리스천 의사들과 UN을 돕기 위한 파견군들(PKO), 그리고, 전세계로 흩어져서 학문은 연마하는 크리스천 유학생들의 존재는 오늘의 상황에서 텐트메이커로서 다양한 기회를 가지고 있음을 보여준다.

특히 미국이나 유럽에서 유학하는 유능하고 헌신된 그리스도인 유학생들은 본격적으로 전략적으로 텐트메이커로서 훈련과 비전을 가지고 준비하고 있는 현실은 고무적인 일이다. 여러 가지 전공을 가진 해외 한국대학생들의 잠재력은 곧, 과학, 기계, 의학, 인류학, 사회학, 교육학, 국제법, 외교, 농경 등의 다양한 지식은 주의 복음이 아직도 전파되지 않고 있는 미전도종족인 10/40창의 대부분을 차지하는 이슬람국가들과 사회주의국가들의 선교를 위해서 가장 효과적 선교정책의 하나로 인식되고 있다.

5. 요약

20세기에 들면서 교회가 평신도 전문인의 역할의 중요성에 대한 관심과 이해가 늘어가면서 복음주의적인 평신도신학도 많은 관심을 가지고 연구하게 되었다. 더구나 로마 가톨릭교회의 엄격한 계급구조와는 달리, 그리고 에큐메니칼의 부분별한 평신도 신학과는 달리 성경적 기초에 서서 그동안에 교회에서 무시되어 왔던 평신도의 역할에 대해 베를린세계복음화대회, 제1차 로잔세계복음화대회(1974)와 제2차 로잔세계복음화대회(1989), 제3차 로잔세계복음화대회(2010) 등에서 그 중요성을 살펴보았다.

이러한 평신도의 활발한 사역에 관하여 복음주의적 학자들 중에 롤랜드 알렌(Rolland Allen), 하비콘(Harvie Conn), 존 스토트(John Stott), 그리고 찰스 밴 엔겐(Charles Van Engen) 등의 평신도 전문인선교신학에 대한 살펴보면서 교회 안에서 목회자와 평신도의 바른 관계에 대해서 알게 되었다. 교회의 지체로서 모든 구성원들은 각기 은사를 가지고 주님의 몸을 세우는데 그 역할을 감당하는 관계에서 볼 때, 목회자는 권위주의적인 자세가 아니라, 주님의 교회에 종으로 섬기는 자라는 사실을 확인했다. 목회자의 위치가 상대적으로 평신도보다 계급적으로 높은 것이 아니라 오히려 평신도 사역을 제대로 감당하도록 훈련하고 세워주는 사역이 목회자의 위치임을 주장한다.

그리고 구체적으로 평신도운동으로서 "심층전도"(Evangelism in Depth), "전도폭발"(Evangelism Explosion), 그리고 "자비량선교사들"(Tentmakers)이 있다. 1960년대 남미선교회의 로버트 스트래찬(Robert K. Strachan)을 중심으로 일어난 "심층전도"(Evangelism in Depth)는 세계복음화를 위한 총체적 교회의 참여를 강조한 운동으로 나타났으며, 제임스 케네디(James Kennedy)가 시작한 "전도폭발"(Evangelism Explosion) 훈련은 실제 평신도를 복음증거하는 사역자가 되게하는 평신도전도훈련 프로그램이다. James Kennedy의 전도폭발은 체험적인 평신도의 삶의 현장에서 전도훈련인 점이 특징이다. 그리고 "자비량선교사"는 자기의 전문 직업을 가지고 외국에 나갈 기회를 가지고 복음을 전파하는 평신도선교사의 선교전략은 오늘날 지구촌화 시대에 알맞는 효과적인 평신도 전문인사역이다.

이와같이 오늘의 평신도는 더 이상 의자에 앉아서 구경만 하는 후보선수가 아니라 한 사람도 예외 없이 우리의 감독이신 예수 그리스도의 작전명령에 따라 세계복음화에 주전으로 열심히 뛰어야 할 전문인으로 중요한 책임이 있는 존재이다.

제5부
전문인 선교전략

현대 교회의 선교전략가들은 가장 효율적인 선교전략으로 평신도 전문인 선교를 제시한다. 21세기 미전도종족 선교전략과 선교사가 가장 들어가기 어려운 지역의 선교전략으로, 평신도 전문인 선교가 강력하게 추진되고 있다. 사실 선교사역의 성패를 좌우하는 것은 선교전략이다. 성경에 나타난 성경적 선교전략의 중요성에 대해서 에드워드 데이톤과 데이비드 프레이져(Edward Dayton and David Fraser)는 선교전략은 "뱀같이 지혜롭고 비둘기처럼 순결하게" 만든다고 강조하였다(마 10:16).[467] 성경의 지도자들 가운데 느헤미야는 전략적인 안목을 가지고 효율적으로 사역하였다(느 1:1-4). 사역의 목표를 앞에 두고 계획하고, 조직하며, 인도하고 잘 다스려서 효율적인 사역을 감당하였던 것이다. 우리 주님께서 누가복음 14장 28-33절에서 비용을 계산하지 않고 기초만 쌓는 일은 어리석다고 말씀하시고, 선교사는 하나님의 주권과 경륜에 대한 믿음을 가지고 사역함을 강조하셨다. 이렇게 질서의 하나님은 성경 전체 속에서 선교전략의 필요성과 그 원리를 보여준다. 사도행전 16장에서 사도 바울의 선교지 변경에 대한 성령의 간섭하심은 세계선교역사의 흐름을 결정짓

---

467 Edward R. Dayton, David A. Fraser, *Planning Strategies for World Evangelization*, (Grand Rapids: Eerdmans, 1990), 17.

는 순간이었다. 에드워드 데이톤과 프레이져(Dayton and Fraser)는 선교전략의 필요성으로 우리가 추구하는 선교 전략이 항상 풍성한 결과를 줄 수 있다고 할 수 없지만, 만약 우리가 잘못된 선교전략을 가진다면, 그것인 선교사역의 실패로 가는 지름길임을 알아야한다고 주장하였다.[468]

평신도 전문인 선교사역을 위해서, 무엇보다 주님의 세계선교와 제자도에 대한 숙지가 필연적이다. 이방을 향해 주님의 복음을 가르쳐 제자 삼는 선교사역을 위해, 성경적 제자도(Discipleship)에 대한 깊은 확신과 제자도를 실천하는 참된 제자로서의 훈련과 삶이 뒷받침되어야 할 것이다. 아울러, 선교현장에서 체험하는 이교도들의 세계관들 속에서 복음의 핵심적인 성경적 진리에 근거한 세계관으로 무장하는 일도 평신도 전문인 선교사역에 필수사항이다. 그리고 전문인선교를 위해 교회와 하나님 나라에 대한 바른 신학적인 이해를 가지고 사역하는 것이 중요하다. "너희는 먼저 그의 나라와 그의 의를 구하라"(마6:33)는 말씀대로 하나님 나라를 선포하고, 하나님의 왕 되심을 기억하며, 이 세상에서 하나님 나라를 확장하는 선교사역에 임하여야 할 것이다.

---

468 Edward R. Dayton and David A. Fraser, *Planning Strategies for World Evangelization*, 173-174.

제17장

전문인선교와 세계관

오늘의 한국선교는 이제 세계선교의 현 상황에서 볼 때, 미국교회 다음으로 많은 파송 선교사를 가진 교회가 되었다. 그동안의 교회 상황에서 선교는 어떤 일부의 관심이 되었던 것이 사실이지만, 이제는 교계의 지도자는 누구나 선교에 많은 관심을 가지게 된 것이다. 그런데 이러한 활발한 선교적 경향에 비해 많은 교회는 선교에 대한 바른 자세를 필요로 한다.

현대 선교신학의 발전은 오늘의 선교현장에 필요한 다양한 주제를 발전시켜왔다. 오늘의 주요한 선교신학의 주제는 성경적 선교신학, 선교역사, 선교전략, 리더십, 교회성장학, 평신도론과 함께 문화인류학의 과정을 연구하고 있다. 알렌 티펫(Alan Tippet)에 의하면 선교학이란 "기독교선교에 관한 성경적 재료, 역사, 문화인류학적 원리들과 기술, 그리고 신학적 토대에 연관되는 재료를 연구하고 기록하고 적용하는 학문적 훈련(academic discipline), 혹은 과학"이다.[469] 그만큼 문화인류학적인 연구는 현대선교의 주요한 과제가 된 것이다.

---

469 Alan Tippet, *Missiology*, (Pasadena: William Carey Library, 1987), xiii. : "Missiology is defined as the academic discipline or science which researches, records and applies data relating to the biblical origin, the history(including the use of documentary materials), the anthropological principles and techniques and the theological base of the Christian mission".

현대선교의 효과적인 사역을 수행하기 위해 선교현장의 문화이해와 함께 그 문화속에 차지하는 세계관 연구의 중요성에 대해서 다양하게 주장되었다. 오늘날의 복합문화의 상황은 선교사역에 새로운 필요를 요구한다. 선교사가 선교지에서 사역할 때, 먼저 성경적세계관을 가지고 사역함이 얼마나 중요한지에 대해서 연구되고 있다. 즉 선교사는 오늘의 효과적 선교를 위해서 반드시 선교지 문화에 대한 지식과 동시에 성경적세계관을 소유해야 함을 강조한다. 브라질에서 선교사로 사역하는 뉴우자 이티오카(Neuza Itioka)박사는 선교현장에서 세계관에 대한 바른 지식이 없어서 실패하는 선교사들의 소식을 가지고 이렇게 세계관의 중요성에 대해 주장하였다: "과거와 현재 기독교 선교의 주요 실패원인 중에는 성경적 세계관의 부재가 그 원인이다. 성경적 선교는 사탄의 세력에서 사람들을 구원하여 하나님의 통치하에 인도하는 것인데, 서구 선교사들은 참된 성경적 세계관을 갖지 않음으로 실패하였던 것이다". [470]

본 장에서는 이러한 세계관에 대한 다양한 관심들과 그 연구의 중요성에 대한 세계관의 연구의 동향, 그리고 세계관과 선교와의 연관성, 성경적 세계관에 대해서 살펴보고자 한다.

1. 기독교세계관의 필요성

아무 준비 없이 선교지에 들어간 경우에 많은 실패를 경험한 선교사들은 여러 가지로 선교지 문화와 세계관 연구의 중요성에 대해 주장한다.

---

470 Neuza Itioka: "Recovering the Biblical Worldview for Effective Mission", *Mission in the Nineteen Nineties*, Gerald H. Anderson, James M. Phillips, and Robert T. Coote, eds., (Grand Rapids: Eerdman, 1991), 34-38.

다양한 문화를 이해하고 최소한의 시행착오 및 문화충격을 극복하여 복음을 전하기 위해서, 전 세계의 여러 민족과 문화를 사회과학적 방법으로 비교 연구하는 문화인류학에 대해서 알아야 한다는 것은 이제 선교학자에게나 선교사 훈련 담당자 및 선교사 자신에게 하나의 상식이 되었다. 그러므로 "가장 좋은 선교사는 유능한 인류학자가 되어야 한다"는 주장도 서슴지 않고 나오고 있다. 문화인류학은 선교사에게 반드시 필요한 학문이다. 과거에 충분한 선교사로서 준비가 없이 문화가 다른 선교지에 투입되어 많은 시행착오를 격은 베테랑선교사들도 종종 "만일 오늘의 인류학을 그 때에 이해하였더라면 나의 전체 사역은 크게 달라졌을 것이고 훨씬 효과적이었을 것이다"라고 고백하는 것도 선교완수를 위해 문화인류학의 필요성을 더하게 한다고 본다.[471]

효과적인 선교사역의 수행을 위해 선교사의 세계관 정립의 필요성을 주장하면서, 뉴우자 이티오카(Neuza Itioka)는 현대선교의 주요 실패요인을 다음과 같이 주장한다: "과거와 현재 기독교 선교의 주요 실패원인 중에는 성경적 세계관의 부재가 그 원인이다."[472]

이티오카(Itioka)가 제시하는 선교현장의 문제는 서구 출신의 선교사들이 주로 그들의 서양세계관에 근거해서 사역을 하다가 현장에서 나타나는 다양한 초자연적인 현상에 대해서 그들의 세계관은 준비가 되어있지 않아서 많은 문제를 양산하였다고 주장한다. 그는 말하기를 "그동안 서구 교회가 지식적인 신앙의 표현만을 강조하였기 때문에, 신앙에 있어서 초자연적인 면을 크게 강조하지 못했다. 그런데 우리의 선교가 악

---

471 한국복음주의 선교신학회, 『선교를 위한 문화인류학』, (서울: 이레서원, 2002), 83-84.

472 Neuza Itioka: "Recovering the Biblical Worldview for Effective Mission," 35: "A major failing of much of the church in the past and today is the loss of a biblical perspective of reality."

한 사탄의 권세아래 있는 민족들을 인도하여 살아계신 하나님을 알게 하고 주님을 섬기게 하는 것인데, 그들의 선교신학에는 이러한 세계관이 결여되어 있어서 진정한 구원의 체험을 전달하는 선교에 문제가 있다"고 주장하였다(For too long the western church has tended toward an intellectual expression of its faith, failing to face realistically the supernatural manifestations it must confront… What is our mission? Is it not to rescue people and nations and lands from the power of Satan, bringing them to acknowledge the true God in submission to his lordship? Because of this loss of perspective, many missionaries find their work does not bring about the results they had hoped for). [473]

이티오카(N. Itioka)가 제시하는 현대 서구신학의 문제는 그들이 성경적 세계관을 가지고 있다기보다, 그들은 과학적이고 합리주의적, 물질주의적인 세계관에 물들어 있다고 분석한다. 그러므로 그들의 세계관에는 성경에 나타난 초자연적인 역사와 실체에 대해서는 무관심해하는 결과를 가져온다는 주장이다. 특별히 현대 서구 선교신학에는 성령론에 대한 이해가 크게 부족하다고 주장한다: "서구의 그리스도인들이 오늘날 말로만(lip service) 초자연적인 신앙에 대해서 언급할 뿐 실제로 그것을 부정하는 실정이다... 불행하게도 우리의 서구 신학과 선교학에는 성령론에 대해서 중요하게 여기지 않고 있다"(How ironic it is that it is Christians who ignore or at best only pat lip service to supernatural reality in the world today… Unfortunately our western theology and missiology have not taken seriously the person of the Holy Spirit). [474]

서구교회가 이렇게 초자연적인 기독교의 역사를 부정하게 된 배경으

---

473 Neuza Itioka: "Recovering the Biblical Worldview for Effective Mission," 35.
474 Neuza Itioka: "Recovering the Biblical Worldview for Effective Mission," 35.

로는 종교개혁기에 로마 가톨릭교회가 가지는 미신적인 신앙을 개혁하고자하는 분위기속에서 결과적으로 초자연적인 하나님의 능력에 대해서 기대하지 못하게 하였다고 주장한다. 이티오카(N. Itioka)는 다시 현대교회가 성경으로 돌아가서 성경적인 성령론과 기독론으로 돌아가야 하며, 신비주의적인 경향을 두려워해서 성령론을 더 이상 왜곡하지 말고 초대교회처럼 성령론을 회복하여야 함을 강조하였다.[475]

오늘의 선교현장에는 실제로 영적인 전쟁이 일어나고 있다. 영적인 문제로 우상숭배, 사회적 문제, 도덕적인 타락, 물질주의와 상업주의, 그리고 빈부간의 차이, 노동력의 착취, 그리고 인종차별과 같은 문제들로 인해 복잡한 상황에서 선교사들이 성경적인 세계관을 가지고 현장의 문제들을 적극적으로 해결하고자 하는 자세가 필요하다고 주장한다.[476]

이러한 선교현장에서 선교사가 만나는 문제들을 직면하여서 성공적인 선교사역을 감당하려면, 성경적인 세계관의 정립은 필수적인 것이라고 본다. 효과적인 선교를 위한 전략적인 노력으로서 다양한 활동이 필요하지만, 서구교회의 비 영적인 전통만으로는 이러한 문제들을 해결할 수 없다. 오히려 성경으로 돌아가서 초자연적인 역사에 대해 가르치고 사역에서 그러한 결과들을 통해서 힘찬 선교사역을 수행해야 한다.

아울러 참된 성경적인 세계관을 확립하는 것은 무엇보다 필요하다는 것이다. 종전의 선교국이 이제는 선교지가 되어가고 있으며, 종전의 선교지였던 국가의 교회들이 무섭게 성장하고 있는 실정이다. 그러므로 성

---

475 Neuza Itioka: "Recovering the Biblical Worldview for Effective Mission," 35.

476 Neuza Itioka: "Recovering the Biblical Worldview for Effective Mission," 35. "Today many third world countries are experiencing acute social, economic, and religious problems. Poverty, corruption, violence, idolatry, and bargaining with devil are one side of the coin. On the other side are materialism, consumerism, the exploitation of the poor, the weak, and the outcasts. Our temptation is to focus the gospel on this second set of problems to the exclusion of the first."

경에 나타난 대로의 세계관의 정립은 오늘의 선교현장에서 필요로 하는 다양한 필요들을 충족케 된다. 이티오카(N. Itioka)는 성령으로 함께하시는 부활하신 그리스도의 권세는 오늘의 선교현장에서 매우 중요한 진리이며 선교를 수행하는 주제임을 강조한다.[477]

이러므로 오늘의 선교현장에서 실제로 일어나는 문제들을 해결하는 데는 성경적인 바른 세계관의 정립이 중요함을 볼 수 있다. 선교는 영혼을 구원하는 영적인 사역이기에 여기에 일어나는 과정에 대해서 성경적인 세계관의 진리가 절대적으로 필요함을 보는 것이다

2. 선교와 세계관연구의 동향

세계관 연구의 중요성은 지금까지 크게 두 가지 방향으로 연구되었다. 그것은 선교학적으로 문화이해를 위한 세계관 연구와 현대혼합주의 사회 속에서 기독교세계관 정립 운동에 대한 연구이다. 먼저는 효과적인 선교 사역을 위해서 주로 선교학자들에 의해서 발전되었다.[478] 폴 히

---

477 Neuza Itioka: "Recovering the Biblical Worldview for Effective Mission," 38: "What we need to reach people who coexist daily with the supernatural is the powerful presence of the risen Christ. He is the missionary and evangelist par excellence. Without his intimate involvement, we have no mission and there will not be transformation in the lives people… And how do we invoke the presence of the risen Christ? The one who glorifies Jesus as Christ is the Holy Spirit. He is the one who leads us into truth (John16). He is the empowerment behind effective missionary activity."

478 세계관(World View)에 관한 선교학적인 주요 참고자료들은 다음과 같다: Paul G. Hiebert, *Anthropological Insights for Missionaries*, (Grand Rapids: Baker, 1991); Paul G. Hiebert, *Cultural Anthropology*, (Grand Rapids, 1990); David J. Hesselgrave, *Communicating Christ Cross-culturally*, (Grand Rapids: Zondervan, 1993); Charles H. Kraft, *Christianity in Culture*, (New York: Orbis, 1979); *Communication Theory for Christian Witness*, (Nashville: Abingdon Pub., 1983); James W. Sire, *The Universe Next Door*, (Downers Grove: IVP, 1976); Brian J. Walsh and J. Richard Middleton, *The Transforming Vision*, (Downers Grove: IVP, 1984); Arthur Frank Holmes, *Contours of A World View*, (Grand Rapids: Eerdmans, 1983); Albert M. Wolters, *Creation Regained: Biblical*

버트(Paul G. Hiebert)는 복음적인 선교신학에서 세계관연구가 차지하는 비중에 대해서 다음과 같이 주장하였다: "신학, 인류학, 선교를 결합하려면 성경적 세계관, 즉 성경은 인간을 위한 하나님의 계시라는 확신에서 시작해야 한다. 이러한 세계관, 특별히 신약에서 선포하는 내용을 통하여 우리는 모든 실체를 이해하고 비판해야 한다. 기독교세계관은 하나님이 성경에서 스스로를 계시하셨고, 예수로 나타나셨고, 교회와 세상에 성경의 역사로 나타나신다는 사실에서 시작된다."[479]

폴 히버트(Paul G. Hiebert)는 성경적 세계관의 핵심내용들을 다음 몇 가지로 소개한다. 1)하나님은 역사의 주관자시다. 2)인간은 완전한 존재로 창조되었고, 죄로 타락했다. 3)하나님의 구원은 그리스도를 믿는 자에 한한다. 4)그리스도는 우리 가운데 거하시는 하나님이다. 5)그리스도는 온 세계에 의의 왕국을 세우러 다시 오신다. 폴 히버트(Paul G. Hiebert)는 "성경의 메시지는 초자연적인 것으로 모든 문화위에 뛰어난 것이다. 그런데 그 메시지는 모든 문화속에서 전달되고 이해되어야 한다"(The Message of the Bible is supracultural — it is above all cultures. But it must be understood and applied in all cultures".[480] 이러한 선교를 위한 세계관 운동은 선교사들에게 새로운 선교지 문화를 분석하고 이해하는데 큰 기여를 하였다. 선교사는 오늘에 효과적 선교를 위해서 반드시 성경적 세계관과 동시에 선교지의 문화에 대한 지식을 가져야 할 것을 강조하게 되었다.

또 다른 세계관 연구에 대한 강조는 소위 다원주의 사회 또는 포스트

Basics for A Reformational Worldview, (Grand Rapids: Eerdmans, 1985).
479 Paul Hiebert, *Anthropological Insights for Missionaries*, 11.
480 Paul G. Hiebert, *Cultural Anthropology*, xvii.

모더니즘적인 가치관의 혼재 속에서 시작된 기독교세계관 정립운동에서 세계관연구의 중요성을 제기하였다. 한국 내에서 세계관에 관한 관심의 고조는 한국 그리스도인의 가치관확립을 목적으로 기독인이 사회 속에서 가져야할 성경적 세계관의 중요성을 주장하였다.[481] 여기에 언급된 연구서들은 대부분 현대사회의 종교다원주의(Religious Pluralism)와 상대주의(Relativism)에 대한 성경에 근거하여 변증적 입장에서 추구하는 세계관연구 운동이라 하겠다. 한국에서 기독교대학설립동역회를 만들어서 기독교세계관운동을 펼쳤던 양승훈 교수는 이제는 캐나다 밴쿠버(Vancouver)에서 기독교세계관대학원를 설립하고 석사과정을 개설하여 지속적인 이 운동을 전개하고 있다. "기독교세계관운동은 한국교회로 하여금 산업사회의 다양한 정치, 경제, 사회의 현실 속에서 기독교 신앙의 정체성을 확립하게 하고 신자들에게는 자신의 세계관을 점검해 보고 다른 사람들의 세계관을 이해하는데 많은 도움을 주었다."[482]

그동안 전통적으로 기독교선교를 시작했던 서구 문화가 과거에 무분별하게 기독교문화라고 여기던 때도 있었지만, 세속주의가 그 자리를 차지한 서구사회를 오늘날 기독교문화라 부를 수 없게 되었다. 기독교세계관은 성경적 세계관을 의미하며 서구세계관이 아님을 구분할 필요가 있다. 사도바울이 제시한 기독교 세계관은 "모든 이론을 파하며 하나님 아는 것을 대적하여 높아진 것을 다 파하고 모든 생각을 사로잡아 그리스도에게 복종케 하니"(고후10:5)로 나타난다. 사실 성경적인 세계관은 우주적인 것이기에 서구적인 것과 동양적인 것이 따로 있을 수가 없다. 서구 문

---

481 James Sire, 『기독교 세계관과 현대사상』 (김헌수역, 한국기독학생 출판부, 1985); Arthur Holmes, 『기독교 세계관』 (이승구역, 엠마오, 1985); 양승훈, 『기독교 세계관의 이해와 적용』, (대구: 기독대학설립동역회, 1989).

482 양승훈, 『기독교세계관의 이해와 적용』, (대구: 기독교대학설립동역회출판부, 1989), 9.

화의 수천 년의 역사는 크게 희랍적 사고와 기독교적 사고라는 두 가지 중심으로 이루어져 왔다. 전자는 추상적, 사변적, 이원론적 사고를 중심으로 이루어진 인본주의, 교권주의, 진화론, 계몽사상, 유물론과 자연주의, 실증주의, 그리고 무신론적 실증주의로 나타났다. 후자는 기독교적 전통 속에서 실제적, 계시적, 유기적, 통합적 사고의 틀 위에서 형성되어 왔었다.

이러한 문화와 사회배경 속에서 기독교세계관 연구는 동양의 기독인들은 반기독교적인 사상에 대항하기 위한 것이다. 그동안 동양의 전통 종교나 사상들(무교, 불교, 힌두교, 도교, 유교, 각 민족건국신앙)은 기독교 전통이 아닌 또 다른 유기적, 통합적, 범신론적 세계관을 형성해 왔다. 그리고 서구 사회에서는 기독교 세계관운동은 주로 서구 세속주의에 대항하기 위한 것이었다. 동양 기독인들은 기독교인이 되는 것과 기독교적이 되는 것은 분리될 수 없지만, 서구에 비해 역사가 짧고 전통 종교들의 영향을 강하게 받고 있는 한국 기독교의 이원론적 행습의 폐해는 기독교 세계관의 부재 때문에 일어난다고 본다. 많은 기독교인들이 기독교라는 껍데기에 세속내지 전통 종교라는 안경을 끼고 다니기 때문에 그 수가 적지 않음에도 불구하고 한국교회는 기독교적이 되지 못하고 있다는 것이다. 사실 기독교인이면서 동시에 세상에서 상당한 위치에서 있는 사람이 많은데, 세상에서 그 역할을 다 수행치 못함은 기독교적인 세계관을 가진 사람이 많지 않다는 증거다. 한국사회에서 일어나는 범죄 사건 속에 기독인들이 연루되어 있음을 종종 볼 수 있는 것도 이러한 이유에서이다.

한국의 기독교 세계관운동에 대해 고신대 전광식교수는 좀더 구체적으로 그것의 연구동향을 이렇게 제시한다: "복음주의 신앙을 지닌 평신도 지성인들을 중심으로 하여 일어난 운동은 크게 두 가지로 나눠지는데 하나는 기독교세계관 및 기독교 학문 운동이요, 다른 하나는 기독교 사

회 참여운동이다. 전자는 경건과 삶, 신앙과 학문의 이원론을 극복하면
서 성경의 가르침에 따른 삶의 총체적인 변화와 학문의 구성을 주장한
다. 후자는 지금까지의 사회문제에 대한 무관심을 자성비판하고 신자와
교회가 세상의 빛과 소금이 되어 불의와 악이 제거되도록 하는데 힘쓰게
한다."[483] 그리고 기독교세계관 학문운동은 주로 IVP, 기독교대학설립
동역회, 기독교학문연구회 등에 의해 주창되었으며, 기독교 사회참여운
동은 기독교윤리실천운동과 경제정의실천시민연합 등에 의해 나타나고
있다고 주장한다.[484]

3. 세계관의 정의와 기능

그러면 세계관이란 무엇인가? 어느 문화에서든 사람은 누구나 자기
자신과 주변 세계에 대해 나름대로의 견해를 가지고 살아간다. 이처럼
세계관이란 사건이나 상황, 주변 세계에 대한 "인식 또는 판단의 기본이
되는 틀"(world view)을 말한다. 점점 서구화, 국제화, 그리고 세속화 되어
가는 추세에, 우리 현실에 적용 가능한 기독교 세계관 정립의 필요성을
절감한다. 경제적 성장, 교회의 양적 성장 이면에 독버섯처럼 번지는 세
속화 그리고 기독교 정체성의 위기, 전통적 가치관의 급속한 몰락 등으
로 인한 위기감에 자극되어 젊은 기독인들을 중심으로 세계관에 대해 그
논의가 활발하게 전개되고 있다.

오늘 우리 주변에 나타나는 세속주의 사상으로 인본주의, 실용주의,
상대주의, 자연주의, 종교복수주의, 염세적 실존주의, 물질주의, 무신

---

483 전광식, 『학문의 숲길을 걷는 기쁨』, (서울: CUP, 2002), 11.
484 전광식, 『학문의 숲길을 걷는 기쁨』, 11.

론주의, 포스트모더니즘(Postmodernism), 합리주의(Rationalism), 마르크시즘(Marxism), 과학적 물질주의(Scientific Materialism), 뉴에이지운동(New Age Movement) 등 혼란스러운 사상의 홍수 속에 있다고 본다. 이러한 세속주의의 난립 속에 기독교 세계관의 필요성은 더욱 크다고 본다. 세상 속에서 기독교세계관을 가진 기독교적인 과학자, 사업가, 예술가, 문학가, 정치가들이 나와야 한다.

선교적 관점에서 기독교세계관을 가지고 살아가는 사람들을 월드 크리스천(World Christian)이라고 부른다. 월드 크리스천(World Christian)은 세계를 품은 그리스도인으로 마태복음 28:19에서 "너희는 모든 족속으로" 제자를 삼으라고 명하시는 예수 그리스도의 선교명령을 가지고 전 세계를 하나님의 관점에서 바라보고 세상을 살아가는 그리스도인이다. 그들은 해외로 가든, 국내에 남든 그리스도인으로서 세계를 품는 이들이다. 결국 "세계를 품은 그리스도인(World Christian)이란 전 세계 인류의 영적 상태를 하나님의 관점에서 조망하는 가운데 삶의 목표와 방향을 정하고 살아가는 그리스도인을 말한다."[485]

데이비드 브라이언트(David Bryant)는 World Christian에 대해 좀더 구체적으로 설명한다: "세계를 품은 그리스도인들이란 온 세상에 대한 그리스도의 뜻이 자기들의 삶 전체를 하나로 엮어주는 최우선적 원리임을 인정하며 매일 살아가는 제자들이다. 제자들이라면 마땅히 그러해야 되듯이, 그들은 스승의 지상명령(Great Commission)이 의미하는 바가 무엇인지 열심히 살핀다. 그리고 배운 바에 따라 행동한다. 세계를 품은 그리스도인들은 온 세상을 바라보면서 삶의 방향이 완전히 뒤바뀐 그리스도인

---

[485] 송인규, 『세계를 품은 그리스도인』, (서울: IVP, 1992), 7.

들이다."[486] 그들은 그리스도를 본받아 살아가는 사도바울과 같은 세계관과 삶을 추구하는 자들이다. [487] 신약성경은 많은 세계를 품은 그리스도인들을 보여준다. 초대 예루살렘 교회 신자들과 바울과 바나바를 선교사로 파송했던 안디옥교회, 바울의 동역자였던 아굴라와 브리스길라, 사도들은 세계를 품고 사역한 월드 크리스천(World Christian)이었다.

그리스도인으로서 분명한 세계관을 가지고 이 세상을 살아가려면 세계관에 대해 분명한 이해가 필요하다. 세계관(World View, Weltanschauung)의 정의에 대해 다양한 학자들의 주장을 소개하면 다음과 같다. 제임스 사이어(James Sire)는 "세계관이란 이 세계의 근본적 구성에 대해 우리가 (의식적으로든 무의식적으로든) 견지하고 있는 일련의 전제 (혹은 가정)들이다". [488] 노먼 가이슬러(Norman Geisler)는 세계관을 사람들이 세상을 바라보는 안경과 같다고 정의한다. 녹색안경이나 적색안경을 끼고 세상을 바라보면 세상이 다르게 보이는 것처럼, 세계관은 사람들에게 다양한 관점을 가지게 한다.

폴 히버트(Paul G. Hiebert)는 세계관을 문화의 핵심적인 요소로 설명한다: 세계관이란 "한 문화의 신념들과 행동들 뒤에 놓여 있는 실재에 대한 기본적인 전제들이다". [489] 찰스 크레프트(Charles Kraft)는 세계관을 문화의

---

486 David Bryant, *In the Gap*, (Ventura, Cal.,: Regal Books, 1984), 15. "World Christians are day-to-day disciples for whom Christ's global cause has become the integrating, overriding priority for all that He is for them, and through them. Like disciples should, they have actively investigated all that their Master's Great Commission means, and then built a way of life that prepares them for action in it. Some may go, some may send. But all count strategically for the cause. And in doing so they have entered a freedom and dimension of life they wouldn't trade for anything they experienced before".

487 David Bryant, *In the Gap*, 16: "To live like this, is to be a world Christian. It is also to imitate the apostolic life-style of Paul. And this hatches us into imitators of Christ Himself."

488 James W. Sire, *The Universe Next Door*, (Downers Grove: IVP, 1976). 19.

489 Paul Hiebert, *Anthropological Insights for Missionaries*, (Grand Rapids: Baker, 1991), 45: "The basic

가슴과 같다고 주장한다: "세계관이란 한 문화 속에 사는 구성원들이 존재하는 실재에 대한 동의의 중심적으로 조직화된 것이다. 이것은 문화의 가슴과 같으며, 문화의 다른 면에도 영향을 미친다".[490]

데이비드 헤셀그레이브(David Hesselgrave)는 단순하게 세계관은 "사람들이 세상을 살아가고, 바라보는 방법"이다.[491] 세계관은 모든 면에 대해서 나의 바깥세계와 연관되어 바라보는 방법으로 설명하였다. 이상과 같은 세계관의 정의를 요약하면, 세계관이란 사건이나 상황, 주변세계에 대한 인식 또는 판단의 기본이 되는 틀을 말한다고 볼 수 있다. 데이비드 헤셀그레이브(David Hesselgrave)는 세계관에 대한 바른 이해야말로 선교사역의 출발점이라고 소개한다(World View as a Starting Point for Missionary Communication).[492] 좀 더 나아가서 세계관을 분석하여 보면 세계관의 구성요소들을 찾을 수 있는데, 제임스 사이어(James Sire)는 세계관의 구성요건으로서 5가지를 제시했다. 다음에 나오는 5가지 질문에 대해서 다른 대답만큼 세계관도 다른 것으로 분석하고 있다. 1) 그 세계관에서 진정으로 참된 최고의 실재는 누구인가? 2)그 세계관에서 인간은 무엇인가? 3) 인간이 죽으면 어떻게 되는가? 4)도덕의 기초는 무엇인가? 5)인간역사의 의미는 무엇인가? 등이다.

문화와 관련하여 폴 히버트(Paul Hiebert)는 지정의의 세 가지 관점에서 세계관의 3가지 차원들을 설명하고 있다. 첫째로, 세계관의 인식적 차원으로서, 실재(reality)를 설명하는 근본적인 이해나 논리 또는 시간, 공간,

---

assumptions about reality which lie behind the beliefs and behavior of a culture are sometimes called a world view."

490 Charles Kraft, *Christianty in Culture*, 53.

491 David Hesselgrave, *Communicating Christ Cross-Culturally*, (Grand Rapids: Zondervan, 1979), 125: "A world view is the way people see or perceive the world, the way they 'know' it to be".

492 David Hesselgrave, *Communicating Christ Cross-Culturally*, 121.

다른 세계에 대한 개념들을 사람들에게 공급한다. 예를 들면 역사를 바라보는 관점으로 직선적 역사관과 윤회적 역사관이 이에 속한다. 이것은 생활과 실재에 질서와 의미를 가져다주는 차원이다. 둘째로, 세계관의 감정적 차원으로서 각 문화 속에 발견되는 미적 세계나 형태에 관한 표현들인데 곧 음악, 예술, 의복, 음식, 건축 등에 각양의 취미를 나타낸다. 셋째로는 세계관의 평가적 차원으로서, 이것은 사람들이 판단할 때 사용되는 표준들을 제공한다. 즉 1) 참과 거짓 2) 좋은가 싫은가 3) 맞다와 틀림에 대한 기준을 주는 차원이다.

선교학적인 관점에서 세계관은 문화에 있어서 우선순위를 결정할 수 있게 한다. 사람들의 욕구나 충성심을 형성하게도 한다. 지난 19세기에 있어서, 북미인들은 기술과 물질적인 부에 우선권을 두었기에, 사업이 삶의 중심이었고 경제중심의 삶으로서 은행과 시장이 발전된 반면, 인도의 농촌지역에서는 힌두교의 종교적 정결에 높은 가치를 두며 살아서 종교적 사원은 그들의 삶의 중심이 되었다. 세계관은 한 문화의 도덕적 체계를 보여주는데, 표준들이 민족마다 다르다는 사실 때문에 타문화권 이해에 많은 오해를 불러일으킨다. 성적 부도덕에 대해서 별로 관심이 적은 미국 선교사들이 아시아 남부 지역에서는 자신의 성질을 자제하지 못하는 것이 중죄임을 모르고 가서 선교지에서 많은 문제를 야기시키기도 한다.

요약하면 세계관이란 한 집단이 가지는 우주관, 자연관, 인간관, 사회관, 신관, 내세관 등을 종합한 신념체계 (Belief System)이다. 그리고 세계관은 인식적, 감정적, 평가적 가정들을 하나로 합하여, 사람들이 세상을 바라보고 이해하며, 여러 가지 판단을 내리기도 한다. 바로 이 세계관이 모든 관계의 기초가 되어서 삶을 형성하는 것이다. 그러므로 세계관은 바로 우리의 가치관을 결정하게 하고 우리주위에 있는 문화를 해석하게 한다. 그것에 따라서 무엇이 중요하고 덜 중요한지, 그리고 최고의 가치는 무엇인지 등을 제시한다.

이러한 세계관의 정의와 연관해서 폴 히버트(Paul G. Hiebert)는 문화와 관련하여 세계관이 가지는 기능을 다섯 가지로 설명하였다.[493] 첫째로, 세계관은 우리에게 지식적 기초를 제공하여 이해 체계를 세우고 가치체계에 합리적인 사고를 가능하게 한다(Our world view provides us with cognitive foundations on which to build our systems of explanation, supplying rational justification for belief in these systems). 둘째로, 각 세계관은 사람들에게 정서적 안정감을 부여한다(Our world view gives us emotional security). 즉 불확실한 사회 속에서 세계관을 통해 사람들은 정서적 위로와 안정감을 얻는다. 셋째로, 세계관은 경험을 평가하며 행동의 방향을 선택하는 데 가장 깊숙한 문화적 규범들을 정당화시킨다(Our world view validates our deepest cultural norms, which we use to evaluate our experiences and choose courses of action). 세계관은 사람들에게 의, 죄, 등의 개념과 그것을 어떻게 처리해야 하는 가에 대한 생각을 우리에게 제공해준다. 넷째로, 우리의 세계관은 각 문화를 통합한다(Our world view integrates our culture). 그것은 전체 계획에 대한 우리의 생각과 감정, 가치를 하나로 조직하게 한다. 마지막으로 세계관은 문화적 변화를 조정하는 기능을 가진다(Our world view monitors culture change). 우리는 계속

---

493 Paul Hiebert, *Anthropological Insights for Missionary*, (Grand Rapids: Baker, 1991), 48-49. 참고: Charles Kraft는 세계관의 다섯 가지 기능들을 Hiebert와 유사한 방법으로 제시하였다: 1) 세계관은 사물들의 변화의 이유나 방법 등을 설명하여 준다. 사회의 삶에 있어서 생기는 기본적인 전제들을 표현해준다. 2) 한 사람에게 있어서 세계관은 평가하고 판단하는 기능을 준다. 3) 한 사회의 세계관은 그들을 위하여 심리학적인 강조들을 제공한다. 갈등, 분노의 때에 세계관은 안정감으로 지원한다. 4) 세계관은 종합하는 기능도 있다. 삶의 질서들을 조직화하고 기본적인 가치나 전제들을 평가하기도 하고 설립하기도 한다. 5) 세계관이 한꺼번에 모든 구성원들의 이해를 완전하게 결정할 수 없다. 경우에 따라 사람들은 실제에 대해 항상 조금씩 다르게 보기 때문이다. 그들은 어떤 개념을 재해석하거나 의미를 바꾸기도 한다.

해서 새로운 생각과 행위와 우리 사회내부나 밖으로부터 오는 산물들을 만난다. 우리의 세계관은 우리 문화에 적합한 것은 선택하고 그렇지 못한 것은 배척하도록 우리를 돕는다.

이처럼 세계관에 대한 분명한 이해는 오늘의 현장사역에 실제적인 혜택을 가져다준다. 먼저, 올바른 세계관은 통일적인 삶을 살게 하고 생의 목적이 분명한 삶을 산다. 아울러 올바른 세계관은 생동(역동)적인 삶을 가능케 하는데, 그것은 올바른 생의 의미가 확립될 때 생동적인 삶이 가능하다. 그리고 올바른 세계관은 우리에게 사고와 행동의 방향을 설정하게 하는데 기여한다. 세계관은 삶의 전반적인 목적과 도덕적 판단의 근거를 제공한다. 특히 복잡하고 다원화된 현대 사회 속에서 삶의 우선순위를 제공할 수 있는 성경적 세계관이 더욱 필요하다. 왈쉬와 미들턴(B. J. Walsh and J. R. Middleton)과 홈즈(A. F. Homes)등이 밝히는 좋은 세계관의 특징으로 1)현실성, 2)내적 통일성, 3)개방성, 4)타당성, 5)생동성 등을 들었다.

그런데 온전한 세계관을 위하여 우리가 가지는 기독교세계관도 잠정적인 것으로, 성령의 밝은 빛에 의해 확장, 보완될 수 있도록 열어 두어야 한다. 곧 하나님의 말씀과 피조세계에 대한 우리의 영적 통찰력이 성장해감에 따라 더욱 더 완전하고 성숙한 형태로 다듬어져가야 할 것이다.

4. 세계관의 종류

세계관의 의의와 그 기능의 중요성을 살피면서 각 문화마다 가지는 세계관은 그것의 가슴과 같은 것으로 한 문화를 이해하고 효과적인 사역을 수행하는데 중요한 주제이다. 현대 선교학에 있어서, 서양문화와 기독교문화를 나누어 생각해야 한다는 소리가 높다. 서양문화의 변질과 함께 선교사역에 있어서, 참된 성경적 세계관을 갖는 것이 무엇보다 귀중하다고 강조한다. 더구나 과거의 선교국가가 이제는 선교지로 바뀌는 상황에서 이 문제는 더욱 확연하게 드러난다. 19세기 선교에서 한국 초기 선교역사에도 서양선교사들의 공헌이 우리 문화에 서구 문화를 전한다고 여겨졌다. 하지만 21세기에 들어와서 서구 사회는 혼합주의와 상대주의, 그리고 종교다원주의 사상과 인본주의 자유주의 신학의 결과로서 선교를 필요로 하는 지역이 된 것이다. 이에 서양세계관과 일본과 미국의 세계관의 특징에 대해서 살펴보고자 한다.

1) 서양 세계관

과거 식민주의적 선교시대에 선교란 서양문화를 선교지에 실어 나르는 것같이 보였다. 그 때는 서양화가 선교를 의미하던 때였다. 영국의 선교학자 레슬리 뉴비긴(Lesslie Newbigin)은 서양세계관은 베이컨(Bacon)이나 갈릴레오(Galileo)로부터 내려오는 현대의 과학적 세계관이라고 주장한다. 그들은 과학적 방법을 중요시하고 과학에 대한 확신에 차 있다고 살핀다.[494] 뉴우자 이티오카(Neuza Itioka)는 서양세계관을 "이성주의적, 과학적, 물질적 세계관으로서 초자연적 실재에 대하여는 조금도 이해하는 기미가 보이지 않는다"고 한다. 이티오카(N. Itioka)는 지적하기를 "서양세계관으로는 선교현지에서 부족하다. 그 이유는 그들은 성경에 나타난 세계관을 이성의 표준으로 잘못 이해함으로, 초자연적 실재에 대해 이해가 없기 때문이다. 놀랍게도 서양 세계관이나 서양 선교학은 성령의 사

---

494 Lesslie Newbigin, *Foolishness to the Greeks: Gospel and Western Culture*, (Grand Rapids: Eerdmans, 1986), 14.

역에 대해서 전혀 언급을 회피하고 있다".[495]

찰스 크래프트(Charles Kraft)는 좀 더 구체적으로 서양 세계관을 지적한다: 1) 서양세계관은 자연주의적이다. 그것은 초자연적 역사에 대해서 무능하며, 그러한 세계관으로 선교지 문화와 그들의 백성들은 아는데 실패한다. 그들은 자연주의에 빠져 초자연적인 역사를 모른다. 2) 서양세계관은 물질주의로 가득 차 있다. 서양 사람들에게 있어서 삶의 기본이 많은 물질을 사고 얻는 데 모든 시간과 정력을 쏟아 붇는다. 그들에게는 소유가 행복의 기준이다. 3) 서양세계관은 인본주의적이다(Humanistic).

그들의 세계관에서 오직 인간의 노력으로 재물과 성공을 얻었다고 믿는다. 르네상스, 종교개혁, 계몽사조, 과학자들과 신대륙의 발견들이 인본주의의 산물로 여기고, 그 결과 하나님은 왕위에서 내려앉고 이제는 과학이 종교요, 과학자들은 그들을 위한 사제들이 된 것으로 본다. 4) 서양세계관은 이성주의다. 근본적인 실제에 대해서 주요한 방법은 이성을 믿고 사용한다. 지능과 지식을 통해 논리와 이성에 근거해서 해답을 구한다. 5) 서양세계관은 개인주의와 독립주의가 그 특징이다. 그들은 기독교를 구약적인 계약 공동체 개념 대신에 하나의 개인적 사적인 종교로 만들어 버렸다. 6) 서양세계관은 변화에 항상 개방되어 있다. 모든 분야에 있어서 변화를 통해 발전했기에 변화에 대해서 민감하다. 요약하면 이러한 서양 세계관은 너무나 성경과 멀어져 있어서, 이러한 세계관으로 선교에 치명적인 해악을 가져 올 수밖에 없는 것이다.

---

495 Neuza Itioka, "Recovering the Biblical Worldview for Effective Mission," 35.

2) 미국적 세계관과 일본인의 세계관 비교

이러한 서양세계관과 함께 왈쉬와 미들턴(Walsh and Middleton)은 미국과 일본의 두 가지 세계관을 다음과 같이 소개한다.[496] 먼저 우리 주변의 일본인의 세계관에 대해서 이렇게 소개한다:

> 나는 태양신의 직계후손인 일본국가 가족의 한 구성원이다. 나는 자연의 흐름과 조화를 이루며 하나가 된 해 뜨는 땅에서 살고 있다. 내가 나의 가족이나 국가에 수치를 끼친다면 불화가 생긴다. 나의 인생의 사명은 나의 국가가족의 이름을 드높이는데 있는데, 이는 일본의 우월성이 세계의 다른 국가들 위에 두드러질 때만 참된 축복이 이루어지기 때문이다.[497]

여기 제시된 표현은 오늘날 두드러지게 나타나는 일본인의 민족성과 그들의 단결력 등을 이해하게 하는 내용이다. 그리고 오늘의 미국인의 세계관속에서 나타나는 흐름은 다음과 같다:

> 나는 나일뿐이며, 하나의 개인이며, 내 자신의 운명에 대해서 자유롭고 독립적인 주인이다. 나는 개발 잠재성이 가득한 자연세계 속에 서 있으며, 나의 사명은 그 가능성을 이용하여 경제적 풍요를 이루는 것이다. 비록 자연에 대한 무지와 자연을 지배할 도구의 부족으로 인하여 나의 이

---

496 Walsh and Middleton, *Transforming Vision*, (Downers Grove: IVP, 1986), 36.

497 Walsh and Middleton, *Transforming Vision*, 36.: "I am a member of national family of Japan, direct descendants of the sun-goddess. I live in the land of the Rising Sun in harmony and oneness with the flow of the nature. Disharmony occurs when I bring dishonor to my family or country. My task in life is to enhance the name of my national family, because true blessing only occurs when the superiority of Japan over the world of nations come to pass."

사명이 방해를 받긴 하지만, 그럼에도 불구하고 나의 소망은, 자연이 그
풍성한 자원을 인간의 유익을 위해서 내어놓을 때 풍성한 생활의 향상이
이루어진다. 오직 그 때만 우리 모두는 결핍도 없고 의지할 필요도 없는
풍요의 삶 속에서 행복을 발견할 것이다. [498]

미국적인 세계관속에 서양세계관에서 살펴본 대로 몇 가지 특성이 나
타나는 것을 볼 수 있다. 독립적이고 개인주의적인 점과 발전을 위한 무
한한 추구, 그리고 그 결과 누리는 경제중심적인 가치관등을 여실히 보
여준다.

5. 성경적 세계관

위에서 다양한 현대문화 속에서 효과적인 세계선교를 위해 세계관 연
구가 가지는 중요성을 살펴보았다. 세계를 품은 그리스도인으로서 성공
적인 사역을 감당하려면, 먼저 성경적세계관을 가진 그리스도인이 되어
야 한다. "세계를 품은 그리스도인이란 전세계 인류의 영적 상태를 하나
님의 관점에서 조망하는 가운데 삶의 목표와 방향을 정하고 살아가는 그
리스도인을 의미한다"[499]. 하나님께서 나를, 우리를, 나아가서 이 세계
를 어떻게 보고 계실까? 하나님께서 취하시는 관점을 포착하여 그 관점

---

498 Walsh and Middleton, *Transforming Vision*, 36: "I am me, an individual, the free and independent
master of my own destiny. I stand in a world full of natural potential, and my task is to utilize
that potential to economic good. While I am hindered in this task by ignorance of nature and
lack of tools for controlling it, nevertheless my hope rests in the good life of progress wherein
nature yields its bounty for human benefit. Only then will all find happiness in a life of material
affluence, with no needs and no dependence."
499 송 인규, 『세계를 품은 그리스도인』, (서울: 한국기독학생회출판부, 1995), 7.

에서 세계를 바라 볼 때 그것만큼 보람되고 가치있는 영적 훈련이 없다고 하겠다. 한국교회에서 기독교인이면서 동시에 세상에서 상당한 위치에 있는 사람은 많다. 그러나 정작 그들이 속한 사회 속에서 기독인으로서 올바른 삶을 영위해 가는 기독인들, 즉, 기독교 세계관을 가진 사람은 많지 않다는 점은 오늘의 한국교회의 과제이다.

웨스트민스터(Westminster) 신학교 교수 로버트 눈슨(Robert Knudson)은 기독교 세계관에 대해 다음과 같이 정의하였다: "기독교 세계관이란 하나님의 계시의 중심적인 진리들을 숙고함으로 얻은 깊은 진리들을 체계화한 것"이다.[500]

뉴우자 이티오카(Neuza Itioka)는 성경적 세계관은 성경에 나타난 "초자연성"을 강조하여 설명하면서, 하나님의 창조와 천사들과 마귀들의 존재 등 "영적 실체"에 대한 인식이 필요하다고 주장한다. 아울러 성령의 강력한 역사에 대한 강조가 중요함을 설명한다. 기독교 세계관은 역사적이며 하나님의 영감으로 기록된 성경에 기초하고 있다는 점을 강조한다.

왈쉬와 미들턴(Walsch and Middleton)은 성경적 세계관의 구성에 대해서 다음과 같이 주장하였다: "기독인으로서 우리가 세상을 평가하는 기준은 바로 성경이다. 성경은 우리의 실제에 대한 하나님의 계시이다(딤전3:16-17).... 만일 우리가 죽음이 아닌 생명에로 이끄는 세계관을 추구한다면 우리는 반드시 성경의 교훈에 관심을 가져야 한다. 우리의 기독교세계관은 항상 성령의 인도 하에 성경에 의해 형성된 것이며, 성경으로 수정되어 나타난 것으로 우리의 삶의 방향을 제시하여 주는 것이다".[501] 왈쉬와

---

500 Robert Knudsen, 『기독교세계관』(Christian Philosophy), (박삼영역), (서울, 한국로고스연구원, 1994), 23.

501 Walsh and Middleton, *Transforming Vision*, 39: "For Christians, the ultimate criterion by which we judge our world view is the Bible. It is God's revelation of reality… (1 Tim3:16–17). If we seek a

미들턴(Walsh와 Middleton)은 성경적 세계관에서 우선 중요한 내용으로 1) 중생과 영적인 성장, 2)비성경적 세계관을 버리고, 성경은 두 날 가진 칼보다 더 예리하여, 우리의 사상들을 파괴하기 때문이며, 3)성령의 말씀으로 역사함이 우리에게 새 삶과 순종을 가져온다는 것을 강조한다. 그리고 성령의 조명(렘31:33-34)은 교회역사상 제시된 많은 세계관들을 살펴볼 때 오늘날 우리들이 소위 기독교적이라고 생각하는 세계관도 잠정적이며, 성령의 밝은 조명에 의해 확장, 보완될 수 있도록 열어 두어야 한다고 주장한다.

오늘의 다양한 문화속에서 선교를 가능하게 하고 기독인으로서 바른 세계관 정립을 위해 나타난 성경적 세계관의 기본구조는 창조와 타락과 구속에 대한 주제이다. 이러한 핵심적인 주제들은 성경적인 신학을 이끌어온 존 칼빈과 아브라함 카이퍼, 헤르만 바빙크와 도예벨트 등의 주장이다. 하나님의 창조와 인간의 타락사건, 그리고 예수 그리스도를 통한 구속의 주제는 기독교 세계관의 핵심으로서(벧전3:15), 성경중심적인 세계관으로서 성령의 조명하에 진정한 삶의 변화를 추구하게 한 것이다.

1) 창조

다양한 세계관이 산재해 있지만, 성경적 세계관은 먼저 하나님의 창조한 세계를 제시한다(창1:1-5, 시8:1-9). 성경은 먼저 창조주와 피조물의 구분부터 시작하며, 창조주에 대한 바른 고백이(롬11:36, 요1:3) 그 중심이

world view that leads to life and not death, then we must go to the Scriptures for instruction. And our world view [Christian World View] is informed, corrected and shaped by the Scriptures under the guidance of the Spirit, we will receive direction for our way of life."

된다. 즉 만물이 그에게서 나오고(From Him) 그로 말미암고(Through Him), 그에게로(To Him) 돌아감을 강조하는 하나님 중심적인 세계관이다. 모든 만물은 하나님의 피조물(시100:3)로서 모든 피조물은 하나님께 의존적인 존재임을 "태초에 하나님이 천지를 창조하시니라"(창1:1)를 통해 더욱 분명하게 알 수 있다.

왈쉬와 미들턴(Walsh and Middleton)은 현대 기독인들이 성경의 창조론에 대해서 무관심한 자세를 가지고 있다고 지적하면서 성경의 창조론은 기독교적인 세계관을 형성하는데 매우 중요함을 주장한다: "우리는 그리스도인으로서 성경적인 창조론에 대해서 단순히 립-서비스(Lip Service)수준에 머무른다... 그런데 성경의 시작은 하나님과 그의 창조에서 시작된다. 그리고 타락한 인간을 구원하시는 예수 그리스도와 구속사역은 성경의 핵심이며, 죄로부터 돌아와 하나님과의 화해를 가져다준다".[502]

창조주 하나님에 대한 바른 지식이 기독교 세계관의 핵심인데, 성경은 세상 만물과 우주를 초월하신 최고의 책임자로서 지금도 살아 계셔서 역사하시는 인격적인 하나님을 제시한다. 그러나 세상종교들이 주장하는 신관을 살펴보면, 먼저 동양종교에서 주장하는 범신론은 창조주를 피조물과 구별하지 않고 창조주에 대한 바른 지식이 없이 피조세계의 한 부분으로 보는 세계관이다. 서구철학의 자연주의는 하나님 없이 피조세계만 받아들일 때 나타나는 사상이고 이원론은 하나님과 피조물의 관계를 혼동하여 나타나는 사상이다. 세상종교나 철학과는 다르게, 성경은 하나

---

502 Walsh and Middleton, *Transforming Vision*, 43: "As Christians we often pay only lip service to the biblical doctrine of creation... Yet the world view of the Scriptures does not begin with Christ and salvation. It begins with God and creation... Jesus Christ and the redemption he brings are undoubtedly the focus of the Scriptures. The biblical message is a call from sin to reconciliation with God."

님의 계시로서, 비역사적이기 보다는 초역사적이요, 비과학적이기 보다
는 초과학적이다.

성경에 나타난 창조기록의 독특성은 몇 가지로 요약된다. 첫째로, 하
나님의 절대창조에 관한 것이다. 전세계의 모든 창조신화는 기존의 재료
로부터의 변화에 의한 창조를 말하고 있는 데 반해, 성경의 창조는 "무로
부터의 창조"(creatio ex nihilo)이다(히11:3). 구약성경에 나타난 하나님의 창
조는 말씀으로(사55:10-11; 시33:6-9), 그리고 하나님의 지혜로(잠3:19-20;
욥28:25-27; 잠8:27-31; 시104:24) 이루어졌다. 둘째로, 고대중동의 모든 창
조신화들은 다신론 내지 범신론적인데 비해, 성경의 창조기록은 독특하
게 유일신론적이다. 그리고 고대 이스라엘 주변국의 창조신화들은 다신
론을 가지고 있었다. 마지막으로, 하나님의 창조는 완전한 창조였다. 하
나님이 지으신 모든 것은 "보시기에 심히 좋았더라". 모든 창조가 하나님
의 의도대로 이루어졌음을 의미한다. "하나님의 지으신 모든 것이 선하
매"(딤전4:4).

기독교세계관의 첫 주제는 성경적 창조인데, 이것은 창조주와 피조물
의 차이를 분명히 하면서, 본질적으로 피조물과의 다른 점을 제시한다.
그리고 전세계가 하나님의 전능하신 말씀으로 창조되었고, 지금도 섭리
하시고, 통치되고 있다(히1:1). 그리고 하나님의 창조에는 목적이 있는데,
그것은 인격적인 목적이 있으며, 모두 하나님의 영광을 위해 존재한다.
창조론에서 인간에게 주신 문화 명령의 의의와 만물을 통해서 자신을 나
타내시는 하나님의 자연계시도 창조론의 중요한 부분이다.

2) 타락

성경은 인간의 존재에 대해 하나님의 창조에 대해 그리고 인간의 타락

된 상태에 대해 제시한다. 타락전의 인간은 하나님의 창조활동의 최고품으로서(The Crown of God's Activities), 하나님의 형상으로(Image of God, 창1:27) 지음받은 존재였다. 죄 아래의 인간은 하나님과 성령에 관한 일들에 대해 무관심하는 존재가 되었다(고전2:14). 성경에 나타난 인간의 타락의 과정을 창3장에서 보여준다. 선악과의 금지명령을 어기며(창2:17; 창3:4-5; 창3:6), 타락한 결과는 하나님과의 단절(롬5:12; 1:18-29; 8:7; 고전2:14; 3:20; 렘8:9; 엡4:17-18)로 나타났다.

성경에 나타난 타락에 대한 몇 가지 특징은 다음과 같다: 1) 인간의 타락은 단순히 하나의 독립된 불순종의 행위가 아니라 창조계 전체의 대 재난을 의미하는 사건이다. 2) 죄의 영향은 피조계 전체에 미친다. 타락의 파괴적인 영향에서 벗어나는 것이 없다(롬8:22). 3) 결혼과 문화생활의 영역에까지 미치며(창3:16), 4) 세상에 존재하는 모든 악이 타락의 결과이며, 5) 마음에 하나님 두기를 싫어한 인간도 타락의 결과이다.

성경은 인간에게 모든 인간은 하나님에 의해서만 채워질 수 있는 공허감을 가지고 있다고 가르친다(창3:17-18). 하나님 없는 아테네 사람들은 "알지 못하는 신에게" 우상숭배를 하면서 그들의 "종교성"(행17:22)을 채우고자 하였다. 파스칼은 모든 사람의 마음속에는 하나님에 의해서만 채워질 수 있는 공허(God-shaped vacuum)가 있다고 주장한다. 그리고 초대교회 성 어거스틴(St. Augustine)은 이렇게 인간의 필요를 고백하였다: "당신은 당신을 위하여 우리를 창조하셨으므로 우리의 마음이 당신 안에서 쉬기까지는 평안함이 없나이다".

성경에 나타난 타락에 대한 칼빈의 교훈은 매우 탁월한 것으로 인간의 전적타락(Total Depravity)을 가르친다. 이것은 내가 누구이며 인간의 참된 이해를 가져다주는 진리이다. 존 칼빈은 기독교강요 제1권 1장에서 "하나님을 아는 지식과 나를 아는 지식은 서로 연결되어 있다". 성경의 인간의 타락에 대한 진리는 성경적 인생관을 보여준다: "소도 그 주인의 구유를 알건마는 나의 백성은 나를 알지 못하며…"(사1: 5-6). 여기서 칼빈의 전적 타락의 의미를 살펴보자. 아담의 원죄의 두 가지 결과는(롬5:12) 적극적으로, 인간은 오직 그리고 항상 죄를 범하며, 소극적으로: 하나님께 대하여 전적 무능력한 모습을 보여준다. 인간은 선을 깨달을 수 없으며, 오직 성령으로 깨달을 수 있으며, 성령이 없이는 아무도 하나님에 관한 것들을 깨달을 수 없다. 아울러 인간은 선을 바랄 수도 없다(cannot desire).

칼빈의 인간의 전적 타락의 교훈은 우리에게 중요한 진리를 제공한다: 1)전적타락은 세상의 문제들을 설명해 준다. 2)전적타락의 지식은 또 하나님께서 우리를 도와주시지 아니하면 우리는 철저히 죄악되고 가공할만한 행위의 상태에 놓여 있을 것임을 가르쳐 준다. 3)사람이 하나님께 자기를 도와주시기를 구하고자 하는 것은 다만 자기 안에서 역사하시면서 그의 기쁘신 뜻대로 행하시는 하나님 때문이다(빌2:12-13).

3) 구속

성경에 제시하는 구속의 진리는 예수 그리스도의 십자가의 사역과 우리에게 구원을 깨닫게 하시고 적용하는 성령의 사역에 관한 것이다. 하나님의 창조와 인간의 타락에 대한 성경적인 주제와 함께 가장 핵심적인 성경세계관의 핵심은 구속에 관한 것이다. 성경에 나타난 구속받은 존재에 대한 기록은 타락한 인간이 그리스도안에서 새롭게 지음받은 존재로서 "새로운 피조물로"(창3:9-24; 고후5:17; 엡4:24; 고전1:21; 롬10:17; 요3:7; 골3:10; 고후10:5) 나타나고 있다.

구원에 대한 다양한 신학적인 표현들은 회복으로서의 구원 곧 본래의 선한 상태로의 회복을 의미한다. 구속(redemption)이라는 말은 "다시

사오다, 공짜로 사다"라는 말로서 몸값을 주고 자유를 도로 사온다는 것으로 죄인을 속박에서 해방시키는 것을 의미한다. 그리고 하나님과 화해(reconciliation)한다는 말은 본래 상태로의 회복과 새롭게 됨(renewal, 롬 12:1)이다. 성령으로 거듭남은(regeneration) 죽음에서 다시 생명으로 회복(restoration)이며, 재창조(recreation)이다.

구원받은 존재로서 신자는 이제 구원의 완성을 향하여 살아간다(계 21:1-8, 22:13). 그리고 하나님 나라를 구하며 하나님 나라의 확장을 위하여 살아간다. 하나님의 나라란 무엇인가? 존 브라이트(John Bright)는 하나님의 나라는 하나님의 통치권이 이루어지는 곳으로 주장한다(롬14:17). 그런데 성경은 하나님나라의 이중성 곧 천국의 현재성과 미래성을 가르친다. 하나님의 나라가 예수님의 사역과 가르침으로(마12:28) 이미 임하였는데, 예수님의 기적은 회복의 기적이며 마귀의 억눌림에서 자유로 회복됨이며, 현재적인 하나님의 나라에 대해 예수님은 이렇게 설명하였다: "하나님의 나라는 너희 안에 있느니라"(눅17:21).

이상에서 나타난 성경적 세계관을 요약하면, 1) 창조는 우리가 생각하는 것보다 훨씬 광범위하고 포괄적이다. 2) 타락은 창조계의 한 구석도 빠짐없이 철저히 영향을 미친다. 3) 예수 그리스도 안에서 구속은 타락만큼이나 그 범위가 넓다.

6. 요약

21세기 세계선교현장에서 효과적으로 사역하기 위해서 선교사들은 철저한 준비를 해야 하지만, 무엇보다도 성경적인 세계관에 대한 준비가 무엇보다 중요한 것을 살펴보았다. 선교를 위한 세계관 연구의 중요성과 세계관에 대한 바른 이해는 선교현장과 선교지 문화이해에 필수적인 것을 알게 한다.

　종교다원주의, 상대주의, 인본주의 철학 등의 혼란스러운 사상의 홍수 속에서 성경적인 세계관으로 무장하여 효과적으로 사역할 때, 세계선교의 열매를 거두게 될 것이다. 성경에 나타난 창조주 하나님에 대한 분명한 이해와 인간의 타락에 대한 지식과 예수 그리스도의 구속에 대한 진리를 기초로 세워진 성경적 세계관이 우리에게 이렇게 선교현장에서 큰 결과를 가져다주는 것이다. 복잡한 현대사회와 문화 속에서 효과적인 선교사역을 위해서, 기독교 세계관의 중요성에 대해서 제임스 사이어(James Sire)는 이렇게 주장한다:[503]

　기독교적인 사상을 지식적으로 받아들이는 것은 온전한 것이 아니다. 보다 더 깊은 인격적인 차원에서 성경적인 세계관을 붙잡고 살면서 우리자신을 하나님에 맡기고 교제하는 것이 필요하다. 끊임없이 하나님을 배반하고 반역했던 우리들을 겸허하게 하나님 앞에 인정하고 하나님과의 참된 교제의 회복을 위해 하나님께 의존하는 것이 필요하다. 이것은 우리의 모든 무거운 짐에서 해방케 하시고 우리의 미래의 주가 되시는 예수 그리스도를 영접함으로 가능하다… 그리스도인이 된다는 것은 지적인 세계관을 가진다는 것이 아니라 우주의 주재이신 주님께 인격적으로 헌신하여 삶에서 그대로 살아가는 것이다.[504]

503 James W. Sire, *The Universe Next Door*, (Downers Grove: IVP, 1976). 213–214.
504 James W. Sire, *The Universe Next Door*, (Downers Grove: IVP, 1976). 214: "To accept Christian

제18장

전문인선교와 제자도

예수 그리스도께서 공생애 사역기간 동안에 가장 힘쓴 부분은 제자훈련이었다(막3:15; 마28:19-20). 공생애 사역의 첫 출발부터 마지막 승천하실 때까지 강조하신 선교전략은 바로 제자도였다. 그리고 승천하시기 전에 교회와 제자들에게 분부한 세계선교의 사명의 핵심도 제자도에 관한 것이다. 그러므로, 한국교회는 보다 효과적인 선교사역을 위해서 선교적인 관점에서 제자도를 조명할 필요가 있다.

교회가 선교사역을 강조할 때 먼저 예수님의 제자도에 대한 시각이 필요하다. 20세기 중반, 미국에 있는 풀러신학교에서 현대 선교학의 대부흥을 이끌었던 도날드 맥가브란(Donald McGavran)은 선교학을 정의하면서 타문화권에 가서 그리스도를 주(The Lord)로 알지 못하고 그에게 아무런 충성도 바치지 않는 자들을 불러 "제자도"를 실천하여 교회를 세우고 교

---

theism only as an intellectual construct is not to accept it fully. There is a deeply personal dimension involved with grasping and living within this world view, for it involves acknowledging our own individual dependence on God as his creatures, our individual rebellion against God and our own reliance on God for restoration to fellowship with him. And it means accepting Christ as both our Liberator from bondage and Lord of our future… To be a Christian theist is not just to have an intellectual world view; it is to be personally committed to the infinite-personal Lord of the Universe. And it leads to an examined life that is well worth living."

회에 책임있는 사역자로 세우는 것이라고 주장하였다.[505] 그의 선교학은 교회성장학을 중심으로 전개되는데, 교회설립과 제자도의 관계에 많은 강조를 두고 있다.

오늘의 선교현장에서 필요한 성도의 모습을 흔히 "세계를 품은 그리스도인들"이라고 부르는데, 즉 "World Christian"은 그리스도의 제자들로서 하나님이 보시는 관점에서 세계를 품고 기도하며 날마다, 자신의 사역지에서 제자도를 묵묵히 실천하는 자들이다. 오늘날 한국교회의 목회사역 현장에서는 제자도에 대한 관심이 대단하다.[506]

화란의 신학자 헨드릭 크레이머(Hendrik Kraemer)는 "20세기에 일어난 평신도의 대각성이야말로 제2의 종교개혁이다"이라고 하면서 이러한 그리스도의 제자로서 자신들의 사역을 수행할 때에 지난 16세기에 일어났던 종교개혁과 같은 새로운 변화를 기대할 수 있다고 주장한다.[507] 본 장에서 선교사역의 효율성을 위한 제자도의 필요성과 성경적인 제자도의 핵심적인 원리와 제자양육의 실질적인 요소들, 그리고 제자도가 사역에

---

505 Donald McGavran and Arthur Glasser, *Contemporary Theologies of Mission*, (Grand Rapids: Baker, 1985), 26: "Carrying the gospel across cultural boundaries to those who owe no allegiance to Jesus Christ, and encouraging them to accept Him as Lord and Savior and to become responsible members of His church, working, as the Holy Spirit leads, at both evangelism and justice, at making God's will done on earth as it is done in heaven".

506 Gary Kuhne, 『제자훈련의 원동력』, 서울: 나침반사; Gary Kuhne, 『제자양육의 원동력』, 서울: 나침반; Billie Hanks and William A. Sell, 『제자도』, 서울: 나침반; LeRoy Eims, 『제자삼는 사역의 기술』, 서울: 네비게이토 선교회; Walter A. Henrichsen, 『제자는 태어나지 않고 만들어 진다』, Disciples are Made – not Born (Wheaton: Victor, 1974), Carl Wilson, *With Christ in the School of Disciple Building: A Study of Christ's Method of Building Disciples*, 『목회와 제자양성』, 서울: 보이스사; Richard J. Foster, *Celebration of Discipline*, (San Francisco: Harper & Row, 1988); 후안 카를로스 오르티즈, 『제자입니까?』, (서울: 두란노서원, 1989); Dietrich Bonhoeffer, *The Cost of Discipleship*. (New York: Macmillian Co., 1963). 옥한흠, 『다시 쓰는 평신도를 깨운다』, (서울: 국제제자훈련원, 2004).

507 Hendrick Kraemer, *A Theology of The Laity*, (SCM Press: London, 1958).

가져오는 유익에 대해서 살펴보고자 한다.

1. 선교와 제자도

먼저 제자도는 예수님의 세계선교 명령에 핵심적인 요소이다. 제자도에 대한 현장에서 들려오는 오해는 제자도가 어떤 선교단체만의 프로그램일 뿐이라는 시각이 있는데, 이것은 진정한 제자도를 실천하는데 방해물이 될 수 있다. 현대교회가 건강한 교회와 사역을 원한다면, 제자도가 필요하다. 그리고 제자도가 없는 시대의 암흑같은 사회상을 가지고 교훈을 받아야 한다. 구약성경중에 삿2:10에 나타난 교훈은 하나님의 계약공동체가 그 후대를 위한 영적인 양육의 중요성을 보여주는 예가 된다. "그 세대 사람도 다 그 열조에게로 돌아갔고 그후에 일어난 다른 세대는 여호와를 알지 못하며 여호와께서 이스라엘을 위하여 행하신 일도 알지 못하였더라"(삿2;10). 사사기를 영적인 암흑시대라고 불리는데, 그 원인 중에 하나가 바로 성도들에 대한 양육에 대한 부재가 그 이유가 됨을 여기서 본다.

제자도의 필요성에 대한 분명한 근거는 예수님의 선교에 대한 지상 대명령에서 찾는다(마28:19-20). 주님의 대명령의 선교학적인 중요성은 항상 모든 시대에게 주는 그리스도의 마지막 유언으로 강조되고 전달되었다. 근대선교의 아버지로 불리워지는 William Carey가 그렇게 지금까지 선교역사에서 기림을 받는 것은 바로 그의 선교신학적인 주장이 그 이전의 누구보다도 탁월하였기 때문이다. 곧 William Carey는 그 이전시대가 주장한 선교지상 대명령이 사도시대에만 국한된다고 여기던 해석을 확장하여, 선교가 모든 그리스도인의 사역으로 주장한 점이 인정되었기 때문이다.[508] 그는 세계 모든 족속을 품고 선교해야만 하는 이유는 하나님의 약속이 항상 동일하기 때문이라고 그 시대 사람들을 설득하며 그 자신이 몸소 실천하였다. 그의 이러한 선교사역은 근대적인 선교를 가능하게 하였고 또 후대의 모든 선교사역이 무한히 열리게 만들었던 것이다.

그런데 마28:19-20의 선교 대명령 가운데 가장 중요한 부분은 선교에서 제자도가 얼마나 중요한가를 보여준다는 점이다. 곧 선교와 제자도의 관계는 상호간에 핵심적인 부분을 차지한다는 점이다. 여기에 나오는 네 가지 동사 중에 곧, 모든 족속으로 "가서, 제자를 삼아, 세례를 주고 가르쳐 지키게 하라"는 명령가운데 "제자를 삼아"라는 표현은 그 문장가운데 분사형태가 아니라 현재 명령형으로 기록되어서 그 어떤 부분보다 선교에서 제자도가 차지하는 중요성을 보여준다고 하겠다.

현대 선교신학에서 주요한 부분을 차지하는 교회성장학 역시 제자도의 중요성을 역설한다. 지역교회의 성장에는 반드시 성도들을 제자화하여 양육하는 체계가 모든 교회성장학자들의 주장이기도 하다. 교회성장을 위한 제자도의 실천은 다각도로 연구되고 추진되고 있다.

아울러 제자도는 성도 개개인의 영적인 성장과 갱신을 위해 적극적으로 제기되었다. 2000년의 선교역사에 나타난 위대한 선교사역자들은 이러한 제자도에 일찍 헌신하여 예수님의 제자로 세계선교에 일평생을 헌신하였다. 오늘날에도 대부분의 선교단체들은 그 어느 곳보다 제자도에

---

508 William Carey, *An Enquiry into the Obligation of Christians to Use Means for the Conversion of the Heathens*, (London: Carey Kingdom Press, 1792). "If the command of Christ to teach all nations extend only to the apostles, then, doubtless, the promise of the divine presence in this work must be so limited; but this is worded in such a manner as expressly precludes such an idea. Lo, I am with you always, to the end of the world…", quoted in *Perspectives on the World Christian Movement*, Ralph D. Winter and Steven C. Hawthorne, eds., (Pasadena: William Carey Library, 1981), 230.

대한 체계적인 프로그램을 운영하여 사역자들을 배출하고 있다. 사실 제자도는 외형적인 조직이나 체계가 아니라 성도의 내면 속에 예수 그리스도를 향한 성도의 인격적인 노력의 한 부분으로서, 인격적인 성장을 추구한다.

오늘의 교회의 영적 갱신과 영적 성장을 위하여 제자도는 더욱 그 필요성을 절감한다고 본다. 초대교회와 비교하여 현대교회는 무기력한 교회로 전락하는 이유로서 "적절한 훈련없는 교회"때문이라고 분석한 리차드 포스터(Richard Foster)는 교회가 영적인 깊이가 없이 피상적으로 머무는 것은 우리 시대의 비극이라고 주장한다("Superficiality is the curse of our age").[509]

"제자도를 위한 댓가"(The Cost of Discipleship)[510]을 20세기 초에 저술하여 제자도에 대해 강력한 필요성을 제기한 본 회퍼(Dietrich Bonhoeffer)는 그 당시의 유럽 교회들이 침체하고 형식주의에 빠져갈 때에 참 제자도의 의미를 강조하였는데, 그는 그리스도인이란 그리스도와 항상 함께하여 그를 위하여 죽는데도 함께하는 자임을 강조하고 택함받은 그리스도를 따르는 자임을 주장하였다("When Christ calls man, he bids him come and die").[511] 그리고 예수님이 주신 은혜는 풍성한 것이지만, 그것은 값싼 것이 아니라 대가가 있는 귀한 것임을 주장하였다. 값이 싼 은혜는 대가없는 은혜가 되며, 교회에서 주님의 은혜를 싼 값으로 만드는 것은 오늘 우리 교회의 적이라고 여기고, 현대 그리스도인들은 제자로서 대가를 치르는 삶을 향해 나아가야 한다고 주장한다("Grace is free, but it is not

---

509 Richard J. Foster, *Celebration of Discipline*, (San Francisco: Harper & Row, 1988).
510 이 책은 한국어로 번역되어, 대한기독교서회에서 "나를 따르라"는 이름으로 출판되었다.
511 Dietrich Bonhoeffer, *The Cost of Discipleship*, (New York: Collier Books, 1963), 7.

cheap… Grace without price; grace without cost. Cheap Grace is the deadly enemy of our Church. We are fighting today for costly grace").[512]

구체적으로 진정한 제자도를 설명하면서 본 회퍼는 어떠한 회개도 없이 죄사함을 주는 것이나 신앙훈련도 없이 베푸는 세례나, 바른 신앙의 고백도 없이 허락하는 성찬제도 등은 교회가 주님의 은혜를 헛되이 하는 것이라고 지적한다. 그리고 적절한 제자훈련이 없는 은혜는, 십자가의 고난이 없는 은혜로 만들고, 그것은 성육신하신 그리스도와 상관없는 교회로 이끈다고 주장한다("Cheap grace is the preaching of forgiveness without requiring repentance, baptism without church discipline, Communion without confession, absolution without personal confession…Cheap grace is grace without discipleship, grace without the cross, grace without Jesus Christ, living and incarnate").[513] 대조적으로 제자도가 있는 은혜는 밭에 감추인 보배와 같이 값진 것인데, 그 이유는 평생을 헌신하여 그리스도를 따르며 배움으로 참된 삶을 누리기 때문이라고 주장한다.[514]

제자도의 필요성에 대해 칼 월슨(Carl Wilson)은 교회가 "가르침의 깊이가 없이 계속되는 교세의 확장은 훗날 교회를 허약하게 만든다"고 하면서 제자도를 통한 영적인 성숙과 훈련의 필요성을 지적하였다.[515] 그리고 칼 월슨(Carl Wilson)은 현대 "교회가 실패한 주요 원인은 교회가 어

---

512 Dietrich Bonhoeffer, *The Cost of Discipleship*, 45.

513 Dietrich Bonhoeffer, *The Cost of Discipleship*, 47.

514 Dietrich Bonhoeffer, *The Cost of Discipleship*, 46–47: "Costly grace is the treasure hidden in the field… Such grace is costly because it calls us to follow, and it is grace because it calls us to follow Jesus Christ. It is costly because it cost a man his life, and it is grace because it gives a man the only true life. It is costly because it condemns sin, and grace because it justifies the sinner."

515 Carl Wilson, *With Christ in the School of Disciple Building*, (Grand Rapids: Zondervan, 1976), 『목회와 제자양성』, (서울: 보이스사, 1983).

떤 역사적 발전에 의해 함정에 빠졌고, 더 이상 예수님이 뜻하셨던 바대로 효과적인 제자 양성을 하지 못했고, 따라서 교인의 대다수가 그의 뜻을 알지 못했던 점에 있다"고 주장한다. 그러므로 현대교회의 견실한 성장을 위해서 "교회는 주님께 순종하도록 제자를 만들기 위해 사람들을 훈련하는 신약성서의 방법으로 돌아갈 것을 절실히 필요로 하고 있다"고 주장한다.

21세기에 걸쳐서 전세계에 걸쳐서 제자도에 대한 관심이 이제 한국교회에도 제자도에 대해 많은 관심을 갖게 되었다. 그러나 제자도에 대한 바른 이해가 수반되어야 한다. 제자도가 어떤 선교단체의 하나의 프로그램으로서가 아니라, 선교적 책임을 실천하고자 하는 교회의 사역으로서 그 정당한 자리를 가지도록 해야 한다.

예수님의 대위임령속에 나타난 제자도는 "모든 족속으로 제자를 삼으라"는 명령은 제자도에 의해 성취될 수 있다. 게리 쿠네(Gary Kuhne)는 주님의 "지상명령을 성취하는 방법은 보다 나은 기교나 전문 기술보다 헌신된 사람들의 성장에 의하여야 한다"(The means of achieving the Great Commission depends not so much on better techniques and greater technology, but rather on the development of committed people)고[516] 주장하면서, 제자도를 통한 훈련이 세계복음화를 이루는데 중요한 사역임을 보여준다.

2. 그리스도의 제자

사도 바울은 고린도교회 안에 나타난 세 가지 형태의 구성원들을 "육에 속한 사람"(고전2:14), "세상적인 그리스도인"(고전3:1) 그리고 "제자로

---

516 Gary W. Kuhne, *The Dynamics of Discipleship Training*, (Grand Rapids: Zondervan, 1978), 12.

사는 그리스도인"으로서 신령한 자(고전2:15)등으로 설명하였다. 교회에 출석하지만 그리스도에 대한 인격적인 체험이 없는 자들은 "육에 속한 사람"은 "성령의 일을 받지 아니하나니 저희에게는 미련하게 보임이요 또 깨닫지도 못하나니"(고전2:14)라고 바울은 묘사한다. 그리고 세상적인 그리스도인은 영적인 일에 아직 성숙하지 못해서 "육신에 속한 자 곧 그리스도안에서 어린아이들을 대함과 같이 하노라 내가 저희를 젖으로 먹이고 밥으로 아니하였노니 이는 너희가 감당치 못하였음이거니와 지금도 못하리라"(고전3:1-2)고 설명한다. 그리고 영적으로 살아가는 성숙한 자들을 "신령한 자"(고전2:15)라고 부르고 있다.

오늘날 교회안에 다양한 사람들이 있는데 누가 진정한 제자인가에 대해 성경은 여러 곳에서 제자의 정의를 제시한다. 그래서 게리 쿠네(Gary Kuhne)는 "제자란 그리스도를 닮기 위해 노력하는 사람이며, 전도의 성취한 열매이며, 그 열매를 보존 받기 위하여 양육을 받고 있는 그리스도인이다"(A disciple is a Christian who is growing in conformity to Christ, is achieving fruit in evangelism, and is working in follow-up to conserve his fruit).[517]

월터 헨리슨(Walter A. Henrichsen)은 제자에 대해서 다음과 같이 설명한다: "제자란 삶의 전 영역에서 성경으로부터 옳은 것을 결정하고 그리고 일관되게 그것을 지키는 사람으로" 정의한다(The disciple is one who in every area of his life determines from the Bible what is right and lives it consistently).[518]

D. 본 훼퍼(Dietrich Bonhoeffer)는 제자도를 설명하면서 제자는 그리스도에 집중하는 사람으로서 그리스도를 삶의 목적으로 삼아 훈련을 받는 사람으로 정의하고, 이러한 제자훈련이 반드시 기독교회에 존재함을 힘있

---

517 Gary W. Kuhne, *The Dynamics of Personal Follow-up*, 13.
518 Walter A. Henrichsen, *Disciples are Made, not Born*, (Wheaton: Victor Books, 1981), 31.

게 강조한다. [519]

게리 쿠네(Gary Kuhne)는 "진정한 제자의 삶은 일생의 과정 "이라고 제시한다(True discipleship is a lifelong process). [520] 사도바울처럼 "내가 이미 얻었다 함도 아니요 온전히 이루었다 함도 아니라 오직 내가 그리스도 예수께 잡힌 바 된 그것을 잡으려고 좇아가노라"(빌3:12)고 고백하는 자이다.

누가 제자인가에 대한 대답으로서 모든 신자가 그리스도의 제자로 나타난다는 점이다. 특히 사도행전에 나타난 제자라는 말은 모든 그리스도인들을 제자로 불렀다. "제자들이 안디옥에서 비로소 그리스도인이라 일컬음을 받게 되었더라(the disciples were first called Christians in Antioch)"(행 11:26). 마27:57에서 주님을 따르던 "아리마대 부자 요셉이라 하는 사람이 왔으니 그도 예수의 제자라"라고 기록하고 있으며, 행14:21에서 "복음을 그 성에서 전하여 많은 사람을 제자로 삼고"라는 표현에서 초대교회에서 제자라는 말은 보편적인 신자의 이름으로 사용되었다고 본다. 곧 예수 그리스도를 믿는 신자들을 초대교회에서는 제자로 부른 점은 제자도가 보편적인 현상이었으며, 오늘도 모든 그리스도인들이 이러한 제자도에 대해 온전한 관심을 가져야할 것을 보여준다고 하겠다.

신약성경에 나타난 제자의 삶의 3 가지 요소는 먼저 예수 그리스도에 대한 인격적인 위탁으로서, 늘 그리스도와 동행하면서 그리스도에 대한 완전한 헌신과 복종 그리고 희생을 의미한다(막3:14). 두 번째 요소는 그리스도의 증인으로서 복음을 전도하는 사역은 제자의 궁극적 사명이

---

519 Dietrich Bonhoeffer, *The Cost of Discipleship*. 65–66: "Discipleship means adherence to Christ, and because Christ is the object of adherence, it must take the form of discipleship... Christianity without the living Christ is inevitably Christianity without discipleship, and Christianity without discipleship is always Christianity without Christ."

520 Gary Kuhne, *The Dynamics of Personal Follow-up*, 14.

다(막3:14). 그리고 세 번째 제자의 요소는 종으로서의 섬김의 삶이다(눅 22:27).

그리고 제자의 삶은 먼저 배우는 자이다. 성경에 제자는 "배우는 자" 또는 "따르는 자"로서 묘사되었다 (히5:14-6:1): "단단한 식물은 장성한 자의 것이니 저희는 지각을 사용하므로 연단을 받아 선악을 분변하는 자들이니라. 그러므로 우리가 그리스도 도의 초보를 버리고 죽은 행실을 회개함과 하나님께 대한 신앙"에서 완전한데까지 나아가는 자이다. 제자는 초보의 삶에서 "장성한 자의 삶을 향해 살아가는 자"로서 "하나님과 예수 그리스도를 알아 가는(to know)" 삶(요17:3)으로 예수님께 "배우라"(마11:29)는 초청에 임하는 자이다. 또한 제자는 그리스도 예수께 헌신된 삶을 살아가는 자로서 그리스도에게, 그리고 교회사역에 그리고 말씀사역에, 모든 교회의 성도들에게 헌신하는 자이다. 그리고 제자는 받은 말씀에 "순종하는 자"의 길을 간다. 이것은 단순히 제자도가 성경말씀을 지식으로서가 아니라 삶에 말씀을 적용하는 삶으로 나아간다는 것이다. 오스왈드 챔버스(Oswald Chambers)는 기독교 지식은 과학적 지식과 비교해서 제자도가 지식의 문제가 아니라 순종의 문제에 있음을 주장하였다(The golden rule of standing spiritually is not intellect, but obedience). 시편기자처럼 시119:105 "주의 말씀은 내 발에 등이요 내 길에 빛이니이다" 라고 증거하고, 삼상 15:22에서 사무엘은 "순종이 제사보다 낫고, 듣는 것이 수양의 기름보다 나으니"라는 지혜를 누리는 삶이다.

3. 성경과 제자도

제자도가 어떤 선교단체의 프로그램이라는 오해가 있었지만, 사실 이것은 신약성경에 나타난 예수님의 사역전략으로 제시된다. 예수님은 제자훈련을 공생애 사역의 중심으로 삼으셨다. 막3:13-15에 예수님께서 사역의 초기에 제자들을 부르셨고 그 동기와 목적에 대해서 이렇게 기록되었다: "또 산에 오르사 자기의 원하는 자들을 부르시니 나아온지라 이에 열 둘을 세우셨으니 이는 자기와 함께 있게 하시고 또 보내사 전도도 하며 귀신을 내어쫓는 권세도 있게 하려 하심이러라". 본문에서 제자 삼으신 세 가지 목적이 첫째로, 제자는 예수 그리스도와 함께 하는 자로 주님에게서 매 순간마다 동행하며 주님의 진리의 말씀을 들으며 주님의 인격을 닮아가는 것이며, 둘째로, 전도도 하면서 주님의 복음을 전파하는 사역자가 되게 하려함이 제자를 부르심의 주요 목적이다. 그리고 셋째로는 주님의 보냄을 받아 하나님 나라의 확장을 위해 사역하는 사역자가 되게 하려함이다.

예수님은 공생애를 시작하시면서 베드로를 위시하여 12명의 제자들을 부르셨다. 제자를 세우신 이유는 예수님의 필요 때문이었다. 예수께서 필요한 것은 그의 말이 그대로 인쇄된 산 교본의 구실을 할 수 있는 제자들이었다. "제자가 그 선생보다 높지 못하나 무릇 온전케 된 자는 그 선생과 같으리라"(눅6:40). 여기서 예수님은 제자가 온전케되어 선생과 같은 사역을 할 수 있기를 기대하심을 보여준다. "온전케 됨"은 "온전히 훈련되어서(fully trained)"의 의미이다. 즉 온전히 훈련된 자들은 예수님이 기대하시는 사역자가 될 수 있다고 보시는 것이다.

예수님의 제자도의 목적에서 우리가 발견할 수 있는 원리는 바로 "사람들이 예수님의 방법"임을 보여준다(요1:35-51).[521] 곧 예수님의 관심의 초점은 어떤 프로그램이 아니라 사람들이었다. 그래서 예수님에게 제자들을 선택하는 것이 첫 사역의 목표였던 것이다. 그것은 하나님께서 사

---

521 빌리 행크스, 윌리엄 셀, 『제자도』, (서울: 나침반, 1983), 39-49.

람들로 자신의 정체성을 확립케 하심으로 사람들을 도울 수 있는 자가 되게 하시며, 모든 그리스도인으로 복음을 필요로 하는 많은 사람들에게 그리스도의 복음전파자로 사용하시고자 하는 것이다(행10:4-6).**522)**

예수님의 제자훈련의 방법은 예수님께서 그들과 함께 계심으로 이루어진다(마28:20). 곧 예수님의 제자들은 어떤 의식에 대한 외적 준수에 의해서가 아니라, 그와 함께 있음으로써, 함께 있음을 통하여 그의 진리에 참여함으로써, 위대한 인격의 소유자가 될 수 있었다(요18:19). 그리고 제자들이 예수님과 함께 있는 것은 전도에 필요한 준비를 하는 것이므로 중요하다(요15:27; 눅22:28-30). 그러므로 이러한 예수님의 제자도의 원리에서 주는 교훈은 사람들과 함께 시간을 보내는 것이 제자도의 우수한 방법이라는 점이다(행1:21-22).

다메섹 도상에서 예수님의 사도로 부르심을 받은 바울은 예수님처럼 그의 사역에서 역시 제자훈련사역을 중심으로 그의 선교사역을 이루었던 것을 보여준다. 사도 바울의 제자훈련은 딤후2:2에 나타나는데, 곧 "또 네가 많은 증인 앞에서 내게 들은 바를 충성된 사람들에게 부탁하라 저희가 또 다른 사람들을 가르칠 수 있으리라"이다. 여기서 나타나는 것은 바울로 시작하여 디모데를 제자로 삼아 지도자로 세우고 이제 디모데에게 충성된 사람들에게 제자훈련을 통해 다시 지도자가 되게 하고 그들은 또 다시 다른 사람들 가운데 충성된 자들에게 제자훈련을 통해 신앙의 계승을 유지하는 전략이 나타난다.

초대교회사에 사도바울의 목회에서 이러한 제자도는 매우 주요한 사

---

522 Leroy Eims, *The Lost Art of Disciple Making*, (Grand Rapids: Zondervan, 1980), 49-55: "People help people. God uses people. Christian men and women are His chosen means of spreading the gospel to the people who need to hear the Good News.(Acts10:4-6). God does not use angels as His witnesses. He uses people."

역의 전략이었음을 알 수 있다. 사도바울의 서신에서 제자도에 필요한 두 가지 질문을 만들 수 있다: 첫째로, "누가 나의 바울인가?"인데 이것은 곧, "내게 가르침을 줄 수 있는 사람은 누구인가?" 곧 나는 나의 영적인 성숙을 위해 배우고 도전을 받고 성장할 수 있도록 공급을 줄 수 있는 사람은 있는가에 관한 질문이다. 지속적인 성장과 사역의 효율성을 위해 제자도의 길을 갈 수 있도록 격려하고 지도하는 사람은 반드시 필요하다는 것이다. 둘째로, "나의 디모데는 어디에 있는가?"라는 질문인데, 이것은 이제 사역자로서 "내가 도와 생산력있는 제자삼을 자가 될 사람은 어디에 있는가?"에 관한 것이다. 이것은 소위 믿고 제자된 성도의 책임이기도 한 것이다.

학자들은 여기서 소위 "배가의 원리"(Multiplication)를 제기한다. 이 배가의 원리는 창조주 하나님께서 역사하시는 방법으로 성경은 묘사한다. 창1:28에 "하나님이 그들에게 복을 주시며 그들에게 이르시되 생육하고 번성하여 땅에 충만하라…"에서 "번성하라"는 말씀은 "배가하라"는 의미이다. 예수님의 제자들에 의해 전파된 복음은 배가를 계속하는 폭발적인 능력을 가지기 때문에, 재생산할(Reproduction) 수 있는 능력을 가진 제자를 삼으라고 예수님은 명령하신다(마28:19-20). 이러한 배가의 성장은 점진적인 증가가 결코 따라 잡을 수 없는 것으로, 그리스도의 교회는 배가의 핵분열을 통해 폭발적인 성장을 추구하고 있는 것이다. 이렇게 제자도를 통한 제자의 배가는 세계복음화의 과업을 성취하는 신약성경의 방법이다("Multiplying disciples is the New Testament vision and method for getting the job done").[523]

그리고 배가를 삼기까지 체계적인 과정은 다음과 같이 나타난다: 첫

---

523 Walter A. Henrichsen, *Disciples are Made not Born*, (Wheaton: Victor Books, 1981), 139-149.

째로, 전도하는 단계로서 초신자를 초청하는 단계이며, 둘째로, 회개하고 그리스도를 믿는 사람들을 개인적으로 양육하는 단계이며, 셋째로, 새신자를 훈련하여 영적 성숙과 열매맺는 삶을 살도록 만드는 단계이며, 마지막으로, 성숙한 제자가 이제 다른 사람들을 제자로 생산하는 일을 수행하는 단계이다.

제자로서 하나님이 쓰시는 사람의 모습에 대하여 게리 쿠네(Gary Kuhne)가 제시한 신실한 사람에 대한 기준은 아래와 같다. 첫째로, 하나님의 사람은 하나님의 말씀에 굶주린 자(Hunger for God's Word)를 들수 있다(벧전2:2; 레15:16; 시63:5, 6; 시119:20). (벧전2:2) "갓난 아이들같이 순전하고 신령한 젖을 사모하라 이는 이로 말미암아 너희로 구원에 이르도록 자라게 하려 함이라". 영적인 성장은 하나님의 말씀에 사모함으로 말미암음이기 때문이다. 구약시대 위대한 말씀의 선지자 예레미야는 하나님의 말씀에 항상 간절함으로 사역하였다(렘15:16). "만군의 하나님 여호와시여 나는 주의 이름으로 일컬음을 받는 자라 내가 주의 말씀을 얻어 먹었사오니 주의 말씀은 내게 기쁨과 내 마음의 즐거움이오나".

둘째로, 거룩한 삶을 살려고 갈급하는 자(A Thirst for Holy Living)이다(요일2:3; 벧전1:15-16; 시51:10). 하나님이 쓰시는 사람의 기준은 경건에 힘쓰는 자이다(벧전1:15-16). "오직 너희를 부르신 거룩한 자처럼 너희도 모든 행실에 거룩한 자가 되라 기록하였으되 내가 거룩하니 너희도 거룩할찌어다 하셨느니라". 그리고 거룩함을 위하여 시인처럼 간구하는 사람이다(시51:10). "하나님이여 내 속에 정한 마음을 창조하시고 내 안에 정직한 영을 새롭게 하소서".

셋째로, 제자가 되어 하나님의 쓰임을 받는 사람은 "하나님을 더욱 알려고 갈망하는 자"(A Desire for Greater Knowledge of God)이다(시42:1-2; 시63:1). 구약의 성도들은 간절하게 하나님에 대하여 깊이 체험하기를 간구한다(시42:1-2). "하나님이여 사슴이 시냇물을 찾기에 갈급함 같이 내 영혼이 주를 찾기에 갈급하니이다. 내 영혼이 하나님 곧 생존하시는 하나님을 갈망하나니 내가 어느때에 나아가서 하나님 앞에 뵈올꼬". (시63:1) "하나님이여 주는 나의 하나님이시라 내가 간절히 주를 찾되 물이 없어 마르고 곤핍한 땅에서 내 영혼이 주를 갈망하며 내 육체가 주를 앙모하나이다".

넷째로, 하나님이 쓰시는 사람은 "그리스도의 주님되심에 근본적으로 헌신한 자"(A Basic Commitment to the Lordship of Christ)이다(신6:5; 마6:33; 롬 12:2). 제자로 헌신할 사람은 "마음을 다하고 성품을 다하고 힘을 다하여 네 하나님 여호와를 사랑하는" 자로(신6:5), 그리고 하나님의 "나라와 그 의를 먼저 구하는 자"(마6:33)로서, 삶의 모든 것을 주를 위해 헌신하는 자이다(롬12:2). "너희는 이 세대를 본받지 말고 오직 마음을 새롭게 함으로 변화를 받아 하나님의 선하시고 기뻐하시고 온전하신 뜻이 무엇인지 분별하도록 하라".

다섯째로, 제자는 "하나님께 쓰임받기를 갈망하는 자"(A Desire to be Used by God)이다(사6:6-8; 롬1:11; 롬1:15; 골2:1). 선지자 이사야는 사람을 찾으시는 하나님이 음성을 듣고 자원하여 자신을 헌신하여 이스라엘 역사의 가장 위험한 때에 큰 사역을 감당하였다(사6:8). "내가 또 주의 목소리를 들은즉 이르시되 내가 누구를 보내며 누가 우리를 위하여 갈꼬 그 때에 내가 가로되 내가 여기 있나이다 나를 보내소서". 바울은 그리스도를 알고 나서 자신은 모든 사람에게 복음에 빚진 자로서 그 빚을 갚고자 자신을 헌신하였다. "헬라인이나 야만이나 지혜 있는 자나 어리석은 자에게 다 내가 빚진 자라 그러므로 나는 할 수 있는대로 로마에 있는 너희에게도 복음 전하기를 원하노라"(롬1:14-15).

마지막으로, 하나님이 쓰시는 사람은 "사람을 사랑하는 자"(A Love for

People)이다(고후5:14; 빌1:8; 살전2:7-8).[524] 사도 바울은 "그리스도의 사랑이 우리를 강권하시는도다 우리가 생각건대 한 사람이 모든 사람을 대신하여 죽었은즉 모든 사람이 죽은 것이라"라고 선포하며 그리스도의 사랑으로 사람들을 품고 섬기는 고백을 하였다(고후5:14). 그리고 빌립보교회에게 편지하면서 바울의 사람들에 대한 사랑이 분명하게 나타나고 있다(빌1:8) "내가 예수 그리스도의 심장으로 너희 무리를 어떻게 사모하는지 하나님이 내 증인이시니라".

월터 A. 핸리슨(Walter A. Henrichsen)은 제자는 태어나지 않고 훈련으로 만들어진다는 것을 강조하며서, 성경에 나타난 하나님이 쓰시는 "충성된 사람들"(딤후2:2)의 자질을 보다 포괄적으로 다음과 같이 제시하였다.[525] 충성된 사람은 그의 삶의 모든 영역에서 성경대로 성경의 가치관을 적용하는 사람으로 정의한다(The faithful person is one who has applied the Scriptures to every area of his life). 그리고 제자도의 삶은 훈련으로 이루어지며, 제자란 바로 훈련된 사람을 강조한다(The life of discipleship is a life of discipline. A disciple is a disciplined person). 월터 A. 핸리슨(Walter A. Henrichsen)이 제시한 충성된 사람의 모습은 다음과 같다:

1) 그의 삶의 목표가 성경에서 하나님이 주신 목적과 일치하는 사람이다(He has adopted as his objective in life the same objective God sets forth in the Scriptures).

2) 그의 삶에서 하나님의 뜻을 이루기 위해 기꺼이 대가를 치루고 하는 자이다(He is willing to pay any price to have the will of God fulfilled in his life).

3) 충성된 사람은 "하나님의 말씀을 사랑하는 사람"(렘15:16)이다(He has

---

524 Gary Kuhne, *The Dynamics of Personal Follow-up*.
525 Walter A. Henrichsen, *Disciples are Made not Born*. 10-18

a love for the Word of God).

4) 그의 마음이 항상 다른 사람들을 섬기는 자로 살아가는 자이다(마 20:26-28)(He has a servant heart). 영국해군사관학교(British Royal Military Academy)의 교훈은 "섬김으로 지도자가 되라"이다(Serve to lead).

5) 충성된 사람은 "육체를 의지하지 않는 자"이다(He puts no confidence in the flesh). 사도바울은 "우리 마음에 사형 선고를 받은 줄 알았으니 이는 우리로 자기를 의뢰하지 말고 오직 죽은 자를 다시 살리시는 하나님만 의뢰하게 하심이라"(고후1:9)고 고백한다. 바울은 인간의 육체속에 선한 것이 거하지 않음을 증거한다(롬7:8, "For I know that in me [in my flesh], dwelleth no good thing").

6) 충성된 사람은 홀로 고립된 자가 아니고 협력하는 동역자를 가지는 자이다(Team Worker). 그는 독단적으로 행하지 않는다(He does not have an independent spirit). 하나님은 사람들을 도구로 사용하셔서 하나님의 뜻을 전달하게 하신다(People are often God's instruments to communicate to other people). 하나님은 다른 사람들을 위해 자신을 쳐서 복종할 수 있는 자들을 충성된 사람들로 바라보신다(God is looking for faithful people who are willing to subjugate their own ideas for the sake of the team).

7) 충성된 사람은 사람들을 사랑하는 자(요일4:10)이다(He has a love for people). 경건하게 사는 것은 하나님을 닮는 것이다(To be godly is to be God-like). 그리고 하나님을 닮는 것은 사람을 사랑하는 것인데, 그 이유는 하나님은 사람을 사랑하시기 때문이다(To be like God is to love people, because God loves people.). (요일4:10) "사랑은 여기 있으니 우리가 하나님을 사랑한 것이 아니요 오직 하나님이 우리를 사랑하사 우리 죄를 위하여 화목제로 그 아들을 보내셨음이니라"(요일4:10).

8) 하나님이 쓰시는 사람은 자신의 부족함을 훈련하여 "흠이 없는 자"

(히12:15)이다(He does not allow himself to become trapped in bitterness). 하나님의 일을 할 때 다른 사람들은 결점을 가지고 필요없는 비판을 일삼음으로 고통을 줄 수 있다(Many a person has become bitter because someone pointed out a fault in his life). 그러나 충성된 사람은 자신을 훈련하여 그러한 흠을 없이 하는 자이다(Faithful Christians guard their hearts well in this critical area).

9) 하나님이 쓰시는 충성된 사람은 자신을 훈련하는 자이다(고전9:24-27)(He has learned to discipline his life). 사도 바울은 사도로서 고린도 교인들에게 자신의 삶에 대해서 자신을 제자로서 날마다 훈련하는 일에 진력함을 증거하였다(고전9:24-27). "운동장에서 달음질하는 자들이 다 달아날지라도 오직 상 얻는 자는 하나인줄을 너희가 알지 못하느냐 너희도 얻도록 이와 같이 달음질하라. 이기기를 다투는 자마다 모든 일에 절제하나니 저희는 썩을 면류관을 얻고자 하되 우리는 썩지 아니할 것을 얻고자 하노라. 그러므로 내가 달음질하기를 향방 없는 것 같이 아니하고 싸우기를 허공을 치는 것 같이 아니하여 내가 내 몸을 쳐 복종하게 함은 내가 남에게 전파한 후에 자기가 도리어 버림이 될까 두려워함이로라".

요약하면, 성경에 나타난 제자도의 원리들을 살펴볼 때, 오늘 이러한 사역의 진리가 선교지와 목회현장에서 절실하게 필요로 하는 것임을 알 수 있다. 제자로서 자신을 헌신하여 하나님의 쓰임을 받는 사람들은 항상 많지 않았다. 신자에게 제자도는 누가 감당해야할 사명인가에 대해 "신자 스스로 바로 그 일을 해야할 사람이며, 신자야말로 하나님이 원하시는 제자삼는 자가 되어야 한다"(겔22:30)는 점이다.

4. 선교와 제자양육

제자도에 있어서 양육은 매우 중요한 부분이다. 양육되지 아니하고 효과적인 사역을 기대할 수 없다. Gary Kuhne는 양육의 정의를 다음과 같이 주장한다: "양육이란 새신자가 믿음안에서 영적인 기초를 세우는 것이다"(Follow-up is the spiritual work of grounding a new believer in the faith).[526] 그리고 제자는 반드시 개인적인 양육을 통해 나타난다.

(Disciples are produced most effectively through personal follow-up).[527]

실제로 제자로 양육하는 과정은 다양한 단계를 거치도록 설계되어 나타난다. 그 중에 양육의 6단계가 보편적이다. 초신자가 제자도를 실천하는 성숙한 신자가 되기까지 그 과정에 주의를 가져야 할 필요성이 여기에 있다. 첫 단계는 구원의 확신의 단계이다. 이 구원의 확신은 새 신자가 그리스도안에 굳게 서기[Assurance]와 하나님과 함께하는 신앙생활의 기초 단계이다(Helping the new believer receive assurance of salvation and acceptance with God.). 그러므로 구원의 확신은 그리스도인의 제자도에 매우 중요한 사역이다.

둘째 단계는 성경의 진리안에서 지속적인[Consistency] 활동을 통해 성장하는 단계로서 이 단계에서 성경말씀의 암송이 크게 유익하다 (Helping the new believer develop a consistent devotional life).

세 번째 단계는 안정됨(Stability in Basic Doctrine)의 단계로서 신앙의 기본적인 교리학습을 통해 흔들림이 없는 단계에 속하게 된다[Stability]. (엡 4:14) "이는 우리가 이제부터 어린아이가 되지 아니하여 사람의 궤술과 간

---

526 Gary Kuhne, *The Dynamics of Personal Follow-up*, (Grand Rapids: Zondervan, 1976), 16.
527 Gary Kuhne, *The Dynamics of Personal Follow-up*, 20.

사한 유혹에 빠져 모든 교훈의 풍조에 밀려 요동치 않게 하려 함이라". 이 단계는 새신자를 도와서 그리스도안에서 풍성한(요10:10) 삶의 기초를 이해하고 누리도록 돕는 단계를 말한다(Helping the new believer understand the basics of abundant Christian Life).

네 번째 단계는 영적인 성장의 목표인 예수 그리스도와 같이 성장하여 가는 과정을 말한다(엡4:13)[Christlikeness]. (엡4:13) "우리가 다 하나님의 아들을 믿는 것과 아는 일에 하나가 되어 온전한 사람을 이루어 그리스도의 장성한 분량이 충만한 데까지 이르리니". (엡4:15) "오직 사랑 안에서 참된 것을 하여 범사에 그에게까지 자랄지라 그는 머리니 곧 그리스도라".

다섯 번째 단계는 이제 독립적으로 하나님의 말씀을 묵상하고 적용하여 삶에 실적인 유익과 교훈을 얻는 단계이다(Independently applying and benefiting from the Word of God). 이 단계는 영적인 성장을 통하여 독립적인 활동을 하는 단계이다 [Independence].

마지막으로 여섯 번 째 단계로는 다른 사람들에게 이와같은 제자도를 훈련시키고 재생산하는 단계를 의미한다(Reproducing Previous Goals in lives of other people) [Reproduction]. 이러한 양육의 단계는 제자도의 이해와 실천에 핵심적인 과정으로서 매우 중요하다. 그만큼 양육이 없이 성숙한 제자도를 기대할 수 없다.

5. 효율적 선교와 제자양육

세계선교를 위해서 좋은 제자도의 실천을 위한 훈련의 과정으로 크게 세 가지 영역이 있는데, 그것은 개인적인 경건의 훈련영역(Devotional Area)과 교리적인 영역(Doctrinal Area)과 그리고 실제적인 제자도의 영역(Discipleship Area)이 있다.

먼저 개인적인 경건의 훈련과정으로 1)구원, 2)구원의 확신, 3)경건한 삶(Devotions), 4)기도, 5)성구암송, 6)성경공부인도법, 7)죄의 고백, 8)시험을 다루는 법(Dealing with Temptations), 9)성령충만한 삶, 10)순종, 11)하나님의 연단하심(God's Discipline), 12)경건의 생활관습(Developing Godly Habits of Living), 13)하나님의 뜻을 알기(Knowing God's Will), 14)청지기원리(Stewardship), 15)교회봉사(Church Involvement) 등에 대한 주제 등을 통하여 개인의 영적 성장을 추구하는 영역이다.

두 번 째 영역은 기초적인 교리의 과정을 습득하는 영역으로, 여기에는 다음과 같은 주제들을 다룬다. 교리적 영역(Doctrinal Area)으로, 1)성경교리들은 삼위일체론, 기독론, 구원론, 성화, 교회 등에 대한 영역을 다루고, 2)조직적인 성경지식을 위해서, 신구약성경을 가르치고, 3)변증학적인 훈련을 위해 성경의 영감론, 그리스도 부활의 증거들, 이단, 철학과 신앙의 관계, 과학과 성경에 대해서 훈련하고, 그리고 4)상담학적인 분야로 다양한 심리적 현상들에 대해 훈련한다.

세 번째 실제적인 제자도의 영역(Discipleship Area)에서 다루는 주제들은 1)전도(Evangelism), 2) 증거(Testimony), 3) 양육(Follow-up), 4) 상담(Counseling), 5)변증(Apologetics), 6) 시간관리(Time Management) 등을 훈련한다.

6. 제자도와 현장사역

선교와 목회현장에서 주님의 제자도를 충실히 시행한다면 학자들은 그 결과로서 교회의 체질개선과 교회갱신을 얻을 수 있다고 주장한다.[528] 이러한 제자도의 원리는 먼저 교회의 이미지를 갱신할 수 있는데,

---

528 옥한흠, 『다시 쓰는 평신도를 깨운다』, (서울: 국제제자훈련원, 2004).

곧 모임자체가 목적인 전통적 개념에서, 하나님의 영광을 위한 수단이 되게 한다는 점이다. 그리고 제자도는 평신도 모두에게 자신의 바른 성 경적인 자아상을 바로 정립하게 하여 책임있는 전문인사역자로서의 역 할을 감당할 수 있게 한다.

또한 제자도를 실천하면 사역자로서 그 현장에서 그 열매가 나타나는 데, 곧 보호목회에서 훈련목회로 전환할 수 있다는 점이다. 목회자가 감 시하고 사역을 독점하는 것이 아니라 평신도를 체계적으로 양육함으로 그들로 사역하게 함은 제자도가 가져다주는 열매인 것이다. 그리고 제자 도를 잘 시행하면 이제는 전교회가 상호 사역하는 유기적 관계를 회복할 수 있다는 점이다. 90%이상의 교인들은 항상 사역의 변두리에 위치해 주 님의 제자로서의 역할을 수행하지 못하던 전통적인 교회 사역관에서 제 자도를 통해 전교인이 사역을 하는 목회로 나아간다는 점이 이 제자도의 효과이다.

이 제자도는 기존의 교회사역과 교역자중심체제에서 평신도중심체제 로 바꿀 수 있다는 점에서 제자도의 필요는 더욱 절실한 것이다. 그리고 제자도의 효과는 이제 분담사역의 잠재력을 가진 평신도 지도자들을 많 이 확보할 수 있게 한 다는 점에서 더욱 그 중요성은 커진다. 그러므로 제 자도의 목회적인 적용은 사역의 현장에서 지속적인 교회성장을 기대할 수 있다는 점이다.

7. 요약

예수님은 공생애 기간 동안에 주 사역으로서 제자들을 부르시고 훈 련시키는 사역에 집중적인 노력을 기울이셨다. "너희가 내 말에 거하면 참 내 제자가 되고, 진리를 알지니 진리가 너희를 자유케 하리라"(요8:31-

32). 이처럼 제자훈련의 필요성은 오늘 우리 모든 사역의 현장에서 필요하다. 주님의 마지막 유언에서 선교의 명령과 함께 모든 족속을 제자로 삼으라는 주님의 명령에서도 제자도는 핵심적인 사역을 제시된다.

오늘의 목회와 선교현장에서 일어나는 다양한 문제들의 원인은 적당한 제자도의 부재에서 왔다고 본다. 사역지에서 겪는 많은 시행착오의 사례들과 그 영향들은 우리 주위에 널려있다. 잃어버린 주님의 제자도가 오늘도 시행된다면 선교지와 목회사역지에서 주님의 기대와 열매가 나타나리라 본다. 좋은 제자도는 자신을 비어 주 예수앞에 참 제자의 모습으로 배우는 데 있다. 자기의 수준을 내려 주님앞에 엎드려 배우는 삶이 그 첫걸음이다. 제자훈련은 예수를 닮아가는 성경적인 방법이다. 자신이 먼저 예수를 배우고(마28:29), 항상 배우는 자는 늘 겸손한 자들이다. 제자도는 참된 신앙을 원하는 자가 걸어 가야할 길이며, 한 평생 동안 가는 훈련의 과정임을 인식하자. 마28:19-20에서 성도의 믿음은 모든 족속들을 포함하고 있으며, 성도는 모든 족속을 제자로 삼으라는 주님의 명령을 준행해야 한다. 이것을 잘 감당하기 위해 먼저 제자도에 대한 원리를 배워야 한다(마4:19). "나를 따라 오너라 내가 너희로 사람을 낚는 어부가 되게 하리라 하시니"

에스겔이 선지자로 사역하는 동안에 하나님은 진실한 하나님의 사람들의 출현에 대해 간절히 부르짖고 있다. "이 땅을 위하여 성을 쌓으며 성 무너진 데를 막아서서 나로 멸하지 못하게 할 사람을 내가 그 가운데서 찾다가 얻지 못한 고로"(겔22:30). 오늘도 선교와 목회사역지에서 이러한 주님의 제자들을 찾으신다. 현대교회는 자원함으로(시51:12-13) 훈련에 참여하여 성경의 제자도를 추구함이 필요하다고 본다: "다만 이뿐 아니라 우리가 환난 중에도 즐거워하나니 이는 환난은 인내를 인내는 연단을 연단은 소망을 이루는 줄 앎이로다. 소망이 부끄럽게 아니함은 우리

에게 주신 성령으로 말미암아 하나님의 사랑이 우리 마음에 부은바 됨이
니"(롬5:3-5).

마지막으로, 좋은 제자도를 시행하는 길은 사역자가 먼저 제자가 되
어야 한다는 점이다. 만일 사역자가 스스로 배우는 제자가 안되면 평신
도들은 허공을 보고 훈련을 받게 된다는 점이다. 그리고 사역자는 자신
의 사역의 목회철학을 점검하면서, 자신이 먼저 체험해야 한다. 제자훈
련의 궁극적 목적은 항상 그리스도의 인격과 삶을 본받는 신자의 자아상
의 확립에 있다. 이것은 제자도가 결코 바울의 제자도, 담임목사의 제자
도가 아닌 예수 그리스도의 제자를 양육함에 있다는 점을 잊어서는 안된
다. 그리고 제자도는 항상 시간이 필요하다. 그리고 그 과정도 매우 중요
하다. 그것은 제자도는 성화(Sanctification)와 관련된 일생동안의 과정이기
에 일시적인 현상이 아닌 것이다. 그러므로 인내를 가지고 선교사역의
현장에서 제자도를 시행하는 것이 필요하다.

제19장

전문인선교와 하나님 나라이해

1. 서론

교회에 대한 지금까지의 많은 관심과 연구가 이루어져 왔지만, 오늘날 현대교회를 도전해오는 세속주의의 영향력에 의해 교회가 여러 가지로 타격을 입게 되었다. 교회의 세속화, 성도의 이기적인 삶, 상대주의적 신학노선 등으로 오늘의 교회들은 주위의 세상의 가치관으로 물들어 가는 경향이 심화되고 있다.

그러므로 참 교회관을 정립하기 위해서는 지상교회가 가지는 아름다운 지위와 관련하여 하나님 나라와의 그 관계성을 살펴봄이 절실하다. 곧, 하나님의 나라는 무엇인가, 그리고 하나님 나라와 교회와의 상관관계는 무엇인가 등을 연구함으로 교회의 선교적 그 위치와 역할 등을 분명히 보게 될 것이다. 사실, 하나님 나라의 개념은 선교의 근거, 선교의 실천방도, 그리고 선교의 목적과 방향을 제시함에 있어서 지대한 영향을 끼쳐 왔다.

요하네스 버카일(Johannes Verkuyl)은 "선교학은 하나님 나라를 더더욱 보게 하는 학문으로서, 하나님의 나라는 모든 선교 사역이 이루어지게 하는 중추와 같다"고 주장한다. [529] 찰스 밴 엔겐(Charles Van Engen)도 "우리가 교회와 하나님 나라의 관계를 바로 이해할 때에야 비로소 우리는 교회와 세상의 선교적 관계를 하나님 나라의 시공간 안에서 이해할 수 있게 된다"고 주장한다. [530] 밴 엔겐(Van Engen)은 선교하는 교회는 이미 임한 하나님의 나라를 체험하고 있으며, 더욱이 하나님 나라의 도래를 실천하고 전하고 보여주고 있으며, 지역교회가 도래하는 하나님의 나라를 전파할 때, "이미" 임한 그 나라가 점차적으로 예견된 "아직" 쪽으로 움직여 가는 것이라고 주장한다. [531]

그러므로 교회의 온전한 선교를 이해하기 위해 하나님 나라에 대한 이해는 필수적인 과정이라 할 수 있다. 21세기의 효과적인 선교는 교회의 왜곡된 모습에서 진정한 교회의 정체성을 새롭게 함에서 출발한다고 볼 때, 하나님 나라의 개념은 성경적인 교회관을 제시할 뿐만 아니라 모든 성도가 지상에서 참된 역할이 무엇인지를 지시한다. 곧 그의 나라와 그의 의를 구하며, 이 땅에서도 주의 나라가 이루어지도록 간구하면서(마 6:33; 히12:29), 두렵고 떨림으로 교회는 이 땅에서 복음을 전파함으로 하나님의 나라의 도래에 참여하는 선교를 수행하게 된다.

그러나 아직 우리는 이러한 거대한 하나님 나라의 성경적 이해에 이르지 못하므로 말미암아 세상이라는 문제 속에서 헤어 나오지 못하고 그저 현상유지에만 머물러 창조적인 선교활동에 이르지 못하는 현실이다. [532]

---

529 Johannes Verkuyl, *Contemporary Missiology: An Introduction*, (Grand Rapids: Eerdmans, 1978), 203.

530 Charles Van Engen, *God's Missionary People*, (Grand Rapids: Baker, 1991), 114.

531 Charles Van Engen, *God's Missionary People*, 111.

532 Howard A. Snyder, *Liberating the Church* 『참으로 해방된 교회』(권영석역), 서울:IVP, 2005. Howard Snyder는 "교회가 하나님 나라를 세우는 대신 교회 자체를 세우는 존재로 자신을 규정짓게 되면 언제나 문제는 생긴다. 교회를 세우고자 하는 사람들은 교회의 활동들에만 신

그러므로 하나님 나라의 진면목을 강조함은 오늘의 교회와 선교를 위하여 절실하다고 본다.

2. 하나님의 나라에 대한 이해

하나님의 나라에 대한 한국교회의 관심은 다양하게 나타나고 있다.[533] 사실 성경은 하나님의 나라에 대해서 그 첫 페이지부터 마지막까지 기술하고 있다. 성경은 하나님의 나라가 이미 하나님의 창조 활동들에서 이미 시작되었다고 증거한다.[534] 특히 존 브라이트(John Bright)는 그의 "하나님 나라"에서, 하나님의 나라는 "모든 피조물에 대한 하나님의

경을 쓴다. 그러나 하나님 나라를 세우고자 하는 사람들은 하나님 나라의 여러 가지 활동, 즉 인간의 모든 행위와 보이는 것이나 보이지 않는 것이나 하나님이 만드신 모든 만물에 신경을 쓴다. 하나님 나라의 사람은 먼저 하나님 나라와 그의 의를 구한다"고 주장한다(11).

533 한국교회는 1970년대 부터 하나님 나라에 대한 관심을 가져왔다. 존 브라이트(John Bright)의 "하나님 나라"가 1973년에 번역되고, 조지 L. 래드(George L. Ladd)의 하나님의 나라에 관한 책들이 번역되어 나오게 되었다. 그리고 헤르만 리데보스(Herman Ridderbos)의 "하나님의 나라"가 번역 출판되었으며, 신학잡지 "목회와 신학"에서는 "하나님 나라의 이해"에 대한 특집(1991년 6월호)을 다루었으며, 한국복음주의신학협의회는 제21차 논문발표의 주제를 "하나님 나라와 교회"로 정하고 여러 분야에서 나온 논문을 발표한 적이 있다. 하나님 나라에 대한 대표적인 도서는 다음과 같다: 존 브라이트, 『하나님의 나라: 교회의 성서적 개념과 그 의의』, 김철손역, (서울: 컨쿨디아사, 1973); 조지 L. 래드. 『신약신학』 신 성종, 이한수공역, (서울: 대한기독교출판사, 1985); 헤르만 리데보스, 『하나님 나라』, 오광만역, (서울: 엠마오, 1987); 클라스 루니아, 존 스토트, 『하나님 나라의 신학』, 한국교회문제연구소; 조지 래드, 『예수와 하나님 나라』, (엠마오); 박영선, 『하나님 나라의 이해』, (엠마오); V. 케리인멘, 『당신의 천국개념, 전통적인가 성경적인가』, (나침반사); 캠벨몰간, 『하나님 나라의 비유』, 풍만출판사; 헤르만 리델보스, 『하나님 나라』, 생명의 말씀사; 리델보스, 클라우니, 래커, 프랑스 공저, 『구속사와 하나님 나라』, 풍만출판사; 조지 래드, 『하나님 나라에 관한 중요한 문제들』, 성광문화사; 이신건, 『하나님 나라와 이데올로기』, 성광문화사; 헤만 리델보스, 『하나님 나라의 도래』, 생명의 말씀사; 최낙재, 『하나님의 나라』, 성서유니온; 그레엄 골즈워디, 『복음과 하나님 나라』, 성서유니온.

534 John Bright, *The Kingdom of God*, (Nashville: Abindon Press, 1988). Willem A. VanGemeren, *Interpreting the Prophetic Word*, (Grand Rapids: Zondervan, 1990)

통치"(the rule of God over all creation)로 정의하고 있다.[535] 성경신학자 W. 밴 게메렌(VanGemeren)은 하나님의 나라는 하나님의 창조사역에서 시작되었으며, 지금도 하나님께서 인간의 저항에도 불구하고, 그의 지혜, 사랑, 인자, 인내와 의로 세상을 유지하고, 다스리시고 통치하는 것으로 정의하였다.[536]

그리고 이러한 하나님의 나라는 하나님의 심판과 구원의 행위들을 통해서 나타난다. 하나님은 창조 시에 그의 통치를 확립하였고, 그의 창조물을 돌봄으로써 계속 유지해 오고 있다(시104). 또한 하나님의 나라는 성령에 의해 하나님의 백성들의 삶에 구현되는 하나님의 통치이다(롬14:17). 그 나라의 특징으로 이것은 군사력이나 정치권력에 의해서가 아니라 복음을 통한 성령의 역사에 의해 점차 확장된다.

하나님의 왕국은 하나님의 백성의 공동체에 대한 그의 통치에서 더욱 확장된다. 그들의 삶과 증언으로 하나님의 왕국을 구체적으로 존재하게 한다. 하나님의 왕국은 현존함(이미 시작됨, 마12:28)과 동시에 종말론적이다. 종말론적 개념으로서의 하나님의 나라는 하나님의 백성을 위해 예비된 평화의 시대이다.

그러므로 하나님의 나라시민은 이 세상 속에서 "반문화"(counter-culture), 곧 하나님 나라의 문화를 형성하는 사역에 참여하게 된다. 존 칼빈(John Calvin)은 "하나님의 나라는 영적이요, 천계적이므로, 단계적으로 우리의 사고를 끌어올리지 않는다면, 인간의 이성으로서는 그것을 이해

---

535 John Bright, *The Kingdom of God*, (Nashville: Abindon Press, 1988), 18.

536 Willem A. VanGemeren, *Interpreting the Prophetic Word*, (Grand Rapids: Zondervan, 1990), 231: "The kingdom of God is inaugurated in God's creative activities. He sustains, governs, and rules over this world in wisdom, love, compassion, patience, and righteousness in spite of human opposition to his kingdom".

할 수 없다. 그것은 바로 선지자들이 그리스도의 왕국을 지상의 왕국들과 비교하여 설명한 이유이다. 우리는 또한 구약성경에 어떤 특이성이 있음을 알고 있는데, 그때 하나님은 이후에 복음에서 분명히 드러나게 될 것을 그림자로 감추었었다. 그러나 그리스도 안에서 하늘은 우리에게 개방되었다"고 표현한다. [537]

구약에 활동한 여러 선지자들은 인간의 왕권은 타락한다는 사실을 잘 알고 있었기에 하나님만이 그의 백성을 위해 평화를 확립할 수 있음을 증거했다. 이처럼 하나님의 나라는 창조와 구속에 관계된 하나님의 약속과 언약들을 포괄한다. 하나님의 자녀들이 언약갱신의 첫 열매들을 향유하기 때문에, 그리스도 안에 있는 우리는 언약의 약속들(표징)을 누리는 것과 언약의 성취(실재)사이에 살고 있다.

예수 그리스도께서 "너희는 먼저 그의 나라와 그의 의를 구하라"라는 말씀으로 우리의 삶의 목적이 무엇이어야 하는가를 보여 주시고, 선택의 우선순위에서 그의 나라와 그의 의가 먼저여야 함을 보여 주셨다. 또 주 기도문에서 "나라이 임하옵시며"(마6:10)라는 기도제목을 강조하셨다.

믿음의 조상 아브라함이 이 땅에서 살았던 삶의 모습이 히11:9이하에 기록되어 있다. 그는 이 땅에서 나그네처럼 살았다. 이 땅에 성을 세우지 않고 장막에 거하면서 하나님의 경영하시고 지으실 터가 있는 성을 바라보고 살았다. 믿음의 조상 아브라함과 구약에 나타난 많은 믿음의 선배

---

537 John Calvin, *Commentaries on the Book of the Prophet Jeremiah and the Lamentations*, (Grand Rapids: Baker, 1979), 4:82; "As then, the kingdom of Christ is spiritual and celestial, it cannot be comprehended by human minds, except he raises up our thoughts, as he does, by degrees. This, then, is the reason why the Prophets have set forth the kingdom of Christ by comparing it to earthly kingdoms. We also know that there was a peculiarity in the Old Testament, when God covered with shadows what was afterwards clearly revealed in the Gospel; in Christ the heavens are opened to us".

들이 하나님의 도성을 바라보는 종말론적 신앙을 가지고 살았던 것이다.

하나님의 나라는 미래적 왕국만이 아니라, 현재적인 의미를 가지고 있기에, 현재에서 그리스도가 우리의 삶의 왕되심을 깨닫고 그의 통치하심을 바라고, "먼저 하나님의 나라를 구하라!"는 명령에 신실해야 할 것이다. 서철원 박사는 "신약이 말하는 하나님 나라는 종말에 하나님에 의해 최종적으로 도입되고 완전하게 설립될 것이지만, 그 나라는 예수 그리스도의 강림, 죽음과 부활로 현 세상에 도입되었고 설립되었다. 이 나라는 결코 인간의 노력과 진보에 의해 설립될 것이 아니지만, 하나님의 통치는 현 인류 사회에서 진행되고 있다. 왜냐하면 하나님의 통치의 확립이 역사의 시작부터서 하나님께서 경륜하시고 목표하신 것이기 때문이다"고 가르친다.[538]

그런데 하나님의 나라는 누구에게 주시는 나라인가? 그 나라는 하나님의 백성에게 주시는 메시지(골3:1-3)인데, 곧 예수 그리스도를 통해 구원받은 자들만이 들어가는 나라이다(요1:12). 그리고 마태가 기록한 산상수훈의 삶(마5-7)은 하나님의 백성들을 향하신 하나님의 의도요, 하나님의 뜻이다. 여기서 나타나고 강조된 십계명의 참뜻은 오늘 현대 그리스도인들, 곧 하나님 나라의 백성들에게 향하신 하나님의 뜻의 표현으로 나타난다. 요약하면 하나님의 나라는 이미 존재하는 나라이며, 다스림은 이미 시작되었으며, 동시에 종말론적으로 도래할 나라이다. 하나님의 나라는 공간적이나 제도적인 것이 아니라[539] 예수 그리스도와 성령을 통하

---

538 서 철원, 『하나님의 나라』, (서울: 총신대학출판부, 1993), 12.
539 유대인들은 하나님의 통치로 이스라엘의 독립과 독립국가 이스라엘의 확립과 영광을 생각하였으나 예수님은 하나님의 나라는 죄가 사해지고 하나님께서 사람들에게 오시고 사람들이 하나님의 통치를 받는 신령한 나라를 뜻하셨다. 이렇게 유대인과 예수님의 이해가 달랐기에 유대인들은 예수님의 사역에 반감을 품게 되었고 예수님은 다음과 같은 확실한 공포를 나타내시게 된다. "내가 하나님의 성령을 힘입어 귀신을 쫓아내는 것이면 하나님의 나라

여 다스리시는 하나님의 강력한 통치로 이해된다.

이렇게 하나님의 나라는 이미 왔지만 완전히 온 것은 아니다. 이상적인 교회가 아니라 할지라도 교회는 언제나 승천과 재림사이에 하나님의 나라가 일차적으로 임하는 곳이다. 하나님 나라는 도래하고 있으며, 지역교회는 세상 사람들을 오시는 왕 예수 그리스도에게 인도하는 안내 표지판이다.[540]

3. 성경과 하나님의 나라

신구약 성경의 각 페이지마다 하나님의 도성에 대한 지식과 신앙이 가득하다. 우리 예수님도 사역의 첫 시간부터 "때가 찼고 하나님의 나라가 가까웠으니 회개하고 복음을 믿으라"(막1:15)고 선포하셨다. 하나님의 나라라는 주제는 구약성경 첫 장부터 하나의 큰 주제로 자리잡고 있다. 하나님은 그의 창조의 사역부터 온 피조세계를 돌보시고 유지하시며, 인간을 통해 경작하신다(창1–2장). 그리고 창3:15절에서 죄로 인해 쫓겨난 아담과 하와에게 앞으로 여자의 후손으로 나타날 예수 그리스도께서 사탄의 머리를 쳐부수고 다시 하나님의 나라를 회복할 것을 미리 예언한 것이다(창22:18; 26:3,4; 28:14).

특별히 존 브라이트(John Bright)는 신구약 성경을 "하나님의 나라"라는 큰 주제로 그의 성경신학을 전개한다. 그는 그의 책 서문에서 다음과 같

가 이미 너희에게 임하였느니라"(마12: 28).

540 Charles Van Engen, *God's Missionary People*, 109; "The kingdom has already drawn near but is not yet fully come. Although the Church is not what it ought to be, it is nevertheless the primary locus of the kingdom between the ascension and the parousia. The kingdom is coming and local churches are signs that point the world to the coming King".

이 성경에서 하나님의 나라의 주제가 중요한 것인가에 대해서 설명한다:
"제목이 암시하는 것처럼, 본서는 성경신학의 한 중요한 중심이념에 관심을 집중한다... 이 일이 성경을 이해하는 데 공헌 할 수 있기를 바란다. 진정한 의미에서, 하나님 나라의 개념은 성경의 전체 메시지를 포괄하고 있다."[541]

이처럼 하나님의 나라는 "하나님의 경영하시고 지으시는" 성(히11:10; 창12:1-)을 바라보는 아브라함으로부터, "거룩한 성 새 예루살렘이 하나님께로부터 하늘에서 내려오니"(계21:2)로 연결되는 신약성경 끝까지 다양한 모습으로 발견되어지는 것이다. 그러므로 하나님의 나라에 대한 온전한 이해는 성경의 구원과 선교에 대한 복음의 핵심에 다가서는 것이다.

1) 구약성경과 하나님나라

성경신학에서 구약무용론을 주장하는 전례는 여러 가지 모습으로 교회역사에서 찾을 수 있다. 초대교회의 마르시온은 구약은 마귀적이라고 배척하였으며, 현대의 세대주의자(Dispensationalism)들은 구약과 신약과의 단절을 노골적으로 주장하였는데, 이러한 구약경시주의(舊約輕視主義)는 오늘도 잔재하고 있다. 칼빈은 신구약 성경 모두 그리스도를 주제로 나타난 하나님의 말씀으로 가르치면서, 신약과 구약의 상호연관성을 율법과 복음, 약속과 성취 등으로 설명한다. 하나님의 나라의 주제는 신구약

---

541 John Bright, *The Kingdom of God*, (Nashville: Abingdon Press, 1988), 7: "This book, as its title indicates, is concerned with an idea of central importance in the theology of the Bible... By this means, it is hoped, a contribution may be made to the understanding of the Scriptures. For the concept of the Kingdom of God involves, in a real sense, the total message of the Bible".

전체에 걸쳐서 온전하게 나타난다고 본다.

존 브라이트(John Bright)는 하나님의 나라의 구체적인 이름은 출애굽시에 하나님의 은혜로 주신 시내산 언약에서 그 시작을 찾을 수 있다고 주장하였는데, 그것은 하나님의 백성이라는 공식적인 명칭이 이 모세언약에서 주어졌기 때문에 그렇게 주장한다(참고: 출19:5-6). "왜냐하면 이스라엘은 하나님의 은혜에 따라 그의 백성으로 부르시고, 오직 그만을 섬기고, 그의 언약의 법에 순종하도록 부르심을 받은 한 국가로서 그 역사를 시작하였기 때문이다. 하나님의 법 아래 살도록 부르심을 받은 자를 의미하는 하나님의 백성의 개념은 바로 여기서 시작되고, 그것과 더불어 하나님 나라의 개념도 시작된다."⁵⁴²⁾

선지자 요엘은 하나님의 나라를 악을 정복하고 백성을 보호하며 그들을 축복하는 일에 있어 하나님의 임재의 충만한 은택에 비유한다. 그리고 요엘은 하나님의 나라가 모든 피조물을 포함하는 것으로 묘사한다(요엘2:21-23). 그 나라에 대한 소망은 하나님의 약속에 근거한다. 곧 욜2:18에 "그 때에 여호와께서 자기 땅을 위하여 중심이 뜨거우시며 그 백성을 긍휼히 여기실 것이라."

그리고 하나님 나라를 주시는 목적은 하나님의 백성들이 누리는 하나님의 은혜로운 임재를 방해받지 않고 향유하는 데 있음을 보여준다(욜2:20-27). 그래서 칼빈은 하나님 나라는 하나님의 구원의 영원한 축복의

---

542 John Bright, *The Kingdom of God*, (Nashville: Abingdon Press, 1988), 28: "The Exodus was viewed as a sheer act of God's grace... The Exodus was the act of God who chose for himself a people that they might choose Him.... The Old Testament covenant was thus always properly viewed, like the New, as a covenant of grace... For Israel had begun its history as a nation summoned by God's grace to be his people, to serve him alone and to obey his covenant law. The notion of a people of God, called to live under the rule of God, begins just here, and with it the notion of the Kingdom of God".

삶이요, 그 삶 가운데 하나님의 통치가 이루어지는 것이라고 주장한다: "실로 영적 통치는 이 땅에 있는 우리 안에 천국(Heavenly Kingdom)이 이미 시작되었으며, 이 죽을 수밖에 없고 덧없는 인생에 불멸의 썩지 않는 축복의 확신을 제공한다."[543]

선지자 요엘은 성령이 하나님 나라의 회복의 상징으로서 증거하면서, 성령은 성도를 재창조하고 새롭게 하고 더욱 경건하게 주의 날을 바라보도록 격려하시는 분으로 증거한다(욜2:28,32). 선지자 스가랴(520B. C.)는 하나님 나라의 두 가지 국면으로, 현재적이고, 미래적인 면으로 소개한다. 곧, 그 나라는 하나님이 그 백성과 함께 하시는 것과 그들이 의와 사랑과 평강으로 바로 살면서 하나님의 왕국을 가져올 것임을 증거한다(롬14:7).

현재적인 하나님의 나라는 하나님께서 그들을 축복하심(슥9:12)과 그 나라는 인간의 재간이나 능력으로가 아니라 성령으로 확립될 것이며(슥4:6), 왕국의 건설과 발전은 하나님의 백성들의 직접반응에 따라 역사되기에 그들의 반응을 구하고 있다(슥6:15; 7:9,10; 8:16-19).

그리고 선지자 스가랴는 하나님 나라의 미래적인 면을 그가 받은 왕국의 환상들과 신탁들로서 하나님의 구속계획을 보여주심을 증거한다. 앞으로 대적으로부터의 안식(슥6:8), 의로운 유대인과 이방인을 포함하고(8:20-23), 피조계에 근본적인 변형이 있는 미래적인 하나님 나라의 모습을 예언한다. 스가랴는 현재의 어둠의 시대와 미래의 영광의 시대 사이에 사는 삶의 긴장을 사실적으로 묘사한다. 그러므로, 선지자들은 경건

---

543 John Calvin, *Institutes of the Christian Religion*, John T. McNeill, ed., (Philadelphia: Westminster Press, 1979), 4:20:2. 1487: "For spiritual government, indeed, is already initiating in us upon earth certain beginnings of the Heavenly Kingdom, and in this mortal and fleeting life affords a certain forecast of an immortal and incorruptible blessedness".

한 성도들로 하나님의 왕국의 확립에의 소망을 가지고 더욱 경건히 살 것을 격려한다(합2:4).

이처럼 구약에 나타난 하나님 나라의 개념은 창12:1-3의 하나님의 이스라엘의 선택과 함께, 하나님의 주권자 되심, 왕 되심, 종말론적인 성격, 주의 날, 메시야의 출현, 하나님이 통치하시는 의롭고 평화롭고 이상적인 미래의 실재, 그리고 세계만민을 향한 구원 등의 개념 속에서 살펴볼 수 있다. 곧 구약에 나타난 하나님 나라에 대한 아래의 성경 구절들은 그 대표적인 예들이다. 이를테면 "여호와께서 세계를 통치하신다"(사26:1-15; 28:5ff; 33:5ff; 슥8:1-8), "하나님 나라의 종말론적 성격"(사40:1-11; 41:17-20; 43:1-7; 44:24-28; 48:6-13; 65:17; 66:22), "메시야의 강림"(사2:1ff; 4:1ff; 9:1ff; 11:1ff; 겔30:15ff; 32:1ff), "주의 날"(슥4:1-9), "하나님이 통치하시는 의로운 나라"(사11:3-5; 렘23:5-6; 사26:2; 28:5-6; 겔36:25-26; 37:23-24), "하나님이 통치하는 평화로운 나라"(사2:2-3; 9:5-6; 미5:4; 슥9:9-10; 겔47장; 호2:21-22; 암9:13), "세계 만민을 향한 하나님의 구원"(사12장; 21:17; 33:17ff; 34:21-22; 렘31:1-14; 호2:14-15; 습3:14-20), 그리고 그리스도를 예언하는 부분에서 그리스도의 왕되심과 공평한 통치(삼하7:12-13; 사9:6-7; 11:6-7) 등을 통해서 살펴볼 수 있다.

"이는 한 아기가 우리에게 났고 한 아들을 우리에게 주신 바 되었는데 그 어깨에는 정사를 메었고 그 이름은 기묘자라 모사라 전능하신 하나님이라 영존하시는 아버지라 평강의 왕이라 할 것이라 그 정사와 평강의 더함이 무궁하며 또 다윗의 위에 앉아서 그 나라를 굳게 세우고 자금이후 영원토록 공평과 정의로 그것을 보존하실 것이라 만군의 여호와의 열심이 이를 이루시리라"(사9:6,7).

곧 하나님의 나라는 "그 때에 이리가 어린 양과 함께 거하며 표범이 어린 염소와 함께 누우며 송아지와 어린 사자와 살진 짐승이 함께 있어 어린 아이에게 끌리며 암소와 곰이 함께 먹으며 그것들의 새끼가 함께 엎드리며 사자가 소처럼 풀을 먹을 것이며"(사11:6,7)라고 설명한다.

2) 신약성경과 하나님나라

신약에서는 본격적으로 하나님 나라의 도래에 대해서, 그 첫 페이지부터 선포된다. 세례요한은 "회개하라 천국이 가까웠느니라"(마3:1)라고 외쳤으며, 예수님께서도 "회개하라 천국이 가까웠느니라"(마4:17), 그리고 "그러나 내가 만일 하나님의 손을 힘입어 귀신을 쫓아내는 것이면 하나님의 나라가 이미 너희에게 임하였느니라"(눅11:20). 여기서 예수님의 사역은 바로 하나님의 나라에 들어가게 하는 것이었다고 말할 수 있다(마5:20; 7:21; 12:28). 조지 레드(George E. Ladd)는 하나님의 나라라는 주제는 신약성경의 핵심 주제이며 주 예수 그리스도의 주된 사역이었음을 강조하였다.[544]

사도바울도 핍박 중에 있는 초대교회 성도들에게 우리는 하나님 나라의 시민(빌3:21)이며, "우리가 하나님 나라에 들어가려면 많은 환란을 겪어야 할 것이라"(행14:22)고 증거한다. 이처럼 신약의 선포의 중심주제는 하나님의 나라임을 알 수 있는데, 특히 공관복음서에 많이 나타난다. 하나님의 나라, 또는 천국, 혹은 나라라는 말이 마태복음에 56회, 마가복음에 21회, 누가복음에는 46회가 나타나고, 신약전체에서는 162회가 사용되었다.

---

544 George E. Ladd, *The Gospel of Kingdom: Scriptural Studies in the Kingdom of God*, (Grand Rapids: Eerdmans, 1994), 14: "This theme of the coming of *the Kingdom of God* was central in His mission. His teaching was designed to show men how they might enter the Kingdom of God. His mighty works were intended to prove that the Kingdom of God had come upon them."

그리고 하나님의 나라라는 말은 주로 공관복음에만 나타나는 중심적인 용어로서 마가복음과 누가복음에서는 "하나님의 나라"(η βασιλεια τ ου θεου)의 형태로 나타나 있고, 마태복음에서는 "천국"(η βασιμεια των ουρανων)이라는 형태와 "아버지의 나라"(τη Βασιλεια του πατροσ)로 표현되고 있다. 하나님의 나라란 하나님의 주권적인 통치를 받는 곳으로, 하나님은 예수 그리스도의 인격 안에서 친히 다스리신다. 예수 그리스도의 구속사건 이후에 예수 그리스도의 통치하는 나라가 하나님의 나라이다.

곧, 예수 그리스도의 구속이 적용되어 죄가 사해지고 성령께서 오셔서 하나님의 생명이 지배하며, 하나님의 뜻이 이루어지면 그곳은 그리스도의 영역이다. 하나님의 통치는 중보자이신 예수 그리스도를 통해서 시행되고 그리스도께서 다스리신다. 그러므로 예수 그리스도의 통치를 받아서 사는 곳은 다 하나님 나라이고 하나님께서 왕으로 계시는 영역이다. "세례요한의 때부터 지금까지 천국은 침노를 당하나니 침노하는 자는 빼앗느니라"(마11:12). 그리고 하나님나라에 들어가기 위한 자기부인, 가족을 미워함이 나타나고, 천국은 강력하게 도래하였다. "율법과 선지자는 요한의 때까지요 그 후부터는 하나님 나라의 복음이 전파되어 사람마다 그리로 침입하느니라"(눅16:18).

여기서 하나님의 나라는 예수 안에서 역사하시는 하나님의 역동적 통치다. 또한 예수 그리스도를 영접하는 자들이 들어가게 되는 현재적 통치이다. 구원받은 자들이 받는 하나님의 나라이다. "오늘 구원이 이 집에 이르렀으니… 인자의 온 것은 잃어버린 자를 찾아 구원하려 함이니라"(눅19:9-10). 신약성경에서도 하나님 나라의 현재적 측면과 미래적 측면을 동시에 가르친다. 미래에는 장소로서의 내세 천국이 온전히 이루어지며, 거기에는 눈물도 없고 고통도 없고 저주도 없으며 하나님의 통치가 온전히 이루어짐을 증거한다(계21: 3, 4).

그러나 예수님의 오심으로 말미암아 하나님의 나라는 이미 도래하였으며 계속해서 확장하고 발전되어 가고 있다(마11:12). 아직 온전한 주님의 통치가 이루어진 것은 아니지만 그래도 현재 이 세상에서 하나님의 복음이 전파되고 하나님의 나라가 확장되어 가고 있다.

이러한 하나님 나라의 현재성과 미래성 사이에 살고 있는 우리는 긴장과 갈등이 있다(롬7장). 눅17:21에서 "하나님의 나라는 너희 안에" 있다는 말은 하나님 나라가 가시적, 외적 성격을 가진 것이 아니라, "내적 성격"을 가리킨다. 바울은 이러한 하나님 나라의 영적인 속성을 가리켜 이렇게 선언한다. "하나님의 나라는 먹는 것과 마시는 것이 아니요 오직 성령 안에서 의와 평강과 희락이다"(롬14:17).

그러므로 우리가 이 땅에서 하나님 나라의 확장과 건설을 위해 주력해야할 것은 가시적인 외적 사업보다는 내적, 영적인 하나님의 주권 회복이다. 이는 주로 복음전파를 통해 이루어지는 것이며 성령의 역사로 진행되는 것이다. 결국 모든 일 가운데 하나님 나라 사역을 위한 모든 추진의 원동력은 성령의 감동, 감화와 역사이다. 성경은 하나님의 나라에 대해서 그것은 현재적인 실제이며(마12:28), 또한 미래적인 것이다(고전 15:50). 그리고 중생함으로 받는 영적인 축복의 실제이며, 세상나라와도 연관을 가지고 있다(롬14:17; 요3:3; 계11:15). [545]

---

545 George E. Ladd, *The Gospel of the Kingdom: Scriptural Studies in the Kingdom of God*, (Grand Rapids: Eerdmans, 1994), 18: "The Kingdom is a present reality (Matt. 12:28), and yet it is a future blessing (1 Cor. 15:50). It is an inner spiritual redemptive blessing (Rom. 14:17) which can be experienced only by way of the new birth (John 3:3), and yet it will have to do with the government of the nations of the world(Rev. 11:15)."

4. 하나님 나라의 특징

롬14:17절에서 사도바울은 신약시대 성도들이 경험하는 "하나님 나라는 성령 안에서의 의와 평강과 희락이라." 마귀와 죄악의 사슬에 얽매어 신음하던 인생들이 그리스도의 구속의 능력으로 사탄의 세력을 벗어나 하나님의 주권과 통치아래 들어와 성령의 지배를 받으며 사는 것을 가리켜 예수님은 하나님의 나라가 도래했다고 하셨다. 즉, 성경은 사탄의 지배 대신에 성령의 지배를 받아서 의와 평강과 희락을 누리는 것이 하나님의 나라를 누리는 것이라고 증거한다. 게할더스 보스(Gerhardus Vos)는 하나님 나라의 실체를 하나님의 주권적 통치속에서 펼쳐지는 그 나라의 권세와 그 나라의 의, 그리고 축복으로서 묘사한다. [546]

예수 그리스도는 우리에게 오셔서 그 나라를 주시기를 기뻐하시는 분이시다. 눅12:32: 적은 무리여 무서워 말라 너희 아버지께서 그 나라를 너희에게 주시기를 기뻐하시느니라. 그리고 예수님은 그 나라가 예수 믿는 사람들 가운데 현존하는 실체라고 설명하신다. 눅17:20-21 "하나님의 나라는 볼 수 있게 임하는 것이 아니요 또 여기 있다 저기 있다고도 못하리니 하나님의 나라는 너희 안에 있느니라". 그러므로 우리는 진정한 하나님의 크신 은혜로 회개와 믿음으로 이 나라에 들어감을 얻는다(요 3:3,5;엡2:8-9).

하나님의 나라는 "오늘 구원이 이 집에 이르렀으니"(눅19:9)에서 현재

---

546 Gerhardus Vos, *The Kingdom of God and the Church*, (Phillipsburg: Presbyterian and Reformed Publishing Co., 1972), 52: "The supremacy of God in the kingdom reveals itself in various ways... The first constitutes the kingdom a sphere of divine power, the second a sphere of divine righteousness, the third a sphere of divinely bestowed blessedness... The exercise of the power is needed to render possible the realization of righteousness, the realization of the righteousness to render possible the bestowal of blessedness."

적인 존재요, "하나님의 나라의 복음이 전파되어 사람마다 그리로 침입하느니라"(눅16:16)와 "하나님의 나라는 너희 안에 있느니라"(눅17:21)에서 예수 안에서 경험하는 현재적인 나라이다. 마12:28에서 예수님은 "그러나 내가 하나님의 성령을 힘입어 귀신을 쫓아내는 것이면 하나님의 나라가 이미 너희에게 임하였느니라"고 선언하심에서, 우리는 예수께서 하나님의 성령을 힘입어 귀신을 추방하시는 것은 하나님 나라의 현재적 실존을 나타내는 것을 알 수 있다. 즉 종말에 완성될 하나님의 통치가 지금 여기서 시작되었다는 뜻이다.

하나님 나라의 두 가지 측면이 있다. 현재성으로 "이미(Already)"와, 미래성인 "아직(Not Yet)"이다. 하나님의 나라는 완전히 완성된 것이 아니고 아직 완성되지 않은 상태로 있음을 예수 그리스도께서 가르치셨다(마22; 혼인 잔치비유; 25장 열 처녀 비유). 하나님의 나라와 교회는 예수 안에서 긴밀한 연관관계를 가지며, 예수님은 하나님 나라의 왕이시며, 동시에 교회의 머리가 되신다. 즉 예수 믿는 성도는 몸된 교회의 머리가 되시는 예수 그리스도의 구속하심을 통하여 하나님 나라에 들어가게 된다. 하나님의 나라를 받아들이고 자신을 하나님의 통치에 복종시키는 것은 그 나라의 선물을 받고, 그 축복의 즐거움에 동참하는 것을 의미한다. 성취의 시대는 현재이지만, 완성의 때는 아직 오는 세대를 기다려야만 한다.

하나님 나라의 완성시기와 방법은, 첫째로, 성도 개인의 죽음을 통해서(눅16:26)인데, 불신자와는 달리 성도의 죽음은 형벌로 당하는 죽음이 아니라 축복에 이르는 관문으로서의 죽음이다. 둘째로, 예수님의 재림을 통해서 (살전4:16), 그 나라는 완성된다. 신약에서 하나님의 나라는 그리스도가 처음 오심으로 시작되었고, 장차 다시 오심으로 완성될 것이다. 아울러, 사도 바울은 고전4:20에서 하나님 나라의 특징으로 "하나님의 나라는 말에 있지 아니하고 오직 능력에 있느니라"고 선언하면서 그의 강력한 사역의 비결을 시사한다.

조지 래드(George Ladd)는 하나님 나라에 대해서 다음과 같이 설명한다. 하나님 나라가 종말론적인 구원이지만, 그것은 또한 현재적인 축복임을 증거한다. 이미 그리스도께서 이룩하신 것으로 인해 성도들은 이 타락한 세상의 어둠의 권세에서 구원받고, 그리스도의 나라로 옮겼기 때문이다 (골1:13). 바로 이러한 하나님의 나라는 교회와 동일시 될 수 없다. 그것은 차라리 교회보다 더 큰 그리스도의 통치하심이다. 교회 안에 있는 모든 사람들은 그리스도의 나라에 또한 있지만, 종말론적인 그 나라는 구원받은 교회보다 더 크고, 모든 악한 것을 하나님의 뜻에 복종함으로, 그리스도의 나라는 사람들이 믿음으로 들어가서 눈에 보이지 않는 그리스도의 통치를 받는다. 하나님의 나라는 육체적인 일에 관심을 가지는 것이 아니라, 영적인 것, 곧 성령의 내주하심으로 인한 의와 희락, 평안함에 관심을 둔다(롬14:17).[547]

이처럼, 하나님 나라는 하나님께서 창조적 활동에서부터 시작된 것으로서, 그 나라에 대한 인간들의 반대에도 불구하고, 주께서 이 세상을 지혜와 사랑과 인내와 공의로 유지하고 관리하고 다스리시는 나라이다. 그 나라는 인간적인 왕국과 대조된다.

---

547 George Ladd, *A Theology of the New Testament*, (Grand Rapids: Eerdmans, 1979), 410-11: "While the Kingdom of God is the eschatological salvation, it is also present blessing. Already, because of what Christ has done, the saints have been delivered from the power of darkness—this fallen evil age—and have been transferred into the Kingdom of Christ (Col. 1:13). This Kingdom of Christ cannot be equated with the church; it is rather the sphere of Christ's rule, which is larger than the church. Ideally, all who are in the church are also in the Kingdom of Christ; but even as the eschatological Kingdom of Christ is larger than the redeemed church and will include the subduing of everything hostile to the will of God, so the Kingdom of Christ here is invisible sphere of Christ's reign into which men enter by faith in Jesus Christ. Thus God's Kingdom is not concerned primarily with physical things, necessary though they be, but with spiritual realities: righteousness and peace and joy—the fruits of the indwelling Holy Spirit (Rom14:17)."

성경 기자들은 오직 하나님만이 유일한 왕이심을 선포하고 있으며, 하나님은 그의 백성들을 축복하고 그들을 구원하고 그들을 붙잡아 주신다. 그리고 하나님 나라의 통치는 의와 정의로우며, 자비하며 사랑과 지혜로 임하는 통치이다. 그리고 성도들은 "하나님의 소유"(출19:5; 세굴라), "제사장 나라," "거룩한 나라"로서 하나님과 더불어 다스리도록 하는 나라이다(창1:26,27; 9:1,7; 출19:6). 그러므로 하나님 나라의 백성 된 그리스도인들은 예수 그리스도께서 자기의 것이라고 주장하는 모든 영역을 예수 그리스도의 것이 되도록 거룩하게 구별하여 드리는 책임을 지고 있다.[548]

5. 하나님 나라와 교회와의 관계

하나님의 나라와 교회는 예수 안에서 긴밀한 연관관계를 가지며, 그것은 예수님은 하나님 나라의 왕이시며, 동시에 교회의 머리가 되시기 때문이다. 즉 예수 믿는 성도는 몸 된 교회의 머리가 되시는 예수 그리스

---

548 Charles Van Engen, *God's Missionary People*, (Grand Rapids: Baker, 1991), 108–109. Charles Van Engen은 지금까지의 하나님 나라에 대한 학자들의 일치된 견해를 다음과 같이 정리하여 발표했다. "Defining the Church in Terms of the Kingdom of God): "The consensus defines the kingdom as both present, inaugurated, and begun, and at the same time eschatological and coming. This kingdom is not viewed spatially nor institutionally, but rather as the dynamic, active rule of God through Jesus Christ and the Holy Spirit. The gospel is thus the good news of the kingdom which has come. God is with humanity (Immanuel), and God reigns over humanity. The signs of the kingdom's coming were summarized by Jesus when he explained his Messianic credentials to the disciples of John the Baptist (Compare Matt. 11:4–6 with Isa. 61:1–3 and Luke 4:18–19). Thus the kingdom has already drawn near but is not yet fully come. Although the Church is not what it ought to be, it is nevertheless the primary locus of the kingdom between the ascension and the parousia. The kingdom is coming and local churches are signs that point the world to the coming King."

도의 구속하심을 통하여 하나님 나라에 들어가게 된다. 이런 점에서 교회와 하나님의 나라와의 관계는 바르게 이해되어야 한다.

이러한 관계가 로마 가톨릭의 교회관이나 일부 급진주의 신학자들은 하나님 나라를 교회자체와 동일시하든지, 또는 세상의 권력구조로서 해석하려는 경향도 있어왔다. 그러므로 우리는 교회와 하나님 나라의 상관관계를 살피면서 오늘의 교회가 하나님 나라의 사역에서 어떤 위치에 서 있으며, 세속 사회 속에 있는 교회는 지속적으로 교회의 "거룩성"을 지니고 있음을 살펴보고자 한다. [549]

조지 래드(George Ladd)는 그의 신약신학에서 교회는 하나님 나라의 공동체이지만, 그 나라자체는 아니라고 설명한다(The church is the community of the Kingdom but never the Kingdom itself). "그 나라는 하나님의 통치이고, 교회는 사람들의 사회이다"로 구별한다(The kingdom is the rule of God; the church is a society of men). 이렇게 교회와 하나님 나라와의 관계는 서로 맞물려 있어서, 온전한 이해가 절실한 편이다. 많은 학자들은 하나님의 나라와 교회와의 관계에 대해서 양자사이에 긴밀함이 있음을 주장하면서, 교회 없이 하나님의 나라는 존재할 수 없으며, 하나님의 나라 없이 교회는 존재할 수 없다고 한다. [550] 이 둘 사이는 불가분의 관계임을 알 수 있다.

---

549 하나님 나라에 대한 모든 학자들의 견해에 역시 교회와 하나님 나라와의 연관성은 모두의 관심사로 나타나고 있다. 참고: John Bright, 215-243; G. Vos, 77-90; George Ladd, *The Presence of the Future*, (Grand Rapids: Eerdmans, 1974), 262-277; Edmund P. Clowney, 187-197; Charlesa Van Engen, *God's Missionary People*, (Grand Rapids: Baker, 1991), 101-118.

550 조지 래드(George Ladd)는 어떤 학자보다도 하나님나라와 교회와의 관계에 대해서 분명하게 주장한다: "하나님 나라와 교회 사이에 불가분의 관계가 존재하지만 동일시되어서는 안된다. 하나님 나라는 하나님으로부터 출발하고 교회는 사람으로부터 출발한다. 하나님 나라는 그의 통치의 축복이 경험되는 영역이다. 교회는 하나님의 통치를 경험하고 그 축복을 누리는 자들의 교제이다. 하나님 나라는 교회를 창출하고 교회를 통해 일하며 교회에 의해 세상에 전파된다. 교회-하나님의 통치를 인정하는 자들-없이 하나님 나라가 있을 수 없으며 하나님의 나라 없이 교회가 있을 수 없다". George E. Ladd, *The Presence of the Future: The*

특별히 조지 래드(George E. Ladd)는 5 가지 관점에서 교회와 하나님 나라
와의 관계를 설명하였는데 이것을 기준으로 교회의 선교사역을 규명할
수 있다:

1) 교회는 하나님의 나라가 아니다(The Church is not The Kingdom)

　신약성경은 신자들과 하나님의 나라와 동일시하지 않는다고 주장한
다. 그리고 최초의 선교사들은 교회가 아니라 하나님의 나라를 전했던
것을 강조한다(행8:12; 19:8; 20:25; 28:23, 31). 예수님이 마13장에서 하나님
나라의 비유에서 가르친 것이 교회가 아니라 그 나라자체였다(마13:38, 41,
43). 이 비유들은 교회의 성격을 가르친 것이 아니라 하나님의 나라가 역
사 속에 침투하여 이루어지는 것을 나타낸다. 마16:18–19 에서도 어떤
학자들은 교회가 바로 하나님의 나라라고 주장하지만 이 구절에서 강조
한 것은 교회와 하나님 나라와의 불가분리의 관계성을 말하는 것이지,
결코 이것이 그들 사이의 동일성을 말하는 것이 아니다.[551]교회는 하나
님 나라의 백성들이지 그 나라자체는 아니다.[552]
　신약성경은 교회와 하나님 나라를 동일시하지 않는다. 로마 가톨릭교

Eschatology of the Biblical Realism, 『예수와 하나님 나라』, 이태훈역, 323.

551 George E. Ladd, *A Theology of the New Testament*, (Grand Rapids: Eerdmans, 1979), 112: "This passage sets forth the inseparable relationship between the church and the Kingdom, but not their identity."

552 조지 래드(George Ladd)는 교회가 "하나님 나라의 일부"(a part of the Kingdom)라든지 종말론적인 완성의 시간에 교회와 그 하나님의 나라는 동일시된다는 말도 정확한 표현이 아님을 주장한다. "The church is the people of the Kingdom, never that Kingdom itself... Therefore it is not helpful even to say that the church is a 'part of the Kingdom', or that in the eschatological consummation the church and Kingdom become synonymous". George E. Ladd, *A Theology of the New Testament*, 113.

회는 분별없이 하나님의 나라를 가톨릭교회의 계급적 조직과의 동일시
를 주장하였기에 교회가 사회, 정치적 조직체처럼 각 방면에서 권세와
지배를 요구하는데 이것은 전혀 그릇된 개념이다.[553] 하나님의 나라는
위로부터 내려오는 것이기에 인간 스스로의 도덕적인 능력이나 사회 운
동적 계획에 의한 점진적 개선에 의해 이루어지는 것이 아니다. 그러면
서도 그에게 있어서 간과되지 아니하는 사실은 하나님나라의 실현을 위
한 교회의 책임이다.

하나님의 나라는 당신 자신의 왕국이다. 자신의 주권으로 세우셨고
주님 자신에 의하여 운영되는 것이다. 그 것은 결코 인간이나 인간의 의
지에 의하여 통제되거나 운영되는 것이 아니다. 찰스 밴 엔겐(Charles Van
Engen)은 다음과 같은 이유에서 교회와 하나님의 나라와 동일시할 수 없
다고 주장했다. 먼저 하나님의 나라의 영역은 교회의 영역보다 더 광범
위하고, 하나님의 나라의 기간은 교회의 기간보다도 더 장구하기 때문이
다. 그리고 하나님의 나라의 성장은 교회의 성장보다도 더 포괄적인 이
유에서 교회와 하나님 나라와는 그 차이점이 있는 것이다.[554]

---

553 가톨릭 교회는 성 어거스틴의 하나님 나라와 교회의 일치를 그대로 따르고 있다. 어거스틴
(St. Augustine)은 그의 저서 "신의 도성"(The City of God) 20장에서 교회와 하나님의 나라
를 동일시하였다. "두 종류의 사람들이 함께 존재한다면 그것은 지금 현존하는 교회다. 한
종류의 사람들만 있다면 그것은 교회에 악한 자들이 더 이상 남아 있지 않도록 작정된 바
로 그 교회다. 그러므로 교회는 현재에도 그리스도의 나라요, 하늘의 나라이다", The City of
God, XX, ch. 9: "So then we must understand the kingdom of heaven in one sense as a kingdom
in which both are included, the man who breaks what he teaches, and the man who practises
it, though one is the least and the other is great in the kingdom, while in another sense it is a
kingdom into which there enters only the man who practises what he teaches. Thus where both are
to be found we have the Church as it now is; but where only the one kind will be found, there
is the Church as it will be, when no evil person will be included. It follows that the Church even
now is the kingdom of Christ and the kingdom of heaven". City of God, David Knowles, ed.,
(London; Pelican Books, 1979), 915.

554 Charles Van Engen, *The Growth of the True Church*, 1981, 282-299: "The scope of the Kingdom

그러나 교회는 하나님 나라와 동일시 될 수는 없지만 하나님 나라의 전령이다. 교회는 세상에서 부름을 받았으며, 세상으로 파송받아 세상에 존재하는 하나님의 백성이다. 사도 베드로는 교회를 다음과 같이 묘사하고 있다. "오직 너희는 택하신 족속이요 왕같은 제사장들이요 거룩한 나라요 그의 소유된 백성이니 이는 너희를 어두운데서 불러내어 그의 기이한 빛에 들어가게 하신 자의 아름다운 덕을 선전하게 하려 하심이라"(벧전2:9). 예수 그리스도가 다스리시는 하나님의 나라는 이미 도래하였지만 완성된 것은 아니다. 하나님 나라는 이미 임하였으며 또한 임하고 있다.

헤르만 리델보스(Herman Ridderbos)는 "바실레이아(하나님의 나라)는 그리스도안에서 성취되고 완성되는 놀라운 하나님의 구원사역이다. 에클레시아(교회)는 하나님이 선택하시고 부르신 사람들로 바실레이아 천국의 기쁨을 함께 나누고 있다. 그러므로 내용 면에서 하나님 나라가 교회보다 훨씬 더 포괄적이다. 하나님 나라는 모든 것을 포용하는 개념을 나타내고 우주적 차원에서 시간과 영원을 채우며 은혜와 심판을 함께 가져와 이루는 역사의 완성을 이룬다. 에클레시아는 하나님의 선택과 언약에 의해 그리스도안에서 하나님 편에 서서 이 놀라운 드라마에 참여하는 사람들이다. 바실레이아가 이미 현존하는 실체이듯 에클레시아도 바실레이아의 능력과 은사가 주어지고 받게 되는 곳이다. 더 나아가 바실레이아의 도구로 모인 사람들은 예수님을 주로 모시고 그의 계명을 순종하고 온 세상에 복음을 전하는 선교사역에 감당하도록 부르심을 받았다. 이 모든 면에서 교회는 스스로 바실레이아가 되지 않는다. 하나님 나라와 언제든

---

is more inclusive than the Church… The time of the Kingdom is more extensive than the Church … The state of the Kingdom is more perfect than the Church … The growth of the Kingdom is more comprehensive than that of the Church… The Kingdom works through the Church".

동일시되지 않으면서도 하나님 나라의 계시와 진행(progress) 과정, 미래성에 의해 둘러싸여 있으며 함께 앞으로 나아간다."[555]

2) 하나님의 나라는 교회를 창조함(The Kingdom Creates the Church)

하나님의 역동적인 통치가 예수 그리스도의 사역으로 많은 그리스도인들로 하나의 새로운 공동체를 가져오게 되었다. "교회는 예수 그리스도를 통해서 이 세상에 들어온 하나님 나라의 결과이다."[556] 그물을 던지는 비유는 교회와 하나님 나라와의 관계를 이해하는데 도움이 된다. 하나님의 나라는 바다에서 그물을 던져 끌어올리는 행동(Action)이라고 볼 수 있다. 그것은 좋은 것만 아니라 나쁜 것도 잡아 올린다. 그렇게 해서 그물이 해안으로 운반되어 고기들은 분류가 되어진다. 이처럼 하나님 나라의 사람들 가운데 행동도 그러하다.

그러므로 가시적 교회는 두 가지 성격을 가진다. 교회는 하나님 나라

---

555 Hermann Ridderbos, *The Coming of the Kingdom*, (Philadelphia: Presbyterian and Reformed, 1962), 354-56. "The basileia[kingdom of God] is the great divine work of salvation in its fulfillment and consummation in Christ; the ekklesia[Church] is the people elected and called by God and sharing in the bliss of the basileia. The former, therefore, has a much more comprehensive content. It represents the all-embracing perspective, it denotes the consummation of all history, brings both grace and judgement, has cosmic dimensions, fills time and eternity. The ekklesia in all this is the people who in this great drama have been placed on the side of God in Christ by virtue of the divine election and covenant... Insofar as the basileia is already a present reality, the ekklesia is also the place where the gifts and powers of the basileia are granted and received. It is, further, the gathering of those who, as the instruments of the basileia, are called upon to make profession of Jesus as the Christ, to obey his commandments, to perform the missionary task of the preaching of the gospel throughout the world. In every respect the church is surrounded and impelled by the revelation, the progress, the future of the kingdom of God without, however, itself being the basileia, and without ever being identified with it".

556 George Ladd, *A Theology of the New Testament*, 113: "The church is but the result of the coming of God's Kingdom into the world by the mission of Jesus Christ".

의 백성들이지만 아직 이상적인 백성은 아니다. 그 이유는 교회는 하나님의 자손이 아닌 자들까지 포함하기 때문이다. 하나님 나라에 들어가는 것은 교회에 참여하는 것을 의미하지만 교회에 참여하는 것이 반드시 그 나라에 들어가는 것과 같지는 않기 때문이다. [557]

3) 교회는 하나님 나라를 증거함(The Church Witnesses to the Kingdom)

하나님의 나라를 증거하는 것은 교회의 사명(마24:14, church's mission)이다. 종말이 오기 전에 "복음이 먼저 만국에 전파되어야 할 것이다." 이기적이며 교만하여 증오에 찬 이 악한 세대에서 하나님 나라와 오는 세대의 생명과 교제를 나타내는 것이 교회의 의무이다.

교회가 하나님의 나라를 세우거나 그 자체가 될 수는 없지만 교회는 그리스도안에 이루어지는 하나님 나라에 대해서 증거한다. 70인 전도대의 파송이나 사도행전에 나타난 광범위한 전파활동은 이와 같은 맥락에서 이해할 수 있다. "이방인에 대한 복음전파"가 복음서와 서신에 주요 주제로 등장한다. 막13:10에서 세상 끝이 오려면 "복음이 먼저 만국에 전파되어야 할 것이니라"고 증거하는데(참고: 마24:14), 이것은 신약성경의 한 특징을 보여준다고 할 수 있다. 곧, 세상 끝이 오기 전에 모든 이방족속들이 복음을 들을 수 있는 기회를 가진다는 것이 하나님의 종말론에 하나의 중요한 부분임을 나타낸다. [558]

---

557 George E. Ladd, *A Theology of the New Testament*, 113: "Entrance into the Kingdom means participation in the church; but entrance into the church is not necessarily synonymous with entrance into the Kingdom".

558 George E. Ladd, *A Theology of the New Testament*, 115: "It is part of God's eschatological purpose that before the end, all nations should have the opportunity to hear the gospel".

교회의 사명이 이 세상에서 하나님 나라의 증거에 있기 때문에, 학자들은 하나님 나라의 역사는 그리스도인들의 선교의 역사라고 까지 증거한다. 교회는 두 가지 속성을 가지고 두 세대에 속하여 있다. 이 죄 많은 시대에 속하여 있지만 다가오는 세대를 위한 증인으로 존재하는 것이다. 예수 그리스도의 제자들에게 항상 겸손하고 용서하는 삶을 강조할 때도 이러한 삶이 하나님 나라의 주요한 삶이고 이 세상 삶과는 정반대인 점을 가르치기도 하셨다(막10:35이하). 하나님 나라를 경험한 사람이면 누구나 자신을 구하지 아니하고 다른 사람을 섬기고자 하는 삶으로 나타난다.

예수님의 용서에 대한 비유에서도 하나님 나라의 특징을 보여준다. 하나님의 용서는 무조건적인 용서이고, 따라서 우리의 용서도 하나님의 용서하심과 같아야 한다는 말씀은 하나님 나라의 선물중의 하나이다(마 18:23-35). 이 세상은 자기 자신을 구하는 자만심에 빠져 있는데, 여기서 교회가 하나님의 나라의 교제와 다가올 하나님의 나라를 나타내는 것이 교회의 의무인 것이다. 이러한 왕국 생활방식은 교회의 하나님 나라 증거가 교회의 핵심적인 요소임을 보여준다고 하겠다. [559]

4) 교회는 하나님 나라의 도구(The Church is The Instrument of the Kingdom)

예수님의 제자들은 하나님 나라의 현존에 대한 복음만을(the good news about the presence of the Kingdom) 선포한 것이 아니라, 예수의 이름으로 그들을 통하여 하나님의 나라의 역사가 이루어졌던 것을 통해 그들은 하나님 나라의 도구였던 것이다. 그들이 하나님 나라를 전할 때, 그들은 병든

---

559 George E. Ladd, *A Theology of the New Testament*, 115: "This display of Kingdom life is an essential element in the witness of the church to the Kingdom of God".

자를 고치고 귀신들을 축출한 것이다(마10:8; 눅10:17). 마16:18에 "음부의 권세가 이기지 못하리라"라는 말씀대로 지옥의 문들이 교회에 대항하여 이길 수 없음은 진리이다.[560] 교회가 복음을 선교함으로 사람들이 하나님 나라의 구원에로 인도함을 받음으로 지옥은 사람들을 지배할 힘을 잃는 것이다.

예수님을 통해서 하나님의 나라의 현재성에 관한 복음이 선포되고 수행된 것처럼, 교회를 도구로 사용하신다. 마16:18: 교회를 통해 역사하는 하나님의 권능 앞에서 사망은 사람들에 대한 권능을 잃고 궁극적인 승리를 주장할 수 없게 되었다. 세상과 사탄과, 사망권세와의 싸움에서 교회는 하나님의 도구로 사용될 것이다. 마10:8에 "병든 자를 고치며 죽은 자를 살리며 문둥이를 깨끗하게 하며 귀신을 쫓아내되 너희가 거저 받았으니 거저 주어라"라는 말씀처럼 교회는 하나님 나라의 노구로서 존재한다. 예수 그리스도와 그의 제자들의 사역에서 나타난 악한세력에 대한 투쟁은 미래에도 계속되고 교회는 바로 이러한 전쟁에서 하나님 나라의 도구가 될 것이다(The church will be the instrument of God's Kingdom in this struggle).

5) 교회는 하나님 나라의 관리자(The Church is The Custodian of the Kingdom)

하나님의 통치가 율법을 통하여 경험되었다면 이스라엘이 율법의 관리자였기 때문에 이스라엘은 기능상 하나님 나라의 관리자였던 것이다. 이방인이 개종하여 이스라엘인이 되고 율법을 받아들일 때, 그것은 그가

---

560 George E. Ladd, *A Theology of the New Testament*, 116: "The truth is implicit in the statement that the gates of Hades shall not prevail against the church".

하나님 나라의 주권을 인정하고 수락한 것이다. 하나님의 통치는 이스라엘을 통하여 이방인들에게 중재되었고 그들은 진정으로 그 나라의 자녀들이었다. [561]

예수 그리스도안에서 하나님의 통치는 새로운 구속사에서의 사건으로 나타난다. 역사 안에서 예기치 못한 방법으로 종말론적인 왕국의 세력으로 나타난 것이다. [562] 예수 그리스도의 구원의 진리를 받아들이는 자는 그 나라에 진정한 자녀가 되어 그 나라의 축복들과 능력있는 삶을 누리게 되지만, 그것을 대적하는 자는 참여치 못하는 것이다.

예수님의 제자들은 "에클레시아"로서 이스라엘이라는 나라 대신에 이제 하나님 나라의 관리자가 되었던 것이다. 그 왕국이 이스라엘로부터 취하여서 이제 다른 무리들, 곧, 예수님의 에클레시아(막12:9)에게 주신 것이다. 여기서 예수님의 제자들은 왕국의 증인만이 아니라 이 시대에서 그 나라의 권세를 나타내고 관리하는 하나님 나라의 도구가 되었던 것이다.

이러한 사실이 "열쇠"에 대한 기사로 나타난다. 예수님은 천국의 열쇠를 교회에 주시고 관리하게 하신다(마18:18,19). 그리고 사람들의 마지막 운명이 예수 그리스도의 사람들이 전하는 메시지에 그들이 어떻게 반응하느냐에 달린 것이다. "너희를 영접하는 자는 나를 영접하는 것이요"(마10:40)에서처럼 그들의 증거를 받아들이면 그들을 보낸 예수 그리스도를 영접하는 것이었다. 이런 점에서 예수님의 제자들, 곧 에클레시아는 하나님 나라의 관리자인 것이다.

---

561 George E. Ladd, *A Theology of the New Testament*, 117: "God's rule was mediated to the Gentiles through Israel; they alone were the 'sons of the kingdom'".

562 George E. Ladd, *A Theology of the New Testament*, 117: "In Jesus, the reign of God manifested itself in a new redemptive event, displaying in an unexpected way within history the powers of the eschatological Kingdom".

이 세상에서 하나님 나라의 복음의 선포를 통해서 종말론적인 그 나라에 들어가고 또는 쫓겨나는 것이 결정이 되는 것이다.⁵⁶³⁾ 이런 점에서 사도 바울이 증거한 "내가 복음을 부끄러워하지 아니하노니 이는 복음은 모든 믿는 자에게 구원을 주시는 하나님의 능력이 되기 때문이라"(롬1:16)는 감격을 맛 볼 수 있다. "너희는 가서 세상 모든 족속으로 제자를 삼아 가르치라 이는 세상 만민들의 생명이 너희 손에 달려 있나니."

요약하면 하나님의 나라와 교회는 긴밀한 관계를 가지고 있다. 교회와 하나님 나라의 불가분의 관계이지만, 동일시될 수는 없다. 하나님의 나라는 하나님으로부터 출발하고 교회는 사람으로부터 출발한다. 하나님의 나라는 그의 통치고 그의 통치의 축복이 경험되는 영역이다. 교회는 하나님의 통치를 경험하고 그 축복을 누리는 자들의 교제이다. 그런 점에서, 하나님의 나라는 교회를 창조하며 교회를 통해 일하며 교회에 의해서 세상에 전파된다.

교회 곧 하나님의 통치를 인정하는 자들을 통해서 하나님 나라가 나타나며, 또한 하나님의 나라가 없이 교회가 있을 수 없다. 이 둘 사이의 차이점과 구별되는 점이 있다면, 하나님의 통치와 사람들의 교제라는 점이다. 이 사실은 오늘 우리에게 세속사회 속에서 교회를 새롭게 바라보는 시각을 제공한다. 교회는 이 세상에서 독특한 존재요, 하나님께서 만드신 신적 기관임을 주지할 필요가 있다. 결국 교회란 하나님 나라의 가시화요, 가시화 하는 하나님의 나라가 교회임을 알 수 있다. 그러므로 교회와 하나님 나라사이의 관계를 정리하면 교회와 하나님의 나라는 구별할

---

563 George E. Ladd, *A Theology of the New Testament*, 119: "Through the proclamation of the gospel of the Kingdom in the world will be decided who will enter into the eschatological Kingdom and who will be excluded".

수 있지만 분리될 수 없다고 할 수 있다.

6. 요약

하나님 나라의 주제는 우리로 하나님 앞에 절대적인 반응을 요구하는 특징이 있다(He faces us with one demand: decision).[564] 우리자신을 돌아보고 회개하고 의지적으로 삶을 변화케 하는 역사로 나타난다. 그리고 어떻게 살아야 할 것인가에 대해서 대가를 치루어야 한다. 우리는 종말의 시대를 살고 있다. 이러한 때에 우리의 자세는 어떠해야 하는가? 먼저, 선교 사명의 완수에 전력해야한다(요일4:9-14; 벧전2:9). 선교는 오늘의 한국교회가 당면하고 있는 많은 질병들, 세속주의와 교회 이기주의, 급속한 교회성장으로 말미암는 여러 비정상적인 상태, 바르게 성장하기보다는 살만 찌는 "종교적 비만증" 등을 해결하는 가장 확실한 치료법이다.

그리고, 현실문제를 도외시하지 말아야 한다. 한국 교회는 소위 "중산층" 교회라는 최근의 경향에서 사회와 이웃의 아픔에 동참하는 삶을 실천해야 한다(마25:40). 많은 사회적 문제로 고통하고 있는 우리 사회의 현실적인 문제에 대한 깊은 인식과 실천적인 삶은 크리스천의 아름다운 생활로도 드러나며 그것은 힘있는 전도의 수단이 된다(마5:16).

또한 신앙의 도덕성을 회복해야 한다. 기독교 신앙에서 윤리성을 배제하면 그것은 이미 기독교가 아니다. 예수님은 당시의 유대교 지도자들

---

564 George E. Ladd, *The Gospel of the Kingdom*, (Grand Rapids: Eerdmans, 1994), 96: "The basic demand of the Kingdom is a response of man's will. Men must receive it… Furthermore, the Kingdom demands radical decision(Matt. 11:22)… The decision which God's Kingdom demands is also a costly decision(Matt. 19:16)… Finally, the kingdom demands an eternal decision. The decision for or against the Kingdom of God in the present determines a man's future destiny(Luk 12:8-9)", pp. 95-106.

의 위선과 비도덕적인 생활에 대해서 준엄한 경고를 하였으며(눅16:14-18), 윤리적인 삶과 공정하고 정의로운 삶을 강조하셨다. 있는 자가 가난한 자에게 나눠 줄 것을 명하시고, 세리는 정당하게 납세하며, 군인은 강제로 남의 것을 빼앗지 말며 뇌물을 받고 억울한 고소를 하지 말도록 명하셨다(눅3:10-14).

조지 래드(George E. Ladd)는 우리가 교회와 하나님 나라와의 상관관계를 연구할 때마다 이러한 요소들을 강조한다.[565] "우리는 교회와 하나님 나라 그리고 이스라엘과의 관계를 연구할 때마다 자주 하나님 나라와 교회와 이스라엘과의 관계에 대한 중요한 교훈을 간과하기 쉽다. 하나님의 나라는 세상에서 예수 그리스도의 제자들 가운데 역사하며 그들은 하나님 나라에 소속된 하나님 나라의 백성들이며 교회를 구성한다… 그리고 인간의 역사는 인간역사 속에서 이미 임한 하나님 나라의 생명과 축복을 실현시키는 것이다."

마지막으로, "교회로 교회되게 하라"는 구호는 오늘 우리 한국교회에 크게 울려 퍼져야 할 주제임에 분명하다. 교회가 이 현실 사회속에서 자신의 고유의 역할을 수행하기 위해서 먼저 혼탁한 교회관을 바로 정립하는 것이 우선적이다. 우리는 "하나님 나라"의 개념과 교회와의 관계를 통해서 교회의 선교와 사명을 확인할 수 있다. 드높아 가는 세속사회의 위

---

565 George E. Ladd, *The Gospel of The Kingdom*, 121-122: "Too often in our study of the relationship between the Kingdom of God, the Church and Israel, we lose sight of the fact which is for us of primary importance: the Kingdom of God which will finally bring salvation to Israel and which will bring Israel in to the Kingdom has brought salvation to us who constitute the Church and has brought us into God's Kingdom. The Kingdom of God is working in the world through the disciples of Jesus Christ who have surrendered to the demand of the Kingdom and constitute the new people of God, the Church … Human history will realize something of the life and blessings of God's Kingdom because a new community has been formed in human society."

세에 밀려 숨어버리는 교회가 아니라 이미 그리스도의 구속의 사역속에 임한 하나님 나라를 바라보고 더욱 일어나 그 나라의 현존을 선포하고 그 축복에 참여하여 누리는 실체로서 교회관을 정립하는 것은 오늘 이 시대에 선교를 힘 있게 수행하게 하는 동기가 되고도 남는다.

제20장

결론

　21세기 한국교회 선교전략은 그 무엇보다 전문인선교(Tentmaker)에 있다. 지금까지 본 고에서 평신도 전문인 선교사역에 대한 성경적 연구와 교회 역사에 나타난 다양한 평신도 전문인사역에 대해, 그리고 마지막으로 평신도 전문인 선교사역의 전략으로서 세계관과 제자도, 그리고 하나님나라와 선교와의 관계들을 살펴보았다.

　전문인 선교사역은 21세기 전방개척선교의 활성화를 위한 효과적인 선교전략이다. 그러므로 전문인 선교가 정착하여 효과적인 선교사역이 이루어지기 위해서, 모든 그리스도인이전문인으로서 사역자의 위상을 갖도록 교회와 선교단체를 통한 신학적인 훈련과 공급이 절실히 필요하다. 이미 구미 각 교회출신의 전문인 선교사들이 오늘의 선교현장에서 많은 사역을 효과적으로 감당하고 있는 상황이다. 모든 성도가 전문인선교사로 자신의 전문적인 직업을 가지고 지금까지 선교의 문이 닫혀있는 지역으로 목사선교사의 비자가 아니라, 전문인의 비자를 받아 들어가서 그곳에서 선교하는 선교전략을 보여주어야 한다.

　그리고 오늘의 선교현장은 이제 이러한 전문인선교사들을 절실하게 필요로 한다. 아직도 구시대적인 산물인 평신도 전문인선교사가 선교할 수 있는가라는 소극적 자세에 매여 있을 것이 아니라, 더욱 적극적으로 오늘의 한국교회선교가 효율적이고 전략적인 사역이 되기 위해, 교회지도자나 평신도 모두가 전문인선교사의 비전(Vision)을 새롭게 하는 작업이 절실하다고 본다. 전문인선교의 비전을 한국교회가 극대화하기 위해서 목회자들의 목회철학이 성도를 훈련하여 전문인사역자가 되게 하는 폭넓은 시각을 가져야하며, 목회자가 독단적으로 사역을 주장하는 자세는 버려야 한다. 그리고 오늘의 교회 성도들은 보다 적극적인 소명과 자세로 지금보다 전문인사역자로서의 자세를 확립하여 마지막 선교사역 완수에 임하여야 한다.

특히 선교역사(歷史)는 전문인의 다양하고 풍성한 선교와 전도, 봉사의 사역들을 나타내 주면서, 오늘을 살아가는 현대 모든 그리스도인들에게 선교사역에 많은 도전과 모범을 보여준다. 특히 초대 교회에서의 살아 있는 평신도의 구체적인 사역과 그들의 삶은 오늘 한국 교회 평신도들의 선교와 봉사 활동들을 위한 훌륭한 보고(寶庫)가 될 수 있다. 그들은 그리스도인으로서 세상 이방인들과는 비교할 수 없는 "세상의 빛"의 역할을 통해서(마5:13-16) 그리스도의 복음을 일상생활 속에서 전파하였으며, 초대교회 전문인의 고상한 인격들이 생활을 통해 나타나므로 많은 이방 사람들에게 전도의 결과를 가져오게 된 점은, 오늘날 한국 교회가 복잡한 현대 생활 속의 모든 비그리스도인들에게 복음전파의 실제를 보여주는 선교 전략임에 분명하다.

중세 시대의 로마 가톨릭의 교권주의적 계급정치는 평신도의 선교와 봉사 활동을 약화시키는 결과를 초래하였는데, 오늘날도 이러한 과거의 교권적 성직자 독점주의적인 목회 스타일로는 교회의 우수한 평신도 전문인의 다양한 은사들을 사장시킬 수밖에 없으며, 결국 교회의 봉사와 세상에서의 선교사역에 평신도의 활발한 참여를 감소시킬 수 있다는 점이다. 이런 점에서 종교개혁가들은 오직 말씀, 오직 믿음으로, 그리고 만인제사장직의 성경적 진리를 가지고 중세기의 비진리에 대해서 항거하고 말씀중심의 교회로 인도하여 평신도 전문인 사역을 가능하게 만들었다. 성경에 나타난 만인제사장직(벧전2:5, 9) 진리는 종교개혁가들이 새롭게 만들어낸 논리가 아니라, 이미 신구약 성경에 나타난 하나님의 말씀에 기초한 진리의 말씀인데 중세시대를 지나서, 종교개혁자들이 재발견하여 강조한 진리이다. 종교개혁가들은 이 진리를 가지고 그 시대의 교회와 평신도들의 영적인 잠을 깨우는 사역을 감당할 수 있었다. 교회사에서 개혁가들에게 다시 강조된 만인 제사장론은 오늘의 교회 목회 현장에서 평신도들의 활발한 전문인사역을 위하여, 적극적으로 수용되고 적용되어야 할 귀중한 성경의 진리이다.

종교개혁 후 20세기까지 평신도 사역에 대한 계속되어 온 강조들은 평신도연구에 매우 귀중한 자료들이다. 시기적으로 선교사역을 감당하기 어려웠던 시대에도 윌리엄 캐리(William Carey), 조나단 에드워드(Jonathan Edwards), 니콜라스 진젠돌프(Nicholas von Zinzendorf), 그리고 학생선교자원운동(Student Volunteer Movement) 등을 통해서 평신도 전문인 선교사역은 지속적으로 펼쳐져 왔으며, 오늘을 사역하는 현대 평신도 전문인사역자들에게 많은 도전을 준다.

전문인선교는 현대의 마지막 선교지역인 미전도종족을 선교하기 위해 가장 강력한 미전도 종족 선교전략이다. 구미 각 교회출신의 선교사들이 전문인선교사로 오늘의 선교현장에서 많은 사역을 효과적으로 감당하고 있는 상황이다. 이러한 사역자들의 명칭은 평신도 선교사, 텐트메이커선교사, 자비량선교사, 직업선교사, 전문인선교사 등으로 부르는데, 지금까지 선교의 문이 닫혀있는 지역에 목사선교사의 비자가 아니라 전문인의 비자를 받아 전문인으로 들어가서 그곳에서 선교하는 자들이다. 오늘의 선교현장은 이제 이러한 평신도 전문인 선교사들이 절실하게 필요로 한다.

한국교회가 이러한 상황에서 목회자와 평신도사이에 분명한 성경적인 관계정립을 통해서 21세기 전문인선교의 활성화를 추구하여야 한다고 본다. 그리고 오늘의 평신도들은 보다 적극적인 소명과 자세로 지금보다 전문인사역자로서의 자세를 확립하여 마지막 선교사역 완수에 임하여야 한다. 최근에 들어서 세계 선교를 위해서 한국 교회에서도 평신도에 대한 관심과 연구에 대해서 목회자뿐만 아니라, 평신도 자신들도 깨닫게 되면서, 새로운 양상을 보이고 있다.[566] 오늘날은 소위 미전도종족의 선교를 위한 핵심적인 전략으로 평신도를 통한 전문인선교가 절실하다. 한국교회에서 유능한 젊은 그리스도인들이 전문인사역자로 그들의 삶을 드려서 온전히 예수 그리스도의 복음을 전파하는 사역이 이루어지기를 헌신하는 운동이 일어나고 있다. 이러한 평신도 전문인들의 헌신을 선교사역자로 준비하게 세워주는 사역이 필요하며, 아울러 전문인선교사를 양육하고 훈련하는 전략적인 시각이 확대되어서 한국교회에서도 체계적이고 효과적인 전문인 선교사역의 계절이 무르익기를 기원한다.

---

566 김성욱, 『하나님의 백성과 선교』, (서울: 기독교문서선교회, 1998); 옥한흠, 『평신도를 깨운다』, (서울: 두란노서원, 1984).

참고도서

Andreas, Willi, *Deutschland von der Reformation: eine Zeitenwende*, 5th ed. Stuttgart, 1948.

Atkinson, James, ed., *Luther's Works*, Vol. 44, Philadelphia, 1966.

Ayres, Francis O., *The Ministry of the Laity*, Philadelphia: Westminster Press, 1962.

Baker, Robert A. *A Summary of Christian History*, Nashville: Broadman Press, 1959.

Barker, William S. "Priesthood of Believers," *Dictionary of Christianity in America*, eds., Daniel G. Reid, Robert D. Linder, Bruce L. Shelley, and Harry S. Stout, Downers Grove: InterVarsity Press, 1990.

Bavinck, J. H. *An Introduction to the Science of Missions*, Phillipsburg: Presbyterian and Reformed Pub, 1960.

Baez-Camargo, G. "The Earliest Protestant Missionary Venture in Latin America," Church History 21, XXI(1952): 135-145.

Beaver, R. Pierce, "The Genevan Mission to Brazil," in *The Heritage of John Calvin*, John Bratt, ed., Grand Rapids: Eerdmans, 1973.

Blauw, Johannes, *The Missionary Nature of the Church*, New York: McGraw-Hill, 1963.

Boettner, Loraine, *Roman Catholicism*, Phillipsburg: Presbyterian and Reformed Publishing Co, 1989.

Boff, Leonardo, *Church: Charism and Power*, New York: Crossroad, 1988.

Boice, James Montgomery, *Ephesians: An Expositional Commentary*, Grand Rapids: Zondervan Publishing Hous, 1988.

Bright, John, *The Kingdom of God*. Nashville: Abingdon Press, 1988.

Bruce, F. F. *The Spreading Flame: The Rise and Progress of Christianity*, 3 Vols. Grand Rapids: Eerdmans, 1964.

Bryant, David, *In the Gap*, Downers Grove: IVP, 1984.

Calvin, John, 1979, *Commentary on the Book of Genesis*, Grand Rapids: Baker Book House.

Cadoux, Cecil J. *The Early Church and the World*, Edinburgh: T. & T. Clark, 1955.

Calhoun, David B. "John Calvin : Missionary Hero or Missionary Failure?" Covenant Seminary Review: Vol.5. No.1: 16−33, 1979.

Calvin, John, *The Mystery of Godliness and Other Selected Sermons*, Grand Rapids: Eerdmans, 1950.

Calvin, John, *Sermons on Isaiah's Prophecy of the Passion and Death of Christ*,　London: J. Clarke Co., 1956.

Calvin, John, *Commentaries on the Book of the Prophet Jeremiah and the Lamentations*, Grand Rapids: Baker, 1979.

Calvin, John, *Institutes of the Christian Religion*, Philadelphia: Westminster, 1977.

Canon, William R. 『중세교회사』, 서영일 역, 서울: 기독교문서선교회, 1993.

Chadiwick, Henry, 『초대교회사』, 서영일 역, 서울: 기독교문서선교회, 1992.

Clark, Allen D. *A History of the Church in Korea*, Seoul: Christian Literature Society, 1971.

Clowney, Edmund P. *The Church*, London: InterVarsity Press, 1995.

Clowney, Edmund P., *The Message of 1 Peter*, Downers Grove: IVP, 1988.

Congar, Yvs, *Lay People in the Church*, Maryland, Westminster Press, 1957.

Cook, Guillermo, *The Expectation of the Poor: Latin American Basic Ecclesial Communities in Protestant Perspective*, Maryknoll: New York, 1985.

Coleman, Robert E. 1963, *The Master Plan of Evangelism*, Weaton: Revell, 1963.

Conn, Harvie M. "The Kingdom of God and the City of Man: A History of the City/Church Dialogue," *Discipling the City*, Roger S. Greenway, ed. Grand Rapids: Baker Book House, 1992.

Conn, M. Harvie, "Training the Membership for Witness (Elders and Laity)", In *Training for Mission*, RES Mission Conference, 1976.

Conn, M. Harvie, "Theological Education and the Search for Excellence", Westminster Theological Journal, Vol. 41:311–363, 1979.

Covell, Ralph R. *Confucius, The Buddha, and Christ: A History of the Gospel in China*, New York: Orbis, 1986.

Danker, William, *Profit for the Lord* 『역사속에서 본 비즈니스와 선교: 모라비안 교회와 바젤 선교회 모델 』, 신대현 역, 서울: 도서출판 창조, 1999.

De Ridder, Richard R., *Discipling the Nations*, Grand Rapids: Baker Book House, 1975.

Doohan, Leonardo, "Contemporary Theologies of the Laity: An Overview since Vatican II," Communio, 7: 225–242.

Douglas, J. D. ed., *Let the Earth Hear His Voice*, Minneapolis: World Wide Publishing Co, 1975.

Douglas, J. D. ed., *Proclaim Christ Until He Comes*, Minneapolis: World Wide Publishing Co, 1990.

Eastwood, Charles Ciril, *The Priesthood of All Believers*, Minneapolis Augsburg Publishing House, 1962.

Edge, Findley, "Priesthood of Believers", Review and Expositor, 50: 9–21.

Edge, Findley, *The Doctrine of the Laity*, Nashville: Convention Press, 1985.

Escorbar, Samuel, "Base Church Communities: A Historical Perspective,"Latin American Pastoral Issues, Vol. 14:24–33.

Eims, LeRoy, *The Lost Art of Disciple Making*, Grand Rapids: Zondervan, 1978.

Flannery, Austin D., ed., *Documents of Vatican II*, Grand Rapids: Eerdmans, 1975.

Foster, Richard J. *Celebration of Discipline*, San Francisco: Harper & Row, 1978.

Foster, John, *After the Apostles: Missionary Preaching of the First Three Centuries*, London: SCM Press, 1951.

Green, Michael. *Evangelism in the Early Church*, Grand Rapids: Eerdmans. 1991.

Greenway, Roger S., ed. *Discipling the City*, Grand Rapids: Baker, 1992.

Hamilton, Don, *Tentmakers Speak*, 『전문인선교사는 이렇게 말한다』, 정진환 역, 서울: 죠이선교회, 1994.

Hanks, Billy and William Sell, 『제자도』, 주상지 역, 서울, 나침반사, 1983.

Harnack, Adolf von. *The Mission and Expansion of Christianity in the first three Centuries*, New York: Harper & Brothers, 1962.

Henrichsen, Walter A. *Disciples are Made - not Born*. Wheaton: Victor Books, 1981.

Hesselgrave, David J. *Communicating Christ Cross-culturally*, Grand Rapids: Zondervan, 1993.

Hiebert, Paul G., *Anthropological Insights for Missionaries*, Grand Rapids: Baker, 1991.

Hiebert, Paul G., *Cultural Anthropology*, Grand Rapids: Baker, 1990.

Hinson, Glenn. "Pastoral Authority and the Priesthood of Believers From Cyprian to Calvin," *Faith and Mission*. Vol. 7, 1989.

Holmes, Arthur Frank Holmes, *Contours of A World View*, Grand Rapids: Eerdmans, 1983.

Hughes, Philip E. "John Calvin: Director of Missions," The Heritage of John Calvin, John H. Bratt, ed, Grand Rapids: Eerdmans, 1973.

Itioka, Neuza. "Recovering the Biblical Worldview for Effective Mission" *Mission in the Nineteen Nineties*, Gerald H. Anderson, James M. Phillips, and Robert T. Coote, eds., Grand Rapids: Eerdman, 1991.

Johnston, Patrick, *The Church is Bigger than You Think*, London: WEC, 2004.

Kaiser, Walter C., Jr., *Toward an Old Testament Theology*, Grand Rapids: Zonderva, 1978.

Kane, Herbert, 『세계를 품은 그리스도인, 왜 되어야 하나?』, 민명홍 역, 서울: 죠이선교회, 1990.

Kane, J. Herbert, *A Concise History of the Christian World Mission*, Grand Rapids: Baker, 1978.

Kennedy, James, *Evangelism Explosion*. Wheaton: Tyndale, 1985.

Kim, Seong Uck, *A Missiological Study of the Laity from the Protestant Perspective*, Reformed Theological Seminary, Doctoral Dissertation, 1995.

Kim, Seong Uck. *A Study of Lay Participation in Church Ministries and Missionary Activities for Korean Presbyterian Church*. Ph. D. Dissertation. Reformed Theological Seminary. 2007.

Kistemaker, Simon J., *New Testament Commentary: Exposition of the Epistles of Peter and of the Epistle of Jude*, Grand Rapids: Baker Book House, 1987.

Kittel, Gerhard, *Theological Dictionary of the New Testament*, Grand Rapids: Eerdmans, 1976.

Konig, Erich, ed., *Konrad Peutingers Briefwechsel*, Munich, 1923.

Kraemer, Hendrick, *A Theology of the Laity*, London: Lutterworth Press, 1958.

Kraft, Charles H. *Christianity in Culture*, New York: Orbis, 1979.

Kraft, Charles H. *Communication Theory for Christian Witness*, Nashville: Abingdon Pub., 1983.

Kromminga, Carl G. *The Communication of the Gospel through Neighboring*. Free University Doctoral Dissertation, 1964.

Kromminga, Carl G. *Bringing God's News to Neighbors*. Nutley: Presbyterian and Reformed Publishing Co, 1976.

Kung, Hans, *The Church*, London, Burns & Oates, 1967.

Kuhne, Gary W. *The Dynamics of Discipleship Training*, Grand Rapids: Zondervan, 1978.

Kuhne, Gary W. *The Dynamics of Personal Follow-up*. Grand Rapids: Zondervan, 1977.

Ladd, George E. *A Theology of the New Testament*, Grand Rapids: Eerdmans. 1979.

Ladd, George E. *The Gospel of the Kingdom: Scriptural Studies in the Kingdom of God*, Grand Rapids: Eerdmans. 1994.

Latourette, K. S. *A History of the Expansion of the Christianity*, New York: Harper and Brothers, 1939.

Lewis, Jonathan, "Equipping Tentmakers: An Argentine Perspective", in *Internationalizing Missionary Training*, William David Taylor, ed., Grand

Rapids: Baker, 1991, 153-160.

Loffler, Paul, *The Laymen Abroad in the Mission of the Church*. London: Edinburgh House Press, 1987.

Luther, Martin, *The Works of Martin Luther*, Philadelphia: Muhlenberg, 1955.

Luther, Martin, 『마틴 루터의 종교개혁 3대 논문』, 지원용 역, 서울: 컨콜디아사, 1993.

Madison, Ford, "A Layman Looks at World Evangelization," *Let the Earth Hear his Voice*, ed. J. D. Douglas, Minneapolis: World Wide Publications, 1975.

McNeill, John, *The History and Character of Calvinism*, Oxford University, 1975.

Michaels, J. Ramsey, *1 Peter*, Waco: Word Books, 1988.

Minear, Paul, *The Nature and Mission of the Church*, Richmond: John Knox Press, 1960.

Mott, John R. *The Evangelization of the World in This Generation*, New York: Student Volunteer Movement, 1900.

Mott, John R. *Liberating the Lay Forces of Christianity*, New York: The Macmillan Company. 1912.

Moreau, A. Scott, Gary R. Corwin and Gary B. McGee, *Introducing World Mission*, 『21세기 현대 선교학 총론』, 김성욱 역, 서울: 크리스찬출판사, 2009.

Morris, Leon, *Expository Reflecting on the Letter to the Ephesians*, Grand Rapids: Baker Book House, 1994.

Neill, Stephen C. and Hans-Reudi Weber, *The Layman in Christian History*. Philadelphia: Westminster Press, 1964.

Neill, Stephen, *A History of Christian Missions*, 홍치모, 오만규 역, 서울: 성광문화사. 1992.

Nichols, James H. *History of Christianity:1650-1950*, New York: Ronald Press,1956.

Norton, H. Wilbert, *European Background and History of Evangelical Free Church Foreign* Missions 1887-1955, Moline, IL: Christian Service Foundation, 1964.

Nunez, Emilio A. and William D. Taylor, *Crisis in Latin America: An Evangelical*

Perspective, Chicago, Moody Press, 1989.

Ortiz, Huan Carlos, 『제자입니까?』, 서울: 두란노서원. 1989.

Ogden, Greg, *The New Reformation: Returning the Ministry to the People of God*, Grand Rapids: Zondervan. 1990.

Pierson, Paul E. 『기독교 선교운동사』, 임윤택 역, 서울: 기독교문서선교회, 2009.

Ridder vos, Hermann, 『하나님 나라』. 서울: 생명의 말씀사. 1985.

Packer, J. I., *Keep in Step with the Spirit*, Old Tappan, NJ: Fleming H. Revell Company, 1988.

Padilla, C. Rene, "The New Ecclesiology in Latin America," Evangelical Review of Theology, Vol. 11: 336–354.

Ridderbos, Hermann. *The Coming of the Kingdom*, Philadelphia: Presbyterian and Reformed. 1962.

Ridderbos, Herman, *Paul: An Outline of his Theology*, Grand Rapids: Eerdmans, 1975.

Robertson, O. Palmer, *Christ of the Covenants, Phillipsburg*: Presbyterian and Reformed Publishing Co, 1980.

Schillebeeckx, Edward, *The Layman in the Church and Other Essays*, New York: Alba House, 1963.

Sire, James W. *The Universe Next Door*, Downers Grove: IVP, 1976.

Spitz, Lewis W. *The Reformation*, 『종교개혁사』, 서영일 역, 서울: 기독교문서선교회, 1983.

Stevens, Paul, *Liberating the Laity*, Downers Grove: IVP Press, 1985.

Stevens, Paul, *The Equipper's Guide to Every-Member Ministry*. Downers Grove: IVP, 1992.

Stewart, John, *The Nestorian Missionary Enterprise: A Church on Fire*, Edinburgh, Scotland: Clarke, 1923.

Stott, John R. W. *The Message of Ephesians*, Downers Grove: IVP, 1979.

Stott, John R. W. *One People*, 『현대교회와 평신도훈련』, 김기영 역, 서울: 엠마오, 1990.

Telford, John, *The Letters of the Reverend John Wesley*, London: Epworth Press, 1931.

Tippet, Alan, *Missiology*, Pasadena: William Carey Library, 1987.

Trueblood, Elton, *The Company of the Committed*, New York: Harper & Brothers, 1961.

Tucker, Ruth A. *From Jerusalem to Irian Jaya*: A Biographical History of Christian Missions, 『선교사 열전』, 박해근 역, 서울: 크리스찬다이제스트사, 2008.

Van Engen, Charles, *God's Missionary People*, 『하나님의 선교적 교회』, 임윤택 역, 서울: CLC, 2016.

Van Engen, Charles. *The Growth of the True Church: An Analysis of the Ecclesiology of church Growth Theory*. Amsterdam: Rodopi. 1981.

VanGemeren, Willem, 1988, *The Progress of Redemption*, Grand Rapids: Eerdmans.

VanGemeren, Willem A. *Interpreting the Prophetic Word*, Grand Rapids: Zondervan. 1990.

Verkuyl, Johannes, *Contemporary Missiology: An Introduction*, Grand Rapids: Eerdmans, 1978.

Vos, Gerhardus, *The Kingdom of God and the Church*, Phillipsburg: Presbyterian and Reformed Publishing Co. 1972.

Walker, Williston, 『기독교회사』, 류형기 역, 서울: 한국기독교문화원, 1978.

Wallace, Ronald S. *Calvin's Doctrine of the Christian Life*, Geneva: Geneva Divinity School Press, 1959.

Walsh, Brian J. and J. Richard Middleton, *The Transforming Vision*, Downers Grove: IVP, 1984.

Watson, David, *I Believe in the Church*, Grand Rapids: Eerdmans, 1979.

WCC, *Man's Disorder and God's Design*, (Amsterdam), 1948.

WCC, *The Evanston Report*, The Second Assembly, 1954.

WCC, *The New Delhi Report*, 1962.

WCC, *The Uppsala Report*, 1968.

WCC, *Baptism, Eucharist and Ministry*, 1982.

Wilson, Christy, Jr., *Today's Tentmakers*, 『현대의 자비량선교사들』, 김만풍 역, 서울:

순출판사, 1989.

Wilson, Carl, *With Christ in the School of Disciple Building: A Study of Christ's Method of Building Disciples*. Grand Rapids: Zondervan, 1976.

Wilson, J. Christy, Jr., *Today's Tentmakers*, Chicago: Tyndale. 1980.

Wolters, Albert M. *Creation Regained: Biblical Basics for A Reformational Worldview*, Grand Rapids: Eerdmans, 1985.

Yamamori, Tetsunao, *Penetrating Missions' Final Frontier: A New Strategy for Unreached Peoples*, Downers Grove: IVP, 1993:『미전도종족 이렇게 접근하라』, 이현모 역, 서울: 죠이선교회, 1996.

Young, John M. L. *By Foot To China*, Tokyo, Japan: Radiopress. 1984.

Young, Edward J., *The Book of Isaiah*, Grand Rapids: Eerdmans, 1965.

Zwemer, Samuel, "Calvinism and the Missionary Enterprise," Theology Today 8, 1950: 206-216.

강승삼,『한국교회의 새로운 도전: 전방개척선교』, 서울: 한국선교협의회. 2006.

김성욱,『하나님의 백성과 선교』, 서울: 기독교문서선교회. 2001.

김성욱,『현대평신도 전문인선교』, 서울: 프라미스키퍼스, 2010.

김성태,『세계선교전략사: 교회사속에 나타난 선교전략과 사례연구』서울: 생명의 말씀사, 1994.

김의환,『기독교회사』서울: 성광문화사, 1989.

서철원,『하나님의 나라』. 서울: 총신대학출판부. 1993.

송인규,『세계를 품은 그리스도인』, 서울: IVP, 1995.

신경규, "전문인선교: 신학과 전략,"『복음과 선교』제11집, 서울: 올리브나무, 2009.

신경규, "전문인선교사 동원전략,"『고신선교』제5호, 부산: 고신대학교선교연구소, 2009.

옥한흠,『평신도를 깨운다』, 서울: 두란노서원, 1984.

이득수 편역,『직업선교: 21세기가 원하는 해외선교』, 서울: IVP, 1996.

이현정,『평신도를 부른다』, 서울: 성광문화사. 1998.

주도홍, 『개혁교회사』, 서울: 도서출판 솔로몬, 1998.

최낙재. 『하나님의 나라』, 서울: 성서유니온. 1986.

한국복음주의 선교신학회, 『선교를 위한 문화인류학』, 서울: 이레서원, 2002.

한국전문인선교협의회, 『선교의 패러다임이 바뀐다』, 서울: 창조, 2001.